Introduction to Social Welfare

사회복지개론

김익균 김인수 김한우 이순배 이창수 정용민 지음

책머리에

사회복지란 다차원적인 것이기 때문에 한 인간의 복지를 생각하는 경우에 그것은 복합적인 구성요소를 갖는 것이 된다. 그 가운데 특히 중요한 것은 신체적 복지(건강), 물질적 복지(풍요함), 그리고 정신적 · 심리적 복지(정신적 안정 또는 정신적 위생)이다. 그런데 이와 같은 세 가지 측면에서의 복지를 확보하기 위한 모든 정책 · 방법에 있어서는 여러 가지 것들이 고려되게 된다. 예를 들면 신체적 복지에 관련된 것으로는 공중위생 · 의료 등의 보건위생으로부터 영양, 생활환경 등의 분야가 고려될 수 있으며, 또 물질적 풍요에 관련된 것으로는 소득유지의 프로그램으로부터 주택 · 생활환경시설의 정비 · 확보 등을 생각할 수가 있다.

나아가서 정신적 안정에 관련된 것으로는 정신위생 · 교육으로부터 각종의 상담 · 원조활동 등에 이르기까지 여러 가지 것들이 고려될 수 있는 것이다. 따라서 사회복지를 확보한다는 것은 그 속에 포함되는 분야 및 정책이 대단히 다면적인 것이 된다고 볼 수 있다.

즉 사회복지의 범위는 갈수록 다양해지고 있다. 그럼으로 우리나라의 사회복지의 범위도 다양해지고 확대되어져야 한다. 이러한 측면에서 본서는 나름대로 현대 사회복지의 범위를 가능한 한 포함시키려고 노력하였다.

우리나라의 사회복지는 복지국가를 향하여 많은 변화를 시도하고 있다. 특히 사회복지사의 국가시험제도가 도입되면서 보다 전문적인 사회복지사업을 전개하리라 본다. 그리고 사회복지사의 자격취득 국가시험제도의 도입으로 사회복지의 환경과 제도가 많이 변화하리라 생각된다.

이러한 시점에 사회복지를 대학의 강단과 그리고 현장에서 직접 가르치고 계시는 많은 교수님들이 사회복지의 발전에 조그마한 도움이나마 주고자 사회복지개론을 저술하게 되었다. 집필과정에서 많은 교수님들이 참여한 관계로 가급적 책의 통일성을 유지하려고 노력하였다. 뜻대로 잘 정리되지 못한 내용이나 부족한 부분에 대해 강호제현들의 질책이 있기를 바라는 동시에 앞으로 수정・보완의 기회가 있을 것으로 믿는다.

그리고 본서가 사회복지를 이해하고자 하는 사회복지학과 학생을 비롯하여 많은 사회복지 관련 전문가에게 많은 도움이 되었으면 하는 기대를 가지고 싶다.

또한 우리나라의 사회복지의 발전을 위하여 본서의 출판을 기꺼이 맡아주신 파워북의 유제구 사장님과 편집에 수고를 해주신 그 밖의 관계 직원들께도 감사를 드리는 바이다.

2007년 2월
집필자 일동

Contents

차 례

제1부 현대사회와 사회복지

제2부 사회복지의 접근 방향

제3부 사회복지의 분야

제4부 부록

Introduction to Social Welfare

제1부 현대사회와 사회복지

1장
욕구와 사회문제

1. 사회복지와 욕구 및 사회문제

사회복지의 출발은 욕구와 사회문제에서 시작한다고 볼 수 있다. 그럼으로 사회복지를 효과적으로 실시하기 위해서는 정확한 욕구조사와 사회문제의 정의가 전제되어야 한다. 즉 욕구→사회문제→사회복지의 과정으로 진행되는 것이다. 그리고 하나의 욕구와 사회문제가 해결되면 새로운 욕구와 사회문제가 발생하여 새로운 사회복지를 통하여 해결한다. 그럼으로 이런 과정은 역사적으로 끊임없는 환류 과정이라 할 수 있다(김익균 외, 2002).

사회변동→사회문제→사회복지정책→사회기획→사회복지프로그램→서비스 전달(사회복지행정)→클라이언트 반응

또한 욕구와 사회문제는 상호밀접하게 관련되어 있음으로 개별적인 접근보다는 통합적이고 체계적으로 접근해야 한다. 그럼으로 사회복지를 효과적으로 실시하려면 국민의 정확한 욕구와 사회문제의 파악이 무엇보다도 중요하다고 할 수 있다.

2. 욕구

1) 욕구의 개념과 접근 및 유형

(1) 개념

사회복지욕구란 사회복지의 보호와 원조를 필요로 하는 상태이며, 그것은 어떤 이유로 인하여 정신적 · 신체적 · 사회경제적으로 장애를 받아서 자력으로 생활의 유지 및 향상을 기여할 수 없는 상태를 말한다. 또한 이 욕구는 가족 또는 시장메커니즘을 통해서 해결할 수 없는 것으로 이해된다.

(2) 접근

욕구는 그 발생, 성장, 욕구를 가진 개인의 속성, 충족 방법 등에 따라 다양하게 접근할 수 있다. 정책과 관련해서는 잠재적 욕구와 현재적 욕구로 분류할 수 있고, 서비스 수급 방법에 따라 화폐적 욕구와 비화폐적 욕구 등 학자와 시각에 따라 여러 가지로 분류할 수 있다.

(3) 유형

욕구의 유형과 종류에 대해서는 다양하게 접근하고 있는데, 사회복지와 관련하여 인간의 욕구를 매슬로우A. Maslow는 다음과 같이 5가지로 분류하고 있다(L. Hielle & Ziegler, 1981).

가. 생리욕구

생리적 욕구는 인간이 가지고 있는 욕구 중에서 가장 기본적이고 생물학적 욕구이다. 우리 생활에서 가장 기본이 되는 유기체적 유지와 밀접한 관계를 가지고 있는 욕구이다.

나. 안전욕구

안전욕구는 생리적 욕구가 충족되면 개인에서 새롭게 관심을 가지는 욕구이다. 이러한 욕구는 개인의 환경 내에서 안전, 평정 등으로 보장받고자 하는 욕구이다.

다. 사랑욕구

사랑욕구는 주로 생리적 및 안전욕구가 충족되었을 때 발생하는 욕구이다. 즉 동기부여된 개인은 한 집단 내에서 타인과의 애정적인 관계와 사회적 관계 등을 갈망한다.

라. 존경욕구

존경욕구는 사회적으로 사랑을 받고 또한 사랑하는 욕구이며, 자기존중과 타인으로부터 존경을 받고자 하는 것이다.

마. 자아실현욕구

이상의 욕구가 충족됨으로써 자아실현에 대한 욕구가 발생한다. 자아실현은 자신이 성취할 수 있는 모든 것을 완성하려는 욕구이다.

2) 욕구의 변화

우리의 지역사회는 급변하고 있으며, 이러한 변화는 그 지역사회의 가치관, 생활 양식, 사회구조 등에서 복합적으로 일어나고 있다. 이러한 관점에서 복지서비스와 관련된 복지욕구의 특징과 변화에 대해서 살펴보아야 한다.

우리나라의 복지욕구는 1970년대까지는 경제적인 의미에서 빈곤욕구가 강했다고 본다면 1980년대부터는 사회적 기능문제가 경제적 욕구와 함께 나타났다. 그리고 1980년대 후반부터 1990년대에는 복지욕구가 특별한 욕구를 가진 사람을 포함한 일반적인 국민들의 복지욕구도 중요한 부분으로 등장하기 시작하였다. 또한 최근에 지방자치가 시작되고 지방자치에서 정치적 지지를 획득하기 위해서 국민의 욕구를 대변함으로써 복지욕구에 대한 관심이 높아지고, 그리고 전국적인 차원에서 복지수요의 단위 높아진 것이다(한국보건사회연구원, 1992).

또한 지방자치의 실시는 사회복지정책의 차원에서 볼 때 정책수요의 양적 증대와 지방적 특수욕구의 다양화를 의미하게 되어 지역사회 차원에서 주민복지에 대한 책임과 역할이 불가피하게 될 것이다. 즉 사회복지욕구가 주민들의 지역욕구의 다양화, 고도화 등으로 인하여 복지수요가 크게 증대될 것으로 예상된다(김익균·고순철, 1997).

즉 이러한 욕구는 모든 주민들이 가정이나 지역사회에서 정상적인 생활을 할 수 있도록 지역사회복지를 정비하고, 사회복지 전달체계도 지역사회 내에서 가장 효과적인 서비스를 받을 수 있도록 정비되어야 한다는 것이다. 지역사회조직과 활동을 통하여 주민의 다양한 복지활동의 장을 마련하고 정비하여 지역사회복지 공동체를 형성하는 것이 지역사회의 복지욕구를 수용하는 것이다. 그리고 구체적인 욕구의 변화의 경향을 살펴보면 다음과 같다.

첫째, 개인욕구의 확대와 고도화로서 고정적이고 일시적인 욕구에서 욕구 수준의 상승과 다양화로 인하여 정형적인 욕구가 상대적으로 감소되고 비정형적인 욕구가 많이 발생하고 있다.

둘째, 복지욕구의 지역성으로 지역적 상황에 따라 욕구가 달라진다.

셋째, 욕구충족의 방식의 변화로써 단순한 행정기관에 의해서 현대사회의 다양한 욕구를 충족시킬 수 없고, 다양한 공급체계를 확립해야 한다.

3. 사회문제

1) 사회문제의 정의와 원인

사회문제란 사회변동에 따른 사회·경제·문화의 구조적 모순에 의해 발생한다. 현대사회에서 급속한 기술혁명과 자본주의경제가 고도로 발전하면서 도시화와 핵가족화 등으로 인하여 지연적이고 혈연적인 차원의 상호부조는 약화되고, 다양한 사회구조의 변화로 인하여 여러 유형의 사회문제가 발생한다.

그리고 사회문제란 시민사회 또는 국가의 대책이 필요해지는 사회적 또는 문화적 미조정의 사태이기도 하나 협의로는 사회문제는 근대시민사회의 경제적 미조정을 기반으로 하여 발생하며, 사회 전체의 문제로서 보편화한다. 그리하여 사회문제의 내용으로서는 노동문제, 실업문제, 인구문제, 주택문제, 소년비행・청소년문제를 들고, 사회문제의 중핵을 노동문제로 파악하는 입장을 표명하고 있다(三谷鐵夫 編, 1988).

이와 같은 인간의 각종 생활문제를 포함한 사회문제의 원인으로서는 사회의 안정된 유지와 재생산을 그 모형으로 할 때 사회문제의 원인이 되는 불안정화의 요인은 사회변동이나 산업화・도시화・핵가족화가 된다. 그리하여 사회변동이나 산업화・도시화・핵가족화에 따른 사회의 구조・기능의 변화와 사회규범의 해제 및 무력화 그리고 일탈 등에 사회문제 원인의 초점이 모아지는 것이다.

2) 사회변동의 정의와 원인

일반적으로 사회변동이란 일정한 시간적 간격을 두고 사회조직의 유형에 일어나는 중요한 변화를 뜻한다. 또 그밖에 문화적 규범의 체계・가치관・행동 유형까지도 포함해서 문화적 조직에다 초점을 둔다(권경동, 1978).

이와 같은 사회변동에 있어서는 대규모의 것과 소규모의 것, 그리고 단기적인 것과 장기적인 것 등이 고려된다. 이들을 일괄하여 변동의 강도라고 부른다. 일반적으로 변동이 미치는 범위가 좁은 것보다는 넓은 쪽이 변동의 중요성이 높다고 할 수 있다. 또한 일반적으로 단기적 변동보다는 장기적 변동 쪽이 중요성이 높다.

사회변동의 개념은 상호 행위의 형태의 변화에 초점을 맞추어 사회구조의 변동에 주목하는 것이 보통이다. 따라서 사회변동을 사회구조의 변동이라고 생각할 때 사회구조가 역할배치와 역할에의 인원 및 사회적 자원의 배분규칙의 양자에 의하어 정의된다고 전제한다면 사회변동이란 이것에 변화가 초래되는 것이라고 정의할 수가 있다. 그리고 역할의 형성으로서의 역할배치에 변동이 초래된다고 할 때 거기에는 두 가지를 고려할 수 있다. 그 하나는 기존의 역할체계 속에 새로운 역할이 추가되는 경우와 기존의 역할 속에 있어 특정의 역할이 변화했을 때 생기는 변화인 것이다(신섭중, 1999).

즉 사회변동이란 개념은 사회인구의 연령 구성이나 직업 구성 등 인구학적 패턴의 변동으로부터 시작하여 가치나 세계관이나 국민성 등 문화적 패턴의 변동에 이르기까지 다양성을 갖고 사용된다.

이와 같이 사회변동은 구조적 변동에 그치지 않고, 구조의 변화는 체계의 기저에 있는 체계 특유의 사고나 행동 양식으로서의 문화, 그리고 문화의 가치관에도 영향을 미친다. 변동이 부분적이건 전체적이건, 어느 정도 문화나 가치관도 변화시키는 것이다. 또한 경우에 따라서는 문화나 가치 간의 변화가 구조의 변화를 유도하는 수도 있는 것이다.

이와 같은 사회변동의 요인으로서는 극단적으로는 전쟁이나 혁명, 경제공황이나 인구의 대이동 등 여러 가지가 있을 수 있겠으나 지난 30여 년 간 우리나라에 있어 사회변동의 주된 요인은 근대화와 관련하여 무엇보다도 산업화(공업화) · 도시화 · 핵가족화의 급속한 진전이라고 아니할 수가 없다.

3) 산업화 · 도시화 · 핵가족화와 사회문제

(1) 산업화 · 도시화

산업화와 도시화는 어느 시대에 있어서는 그 상관성이 인정되지만 반드시 전부가 그런 것은 아니다. 그러나 이 모두가 사회변동의 요인임에는 분명하며, 특히 도시화란 인구학적으로 파악하건대 농촌으로부터 도시에로의 인구 이동을 의미한다.

도시적 생활 양식의 명확한 성격이 사회학적으로는 제1차 접촉의 제2차 접촉과의 교체, 친족간 유대의 약화, 가족의 사회적 의의의 감소, 사회적 연대의 전통적 기반의 붕괴에 있다고 말하면서 전통적으로 가족이 담당하고 있었던 산업, 교육, 오락이란 기능을 행정을 중심으로 하는 전문적 제도가 담당하게 되어, 이와 같은 가족을 중심으로 하는 다기능집단이나 근린집단이 쇠퇴, 소멸하며, 단일기능의 자발적 집단이 많이 생성된다고 지적하고 있다. 또 이와 같은 집단특성에 의하여 사회통제는 도시화에 수반하여 비공식적informal인 사회통제에서 공식적formal인 사회통제로 이행한다는 것도 지적하고 있다.

(2) 핵가족화

가족 형태의 변화는 이전에 가족이 수행해 온 기능의 변화를 초래한다. 특히 가족규모의 축소는 다양한 능력을 갖는 활동주체를 가족의 내부로부터 배출해 가는 것을 의미하며, 그 활동주체・능력의 상실이 가족기능의 축소・약체화, 위기대응 능력의 저하 등에 이어진다. 가족이 상실한 기능은 외부의 기관이 가족을 대신하여 유상・무상으로 인수하게 되는 것이다. 이런 의미에 있어 그와 같은 것을 가족기능의 외부화(사회화)라고 일컫는다.

그런데 가족의 변동은 그 형태상의 변화만으로 파악되는 것은 아니다. 그것 이외에 권위구조, 역할구조, 가족주기, 정서구조, 가족기능, 가족의식, 생활구조 등 가족의 구조변동을 파악하는 측면은 다양하다.

공업화의 진전은 먼저 가족이 보유해 온 경제기능 중에서 생산기능을 분리시켜 가정과 직장의 분리가 진행되었다. 외부화된 기능은 이와 같은 경제기능・생산기능에 그치지 않는다. 영유아의 보육, 자녀의 교육, 환자와 신체장애자의 보호, 고령자의 부양 등 이전에는 가족의 내부에서 가족의 직접적 접촉을 통해 행해졌던 것이 각각 전문적인 서비스 기관에 위양되는 경향이 강해지게 되었다. 그밖에 종교, 오락이나 교제기능의 일부도 외부화되고 있다.

요컨대 핵가족화의 원인으로서는 사회구조 전체의 근대화・도시화를 들 수 있지만, 그 중 중요한 구체적인 요인으로서는 자본주의경제가 발달하여 고용노동자가 증가하며 도시에 집중해 있기 때문에 핵가족이 증가하고 있다. 근대적인 결혼관・가족관이 보급되고 있다는 것 등을 지적할 수가 있다.

현대의 핵가족의 특징은 출산율의 저하와 수명의 연장에 의한 가족규모의 축소와 자녀들의 독립 후의 중고령기 부부만의 기간연장, 가족의 생활보장기능의 실질적 평등화, 맞벌이에 의한 부부의 역할교체, 부부 관계의 실질적 평등화, 가족해체의 진전, 이혼과 재혼의 증가, 이와 같은 여러 문제의 사회적 해결을 위한 사회보장・사회복지에 대한 욕구의 증대 등이다.

4) 사회문제의 유형

현대사회에 있어 산업화・도시화・핵가족화는 전통적인 가족을 민주적 가족으로 바꾸는데 크게 기여한 것은 사실이다. 그러나 그 반면 이전에는 없었던 많은 문제들을 야기하고 있다.

즉 유아학대・유기, 가정 내 폭력, 가출, 부모로서의 역할포기, 세대간의 단절, 이혼 등 가족의 병리・해체라고 하는 현상이 곳곳에 나타나고 있다. 그러나 그 중에서도 특히 중요한 것은 노후의 가정생활의 문제, 이혼률의 증가, 주부의 맞벌이에 따른 문제, 자녀의 가정 내 폭력, 자살, 비행문제 등으로 요약될 수가 있다.

또한 근대도시는 이상과 같은 집적의 이익을 추구하는 것에 의하여 발달한다. 그런데 역으로 도시의 문제는 이와 같은 집적으로 인하여 일어난다. 도시문제는 도시화의 불이익에 의한 것이거나, 이와 관련하여 도시적 생활 양식이 파탄하는 것으로부터 일어난다. 즉 공업화・도시화의 진전에 따라 교통, 인구집중과 이로 인한 자연파괴, 혼잡, 비효율 등이 일어난다. 구체적으로는 공해, 자원, 주택, 교통, 폐기물, 노인・부인문제, 도시의 재정문제 등이 일어난다. 또한 사회구조의 변화로 인하여 노동문제・빈곤문제・실업문제 등의 문제로 인하여 주택문제・가족문제・노인문제・아동문제・장애인문제・여성문제 등이 발생한다.

2장
사회복지의 접근 방법

1. 개념

1) 복지의 의미

사회복지의 개념 파악에 있어 먼저 복지란 용어의 의미를 검토할 필요가 있다. 경제가치 우선의 사회에 있어 사회적 풍요를 희구하는 시민의 원망이 높아감을 반영하여 복지란 오늘날에 있어 일상용어가 되고 있으며, 복지를 사용하는 관련어가 다양해지고 있다(上田千秋, 1991).

Webster사전에 의하면 '복지'란 '살아감이 좋은 상태를 말하는 것으로서 건강, 물질적인 풍요, 행복, 그 밖에 well-being에 관한 상태 또는 조건'이라고 말하고 있다. 즉 복지welfare란 '안정된 삶', '생활욕구의 충족된 상태' 또는 '물질적으로 충족된 상태'를 뜻하며 ilfare에 대치되는 용어로서 쓰이고 있다.

이와 같이 복지란 다차원적인 것이기 때문에 한 인간의 복지를 생각하는 경우에 그것은 복합적인 구성요소를 갖는 것이 된다. 그 가운데 특히 중요한 것은 신체적 복지(건강), 물질적 복지(풍요함), 그리고 정신적 · 심리적 복지(정신적 안정 또는 정신적 위생)이다. 그런데 이와 같은 세 가지 측면에서의 복지를 확보하기 위한 모든 정책 · 방법에 있어서는 여러 가지 것들이 고려되게 된다. 예를 들면 신체적 복지에 관련된 것으로는 공중위생 · 의료 등의 보건위생으로부터 영양, 생활환경 등의 분야가 고려될 수 있으며, 또 물질적 풍요에 관련된 것으로는 소득유지의 프로그램으로부터 주택 · 생활환경시설의 정비 및 확보 등을 생각할 수가 있다.

나아가서 정신적 안정에 관련된 것으로는 정신위생 · 교육으로부터 각종의 상담 · 원조활동 등에 이르기까지 여러 가지 것들이 고려될 수 있는 것이다. 따라서 사회복지를 확보한다는 것은 그 속에 포함되는 분야 및 정책이 대단히 다면적인 것이 된다고 볼 수 있다.

2) 사회복지의 개념

(1) 일반적 개념

사회복지의 개념정의는 목적적 개념 규정과 실체적 개념 규정으로 대별할 수가 있다. 목적적 개념 규정이란 당위 개념으로 사회복지란 일반의 정책목표로서 이와 같은 정책이나 제도가 실현하고자 하는 목적의 개념인 것이다. 실체적 개념 규정은 행위 또는 제도 및 정책 그 자체, 즉 현실에 존재하는 실체 개념으로서 사용되는 경우를 말하며, 이것은 협의와 광의로 구별 사용된다.

광의 내지 최광의 사회복지란 사회사업 외에 사회정책 · 사회보장에서부터 나아가서는 교육, 주택, 공중위생, 범죄 관계 대책 등의 공공일반시책, 그리고 더 나아가서는 복지국가정책의 확대에 따라 사회생활을 영위하는 인간의 내적 · 외적 생활 제 조건에 밀착하는 모든 사회적 정책의 총칭으로서 사용되는 경우가 많아졌으며, 사회복지 포괄 범위의 확대는 금후에 있어서도 그치지 않을 것이다. 이와 같은 의미에 있어 미국의 'social welfare'라든가 영국의 'social services'는 광의의 사회복지의 개념으로 파악될 수가 있다.

또한 정책목표로서의 목적적 개념 규정에 입각한 광의의 사회복지 개념으로서는 다음의 정의를 들 수가 있다. 즉 사회복지란 사회보장이나 공중위생과 동열同列에 놓인 협의의 사회복지가 아니고, 이 둘을 포함하여 종합하는 광의의 사회복지 일반으로서 사회정책, 사회사업, 보건위생정책 또는 사회보장제도에 있어 공통된 정책목표로서, 또는 이와 같은 정책이나 제도가 실현하고자 지향하고 있는 목적의 개념인 것이다. 그런데 이와 같은 목적 개념과 관련된 실체 개념으로서의 사회복지는 이와 같은 목적의 달성을 위하여 필요한 제 시책과 방법 등을 포함하는 일종의 포괄적 개념이 될 것이다.

협의의 개념으로서 사회복지는 사회사업・사회복지사업과 동의어同義語로서 사용되고 있으며, 전술한 바와 같이 광의의 사회복지의 개념으로 social welfare, social service란 용어가 사용되는 데 반해, 협의의 사회복지의 개념으로서는 social work, social service가 사용되고 있다.

(2) 사회사업

미국에서는 협의의 사회복지 개념으로서 사회사업social work의 표준적인 정의에서 개인적 행위에 관련된 것이건 또는 단체적 사업에 관련된 것이건 간에 현대의 사회사업은 인간을 개인으로서 또는 집단의 일원으로서, 개개인의 특수한 희망이나 능력에 따라, 사회와의 조화를 고려하면서 만족스러운 생활상의 제 관계나 수준을 확립하도록 원조하는 것을 목적으로 행해지는 직업적 활동으로 표현하고 있다.

이에 대하여 사회사업을 기술적으로 이해하지 않고 오히려 전통적으로 사회개량에 있어서의 환경적 조건의 정비로 보는 경향이 강한 영국에 있어서는 사회사업social service은 보통 어느 특정 사회계층의 사람들에 대한 활동이며, 무조건적으로 모든 사람들에게 적용되는 것은 아니다. 사회사업의 목적은 개인, 집단 또는 계층 간의 불평등을 교정하며, 특정사회의 생활표준으로 보아 생활의 최저 조건을 상실한 사람들이나 집단에 대하여 적절한 배려를 하는 것이다. 따라서 그것은 사회적 조정의 한 형식으로 보고 있다.

일본의 사회사업의 정의로서는 UN의 요청에 의하여 1950년 일본사회사업연구소가 국제사회사업회의International Conference of Social Work에 제출한 정의에서는 사회사업이란 정상적인 일반적 생활의 수준으로부터 탈락하였거나, 또는 그런 우려가 있는 불특정의 개인 또는 가족에 대하여 그의 회복을 목적으로 하여 국가, 지방공공단체 혹은 민간인이 사회보험, 공중위생, 교육 등 사회복지의 증진을 위한 일반

대책과 더불어 그것을 보완 또는 대신하여 개별적 · 집단적으로 보호조장 혹은 조치를 행하는 사회적인 조직적 활동으로 표현하고 있다.

요컨대 협의의 개념으로서의 사회사업 또는 사회복지사업은 정상적인 사회생활을 영위할 수 없는 사람들을 대상으로 하여, 이들이 일반적인 생활을 유지할 수 있도록 구제 · 보호 · 예방 · 회복 등의 원조를 행하는 정책과 방법의 체계라고 할 수 있다.

(3) 사회사업과 사회복지

사회사업과 사회복지에 관한 통일된 개념은 없다 하지만 사회복지와 사회사업과의 구별은 다음과 같이 사회복지는 국민들의 복지를 위해 기본적인 것으로 인정된 사회적 욕구를 충족시키기 위하여 그리고 사회질서의 회복을 위하여 제반 급여를 확보하거나 강화시키는 법률, 프로그램, 급여 및 서비스 체계이다. 반면 사회사업은 개인, 집단, 지역사회가 사회적이거나 혹은 개인적인 만족과 독립을 확보할 수 있도록 도와주는 인간 관계상의 과학적 지식과 기술에 바탕을 둔, 전문적인 서비스이다. 사회복지는 전문 사회사업보다 넓은 의미를 지니고 있다. 사회복지와 사회사업에 관한 개념 사이의 비교를 상세하게 검토하면 아래와 같은 표로 요약하고 있다.

〈표 2-1〉 사회복지와 사회사업 개념의 비교

분류 구분	사회복지	사회사업
1. 어의적	이상면 강조	실천면 강조
2. 목적적	바람직한 사회	바람직한 인간
3. 대상적	일반적	개별적
4. 기능적	제도, 정책(macro)	지식과 기술(micro)
5. 실천적	고정적	역동적

(4) 사회복지 관련 개념

가. 사회보장

사회보장이란 국민이 그의 생활에서 소득의 중단 또는 영구적 상실 및 질병과 부상 등 생활상의 곤란에 대하여 국가가 국민의 생존권의 실현을 위해 소득의 재분배를 통하여 국민의 최저생활 확보를 전제로 그의 소득보장을 도모하는 총체적인 국가정책이다.

여기서는 사회보장이 소득보장에만 관심을 두었지만 오늘날에는 일반적으로 사회보장의 범위가 의료 및 사회복지서비스에까지 확대되는 경향을 발견할 수 있다. 그리고 일반적으로 사회보장이란 사회복지에서 중요한 제도로서 포착하고자 한다. 다만 사회복지의 개념에서 언급한 바와 같이 사회복지제도 중의 핵심적인 제도로서 파악하여 사회복지 실현의 중핵적인 제도로서 포착하고 있다.

나. 인간서비스

인간서비스human service 개념인데, 이 개념은 미국에서 흔히 사용되는 개념으로서 사회복지 개념보다도 한층 포괄적인 의미를 지니고 있다. 인간서비스에 포함되는 개념은 공중보건, 정신건강, 사회서비스 및 재활서비스 등이라고 주장하는 학자 혹은 정신건강, 사회복지, 보건, 교육, 및 법적 정의를 위한 활동 등을 포함한다고 하는 학자들이 있다. 결국, 인간서비스는 사회복지를 포함하여 인간의 복지증진을 위한 한층 포괄적이고 종합적인 활동으로 풀이할 수 있다.

다. 대인서비스

대인서비스personal service인데, 이 개념은 주로 영국에서 많이 사용되는 용어이다. 영국의 사회정책에서 대인서비스의 개념을 다음과 같은 내용으로 풀이하고 있다. 대인서비스는 두 가지 측면으로 말할 수 있는데, 국민들 중에서 특수한 사람들의 욕구충족을 위해 제공되는 것으로서, 이들 특수한 사람들에는 노인, 신체적 정신적 장애인 및 아동들이 포함된다고 하였다.

대인서비스는 결국 사회사업과 비슷한 의미를 지니고 있지만, 사회사업이 전문적이고 실천적인 기술면에 중심이 있다면 대인서비스는 사회정책의 하나로서 사회정책의 결과로 제공되는 서비스라는 측면에 강조점이 있다는 것으로 풀이될 수 있다.

즉 대인서비스를 제공하기 위해 사회사업가들이 주로 중요한 피고용자로 고용되는 현상을 발견할 수 있다. 하지만 그 대상이 개별적인 개인이나 집단과 같은 소규모에 한정된 특수집단을 대상으로 하며 그들의 특수한 욕구를 취급한다는 면에서는 유사한 것으로 파악된다. 이러한 유사점과 상이점은 넓은 관점에서 사회복지가 이루어지고 있는 사회적 역사적 맥락의 차이에서 비롯된 것으로 풀이할 수 있다.

(2) 사회복지의 실천적 개념

위에서 이론적으로 혹은 학문적으로 사회복지의 기존 개념이 어떤 것이 있는지를 몇 가지를 선택해서 살펴보았다.

이들 개념 이외에도 많은 학자들과 나라에 따라 다양한 개념들이 사용되고 있다. 우리나라에서 법적 행정적 실무 분야에서 사회복지를 어떻게 수용하여 사용하고 있는지를 간략하게 알아보자. 우선 법적 규정에서 볼 수 있는 사회복지 개념과 보건복지부를 위시한 행정기관에서 사용하고 있는 관용적인 사회복지의 개념을 알아보도록 한다.

가. 헌법상의 사회복지 개념

우리나라의 헌법 제34조에는 다음과 같은 내용이 있다.

① 모든 국민은 인간다운 생활을 할 권리를 가진다.

② 국가는 사회보장・사회복지의 증진에 노력할 의무를 진다.

③ 국가는 여자의 복지와 권익의 향상을 위하여 노력하여야 한다.

④ 국가는 노인과 청소년의 복지 향상을 위한 정책을 실시할 의무를 진다.

⑤ 신체장애자 및 질병・노령 기타의 사유로 생활 능력이 없는 국민은 법률이 정하는 바에 의하여 국가의 보호를 받는다.

⑥ 국가는 재해를 예방하고 그 위험으로부터 국민을 보호하기 위하여 노력하여야 한다.

헌법에서 말하는 사회복지는 제2항에서 보듯이 사회보장과 구별되는 용어로 사용하고 있다. 그렇다면 사회보장과 사회복지의 구별은 어떻게 받아들이고 있는 것일까? 이들 양자의 관계는 사회복지의 개념이 사회보장을 제외한 사회적 서비스를 의미하는 것으로 풀이될 수 있다. 즉 제2항의 의미는 제1항에서 국민들이 인간다운 생활을 할 수 있도록 국가가 시도하는 제반 시책들을, 크게 사회보장과 사회복지로 나눌 수 있다는 의미가 되며, 따라서 사회보장을 제외한 제반 사회적 서비스를 총칭하는 개념으로 받아들여진다.

나. 사회복지의 행정적 개념

정부의 문서상에서 발견되는 사회복지의 개념은 경제기획원의 예산편성에서 그 범위가 드러난다. 우리나라 정부와 예산체계는 다음과 같은 도표로 요약할 수 있다.

이 체계에서 보면, 사회개발비 속에 사회보장을 위시한 인력개발, 인구 대책 그리고 보건과 생활환경 개선, 주택과 지역사회개발 등의 항목이 들어가 있다. 사회보장 속에는 다시 건강보험과 보험, 국민연금, 기타 사회복지, 보훈 및 근로자복지 등이 포함되어 있다.

이러한 예산 항목 구조는 정부의 행정적 관용을 드러내는 것으로 해석할 수 있다. 정부의 행정적 관용은 사회보장이 사회복지의 상위 개념으로 사용되고 있음을 알 수 있다. 그리고 사회복지와 공공부조를 포함하여 사회보장이라는 개념으로 포착하고 있음을 알 수 있다.

이런 점에서 파악되는 사실에서 본다면 정부의 사회복지 개념상의 관용은 일단 사회보장에 관한 법과 일맥상통한다고 할 수 있다.

우리나라에서 최광의의 사회복지 개념은 정부의 행정적 관용에서 주로 사회개발이라는 용어로 사용되는 경향이며, 그래서 사회보장을 포함하는 개념으로 자리잡는다. 그리고 일반적으로 행정적 관용으로서 사회복지는 협의의 개념으로 사용되며, 때로는 사회복지사업 또는 사회복지서비스로 사용되는 실제적인 경향을 발견할 수 있다.

3) 사회복지 개념의 확대와 변화

(1) 확대

정상적인 사회생활을 영위할 수 없는 이른바 사회적 약자인 빈곤자, 아동 및 청소년, 노령자, 모자, 심신장애인 등을 대상으로, 이들이 일반적 생활을 유지할 수 있도록 구제・보호・예방・회복 등의 정책 및 방법체계로서의 협의의 사회복지의 개념도 역사적 및 경제・사회적 조건의 변화와 그에 따른 국민생활의 변화 및 구제・원조의 기본구조와 국민의식의 변화 등에 따라 그 한정적인 변화를 초래하게 되었다.

H. Wilensky와 C. Lebeaux도 보충적인residual 사회복지는 '진전하는 산업화에 따라 근본적인 사회의 변화를 반영하고 있지 않다'고 봄으로써 산업화의 진전에 따른 사회 및 가족구조의 변동과 가치의식의 변화 등을 배경으로 사회복지는 제도적인institutional 것으로 이행하고 있다고 주장하고 있다(H. Wilensky & C. Lebeaux, 1958). 이와 같이 사회복지의 개념의 확대는 사회복지의 발달 과정에 있어 일반적인 경향이라고 할 수 있다.

(2) 변화

최근의 사회복지는 사회복지와 보건의료가 전문적 직업과 관련시설이 통합적인 차원에서 접근하고 있다. 이러한 현상은 사회복지가 발전한 국가일수록 연대가 강하다. 사회복지와 보건의료의 통합은 종합적인 복지total welling를 실시하는데 목적을 두고 있다. 즉 삶의 각 단계에서 신체적・정신적・사회적인 건강증진 및 가족 관계의 서비스를 종합적으로 지원할 수 있는 통합시스템을 확립하기 위함이다.

즉 지금까지 사회복지와 보건의료가 인적자원과 시설자원에서 종적인 분할 구분에 의해 지원하는 형태에서 이용자를 중심으로 종합적으로 접근하는 것이다. 그럼으로 앞으로의 사회복지는 사회복지와 보건의료의 각각의 전문성을 상호연대 및 시설간의 제휴가 증가할 것이다(신섭중 외, 1995). 또한 예방적 사회복지의 강화와 정상화 이념에 의한 탈시설화에 의한 재가복지의 개념이 강화되고 있다.

2. 사회복지의 목적과 기본 원리

1) 사회복지의 목적

사회복지의 포괄적 목적은 생존권의 보장에 있다. 이의 구체적 표현이 인간다운 생활의 보장이며 인간다운 생활의 보장은 소득의 보장, 보건・의료의 보장, 교육의 보장, 주택의 보장 및 사회적 기능의 회복을 위한 사회복지서비스의 급여에 있다 하겠다. 좀 더 구체적으로 사회복지의 목적을 고찰하면 다음과 같다.

(1) 인간다운 생활의 보장

사회복지의 직접적인 목적은 개인을 사회적 위험으로부터 보호하고 사회적 요보호자를 보호하여 인간다운 생활을 할 수 있도록 보장함에 있다. 사회복지에서 말하는 사회적 위험은 실업・질병・노령・폐질・장애・사망・출산・결혼 등이고, 사회적 요보호자는 소득 능력을 상실하였거나 결여된 장애인・부녀자・노인・아동・저소득자를 의미한다.

이들의 인간다운 생활의 보장을 국가나 사회가 개입하여 해결하여야 하는 이유는 사회적 위험이나 요보호 상태가 개인적 원인에 의하여 발생한 것이 아니라 자본주의사회의 형성과 발전에 기인하였다고 보는 사회성, 보편성의 원리에 근거하고 있다는 데 있으며 이러한 사회적 위험이나 요보호 상태는 개인과 가족만의 능력으로서는 해결할 수 어렵게 되었다는 데 있다.

(2) 대인서비스의 증진

인간다운 생활의 보장은 보편적 사회보장체계하에서는 사회보험 방식 및 공공부조 방식에 의한다. 그런데 사회구성원 가운데에는 사회보험 공공부조에 의하여 보호되지 못하고 있거나 또 그 보호가 충분치 못한 여러 사회적 약자가 있다. 장애인, 노인, 영세민, 마약중독자, 정신질환자, 부녀자(이혼모, 윤락여성 등), 아동 등이 그들이며, 그들은 본인이나 가족의 노력만으로는 본인이나 가족의 생계와 복지증진을 성취하기 어렵다.

장애인을 위한 재활교육은 그들을 하나의 인격체로서 사회로 복귀시키는 데 도움이 되고 정신질환자, 마약중독자, 알코올중독자 등은 치료와 재활을 통해 직업능력을 갖게 함으로써 정상적이고 보편적인 사회생활을 가능케 하여 준다. 뿐만 아니라 부녀자의 특별한 보호, 아동, 노인의 복지증진은 인권의 보장인 동시에 인간다운 생활의 보장인 것이다.

(3) 소득재분배

사회복지가 가지고 있는 중요한 기능 중의 하나는 소득재분배기능이다. 현대 복지국가에 있어서 사회복지급여비가 전체 국가예산에서 차지하는 비중은 선진국의 경우 30~60%에 달하고 있으며, 사회보험기여금의 엄청난 수입은 일국의 경제에 미치는 파급효과가 대단히 크다. 그러나 사회복지는 이러한 경제적 · 부수적 효과보다는 소득재분배의 기제로서 기능하고 있다는 점은 사회복지의 목적에서 간과할 수 없는 매우 중요한 기능이다.

(4) 사회적 통합

사회복지는 계급간의 적대감이나 계층간의 위화감을 완화시켜 국민적 통합을 달성함으로써 정치적 · 사회적 안정을 도모한다. 소득보장을 통한 생활안정은 극단주의를 포기하게 하며 정신적 개혁주의를 추구하게 한다.

그러나 무엇보다도 중요한 기능은 사회구성원, 즉 국민의 통합과 연대감을 조성한다는 점이다. 사회적 약자 또는 불우한 취약계층, 저소득자의 생활불안정 등은 그들을 사회로부터 소외시킴으로써 국민적 통합에 저해 요인이 되도록 하며 이러한 경제적 불안정은 불평과 불만을 누적시켜 사회적, 정신적 불안을 야기한다. 사회복지는 소득보장, 의료보장, 사회복지사업 등으로 저소득자, 사회적 요보호자의 사회생활문제를 해결함으로써 국민적 통합목적을 달성한다.

2) 사회복지의 기본 원리

(1) 보험의 원리

보험의 원리란 장래 발생할 생활상의 특정 위험으로부터 자기를 보호하고자 하는 사람들이 상호부조의 정신으로 각각 일정한 기여금을 지불하고 자기에게 생활상의 위험이 발생하게 되면 소정의 급여를 받게 되는 원리를 말한다.

사회보장제도에 있어서 보험의 원리가 적용된다고 하는 것은 사회보장제도에 사보험의 보험 원리, 기술, 방식이 원용되고 있음을 말할 뿐이지 어느 특정국가의 사회보장제도가 사보험 방식에 의하여 실현되고 있다는 것을 의미하는 것은 아니다.

보험의 원리에 근거하여 실시되는 것이 사회보험이다. 사회보험은 사회적 위험은 질병, 상해, 분만, 사망, 소득 능력의 감소, 소득 능력의 상실, 일시적 근로 능력의 상실, 실업 등이며 그러한 사회적 위험이 언제 발생할 것인지 알 수가 없다. 따라서 사회적 위험에 처할 가능성이 있는 사람들이 지역적 또는 직업적 공통성을 기반으로 공동체를 형성하고 그 위험이 발생한 사람에게 일정한 급여를 지급한다. 이 때 급여의 재정은 그 보험에 가입하고 있는 사람들이 보험 기술에 따라 결정된 기여금을 정기적으로 지불함으로써 충당하게 되는데 이러한 사회보험제도는 보험의 원리를 기초로 하고 있는 것이다.

(2) 보상의 원리

보상의 원리는 국가와 민족을 수호하기 위하여 활동한 사람이(예컨대 군 · 경 기타 국가유공자 등) 상해를 입거나, 사망하거나, 근로 능력을 상실하여 본인이나 가족, 그리고 유족의 생활이 빈곤하게 될 때 그와 같은 공익을 위하여 헌신한 사람에게 국가가 그들 본인과 가족 또는 유족의 생활을 보장하기 위하여 국가의 재정을 재원으로 하여 급여하는 것을 말한다.

보상의 근본 원리는 인과성의 원리에 바탕을 두고 있는데 인과성의 원리란 일정한 사회복지 급여지급 사유가 특정의 원인에 의하여 발생하게 될 때 그에 대한 대응으로 급여가 지급되는 것을 말한다. 그런데 보상의 원리에 있어서 인과성의 원리는 보상의 근거가 민족, 국가, 공동체를 위한 희생이라는 초개인적 원인에 기초하고 있다.

보상의 원리는 원래 군사원호 보상 및 독립유공자나 기타 국가유공자 보상의 기초가 되는 사회복지법의 기본 원리가 되어 왔는데 현대국가에 있어서 이 원리는 내적·외적 확장의 경향을 보이고 있다. 이 원리의 내적 확장은 그 법정 원인인 구성요건의 확장을 의미한다.

(3) 부조의 원리

부조의 원리란 개인의 일정한 가중된 경제적 부담을 경감시켜 주기 위해 국가의 재정에 의하여 소득을 보장해 주는 원리를 말한다. 즉 자립상실자, 소득 능력의 결여자, 소득 능력의 미확립자 등 사회적 요보호자(아동, 노인, 부녀자, 폐질자, 저소득자)를 보호하기 위하여 최저생활을 보장하는 원리이다. 공공부조는 기여금 지불을 전제로 하지 않고 국가의 재정을 재원으로 국가가 일반적으로 급여하는 제도로서 부조의 원리에 기초하고 있다. 그런데 부조의 원리에 의한 현금급여 대상자는 자산조사를 반드시 거쳐 급여를 지급받는다는 것이 특징이다.

(4) 원조의 원리

원조의 원리란 사회적 욕구를 충족시키는데 실패한 사람이나 사회문제로 인하여 어려움을 겪게 된 사람들의 생활상의 장애를 제거·경감시켜 사회생활 능력을 향상시킬 목적으로 이들에게 제공하는 사회복지서비스를 말한다. 원조의 원리에 의한 사회복지서비스는 상담, 심리사회적 치료, 생활지도, 직업훈련, 재활서비스 등인데 이러한 서비스를 통하여 자기의 생활을 스스로 책임질 수 있도록 능력을 배양하여 사회에 복귀시키기 위한 서비스이다.

3. 사회복지의 지도이념

사회복지의 지도이념이란 사회복지를 실천할 때 반드시 고려하여야 할 타당성과 구현하고자 하는 목적, 가치를 의미하는데 구체적인 내용은 다음과 같다.

1) 사회성

사회복지는 사회구성원, 즉 전체 국민의 사회적 보장을 목적으로 하기 때문에 사회복지는 반드시 사회복지의 사회성 이념에 기초해야 한다. 이러한 이념은 자본주의의 형성과 발전이 개인과 가족의 경제적 불안을 야기하였다는 인식에서 비롯된 것이다.

인간은 생활상 예기치 못한 사회적 위험(질병, 장애, 사망, 실업, 노령)을 당하게 되거나 또는 사회적 위험을 예상할 수 있는 경우라 하더라도 그를 피하기 어려운 때가 있다. 사회적 위험을 당하게 되는 사람이 이에 대처할 수 있는 경제적 능력이 결여되어 있거나 대처해야 한다는 인식이 불충분할 때는 문제가 아닐 수 없다. 더구나 부양가족을 부양하고 있는 경우에는 본인은 물론 그 가족들의 경제적 불안은 커지게 된다.

이러한 사회적 위험으로부터 비롯된 경제적 불안을 해소하여 인간의 존엄성과 인간다운 생활을 보장하기 위해서는 국가나 지방자치단체가 주체가 되어 사회생활상의 불안을 해소해 주어야 한다.

2) 적절성

사회복지가 추구하고 있는 사회적 보장은 인간다운 생활을 보장하는 것을 의미한다. 인간다운 생활의 보장이란 의료보장과 소득보장이 중심이며, 또한 사회적 약자로 하여금 사회에 복귀할 수 있도록 사회복지서비스를 급여하는 것을 말한다.

의료보장은 사후치료뿐만 아니라 사전 예방까지도 포함하는 것이어야 하고 소득보장은 인간의 육체적 생명만을 유지케 하는 생존 개념이 아니라 인간의 존엄성을 유지할 수 있는 수준의 생활보장이어야 한다. 사회복귀란 재활, 직업교육을 통한 취업 가능성의 확대와 아예 소득 능력이 없는 자에 대한 생활보장을 의미한다.

사회적 위험의 대처와 사회문제의 해결, 사회적 욕구의 충족을 위해 다양한 형태의 급여가 주어져야 함은 물론 인간다운 생활 수준을 유지하기 위한 적정한 수준의 사회복지급여가 주어져야 함을 의미한다. 적절하지 못한 사회보장은 요보호 상태의 방치를 의미하고 과잉 사회보장은 개인의 창의와 생활에 대한 자립의지를 손상시키고 안일과 의존을 배양할 가능성, 즉 사회보장의 부정적인 결과를 초래하게 될 위험성이 있으며 나아가서 그러한 부정적 결과는 국민통합을 저해할 뿐만 아니라 국민경제에도 심각한 타격을 주게 될 것이다.

3) 보충성

사회적 보장이 무제한적으로 제공되어야 하는가 하는 점이 문제이다. 사회보장은 여러 측면에서 제약을 받고 있다. 예컨대 경제적 제약(국가의 재정 능력), 사회적 제약(가족구조, 인구, 전통적 가치), 법적 제약(헌법상의 기본질서) 등이 있으며 이러한 제약이 급여의 종류와 수준, 급여 기간의 결정에 직접적으로 영향을 주는 요인이 되고 있다. 따라서 사회보장은 적정 수준의 사회보장의 범주를 벗어날 수 없다.

적정 수준의 사회보장을 위한 원칙이 바로 보족성 또는 보충성의 원칙이다. 사회보장의 보충성이란 개인의 자산과 능력을 최대한 발휘하고도 경제적 불안을 해소하지 못할 때 그 부족분을 보충하여 주어야 한다는 원리이다. 보충성의 원칙은 사회복지의 적용 범위의 결정, 사회적 위험의 범위, 사회복지급여의 적정 수준을 결정할 때 기본적인 기준이 된다. 따라서 사회는 개인이 자력으로 사회적 위험에 대처하도록 권장하고 있으며 개인의 능력으로 대처할 수 없는 경우 보충적으로 조력을 제공하여야 한다는 것이다.

4) 예방성

사회적 보호는 요보호 상태가 발생한 이후에야 비로소 관여하게 되는 사후적인 것인가 또는 요보호 상태가 발생하기 이전이라도 사전에 이를 방지하기 위하여 국가가 개인의 생활에 관여할 것인가의 문제가 발생한다.

사회적 보호는 대부분의 경우 사후적이고 치유적인 성격을 가지고 있다. 그러나 현대사회에 있어서는 오히려 예방적 기능을 강조하고 있는 추세이다. 만약 사회적 보호를 사후적·치유적 개념으로만 이해한다면, 사회보장비용이 불필요하게 확대될 것이고 요보호 상태에 빠진 개인의 고통도 상당히 장기간 지속될 것이다. 또한 부족한 재원은 사회보호의 수준을 떨어뜨려 사회적 보호의 적절성을 해치게 될 것이다.

따라서 사회적 보호가 사전적·예방적인 방식으로 전환됨으로써 국가의 사회보장비용을 절약할 수 있게 될 것이며, 개인의 고통도 사전에 방지할 수 있을 것이다. 그리고 사회보장비용의 절약은 다른 사회적 보호의 수준을 향상시키는 데 그 재원으로 활용될 수 있게 될 것이다.

5) 능력과 재능의 개발 및 신장

사회복지는 사회보장과 사회복지의 보장을 통하여 건강하고 인간다운 생활을 보장하려는 목적을 가지고 있다. 이처럼 소득보장과 의료보장, 사회복지서비스의 보장에만 두고 있는 것이 아니다. 현대사회에 있어서는 개인이 가지고 있는 능력과 재능을 개발하고 신장하는 데 기여하기 위하여 적극적인 기능을 수행할 수 있도록 기회를 적극적으로 보장하여야 한다.

사회복지의 이상은 개인이 스스로의 힘으로 자립하도록 지원하는 데 있으며 이러한 이상의 실현은 개인의 잠재력을 발휘하여 재능과 능력을 최대한 발휘하도록 하여야 한다.

4. 사회복지의 주체와 대상

1) 사회복지의 주체

(1) 의의

사회복지의 주체란 사회복지의 실천을 하는 주된 자가 누구냐 하는 물음이다. 사회복지의 주체는 역사적으로 보면 오늘날과 같은 사회복지가 하나의 제도로서 분화되지 않고 있었던 시기에는 가족이나 시장기구에 통합된 상태로 존재해 왔었다.

그러나 시대의 변화와 함께 다른 제도들 역시 각기 기능적 전문화가 일어나면서 사회복지도 세분화의 길에 접어들면서 오늘에 길에 이르고 있다. 이러한 역사적 변천과 전개에 대하여서는 후술하는 사회복지의 주체에 대한 개괄적인 사항을 살펴보자.

일반적으로 사회복지의 주체는 공적(혹은 공공) 부분과 민간(혹은 민영) 부분으로 구분할 수 있다. 그리고 공적 부분은 국가와 지방자치단체가 되고 민간 부분은 법인의 형태로 운영되는 것과 종교단체 혹은 기업 또는 자원봉사단체 등으로 구성된다.

그러나 사실 이러한 구분은 오늘날 현실적으로 의미를 상실하고 있는데, 그것은 각국에서 사회복지가 공적 부분과 민간 부분이 함께 혼합된 형태로 이루어지고 있는 것이 대부분이기 때문이다. 그럼에도 불구하고 사회복지의 주체에 관한 분석적인 구분이 필요하다. 그것은 사회복지를 합리적이고 효율적으로 운영하기 위하여, 그리고 사회복지서비스의 효과성을 높이기 위해 이러한 분석과 검토가 요구되기 때문이다.

(2) 사회복지 주체의 다양화

사회복지의 주체에서 공적 부분은 사회복지를 제공하는 기관이나 시설의 소유자가 정부이고, 재원은 전부 정부예산에서 나오며, 그것의 운영을 공무원들이 하는 형태이다. 반면에 순수한 민간 부분은 사회복지를 제공하는 기관의 소유자가 민간인이고 그것의 재원도 민간인에게서 나온다.

사회복지의 주체는 오늘날 혼합된 형태로 이루어지고 있지만, 일단 공적 사회복지 주체와 민간사회복지 주체가 지니고 있는 특성을 이해함으로써 이들 양자를 적절하게 원용할 수 있을 것이다. 그리고 양자의 발전을 위해서는 양자의 장단점을 상호보완하면서 우리나라의 실정에 맞는 사회복지의 주체별 운용이 오늘날 필요하다고 생각된다. 또한 사회복지 개념의 확대로 인하여 사회복지의 주체는 다양하게 변화하리라 본다.

2) 사회복지의 대상

(1) 선별주의와 보편주의

사회복지의 대상이란 사회복지가 일차적으로 관심을 가지고 있는 것, 즉 문제에 봉착한 사람들이나 문제 자체 혹은 문제를 야기시키는 조건 등을 말한다. 사회복지의 대상 역시 사회복지가 역사적 사회적 형성체이니 만큼 사회복지의 변화와 함께 여러 가지로 변화되어 왔다. 이러한 점을 배경으로 하고 있으므로 사회복지의 대상을 일관성 있고 전체적인 특성을 조망하기 위한 것을 제시하는 일이 사실 어렵다. 뿐만 아니라 사회복지의 대상을 포착하는 문제는 사회복지를 보는 관점과 밀접하게 연관되어 있어, 사회복지 학자들에 따라 다양한 접근방법으로 논의되고 있는 실정이다. 구체적으로 보편주의와 선별주의를 살펴보면 다음과 같다.

가. 보편주의

사회복지의 대상에 있어 보편주의란 사회복지급여를 모든 사람에게 평등에 입각하여 서비스를 받을 자격을 가진다는 것이다. 그러나 보편주의는 사회복지의 비용이 많이 든다는 점과 사회복지욕구가 강하지 않는 고소득층까지 서비스가 주어져 소득재분배 효과가 약해진다는 결점이 있다.

나. 선별주의

선별주의는 사회복지급여를 개인적인 자산조사를 받는 것을 조건으로 서비스를 실시하는 것이다. 그러나 선별주의는 자산조사가 스티그마를 필연적으로 수반하고 민간시장과의 이중구조가 발생하고 소외 대상이 발생할 수 있다는 결점이 있다.

(2) 사회복지 대상자의 변화

사회복지 대상자 중심은 사회복지를 필요로 하는 사람들이 누구이냐 하는 것인데, 이것도 역사적으로 변화를 거쳐 왔다. 잘 알다시피 사회복지의 초기 단계에 소수의 사회적 약자들을 한정해서 사회복지서비스가 제공되어 왔으나, 현대사회로 접어들면서 국민 전체에로 사회복지가 확대되는 현상을 볼 수 있다. 그리고 사회복지 역시 그 개입의 방향과 인식이 점차로 확대되어 가는 경향을 보이고 있는데 내용은 아래와 같다.

① 보충적에서 제도적으로
② 자선에서 시민의 권리로
③ 특수성에서 보편성으로
④ 최저 조건에서 최대 조건의 급여나 서비스로
⑤ 개인에서 사회개혁으로
⑥ 민간에서 공공 지원으로
⑦ 빈민복지에서 복지사회로

이러한 사회복지의 변천은 그 대상자에 있어서도 국민 전체로 확대・변화해가는 모습을 담고 있는 것으로 볼 수 있다.

(3) 문제 혹은 사회생활사고

문제 혹은 사회생활사고 중심의 접근 방법은, 사회복지 대책이 사람들이 직면하는 문제나 사회생활사고를 해결하는 데 일차적인 관심을 가진다는 것을 말한다. 이것은 초기 사회에서는 가장 기본적이고 기초적인 인간의 욕구 불충족에서 오는 문제나 혹은 사회생활사고를 해결하는 데서부터 점차 고차적 욕구 불충족에서 야기되는 문제와 사회생활사고를 해결하는 방향으로 나아가는 추세이다.

또한 문제 혹은 생활사고는 한층 그 범위에 있어 포괄적일 뿐만 아니라 그 수준과 정도에 있어서도 점차 개선된 경향을 나타낸다. 물론 개인의 욕구 불충족이 개인의 생활주기에 따른 개인적이고 자연발생적인 특성도 없지 않으나 한편에서는 사회체제의 변화로 인하여 발생되는 것이 대부분이다.

5. 사회복지의 이념과 동기

1) 사회복지의 이념

(1) 개념

사회복지의 이념이란 사회복지가 구현하고자 하는 규범 내지 가치의 총체라 할 수 있다. 또한 오늘날 사회복지의 이념이 국민의 기본권 중의 하나인 생존권의 보장이란 것은 누구도 부인할 수 없으며, 모든 민주국가에서는 공동으로 이것을 인정하고 있다. 인간의 문화적 생명을 존중・보장하는 의미에서의 생존권은 사회복지이나 사회복지정책에 있어서 현실적으로 하나의 지도이념으로 되어 있다는 것은 틀림없는 사실이다.

(2) 생존권

생존권이란 국민이 최저생활의 유지를 위하여 필요한 조건의 확보를 국가에 대하여 요구하는 권리이다. 그리하여 국가의 적극적인 관여와 배려에 의하여 국민이 현실생활에 필요한 조건의 보장을 요구하는 권리의 총체이며, 국가의 부작위를 요구하는 자유권과는 질적으로 상이하다.

다시 말하면, 생존권이란 사람이 어떠한 사태에 봉착하더라도, 즉 소득이 부족하든지 혹은 전혀 없더라도 생존을 유지할 수 있는 권리를 말한다. 인간이 살기 위한 기본적 조건은 의식주와 그 밖의 생활자료의 조달과 확보이다. 따라서 인간이 어떠한 사태에 봉착하더라도 의식주와 그 밖의 생활자료를 확보할 권리가 있는 것이다.

따라서 인간다운 생활의 보장을 국가의 책임으로 하는 생존권은 다음과 같은 두 가지 특성을 지니고 있다. 첫째, 생존권은 사회적 약자에 대한 국가의 은혜가 아니라 사회에서 생을 향유하는 자의 당연한 권리로서의 권리성이며, 둘째, 생존권은 단지 살아간다는 정도가 아니라 문화적인 인간생활에 상응하는 정도의 것이라야 한다는 것이다.

(3) 사회복지 이념의 구체적 실천

생존권의 이념은 사회복지의 체계와 관련시켜 파악할 수 있다. 즉 최상위 규범인 헌법을 위시하여 각종 개별 사회복지법, 시행령, 시행규칙, 명령 등에서 생존권의 이념이 구체화하게 된다.

헌법은 국가와 국민 간의 권리·의무에 관한 기본법이다. 우리 헌법에서 생존권의 이념은 복지조치 내지 급여의 수급이 국민의 권리이자 동시에 국가의 의무로 나타나 있다. 또한 생존권에 관련된 헌법의 조항들은 개별 사회복지법 제정·운영에 있어 강령 내지는 틀frame을 제공하는 기능을 한다. 따라서 각 개별 사회복지법 규정이 헌법에 규정된 이념에 위배되거나 저촉되는 경우가 있을 때는 위헌으로 판정을 받게 된다. 헌법에서 생존권에 관련된 규정을 살펴보면 다음과 같다.

헌법 전문을 비롯한 제10조 행복추구권, 제31조 교육을 받을 권리, 제32조 근로의 권리, 제33조 노동기본권, 제34조 인간다운 생활을 할 권리, 제35조 쾌적한 환경에서 생활할 권리, 제36조 가정생활·모성의 보호 및 보건 등이다.

(4) 사회복지 이념의 변화와 전망

20세기에 들어오면서 세계 각국은 경제적으로나 정치적으로 큰 변화를 맞이하였을 뿐만 아니라, 1·2차에 걸친 세계대전의 경험을 통해 각국은 사회복지적인 측면에 있어 혁명적인 변화를 초래하였다. 소위 복지국가의 등장이 그것인데, 복지국가란 국가존립의 목적이 일차적으로 국민 전체의 복지를 증진시키는 데 있음을 의미한다.

따라서 사회복지법의 측면에서 복지국가를 말하자면, 사회복지가 매우 중요한 규범적 정책으로 등장하여 그것이 사회복지를 실현하는 기본적인 구조적 틀로서 확고한 기반을 갖는 국가라고 할 수 있다. 이것은 결국 국민의 생존권을 현실 사회에서 구체적으로 실현시키려 할 때 요청되는 것으로 복지국가와 사회복지의 이념인 생존권은 긴밀하게 연계되어 있다.

이러한 경향은 산업사회가 발전함에 따라 한층 복잡하고 광범위하게 이루어질 전망을 보인다. 즉 복지국가의 발전과 사회복지법제의 발달은 결국 국민 개개인의 생존권을 보장하는 것으로부터 시작되므로, 사회변동에 따라 생존권 보장의 실현이 변화하기 마련이다.

생존권의 구조가 개인의 생활상 문제의 내용을 담고 있으며, 사회변동에 따라 생활상의 문제의 구조와 내용이 달라지게 되므로, 생존권 실현의 이념 및 법제도 달라질 수밖에 없는 것이다. 그러므로 산업사회의 발전은 점차 개인의 생활상의 문제의 내용을 다양하고 광범위하게 변화함으로, 여기에 대처하는 사회복지의 이념과 내용도 변화하게 된다는 것이다.

2) 사회복지의 동기

(1) 종교적 동기

인간은 사회적 · 종교적 동물이라는 전제하에서 도움을 받는 자와 도움을 주는 자도 한 인간으로서 종교적인 가정과 신념을 가지고 있다.

자선적인 사회복지의 경우 대부분 종교적인 차원에서 사회복지를 시작하는 경우가 많다.

즉 사회복지의 역사는 어떤 사회적 문제에 당면한 개인 혹은 사회로부터의 탈락자의 보호와 구제에서 시작되어 인간적 원조 관계에 의해 실천되고 있는 종교사회사업의 특색이 강하다(신섭중 외, 1995). 우리나라의 경우도 사회복지의 출발은 종교적인 동기가 많은 영향을 미치고 있으며, 앞으로도 종교적인 동기는 강화될 것이다.

(2) 인도주의적 동기

사회복지는 박애주의, 인도주의, 평등, 사회정의 등의 이념이 주요한 동기가 되어 하층계급과 빈곤자를 돕는 자선을 합리화시켜 왔다. 즉 인도주의는 우선 인간생활의 고통을 경감하고 나아가서 향락을 증진시키는 데 그 원천을 찾아볼 수 있다(박용순, 1999).

또한 인도주의는 사회복지의 이념적 기조로서 우애, 자선, 온정, 박애 등은 사회복지의 역사와 더불어 영원한 동반자의 관계로 볼 수 있다.

(3) 반사회적 동기

인간은 본성적으로 자기 자신은 사리사욕과 욕구본능을 충족하려고 하는 자기본위적 존재이다. 따라서 궁극적으로 타인의 복지비용을 통하여 자신의 기본적 욕구를 해결하고자 한다. 초기에는 반사회적인 사람들의 곤궁 사정이 천차만별일지라도 법률로 제정해서 일률적으로 취급하여 구빈사업을 전개하였다.

사회복지는 반사회적 계층들에게 기본적 생활이 가능하도록 국가적인 구제사업을 실시했다는 측면에서 동기를 찾아볼 수 있다(박용순, 1999).

(4) 공리주의적 동기

공리주의는 19세기의 벤담은 공리utility의 개념에 주목하면서 공리가 사회연대라고 파악하여 '최대다수의 최대행복'을 인간 행위의 규범으로 채택한다는 윤리학설에서 그 원천을 찾았다. 즉 공리주의의 기준은 행위자 자신의 최대행복이 아니고 전체 행복의 최대량이라고 했다. 모든 인간을 종교적 및 도덕적 선입관을 배제하고 객관적인 입장에서 본다면, 인간은 가능한 한 자신의 고통을 제거하거나 회피하고 최대한의 본성적 향락을 희구하고자 한다.

따라서 공리주의적 동기의 본래적 의도는 영국의 산업혁명과 더불어 일어난 개인주의적 사상의 대두로 말미암아 사회복지로서 '최대다수의 최대행복'의 실현을 윤리의 과제로 삼는 데 있다.

그러므로 사회복지의 궁극적 목적은 모든 국민과 사회가 동시에 만족하고 바람직한 사회를 실현하고자 한다는 측면에서 공리주의적 동기에 그 기초를 두고 있다(박용순, 1999).

(5) 자발적 동기

자발적 동기란 인간이 자발적으로 나서서 사회문제 해결을 위하여 활동을 하는 것이다. 인간이 가진 이성이나 지식보다는 자유의지나 자유로운 정신을 중시하는 것으로 기본적 인권과 민주주의정신과 그 절차 및 방법을 중시하며, 시민적 성격을 강조하고 있다. 현대사회에서는 여러 가지 형태의 자원봉사를 통한 자발적 사회복지의 동기가 강화되고 있다.

(6) 전문직업적 동기

사회복지는 역사적으로 종교, 자선이나 박애 등의 동기에서 유래된 것이지만, 사회사업가가 이와 같은 구제의 사명, 희생의 이타심 등의 동기에 사로잡힐 이유는 없다고 본다. 그것은 다른 전문직, 즉 법률가・의사・교육자・종교인 등이 자신의 철학과 기본 원리에 입각해서 최선의 서비스를 제공하고 그 대가를 받는 사회사업가가 맡은 일을 소신껏 수행해 나가는 것이 중요하다. 그러므로 사회사업가가 확고한 철학과 전문적 기술 및 지식을 가지고 사회복지서비스를 충실히 수행하는 것은 사회사업의 전문직업적 동기에 입각하고 있음을 말해 준다.

6. 사회복지의 학문적 구성

사회복지의 구성은 학문적 구성, 주체와 대상, 공급체계 등으로 분류할 수 있으며, 이러한 구성요소는 상호밀접한 관계를 맺고 있다. 사회복지의 주체와 객체는 원조 관계에 있음으로 이에 원조의 기능도 그것에 따라 결정된다. 사회복지의 기초를 이루고 있는 학문적 구성은 크게 기초학문과 학제학문으로 구분할 수 있다 (김익균 외, 2002).

1) 기초학문

• 사회철학

근대사회에 들어 사회철학은 개인과 사회에 관계를 축으로 하면서 사회인식의 관점, 국가사회관, 인간의 행동규범, 정책의 공공기준, 사회과학의 철학적 기반 등을 구성하는 학문이다.

• 사회정책학

일반적으로 사회정책이란 근대 자본주의 형성 이후에 발생한 사회의 모든 문제를 대상으로 실행된 국가의 대응책을 이론적 · 실증적으로 연구하는 사회과학의 한 분야로 주요 정책과제는 다음과 같다. 첫째, 정책의 주체와 대상이 무엇인가를 확정하는 것과 둘째, 그 주체로부터 대상에게 적용되는 정책의 목적과 수단 및 거기서 발생하는 결과가 어떠한 것인가를 명백히 하는 것이다.

• 생활학

생활학은 생활을 총체적으로 파악하여 일상생활 속에서 문제를 발견하고 인식하며, 문제 해결에 대한 방향을 탐구하는 새로운 학문 영역이다.

• 아동학

아동을 대상으로 하는 학문의 총칭으로 아동심리, 아동보육, 아동보건, 아동문화, 장애아동 등에 대하여 연구하고 있다.

• 여성학

여성학은 1960년대 후반부터 일어나기 시작한 여성해방운동 과제에서 탄생한 여성에 관한 모든 연구의 총칭으로 여성에 관한 역사, 노동, 법제와 가족과 성 등을 여성의 관점에서 다시 연구하는 학문이다.

• 청년학

인간존재 가운데 한 부분인 청년의 본연의 모습을 총체적으로 주시하는 학제적 연구 영역으로 아직까지는 독립적인 전문 영역은 아니고 모든 과학의 정보를 통합하는 공동학문적인 성격이 강하다. 더욱이 객관적인 학문보다는 오히려 실천적인 과제를 전제로 한 임상과 실천의 성격을 지닌 성격이 강한 학문이다.

• 가족학

가족을 대상으로 하는 학문적 영역을 총칭하는 것으로 현 단계는 가족학으로서의 고유 영역이 확립되어 있기보다는 인문·사회과학 또는 자연과학의 모든 영역에 걸쳐 다양하게 포진하여 가족에 대한 접근을 시도하고 있지만 사회의 기초적 단위로서 가족 그 자체가 종합적이고 본질적인 성격이라는 측면에서 그 중요성이 증가하고 있다.

• 노년학

노년학이란 노화의 메커니즘 및 과정을 포함하여 노인에 관한 모든 현상과 문제를 연구 대상으로 하는 새로운 학제 분야로 사회학, 심리학, 생물학 등과 합쳐서 완성되고 있다. 미국의 경우 장수학보다는 노화라는 용어를 많아 사용하고 있는데 이것은 인간 발달에 대한 연구가 노화를 기본 개념으로 하면서 발전하기 때문이다.

• 장애학

장애학은 장애에 관해 과학적인 연구를 통하여 정확한 장애의 개념을 도출하고자 하는 학문이다.

• 보건학

보건학이란 건강의 유지·증진을 목적으로 하는 학문체계로 개인의 건강과 더불어 집단의 건강을 포함하여, 점차 그 범위가 확대되어 가고 있는 학문으로 인간과 환경체계로서 인간존재를 총체적으로 인식하고 있다. 그리고 사회복지에서 예방의 측면이 강조되면서 사회복지와 밀접한 관계를 유지하고 있다.

• 기타 학문

이 이외에도 행동과학, 범죄학, 지역학, 국제학 등이 있으며, 사회복지의 개념이 확대되면서 사회복지를 구성하고 있는 기초학문의 종류도 많아질 것이다.

2) 학제적 학문

사회복지학의 구성에서 학제간의 구성은 크게 복지정책학과 복지임상학으로 구분할 수 있고 내용에 따라 다양하게 접근할 수 있는데 구체적인 내용을 살펴보면 다음과 같다.

• 복지정책학과 복지임상학

복지정책학은 사회복지를 정책적으로 접근하면서 사회구조적인 측면에 초점을 두고 사회문제의 해결을 강조하고 있다. 반면 복지임상학은 인간 행위에 초점을 두고 문제 해결을 도모하는 입장이다. 현재는 이 두 분야를 동일하게 통합적으로 접근하는 경향이다.

• 복지경영학

복지경영학은 물리적·체계적으로 확립된 정의를 가지고 있는 학문 영역은 아니지만 사회복지법인 등에 의한 사업경영의 방향에 대한 연구를 중심으로 경영의 형태, 구조, 존립 조건 등을 이론적이면서 제도적으로 분석하여 당면문제를 현실적으로 해결하는 방법에 대한 연구 영역이라 할 수 있다.

• 복지철학

사회복지의 필요성에 대한 철학적인 과제를 다루는 학문이다. 우리들이 사회복지정책이나 제도를 매개로 하여 사회복지와 연계할 때 사회복지철학이 중요한 영향을 미치므로 그 근거가 되는 복지철학은 주요한 학문 분야이다.

• 복지의학

복지의학이란 사회복지사상뿐만 아니라 기술의학이 지향하는 복지와 의학의 연결시키는 학문이다. 최근 의료에 대한 요구가 높아짐에 따라 복지와 의학의 상호 관련 학문은 그 범위가 확대될 것이다.

• 복지심리학

복지심리학이란 사회복지 분야에서 대인복지서비스나 문제 해결 과정에서 심리학이 기초과학 또는 인접과학의 하나로서 중요한 부분을 차지하고 있다. 복지심리학의 기초가 되는 심리학은 보통 심리학과 별 차이가 없으나 심리학을 사회복지 분야에 어떻게 응용하느냐가 중요한 과제이다.

• 복지사회학

복지사회학은 사회복지를 고찰 대상으로 하여 사회학의 연구 방법의 이론적 틀을 사용하여 연구하는 학문 분야이다. 사회복지는 결국 인간의 사회생활 전체와 관련된 사회활동이 그 중심임으로 대상에 대한 접근은 사회학이 관련되어 개인－집단－사회－문화의 각 준거틀에 비추어 접근해야 할 것이다.

• 복지법학

복지법학은 사회복지정책의 구체적 전개구조로서의 법제를 법학적으로 검토하는 것으로 법학의 일부분이지만 민법학이나 형법학과는 달리 20세기에 들어오면서 출현하였다.

• 복지경제학

복지경제학은 경제학 쪽에서는 후생경제학이라 번역하지만 복지경제학으로 부르는 경향이 많아지고 있다. 특히 복지경제학은 후생경제학에 비해 좀 더 실제적인 문제를 다루고 분석하는 경향이 강하다. 복지경제학의 중요성이 높아지는 것은 복지문제를 해결하기 위해서는 실질적으로 실천적인 경제학이 요청되기 때문이다.

• 복지공학

복지공학은 사회복지를 향상시키기 위해 기초과학의 지식을 응용하는 기술체계로서 현대사회에 인류의 사회복지에 많은 공헌을 하고 있다. 즉 기초 영역으로부터 출발한 복지공학은 재활, 복지기기의 개발, 의학공학, 사회공학 등을 통하여 새로운 분야의 학문을 개척하고 있다.

3장
사회복지의 역사

사회복지의 역사는 이 지구상에 인간사회가 구성된 인류의 초기 발전 시기부터 그 연원을 찾아야 할 것이다. 인류는 집단과 사회를 이루고 살아온 이후 자연재해와 전쟁, 질병 등으로 인한 고통과 가난을 경감하거나 제거하기 위한 노력을 지속해 왔고, 그 노력의 과정은 인간이 만든 각종 제도에 의하여 구체화된다. 정치·경제·사회적 제도와 종교제도는 인간이 만든 대표적인 것이다. 사회복지제도 역시 이러한 정치·경제적 역사에 속하는 제도로서 수많은 변천을 해왔다(고수현 외, 2002).

즉 사회복지는 역사적 소산물이며 특히 인류사회에서 발견되는 공통적 사회현상의 하나로 그 나라 역사 속에서 생성, 확립, 전개되는 것이다. 따라서 사회복지의 역사적 의의를 고찰해보는 것은 사회복지의 이해에 크게 도움이 될 것으로 본다. 사회복지가 생성, 확립, 전개되어 발전되어 가게 하는 동기, 즉 사회복지의 발달 동기는 과연 무엇인가? 사회복지 발달의 동기로 다음과 같은 요인을 설명하고 있다(Macarov, 1978; 남세진·조홍식, 1995).

첫째, 상부상조의 정신이다. 이는 인간의 욕구충족 중 가장 오래되었고 보편적인 동기로 가정, 이웃, 나아가 사적 사회복지조직 및 여타의 분야에서 상부상조 효과 등을 확대시키는 것을 목적으로 하는 사회복지프로그램들을 발전시켜 왔다.

둘째, 종교적 계명이다. 거의 모든 종교는 같은 종교를 믿는 사람들끼리 또는 곤경에 처한 사람들에게 자선을 베풀도록 가르치고 있다. 사회복지에서의 종교적인 동기는 개인의 행위에서 나타날 수도 있고 기관이나 어떤 시설에 위임되기도 한다. 위임되어 나타나게 된 것이 바로 자선의 제도화라고 할 수 있는데, 자선에 관한 개인의 행동은 주로 종교의 계명을 충실히 실천하는 결과로 나타났다고 하겠다.

셋째, 정치적 이익추구이다. 종교와 정치가 분리됨에 따라 필연적으로 정부가 사회복지 분야에 개입하게 되었다. 정부가 언제부터 사회복지에 개입하기 시작했는지 정확하게 알 길은 없지만, 분명한 것은 지배자가 피지배자, 즉 국민이나 민중의 지지를 필요로 하지 않을 때에는 정부가 사회복지에 개입하고자 하는 정치적 동기가 전혀 없었다는 점을 역사를 통해서 알 수 있다. 정부가 사회복지 분야에 개입하게 된 정치적인 동기는 정치적 권력의 획득, 사회불안의 방지, 정치 과정 자체의 부산물이 그것이다.

넷째, 경제적 고려이다. 모든 사회복지프로그램은 경제적인 측면을 갖고 있다. 사회복지프로그램을 운영하기 위해서는 재정이 소요된다는 한 가지 사실만으로도 경제적인 고려가 필수적임을 알 수 있다. 그러나 사회복지에 대한 경제적인 동기는 무엇보다도 사회문제로 야기되는 사회적 비용을 줄이기 위한 욕망이나 사회문제로 인하여 피해를 입는 사람들이 여러 가지로 경제성장을 저해하기 때문에 일어난다고 볼 수 있다.

다섯째, 이념적 요인이다. 민주주의, 인간의 존엄성, 공동체의식, 인도주의, 평등의 실현 등의 이념을 추구하고자 하는 동기에 의하여 사회복지가 발전되어 왔음을 역사 속에서 찾아볼 수 있다.

이상의 사회복지의 발달동기를 중심으로 본서에서는 시대 구분을 현대 사회복지의 성립과 전개에 직접적으로 관련되어 있는 정책과 활동에 한정하여 전개하고자 한다.

1. 구미의 사회복지의 역사

1) 고대와 중세의 사회복지의 역사: 자혜구제사업시대

(1) 고대사회

고대사회의 사회복지의 가장 큰 특징은 종교적인 접근과 상호부조적인 성격이라 하겠다. 고대 그리스에서는 제나도키아라는 집 없이 떠도는 이들을 위한 임시 숙소제도가 있었고 고대 말기의 초대 교회는 기독교적 복지사상을 제도화하게 된다. 초대 교회는 A.D.30년경부터 기독교가 로마의 종교로서 인정을 받은 콘스탄티누스 대제 시기까지의 사회복지활동에서 보편적인 성향을 보였다. 이른바 사도시대라 불리는 예수 사후부터 1세기 말까지는 교회 직제가 생겨났는데 장로, 집사 등이 그것이다.

초대 교회나 유태사회에서는 마을공동체생활을 통하여 빈민이 소외되거나 비판의 대상이 되지 않은 구빈이 이루어졌다. 이 당시는 사유재산의 개념이 적어 개인적 신분의 차이가 극심하지 않았고 빈민도 중세와 같이 선별적 시혜를 받지 않았던 것이다. 오히려 구빈활동을 많이 하는 개인이나 교회는 성경의 가르침을 충실히 실천하는 것으로 평가되었으며, 이러한 상황에서는 도움을 받는 빈민의 입장에서도 낙인감이 주어지지도 않았기 때문에 중세 이후의 구빈사상과는 차이가 있는 것이다. 그러나 사도시대에 들어오면 집사 등의 구빈 요원에 의한 조사를 바탕으로 선별적 급여가 시도되기도 하였다. 도움을 받을 가치가 있는 자를 사전에 조사하고 그 명부를 작성하기도 한 것이다(고수현 외, 2002).

그리고 로마 내에 교회가 확대되기 시작한 3~4세기에서 6~7세기 간의 교회활동 중의 공통적인 것은 교회가 주관한 '사원숙소'라는 일종의 복지시설의 설치 · 운영이다.

그리고 로마제국의 말기인 5세기에는 가난과 결핍이 사회문제화되자 국가와 교회는 개별적 구빈활동을 벗어나 병원이나 빈민구제원, 숙소 등의 제도적 구빈활동을 전개하게 된다. 그러나 이것은 정치적 불안과 사회안정을 위한 대책으로서, 전체적인 로마인들의 빈민관은 개인적 나태의 책임이라는 사조로 흐르고 있다.

복지시설과 복지사업을 하는 계층은 형식적으로는 늘어났지만 당초의 종교적 사명감보다는 기독교로 개종한 정치세력들의 정치성 있는 구빈사업으로 바뀌게 된 것이다.

이러한 빈곤관의 흐름은 중세에 와서 빈곤자들에게 낙인을 주게 되는 구빈활동으로 전환되는 서구 자선사상의 한 부분으로 전이되었다고 보아진다.

(2) 중세사회

가. 복지사상

중세의 구빈사상으로서는 중세교회의 자선적 동기와 봉건주의로 표현할 수 있다. 중세는 교회라는 교구제도와 장원제가 사회체제를 이루었던 것이다. 이 시기는 토지의 분여를 물질적 기반으로 하여 인적 종속 관계가 성립된 사회였다. 즉 성직자, 봉건귀족, 기사, 그리고 농노農奴에 이르는 신분적 질서를 이루어 전체적으로는 사회 유형적 봉건제를 이루었던 것이다. 이러한 봉건제는 비단 서구 국가에서만이 아닌 동양의 각 국에서도 각기 다른 형태로 존재하였으며, 종교적 자선사상은 불교와 유교에서도 찾을 수 있다.

나. 구빈제도

수도원은 교회개혁의 선구자적 위치에 섰으며, 고대 교회의 복지시설이었던 외부인 숙소, 빈민수용소, 고아원, 양로원 등의 빈민구제사업을 계승하였다.

수도원 교구의 교회성직자 중에는 교구 내의 빈민을 조사한 명부를 바탕으로 선별적 구제를 실시하였으며, 오늘날의 자산조사 외에도 개별 대상자(과부, 고아, 부랑인, 장애인 등)별로 조사한 신분조사가 이루어졌다. 그러나 공공적인 구제라고는 할 수 없었으며, 교회가 유일한 구제기관이었다.

중세교회의 복지제도에는 지역사회에 거주하는 빈민을 위한 원외구제와 구빈원 내의 원내구제로 구분되는데 원내구제에 비해 원외구제는 부실한 편이어서 부랑인들은 구빈원을 배회하기도 하였다. 이들 구빈원은 'Hospital', 'Spital' 혹은 'Maison-Dieu', 'Domus-deus'라고 하였으며, 영국에서는 'Almshouse', 프랑스에서는 'Aumonerie'라고 불리었던 것으로서 의료시설이 아닌 종교적 숙박소이었다.

그리고 중세기독교의 복지기관은 집단적 수용시설인 구빈원 외에도 중세도시의 자유시민들의 동업조합 형태인 길드, 불가피한 경우 돈을 빌려주고 이자를 받는 공익 전당포, 수도원, 예루살렘 성지 순례단으로 시작된 십자군운동, 그 외 십자군운동에 필요한 숙박시설과 자선병원을 제공하기 위한 구호기사단 등으로 분류할 수 있다.

이들 복지기관들은 교구에 의해서 운영되었는데 이 당시의 교구는 일종의 지방자치단체적 성격을 가졌으며, 그 재원은 영지의 수입, 신자의 헌금, 구빈세 등으로 사용하였다. 이처럼 교회가 교구세를 징수하게 되자 11세기경부터는 자선적 종교복지제도가 퇴색되기 시작했고 행정적인 구빈사업 성격이 강해졌다.

초대 교회시절부터 빈민 구제관의 역할을 해왔던 집사나 집사장은 중세 말기에 이르러 서서히 본래의 기능을 잃고 예배수행적인 임무로 전환하게 된 것이다. 이것은 중세의 수도원과 종교복지기관의 구제가 빈민보호 역할에서 한계성을 보였고 오히려 부랑인이 늘어나게 한 폐단을 보여 준 것을 의미한다.

구빈원과 수도원에서는 중세 말기에 이르러 그 교구 내의 빈민들뿐만 아니라 구제를 바라는 타 교구의 빈민과 부랑인에 대해서도 구제물을 급여하기도 하여 걸식하는 부랑인의 증대를 가져왔다는 점에서 보면 중세의 자선적 구제는 실패한 제도로 평가될 수 있다.

2) 근세

(1) 사회복지사상

근세는 자본주의 발달 단계로 보면 초기 자본주의 시기인 중상주의와 자유주의 사상이 지배한 시대이다. 그리고 영국과 네덜란드가 그 당시 국제무역에서 극심한 경쟁 관계에 있었기 때문에 중상주의와 자유주의 중간 시기에는 산업주의적 철학이 대두하기도 하였다. 그리고 이 시기에는 공적 구제의 억제책과 민간구제사업의 장려책이 공존하는 시기였다.

중상주의사상은 절대주의적 정치하에서의 저임금정책이라고 할 수 있다. 중세

시대에는 봉건영주로부터 삶의 터전을 제공받고 보호받았던 농노계층이 중세 말기와 근세 초기에 도시 노동자로 신분이 바뀌게 된 사회적 상황에서는 이들에게 일자리를 제공하고 유랑민과 걸인을 억제하려는 새로운 빈민정책이 필요하였다.

17세기 후반에 영국의회가 정주법(Settlement Act of 1662)을 통과시킬 무렵과 비슷한 시기에 영국에서는 산업주의적 사고가 발현되기 시작하였다. 이 당시는 빈민에 대해서는 아주 비평적인 시각이 많았지만 빈민과 실업자를 고용하여 국가의 부를 창출하자는 계획이 일어난 것이다. 그리고 19세기 초의 자유주의사상의 대두는 초기 자유주의적 사유체계를 보인다. 즉 자유방임사상에 해당하는 것이다.

(2) 사회복지제도

근대의 복지제도는 중세의 교회 중심의 구빈활동이 국가 중심의 구제활동으로 전환되는 것이 관건이 된다. 공공적 구제제도가 대두된 것이다. 영국의 헨리 8세(1491~1547)는 로마 교황청에 대항하여 스스로 영국 국교의 수장이 되었으며 수도원을 해산함은 물론 교회와 재산을 국고에 환수했는데 이것은 사회복지의 세속화로 나아가게 한 사건으로 볼 수 있다.

그리고 고대국가에서는 정부 중심의 구제활동이 있었지만 중세시대의 긴 세월 동안 그 역할을 교회나 종교 부문에 넘겨주게 되어 단절이 되었다고 보면 근대는 국가복지의 회복으로도 볼 수 있을 것이다. 그런데 빈곤문제가 국가의 관심사로 되고 제도화된 것은 영국의 에드워드 3세가 1349년에 입법한 노동자 조례에서 그 기원을 찾아야 할 것이다. 그리고 1834년의 개정 구빈법에 의한 구제제도는 근세적 구제제도의 말기에 해당된다. 여기서는 영국의 공공부조제도를 중심으로 근대의 구제제도를 서술하면 다음과 같다(고수현 외, 2002).

가. 1349년의 에드워드 3세(Edward III)의 노동자 조례

이 노동자 조례는 지주들의 요구에 의해 발표되었는데, 지주들의 농업노동자 공급을 원활하게 하려는 시도로 이루어진 것이다. 즉 떠돌아다니는 부랑인들에게는 단지 연민과 금품을 주는 것보다는 강제노동을 시키는 것이 낫다는 입장이었다. 이것은 그 후 영국에서 입법화된 수많은 노동자 관련 입법의 시초가 되며, 20

세기에 대두된 사회보장제도의 기원이 되는 입법조례였다고 보아진다. 이것은 앵글로-색슨 국가가 국민의 경제적 어려움에 대응한 공공부조정책의 기원으로 볼 수 있는 것이다.

나. 1531년의 헨리 8세(Henry VIII)의 빈민법령

이 법은 국왕이 빈민구제에 대한 적극적 조치를 한 공식적 법령으로서, 시장이나 치안판사를 교구 내에 파견하여 빈민조사를 하고 부랑인은 등록을 받아 구제토록 한 것이다. 그러므로 과거보다는 좀 더 가혹한 복지조치가 이루어졌으며, 그 후 수차례의 변화 과정을 거친다. 일할 수 있는 사람에게는 작업장이나 교정원에 보내서 가혹한 일을 시키고, 일할 수 없는 빈민은 구제의 대상으로 합법화시킨 것이다.

다. 엘리자베스 구빈법(1601년)의 변천

1601년(엘리자베스 43년)에는 이러한 공공부조 관련법들을 종합 정리한 엘리자베스 구빈법이 제정되었다. 1349년부터 시작된 구빈제도들이 1601년의 구빈법에서 일단락되는 것이며 1834년에 이르러 신빈민법이 제정될 때까지 또 다른 변천을 하게 되지만 근대적 구빈법으로서는 종착지점으로도 볼 수 있는 것이다. 왜냐하면 1834년의 신빈민법은 자유주의적 사유체계의 영향으로 개정된 성향이 강하기 때문이다. 그러므로 1601년의 구빈법은 오늘날의 서구 자본주의국가의 사회보장제도의 공식적인 모태로 볼 수 있을 것이다.

엘리자베스 구빈법에서는 구빈 대상을 세 가지의 종류로 나누었는데, 일할 수 없는 무력한 빈민, 요보호 아동, 그리고 건장한 빈곤인이었다. 이 중에서 무능한 빈곤인이 원・내외 구호의 대상이었다. 1662년의 정주법은 빈민의 자유로운 이주를 막는 제도로써 빈민들의 거주이전의 자유를 막았다는 비판이 있으나 부랑인들의 노동력을 교구 내에 묶어두고 그들의 노동력을 활용하고자 하는 산업주의적 흐름을 보여준 것이다.

라. 정주법(Law of Settlement, 1662년)과 작업장법(1722년)

정주법은 낮은 임금으로 일을 시킬 여력의 노동력이 필요한 농업자본가의 이익을 대변하는 법으로 빈민의 주거 선택과 이전 자유를 침해한 것으로 비판을 받았다. 그리고 작업 방법은 중상주의 영향으로 노동 능력이 있는 빈민을 고용함으로써 국가적인 부의 증대에 기여하고자 하는 목적에서 만들어졌으나, 교구민의세 부담만 증가시키고 빈민의 혹사, 노동력의 착취 등 많은 문제점을 일으켰다.

마. 길버트법(Law of Gilbert, 1782년)과 스핀햄랜드법(Law of Speenhamland, 1795년)

길버트법은 빈민의 비참한 생활과 착취의 개선을 목적으로 제정되었고, 구빈사무원이라는 오늘날의 사회복지사를 채용하였다. 그리고 스핀햄랜드법은 18세기의 인도주의적 제도의 하나로 빈민에 대한 처우 개선을 위해 임금보조를 시행하였다.

사. 1834년의 개정구빈법(Poor Law Reform of 1834)

이 법은 첫 번째 건의 항목에서 스핀햄랜드법의 폐지를 들었다. 그리고 두 번째 건의 항목에서는 노동이 가능한 자는 작업장에 배치한 다는 것이었으므로 실제적인 구빈행정이 작업장 시대로 회귀하는 의미가 있었다. 그러나 억압적 구빈정책은 완화하기 위한 에드윈 체드윅 등의 노력은 돋보이는 것이었다.

이 법에서 구빈행정체제는 대원칙을 갖추게 되었는데, 첫 번째는 균일처우의 원칙이고, 둘째는 원외구호 자격의 제한원칙, 셋째는 작업장체제의 원칙이다.

≪자료≫ 구빈법의 내용

영국의 현대 사회복지법의 전사前史를 이루는 1601년의 구구빈법Old Poor Law과 1834년의 신구빈법New Poor Law의 체제는 1948년의 국민부조법이 제정될 때까지 약 350년 간이라는 장기간에 걸쳐 존재하였다.

구구빈법은 영국자본주의의 본원적 축적기에 있어서 주로 정치적 변혁의 원인으로 발생한 빈민에 대해 치안방위적인 입장에서 성립된 15세기 말 이후의 빈민관리법·조례를 집대성한 것으로서 영국에 있어서 의무적 구제제도의 기본법이었다. 하지만 그 구빈법은 빈민구제에는 무관심할 뿐만 아니라 종전과 마찬가지로 빈민에게 징벌적·관리적인 방법으로 대응하고 있었다.

이 시기의 구빈법이 가지고 있는 일반적인 특징을 살펴보면 다음과 같다.

①중세봉건사회의 붕괴에 수반하여 창출된 대량의 무산빈민에 의한 사회질서의 혼란을 부랑의 금지와 그 위반자에 대한 가혹한 처벌을 중심으로 하면서, 기본적으로는 근로의무를 강제하여 빈민의 억압적 관리와 근로강제에 의해 사회의 유지를 목적으로 하고 있다.

②아동·노인·병자·장애인 등의 노동 능력이 없는 빈민뿐만이 아니라, 노동 능력이 있는 일반적인 빈민을 포함하는 모든 빈민을 그 대상으로 하고 있으므로 대상의 포괄성이라는 특징을 가지고 있다.

③노등 능력이 있는 빈민과 아울러 근로 가능한 아동에게 노동을 강제하면서, 그것이 불가능한 자에게 대해서는 친족부양의무를 선행시키며 억압적으로 관리상 필요최저한도의 구제를 행하고 있으며, 노동 능력의 유무에 의한 빈민의 구별과 억압적 관리, 그 결과로서의 구제라는 성격을 지니고 있다.

④이와 같은 구제에 필요한 재원을 국가적 강제과세에 의하여 확보하고, 중앙집권적인 국가행정기구를 매개로 하는 국가적 차원에서의 구빈행정을 전개하려는 의도에서, 국가적 재원의 확보와 중앙집권적 구빈행정기구를 가지게 된 것이다. 또한 이와 같은 구빈법은 유럽 국가들과 미국에서도 존재하였다. 따라서 웹Webb 부부는 엘리자베스구빈법에 있어서의 빈민의 구제는 개인의 권리가 아니라 교구의 의무였다는 점을 강조하였다.

중앙집권적인 구빈행정은 그 이후, 시민혁명에 의해 '교구의 자유방임시대'라고 말해지듯이 각 교구별 구빈행정으로 전환하게 되었다. 따라서 몇 가지 주목할 만한 변화가 일어났다.

3) 사회사업 시기

(1) 사회복지사상

1834년 신구빈법의 제정을 둘러싼 시기의 사상은 우선 자유방임주의적이고 개인주의적인 측면이 있었다. 신구빈법 자체가 스핀햄랜드법에 대한 강력한 반대에서 추진된 것이기도 하지만 신구빈법 실시 이후에도 구빈 지출이 지속적으로 늘어나자 원외구제에 대한 폐지 움직임이 일어났기 때문이다. 원외구제를 폐지하려는 움직임은 당시로서는 자연스럽고 불가피한 것이었다. 당시의 구빈법은 자선조직화운동을 촉발시킨 사상적 경향, 즉 적자생존의 이론은 인간사회에서도 적용될 수 있다는 신념에 영향을 받은 공격적인 개인주의라는 사상적 경향으로부터 결코 자유로울 수가 없었던 것이다(남창섭 역, 2000).

그리고 1909년의 왕립구빈법위원회의 보고서에서 나타난 사상을 보면, 1905년에 자유당은 20세기 초에 들어오면서 실업의 위협이 증가됨에 따라 제2차로 구빈법을 개정할 것을 정견으로 하여 선거에서 승리하게 된다. 그래서 정부는 왕립구빈법위원회를 구성하였고 1909년에는 조사결과 보고서가 제출되었는데 다수파보고서와 소수파보고서로 다른 입장이 제시되었다.

다수파는 빈곤의 책임을 개인적인 특성으로 보았고 소수파는 사회적 책임으로 보고 기존의 구빈법을 폐지하자는 권고를 한 것이다. 여기에서 우리가 알 수 있는 것은 다수파는 자유방임적 사고를 가진 그룹이었고 소수파는 자유주의사상가 중에서도 다소 진보적 성향이 많았다는 점이다. 그리고 사회보험 등의 사회입법에서 나타난 복지사상을 보면, 처칠이나 로이드 조지 등의 자유주의자들에 의해 총선 승리 직후부터 집중적인 사회입법이 이루어졌다. 1906년의 노동쟁의법에서부터 1913년의 노동조합법까지는 각종 사회개량적인 입법이 성문화된 것이다.

그런데 서구 산업국가 중에서 미국의 경우는 여타 국가들에서 나타난 사상적 흐름과는 상당히 다른 경향을 보였다. 다른 국가들이 사회입법의 시대를 보냈던 1930년대 이전에는 진보주의적 사상이 있었으나 근로 조건의 개혁과 아동복지 부문의 성과 외에는 특별한 것이 없었다.

미국의 이 당시의 사회보장의 이념은 시민권운동 등의 단계를 거쳐 제도화된 것이라고 하기보다는 자유주의자들이 경제위기에 대응한 위로부터의 제도화가 가져온 결과물로 볼 수 있다. 반면에 1960년대 이후의 미국은 시민권운동에 의한 공공부조 확대가 일어났던 것이다.

(2) 사회복지제도

가. 구빈행정의 변화

1905년 12월 4일에 구성된 '구빈법과 빈곤구제에 관한 왕립위원회Royal Commision on the Poor Law and Relief of Distress'에서는 20명의 위원들이 임명되어 1909년에 다수파와 소수파라는 2원적인 보고서를 제출하였지만 1834년의 보고서와는 다른 태도를 보였다. 양 파는 다소의 차이를 보이기는 했지만 상당 부문에서는 유사한 제도를 권고하고 있는데, 그 첫 번째는 19세기 방식의 구빈행정을 거부한 것이다.

특히 구빈행정을 양 파에서 '공공부조'로 칭하였던 것은 구빈행정의 변천사에서 의미가 있다. 둘째는 빈곤문제에 대한 행정 단위를 카운티county로 하고 일부는 중앙정부에서 담당해야 함을 주장하였다. 이것은 정주법에서 정했던 교구 내 보호개념의 문제점을 공통으로 인식한 결과이다. 셋째는 자유주의적이고 개인주의철학에도 불구하고 예방과 사회적 급부라는 개념의 제도 추진을 건의하고 있다는 점이다. 예방은 근로 시간 단축이나 아동노동 관련에서의 제도화를 의미하며, 사회적 급부는 실업과 장애 등에 대한 사회보험 부문에서의 제도화를 의미하는 것이다(고수현 외, 2002 재인용).

이러한 1909년의 구빈 위원회의 제도들은 당시의 개인주의적인 사상과의 갈등으로 곧 바로 실천되지는 않았지만 사회보험의 시대나 사회보장의 시대에 궁극적으로는 영향을 미친 것이다.

나. 사회보험제도의 실시

사회정책이라는 말은 독일에서 최초로 사용되었지만 사회복지정책을 핵심으로 한다. 그 속에 내포된 주된 정책은 사회보험이며, 사회보험은 사회보장제도로 나아가는 시초가 되는데 각 국의 사회보험정책을 보면 다음과 같다.

첫째, 영국에서의 사회보험 관련 제도는 1906년의 노동쟁의법, 교육법(아동급식), 1907년의 교육법(아동보건), 1908년의 노령연금법, 탄광규제법, 1909년의 직업소개소법, 노동위원회법, 주택 · 도시계획법, 1911년의 국민보험법이 도입되었으며 1920년에 이르러 국민보험법은 건강보험과 실업보험으로 분리되었다. 이 당시의 국민보험법은 1935년의 미국의 사회보장법 도입과 유사한 의미가 있다고 보아진다.

둘째, 독일에서의 사회보험제도는 최초의 사회보험인 1883년의 양로 및 폐질보험, 1927년의 실업보험이 입법화되었다.

셋째, 프랑스에서는 1898년의 산재보상보험법을 시작으로 1910년의 노동자 및 농민연금제도, 1932년의 가족수당제도 전국 실시, 1928년과 1930년의 사회보험법에 의한 제도 등이 있다.

넷째, 미국에서는 사회보험법으로서 단독 입법은 추진되지 않았고 1935년 8월 14일에 재정된 사회보장법에서의 사회보험제도를 들 수 있다. 사회보험에는 두 가지의 프로그램이 중요한데 실업수당과 노령, 유족, 건강 및 장애보험이다. 그 외 공공부조제도와 보건 및 사회복지서비스제도가 미국의 사회보장제도 프로그램이다.

4) 사회복지시대

(1) 복지국가의 등장

사회보장의 시대는 복지국가 발달의 역사에서 파악이 될 수 있다. 복지국가란 이론적으로는 복지국가의 이념을 구현한 것이고, 전략적으로는 설정된 복지정책과 제도대로 국민의 기본적인 욕구를 충족시켜 주는 것을 말한다. 따라서 자본주의의 기본적인 이념인 자유경쟁과 최대이윤 추구라는 경제적 평등은 사회적 평등이라는 사회주의 이념에 수정되지 않을 수 없고 공정한 소득분배에 의한 사회정의를 실현해야 하는 당위성을 내포하고 있는 것이다.

복지국가의 사상적 배경이라고 하면 공산주의 경우의 마르크스-레닌주의에 대신할 만한 공식적 사상은 없을 것이다. 그러나 복지국가의 사상적 중심을 이루어 온 것은 민주사회주의라고 할 수 있다. 복지국가라는 용어는 현실 속에서 생겨나서 현실과 함께 성장해 가고 있는 것이나 실제로 복지국가라고 불리는 선진 제국의 경우도 이념형으로서의 복지국가에 가까울 뿐이며, 엄밀히 복지국가로 정의하기에는 어려운 점이 많다고 할 것이다.

복지국가라는 말은 영국에서 생겨났다. 어원은 17세기 엘리자베스 시대의 공동복지라는 말이나 19세기 독일의 볼팔트슈타트wohfahrtstaat라는 말에까지 거슬러 올라갈 수 있는데, 그런 의미는 오늘날 복지국가의 의미와는 약간 다른 것이었다. 복지국가라는 말이 오늘날과 같은 의미에 가까운 형태로 사용되어지게 된 것은 비교적 최근의 일이다.

모오리스 부르스Maurice Bruce의 『복지국가의 도래*The Coming of the Welfare State*』(1961)의 서문에 의하면 이 말은 1930년대 후반에 알프레드 짐메른Alfred Zimmern이 권력국가

power state에 대비하여 사용한 것이 최초의 것이며, 그 후 1941년에 윌리암 템플 William Temple 승정이 『시민과 성직자*Citizen and Churchman*』라는 책 속에서, 나치스의 '전쟁국가Warfare State'와 대조시켜 영국의 국가이념을 '복지국가Welfare State'라고 부르고 나서부터 일반에 사용되게 되었던 것이다.

이때부터 영국은 복지국가의 대표적인 나라의 하나로 보게 되었다. 복지국가의 대표국이라고 보게 된 또 하나의 나라는 북구의 스웨덴이다. 스웨덴에서는 1930년대의 세계적 대불황을 계기로 하여 경제의 계획화와 사회보장이 진전되었다. 더구나 경제의 운영이 노동조합이나 관련 단체의 대표 참가하에 행해져서, 높은 생활 수준을 누리고 있다. 스웨덴과 긴밀한 관계에 있는 다른 노르웨이 등의 북구 제국도 스웨덴과 똑같은 방향으로 나아가고 있다(우재현, 1992 재인용).

(2) 사회복지사상

사회보장제도는 냉전시대에 자본주의가 사회주의와의 경쟁체제에 힘입은 바가 크지만 그렇다고 사회주의사상이 배경으로 되었다고는 볼 수 없다. 페이비안 사회주의자들의 사상이 복지국가사상에 커다란 영향을 미친 것은 분명한 사실이지만 사회보장은 자본주의체제가 만들어낸 철학이며 제도인 것이다. 여기서는 1945년 이후의 복지국가 발달의 배경사상이 되는 사회민주주이 주류를 이루게 되었다.

사회민주주의는 복지국가의 이데올로기가 된다. 더 정확히 말하면 사회민주주의자들은 그들의 이상사회를 자본주의보다 사회주의가 우월한 체제라고 생각하고 복지국가가 그 중간 단계의 이행체제라는 의미 있는 단계로 인식한다. 이 복지국가가 세계 각 국에 보편적 인식이 된 것은 1940년대 중반 이후가 될 것이다. 1944년의 비버리지 보고서 이후 영국 노동당이 정략적으로 활용한 것에서 기인되는 것이다.

(3) 사회보장제도와 정책

사회보장제도는 이론적으로 공공부조, 사회보험, 사회복지서비스제도의 3대 부문을 골간으로 한다. 그러나 사회복지 역사에서는 사회보장을 공공부조와 사회보험의 양대 프로그램에 초점을 맞추고 있다. 다시 말하면 공공부조와 사회보험이 통합을 중심으로 국민에게 최저생활을 보장하는 것이며, 공공부조 측면은 영국의 구빈법에서 기원하였고 사회보험은 독일의 사회보험이 기원이 된다. 그러나 현대에 있어 사회보장제도의 구축은 미국 루즈벨트 대통령 시기의 사회보장법Social Security Act에서이다.

미국의 사회보장제도는 공공부조와 노령연금제도, 실업수당제도를 바탕으로 한 것이다. 그리고 프랑스에서의 사회보장제도 역시 1944년 9월 파리임시정부 수립 이후 확대하게 되었다. 여기서는 1940년대 중반에서 1970년대 중반에 이르는 시기의 각국의 사회보장제도를 정리하면 다음과 같다.

가. 영국의 사회보장제도

영국의 사회보장제도의 확대는 비버리지 보고서Beveridge Report라 불리는 사회보험과 그 관련 서비스(1942)에서 찾을 수 있다. 비버리지는 국가재건범정부위원회에서 영국을 재건하기 위해서는 물질적 궁핍을 제거하기 위한 사회개량 계획이 필요하다고 역설하면서 그것이 사회보장 계획이라고 주장하였다.

이것을 바탕으로 1945년에 가족수당법, 1946년에 국민보건서비스법, 국민보험법(실업, 질병, 출산, 과부, 퇴직, 사망에 대한 급여), 1948년의 국민부조법, 아동법이 제정되었다. 이로써, 영국의 사회보장제도는 '요람에서 무덤까지'라는 세계적 평을 받게 되었으며 1979년의 대처정부에 이르기까지의 복지팽창기를 이행하였다.

나. 미국의 사회보장제도

미국은 20세기 초의 약 20~30년 간은 진보시대로서 사회입법, 사회개량운동이 전개되었지만 경제공황 이후 사회보장법이 구축된 후 '사회보장국가'적 이행을 하게 되는데, 1950년대까지의 안정기를 거쳐 1960년대의 케네디 대통령과 존슨 대통령의 시기에 공공부조의 획기적인 성장이 있었다. 케네디 정부는 '요보호 아동을 가진 가정에 대한 부조(Aid to families with Dependent Children, AFDC)'프로그램을 1961년에 개선하여 아버지가 실직 상태에 있는 가정(Aid to families with Dependent Children Une-mployed, AFDC Up)도 급여를 받을 수 있도록 확대하였다.

그리고 1962년에는 1961년에 구성된 '공적 부조 특별위원회'의 제안을 바탕으로 사회보장법을 개정하였는데, 그 주요 내용은 주 정부의 사회복지서비스사업의 75%를 연방정부가 보조하는 것이었다. 케네디 정부 뒤의 존슨 정부는 케네디가 빈곤자 원조를 '사회정의'라고 표현한 것에서 한 걸음 더 나아가 '빈곤과의 전쟁'을 통한 '위대한 사회'를 선언하게 된다.

다. 프랑스의 사회보장제도

프랑스의 사회보장제도는 1945년의 사회개혁주체들에 의해 이루어졌는데, 사회보험 위주의 제도로 출발하였다. 공적 부조는 1953년에 이르러 '사회부조 관련법'에서 확대되는데 기존의 수혜자에게 수치감을 주었던 공적 부조라는 용어 대신에 사회부조라는 용어로 대체한 특징이 있다. 라루크와 네터의 주도하에 이루어진 사회보험제도를 보면 다음과 같다. 1945년의 '사회보장 조직에 관한 명령', 1946년의 '사회보장의 보편화에 관한 법', '가족수당법', '노령연금법', 1967년의 '의료, 출산보험', 1958년의 '실업보험', 1978년이 '일반조합 내의 개인보험제도' 신설 등이 있다.

5) 사회복지의 확대와 재편 시기

(1) 시대적 배경 : 복지국가의 위기

1973년의 오일쇼크 이후 경기침체 상황에 처한 선진 자본주의경제는 그 동안 지속해온 케인즈-비버리지 방식의 복지국가의 위기를 맞게 되었고 새로운 사회 이데올로기를 필요로 하게 되었다. 여기에서 새로운 이데올로기는 사회민주주의가 아닌 자유주의적이고 보수주의적이며, 반사회주의적인 성격의 이념을 의미한다. 그리고 정책상으로는 개입주의적 정책에 반대하면서 자유주의를 강화하는 노선이 된다.

즉 세계대전으로 거의 소멸해 갔던 자유주의로 새롭게 다가서려는 사상적 편향을 나타내게 된 것이다. 그러므로 신우파 내지 신자유주의라고 하는 것은 국가간의 완전한 정책적 일치를 찾을 수는 없다. 영국의 경우는 대처리즘으로 미국은 레이건노믹스로 구체화되었고 일부 국가에서는 독특한 이념으로 타나나기도 하였다. 또한 이 시기에는 민영화에 대한 논쟁도 많았는데 복지 부문의 민영화에 대한 자연스런 논의로 이어진 것이다. 자본주의국가에서 복지는 어차피 부정하기는 힘든 것으로, 그 대안이 민영화 대책이었던 것이다.

(2) 사회복지사상

가. 신자유주의의 등장

신자유주의는 신우파사상으로 규정할 수 있다. 자유주의자들이 자유주의적이고 개인주의적인 사회가치관을 가지고 경제적 진보를 통하여 이 세계의 면모를 일신시켰다면 세계대전은 자유주의정신에 대한 반자유주의사상의 대항이 될 수 있다. 그 중에서 19세기의 사회주의사상은 유럽뿐만 아니라 더 많은 국가에서 자유주의자들을 비판의 대상으로 삼게 만들었고 급기야 제2차 대전은 근본적으로 자유주의의 막을 내리게 하는 대사건이 된 것이다. 2차대전 종전 이후의 서구 국가는 사회민주주의자들의 천국이 되었고 오늘날에도 세계의 어느 국가도 본래의 자유주의적 정당들이 정권을 잡고 있는 곳은 없다고 할 것이다. 자본주의체제 내의 자유주의자들은 여전히 존재하지만 실제로 그들은 온건한 사회주의자이거나 중도 좌파적인 경우가 많은 것이다.

나. 대처리즘과 레이거노믹스

20세기 후반에 대두된 신자유주의는 정부개입에 의한 복지국가와 그의 배경사상인 사회민주주의를 배격하고 시장과 민간 원리에 의한 새로운 복지의 모색을 기도한 것이다. 그리고 정책으로는 1976년 말에 IMF구제 금융의 지원을 받게 된 노동당의 캘러헌 정부가 이미 수용하였던 경제사회복지정책을 1979년의 총선에서 승리한 보수당의 대처정부가 급진적 부르주아 개혁세력으로서 주도권을 쥐었던 변혁이기도 한 것이다. 대처는 1979~1991년까지의 재임 기간 동안 복지축소경향의 신보수주의적 태도를 취했는데 이른바 대처리즘에 의한 복지정책을 구현한 것이다.

미국의 경우는 경기침체가 있었던 카터정부에 이어서 집권한 우익의 공화당 대통령인 레이건의 보수주의적 사회정책에서 구체화되었다. 신국가시대를 내걸었던 그의 경제정책은 이른바 레이거노믹스라고 해서 바로 정부지출을 줄이는 것에 초점을 두었는데, 그 중에서 사회복지비용의 감소가 두드러진 것이다. 이 경제정책을 이끌었던 각료와 정치가들의 철학 역시 복지급여의 삭감을 통하여 낭비 요인을 제거하고 사회복지서비스는 중앙정부가 하는 것이 아니라 주 정부나 지방(카운티)정부에서 맡아야 한다는 입장에 있었던 것이다.

그리고 국가의 역할이 미진한 부문에는 기업이나 종교, 자선단체의 다원적인 복지활동을 강조하여 사회민주주의적 복지국가 전체의 포기를 시사한 것이다. 그러나 사회복지는 전국적인 통일성이 필요하고, 기존의 빈곤문제가 지방정부나 교회 등의 자선단체가 주도하기에는 용량이 부족하여 국가가 주체가 되었다는 사회복지 역사를 고려하지 못함으로서 많은 문제점을 노출시키고 있는 것이다. 그것은 최근의 사회복지사상이 중도노선으로 전환되고 있음이 증명하는 것이다. 영국의 앤소니 기든스가 주창하고 토니 블레어 총리가 구체화한 '제3의 길'이라든지 독일의 게하르트 슈레더 총리가 말한 '새로운 중도노선' 등은 신자유주의적 복지국가 흐름의 대안이라는 최근의 이데올로기인 것이다.

(3) 사회보장제도의 개혁

사회복지 정체기의 사회보장제도의 개혁은 복지민영화와 복지다원화의 원리에 의한 정책으로 나타났다. 사회복지의 정체가 세계적 경기침체기와 맞물려 있었으므로 복지급여를 축소하고 일을 통한 복지를 지향하는 정책으로 구체화되었다. 그러나 늘어나는 실업문제와 사회안정적인 요인 때문에 실제적으로는 복지의 축소가 어려웠고 일부 국가의 경우는 재정적인 확대현상도 보여서 복지의 축소보다는 복지가 정체된 기간으로 보는 것이 타당할 것이다. 이것은 사회복지의 불가역성에 기인하는 것이기도 하다. 다음에서는 각국의 사회보장 정체기의 개혁조치를 살펴보았다(고수현 외, 2002 재인용).

가. 영국의 사회보장제도 개혁

영국에 있어서 1979년에 집권한 대처M. Thatcher정부의 출현은 그 간의 사민주의적 복지서비스에 대한 국가공급을 제한하려는 보수주의적 회귀를 의미하였다. 11년 간의 집권 뒤에 메이저 수상 역시 복지축소정책을 지속하였다. 그들의 복지축소적 정책은 대부분 사회보험제도의 개혁으로 나타났는데, 그 결과 공적 부조 예산은 늘어나게 되었다.

한편 사회보장제도의 개혁 내용을 보면 1980년에 보충급여제를 소득보조로 개혁했고, 1986년에는 사회보장제도를 전면 개편하여 노동을 장려하는 시스템을 구축하고 실업보험제도를 제정하였다. 그리고 가족소득보조제도를 대부제로 고친 '가족신용제'로 바꾸고 주택급여도 낮추거나 아예 분양제도를 실시하기도 하였다.

나. 미국의 사회보장제도 개혁

존슨대통령의 '빈곤과의 전쟁' 선언 이후 미국은 닉슨 대통령 시기까지 사회보장급여의 확대가 추진되었다. 그러나 그 뒤의 포드 대통령 시기와 카터 대통령 시기에는 보수주의로 회귀하는 전환기적 복지이행이 이루어졌다. 다시 말하면 '복지국가에 대한 전쟁' 시기로 불리는 레이건 정부로 넘어가는 과도기였던 것이다. 레이건은 경제 위주 정책에 대한 인기에 힘입어 2기에 걸쳐 재임하였고 부시, 클린턴 정부에게도 영향을 미쳐 복지정체기를 지속하게 하였다

레이건과 부시는 극우론자의 입장에 동조하여 민영화를 사회복지서비스 분야에 적용하였고 연방정부의 사회복지 예산을 축소하였다. 그 결과는 상위계층과 하위계층 간의 소득격차를 더욱 격심하게 하였는데, 레이건의 경제적 관점인 '트리클 다운'이론은 대표적인 배경이 된다. 즉 더 많은 자본이 상위층에 투자될 수 있으면, 그들은 기업에 투자할 것이며, 그것으로 이해 경제가 활성화된다는 관점이다. 그 결과 노동자는 일자리를 얻게 될 것이고 가난은 제거될 수 있다는 낙관적 견해였던 것이다.

2. 한국의 사회복지발달사

우리나라의 사회복지도 다른 나라와 같이 여러 동기가 복합적으로 작용하여 사회복지가 발달하여 왔다고 볼 수 있다. 즉, 고대사회부터 두레나 계 등 민간 차원의 상부상조전통이 강했고, 사회의 취약계층에 대한 구휼救恤행정이 종교적 배경으

로 일찍부터 실시되었다. 조선시대까지 사회복지는 대개 구빈정책을 중심으로 이루어졌지만, 그 후 일정시대를 거쳐 미군정시대 그리고 1960년대에 와서야 사회복지의 체계가 확립되기 시작했다.

현대의 사회복지는 선진국들의 사회복지제도를 도입하여 우리의 현실에 적용하는 과정이라고 하더라도 전통적으로 계승되어 온 우리 고유의 민생구휼사업행정의 관습은 우리의 복지문화와 생활 속에 남아 계승되어 오고 있는 것이다. 구체적으로 우리나라의 사회복지발달사를 살펴보면 다음과 같다.

1) 삼국시대

삼국시대에 구빈사업은 원시공동체의 관습이 남아 있어서 씨족이나 부족의 결합이 강했기 때문에 개인의 문제는 대개 공동체 내에서 해결되었다. 그러나 개인적으로 해결하기 어려웠던 자연재해나 사회 취약계층에 관하여 이루어진 당시의 사회복지를 살펴보면 다음과 같다.

우선 우리나라 역사기록에 나타나는 구빈사업 가운데 가장 오랜 역사를 가지고 있고 일반화되어 있었던 복지제도는 창제倉制라고 할 수 있다. 창은 양곡을 비축해 두는 창고로서 삼국지에 의하면 고구려의 부족사회시대에 지역공동체마다 창을 두고 있었는데 그것을 부경이라고 했다. 창의 원래 목적은 전시에 군량미를 확보하는 것이었지만 빈민구제에 많이 활용되었다. 삼국은 이러한 창제 이외에 다음과 같은 구빈사업을 공통적으로 실시하고 있었다.

첫째, 관곡의 진급賑給으로. 이는 정부에서 비축하고 있는 관곡을 여러 가지 형태의 재난을 당한 백성들에게 구제하는 것으로 삼국에서 자주 실시되었다.

둘째, 사궁구혈四窮救恤로 사궁이란 환과고독을 지칭하며, 사궁구혈행정이란 환과고독鰥寡孤獨의 무의무탁한 빈민을 구제하는 것으로 삼국시대부터 여러 군주들이 친히 방문하여 의류나 곡물 등을 베풀어서 이들을 구제하는 것이었다. 그 결과 이들에 대한 보호가 정부의 의무처럼 인식되었다.

셋째, 조세감면사업으로 자연재해로 인하여 심한 피해를 입었던 지역의 주민들에게 그 재해의 정도에 따라 조세를 감면하여 주었던 것이다.

넷째, 대곡자모구면貸穀子母俱免사업으로 춘궁기에 백성들에게 대여한 관곡을 거두어들임에 있어서 재해로 인해서 흉작이 되면 상환할 때에 그 원본과 이자를 감면하여 주는 행정이었다.

상술한 이러한 구빈사업은 모두가 우리 민족 고유의 상부상조정신에서 비롯된 것이며, 당시의 민족문화 형성에 많은 역할을 한 유교, 불교, 선교의 영향을 받은 소산물이었다.

삼국시대의 구빈사업은 임시적이었고, 사후 대책적인 성격이 강했으며, 지속성을 유지할 있는 제도적 단계에는 이르지 못한 한계성을 지닌 사회복지였다.

2) 고려시대

고려시대에는 우리 민족 고유의 상부상조정신에 국교인 불교의 자비慈悲정신이 가미되어 삼국시대의 민생구휼제도가 보다 체계화되고 확대되었다. 즉 불교의 기본정신인 자비사상은 우리 국민의 의식구조에 뿌리를 내려 우리나라 구제사업에 큰 영향을 주었다. 다시 말하면 자慈는 백성에게 즐거움을 주는 것을 의미하고, 비悲는 백성의 고생을 더는 것을 의미하기 때문에 불도에 의한 구빈救貧, 시료施療 및 고아보호와 양로사업이 활발하게 전개된 것이다.

상설구빈기관으로 제위보, 흑창(성종 때 의창으로 개칭), 상평창, 유비창 등이 있었다. 그리고 임시구빈기관으로 동서제위도감, 구제도감, 구급도감 등을 들 수 있다.

여기서 건국 초부터 설치되었던 흑창은 고구려시대의 진대법이 발전한 것으로 평상시에 양곡을 쌓아 두었다가 흉년이나 기근, 전쟁, 전염병의 창궐 등의 비상사태가 발생했을 때 빈민구제행정의 역할을 하였던 것이었다.

또한 흉년이나 전쟁 등 각종 재해에 대비한 여러 구제정책이나 구제기관을 설치하는 것과 병행하여 평상시에도 빈민들을 구제하기 위한 여러 가지 제도가 마련되어 있었다. 예를 들면 왕위의 즉위 직후 또는 전쟁이 끝난 후 일정한 기간 동안 혹은 천재지변, 전염병의 유행 등에 의하여 심한 피해를 입게 된 백성들에게 조세와 부역을 감면해 주는 은면제恩免除, 재면제災免除, 늙고 아내 없는 사람鰥이나 지아비 없는 사람寡, 부모 없는 어린이孤, 늙고 자식 없는 노인獨들에게 양곡을 대여하여 주거나 식량, 옷, 포목, 등 생활필수품을 급여하여 주던 환과고독진대법鰥寡孤獨賑貸法 등이 있었다. 그리고 재민구휼을 위하여 많은 돈을 기부한 사람에게 벼슬을 주어 구호사업에 일반인들의 참여를 적극 유도하였던 납율보관제納栗補管制도 있었다.

또한 고려시대에는 동서대비원과 혜민국을 중심으로 어려운 환자에게 약과 옷을 나누어 주고 치료해 주는 의료보호사업을 실시하였으며, 홀로 된 어린이를 양육하여 양자로 입양시키거나 승려나 종으로 삼는 제도와 양로제도와 경로제도가 있었다.

이상과 같은 고려시대의 구빈사업은 이미 제도로 정비되어서 시행되었고, 삼국시대의 것보다는 구체화되었고, 다양화되었다. 또한 시행 과정상 일관성이 결여되어서 지속적으로 시행되지 못한 부정적인 측면도 많았지만 국가책임하에 사회복지제도로서 명맥을 유지해 감으로써 조선시대의 구빈제도가 유지되고 발전될 수 있는 모체 역할을 했다고 할 수 있다.

3) 조선시대

조선시대에는 숭유억불정책에 의하여 유교를 존중하고 불교를 억압하였기 때문에 민간에 의한 자선사업은 다소 쇠퇴하였다. 그러나 조선시대에는 치국이념인 왕도정치에 따라 왕은 백성을 위한 정치, 즉 위민정치를 해야 했다. 농본사회에서 조선시대의 경제구조적 측면에서 보면 위민정치는 그 주체인 왕과 국가의 생산을 도맡고 있는 백성과의 관계를 원만하게 도모하기 위한 이념이었으며, 그것은 백성의 구휼문제에도 상당한 영향을 미쳤다고 할 수 있다.

조선시대 초기의 사회복지의 내용을 살펴보면 빈민구제의 책임자를 왕으로 하고, 구제의 신속을 중시하며, 일차적인 구빈행정의 실시책임은 지방장관이 지휘하고, 중앙정부는 구호 관계의 교서 및 법규 제정과 지방구호행정에 대한 지도와 감독을 하는 것으로 되어 있었다.

이를 구체적으로 살펴보면 첫째, 춘궁기나 재해시에 대비하는 비황備荒제도, 둘째, 매우 어렵고 가난한 사람들을 보살펴 주는 구황救荒제도, 셋째, 병자의 치료 등 의료시혜에 관한 구료救療제도 등의 세 가지로 대별할 수 있다.

첫째, 비황제도는 삼창(의창, 상평창, 사창)을 위시한 창제의 운영을 들 수 있다. 이 가운데 관청에서 관할하는 의창義倉과 민간에서 관할하는 사창社倉은 춘궁기에 곡식을 빌려주었다가 추수기에 상환하게 함으로써 빈민이나 이재민을 구호하는 환상還上(혹은 환곡)제도이며, 상평창은 주로 곡물과 포목으로 물가조정기능을 하였다.

둘째, 구황제도로는 진궁賑窮, 양로, 경로, 권조勸助, 애상哀喪, 관질寬疾 등을 들 수 있다. 여기서 진궁이란 홀아비, 과부, 고아, 무자식 노인 등 네 가지 궁한 사람들, 즉 4궁에 대한 구호사업을 말하는데, 특히 유아기의 보호와 입양에 관한 법적인 체계성과 내용을 지닌 자휼전칙字恤典則(정조 7년, 1783년 반포)은 일정한 한계 내에서 국가의 개입을 표방하고 있어 아동복지에 있어서 중요한 법령으로 평가되고 있다. 또한 고령의 노인들에 대한 양로, 경로사업이 시행되었는데 100세 이상의 노인들에게 신년 초에 양곡을, 90세 이상 노인에게는 매년 술과 고기를, 80세 이상 노인들에게는 지방관들로 하여금 향응을 제공하게 했다. 그리고 노인직을 명예직으로 하였으며, 이미 계급이 있는 사람에게는 일계급을 승진시켰다.

권조란 양반집 처녀의 혼인장려책으로 지역의 양반집 여자가 가난하여 30세가 넘어도 혼인을 하지 못하는 경우 호조에서 혼비를 지급하는 제도이며, 애상은 빈곤하여 장례를 치르지 못하는 사람에게 장례비를 지급하는 제도이고, 관질은 불구폐질자, 봉사, 절름발이, 문둥이, 간질병, 벙어리, 곱추 등과 같이 자력으로 의식주 해결을 못할 뿐만 아니라 사람들이 혐오하는 사람들에 대한 대책으로, 봉사에 대하여는 점술, 술 등을 팔게 하고, 절름발이는 그물을 짜서 자활할 수 있게 하고, 그 외는 경우와 상황에 따라 관청에서 구휼하는 제도이다.

셋째, 구료제도로는 활인서, 혜민서(처음에는 혜민국) 등이 운영되었는데, 활인서는 태조 때 설치되어 성안에 거주하는 환자를 구휼하는 일을 담당했고, 혜민서는 서민의 질병치료와 여자의사를 교육하는 일을 담당했다.

이밖에 조선시대에는 계, 두레 등 민간의 상부상조 관습과 오가통제도, 향촌교화로서의 향약의 존재 등 인보제도가 있었다. 계나 두레의 관습은 원시적 협동체의 관습으로서 동지의 결합, 동업 혹은 동네주민의 단결, 일가친척의 상부상조, 애경사에 있어서의 공제 등을 목적으로 하는 민간조직이었다. 특히 두레는 마을 단위의 농민협동조직으로 서로 협동 작업을 하고, 농악을 연주하며, 즐기기도 하였던 관습이었다.

오가통제도五家統制度는 각 지역별로 구역 내의 지역주민이 서로 상부상조하고 연대책임으로 지역 내의 치안을 유지하고 복지를 증진하여 교화하고 지방행정의 운영을 돕게 하던 국영의 자치제도였다.

향약은 덕업상권, 과실상규, 예속상교, 환난상휼 등 4개 덕목을 실천목적으로 삼고 있었고, 그 중 환난상휼患難相恤의 구제 방법으로 환난의 구호, 질병의 구호, 빈궁貧窮의 진휼賑恤, 고약孤弱의 부양, 가자嫁資의 보급, 사장死葬의 조위, 사창의 경영 등 7개 사업을 규정하고 있었다.

4) 일제시대 와 미군정시대

(1) 일제시대

가. 구호기관

일제의 토지조사사업이나 농업정책으로 농지로부터 떠나 도시로 몰려든 빈곤자들이 '토막민土幕民'이라는 근대적 빈곤계층을 이루게 되자 1931년에 환경정화 및 사회질서차원에서 이들을 한 곳에 밀집시키고 구호했으며, 한일합방 당시 총독부 지방과에서 담당했던 구호사업이 1921년에는 사회과를 설치하였는데, 이때의 방면위원제도는 오늘날의 사회복지 전문직 업무와 유사하였다. 그리고 1940년에는 후생국을 새로 설치하여 그 아래 사회과・노무과・위생과 등의 4개 과를 두었다.

나. 구호제도

식민지 민중의 지배질서 확립과 황민荒民사상 등의 식민지 이데올로기 강화의 목적으로 이루어진 일제시대의 구호제도를 정리하면 다음과 같다.

첫째, 구호법제로는 1914년에 제정된 '은사금 이재구조기금 관리규칙', 1916년부터 1944년까지 구빈행정의 기초가 된 '은사진휼자금 궁민구조 규정', 1917년의 '행려병인 구호자금 관리규칙', 그리고 1944년의 조선구호령 등이 있다. 이들 법제는 전 근대적 구호책이었던 이재구호와 은사구호의 바탕이 되었다.

둘째, 민간사회사업으로서는 기독교, 천주교, 불교 단체에서 유치원, 고아원 등의 육아시설과 사회관, 병원, 요양원 등의 자선구제사업이 있었으나 태평양 전쟁 이후 많이 제재를 받았으며, 일본인과 우리나라 민간인에 의한 시설보호사업이 일어났다. 그리고 1921년의 '조선사회사업연구회' 결성은 근대 사회사업사에서의 의미가 크다.

(2) 미군정시대

1945년 해방 이후 3년 간의 미군정 기간 동안 사회사업정책 및 구호에 관한 여러 각서(memorandum)가 우리말로 후생국보에 발표되어 조선구호령과 함께 복지행정을 하는 기준이 되었다.

1946년 1월 12일 후생국보 제3호에 의하면 공공구호를 요하는 자는 ① 65세 이상된 자, ② 6세 이하의 부양할 아동을 가진 여자, ③ 13세 미만의 아동, ④ 불치의 병으로 신음하는 자, ⑤ 분만시에 원조를 요하는 자, ⑥ 정신적 · 육체적 결함이 있는 자로 규정하였다.

1946년 1월 14일 국보局報 제3A호로 이재민과 피난민 구호 계획을 발표하고 식량, 의류, 숙사, 연료, 긴급의료, 차표 등의 편리를 제공하고자 하였으며, 1946년 2월 7일 국보 제3C호에 의해서 빈민과 실업자 구호법규를 공포하여 실시하도록 했다.

그러나 미군정의 복지행정은 요구호자에 대한 구호의 필요성에 대응하여 실천된 것이 아니라 요구호자들로 인해서 야기될 수 있는 정치적 불안에 대응하여 행하여졌던 것이었다. 따라서 구호의 범위와 수준이 열악하고, 구호행정이 배타적이고 일방적인 성격을 가지고 있었던 것이었다. 이러한 영향으로 우리나라의 현대적 사회복지의 도입에 부정적인 영향을 많이 미쳤다.

5) 현대의 사회복지발달사

(1) 제1 · 2공화국 시기

우리나라에서의 1950년대는 서구 자본주의의 도입 시기에 해당하며 사회복지정책의 형성기에 해당한다. 법제의 제정이 미약한 상태에서 이루어진 사회복지정책이었으므로 뚜렷한 정책 내용을 갖추지는 못하였으나 한국전쟁으로 인한 사회안정 대책 차원에서는 일단의 진전이 있었다고 할 수 있다. 우선 전쟁고아 대책으로 많은 고아원이 증설되었고, 전쟁사상자의 장애시설 수용, 전쟁미망인들을 위한 모자원 설치 등이 예가 될 수 있다. 특히 전쟁미망인들의 가족부양을 위한 윤락여성문제가 대두되자 윤락방지 대책도 강구되었다.

그 외에 현대적인 사회복지교육이 실시되었는데, 1947년 9월에 이화여대 기독교학과에 사회사업전공이 생겼고 1953년에는 중앙신학교에 사회사업학과가 설치되었으며, 1957년에는 국립사회복지종사자 훈련원이 개원되었다. 이처럼 1950년대의 사회복지정책은 법제적인 면에서는 구체적인 진전이 없는 상태에서 사회부장관의 행정소관으로 응급구호와 민간 외국기관의 원조에 의한 사회사업이 이루어졌다.

(2) 제3 · 4 · 5공화국 시기

우리나라에 있어서 약 30년 간에 걸친 경제성장 제일주의정책은 1960년대와 1970년대, 그리고 1980년대로 구분해 볼 수 있는데 이들 개별적 시기는 경제적 상황뿐만 아니라 정치 · 사회적으로도 각기 특징적 배경을 나타낸다(고수현 외, 2002).

첫째, 1960년대는 사회안정을 위한 정책 추진이 많았다. 5 · 16군사정부는 혁명공약 사항에 따라 사회복지 관련 법률을 양산했는데 사회보장에 관한 국가책임을 입법화하였다는 점에서 본다면 복지국가적 의미의 사회복지체계가 수립된 최초의 시기로 보아진다.

서구의 복지국가가 1940년대에 이루어진 것에 비하면 시기적 · 의미적으로 다소 차이가 있지만 구호정책이 체계적인 복지정책으로 전환된 시기였기 때문이다.

둘째, 1970년대는 1972년의 10월 유신으로 성립한 제4공화국이 정치적 불안정 속에서도 경제성장과 사회개발정책을 지속하였다. 제4차 경제개발계획부터는 '경제 · 사회발전 5개년 계획'으로 명칭을 바꾸기도 했지만 전체적으로는 경제성장정책에 밀려 사회복지는 보완적 복지 수준에 있었다.

셋째, 1980년대는 제5공화국 정부의 집권 시기로서 국가안보를 전제로 한 복지국가 건설을 추진한 시기였다. 사회복지 입법 면에서는 거의 완비가 된 시기이기도 하다. 그러나 여전히 사회복지는 공공부조 차원에서 벗어나지 못하였다.

가. 사회복지법제

1960~1970년대의 제3・4공화국은 사회복지 관련 입법이 대거 이루어진 시기이다. 먼저 공공부조법으로서는 1961년 12월 30일의 '생활보호법', 1962년의 '재해구호법'과 '국가유공자 특별원호법'이 있고, 사회보험법으로서는 1960년의 '공무원 연금법', 1963년의 '산업재해보상보험법', '의료보험법', 1973년의 '국민복지연금법', '사립학교교원연금법'이 있다. 그리고 사회복지서비스법으로서는 1961년의 '아동복리법', '고아입양특례법', '윤락행위등방지법', '갱생보호법', 1970년의 '사회복지사업법' 제정 등이 있다.

나. 사회복지정책

이 시기의 구체적인 사회복지정책은 다음과 같다(고수현, 2002).

첫째, 1960년대는 한국전쟁을 치유하기 위한 수용시설과 최저생계보장을 위한 생활보호정책이 주류를 이루었다. 그리고 1950년대부터 확대된 민간 외원 기관이 철수하게 됨에 따라 자주적 사회복지정책이 사회복지행정 분야를 중심으로 전개되었다.

둘째, 1970년대는 사회개발정책의 영향으로 한국적 지역사회복지사업인 '새마을운동'이 지역사회개발 차원에서 전개되었으며 민간기관 단체의 활동이 체계화되는 1970년에는 '사회복지법인 사회복지협의회'가 출발한 것을 시작 각 대학에서도 사회사업학과가 '사회복지학과'로 개칭되어 학문 내에서도 정책적인 측면이 강화되는 계기가 되었다.

셋째, 1980년대는 3・4 공화국 시기에 제정된 사회복지 관련 법률이 대폭 개정되었고 1987년 7월부터는 대도시 영세민 밀집지역 동사무소에 '사회복지전문요원'이 배치되는 등 국민복지증진정책이 추진되었다.

(3) 제6공화국 시기 이후

1987년 6월의 노동자 중심의 민중항쟁의 영향으로 출범한 노태우 정부와 3당 합당으로 탄생한 김영삼 정부, IMF 경제 위기 이후의 김대중 정부에 이르는 이 시기는 크게 보면 1990년대와 2000년이라는 새로운 세기의 초기에 해당한다.

세부적으로는 1988~1992년까지의 6공화국 시기와 1993~1997년까지의 문민정부 시기, 그리고 1988~2002년까지의 '국민의 정부' 시기가 된다. 그리고 차기 정부 역시 헌법의 개정이 없는 한 제6공화국 헌법하의 정부가 될 것으로 보인다.

가. 사회복지법제

1981년에 '심신장애자복지법'과 '노인복지법'이 제정되어 사회복지 5법 시대를 열었다면 제6공화국에서는 1991년에 '영유아보육법', 1989년에 '모자복지법', 1990년에 '장애인고용촉진 등에 관한 법률', 1992년에 '고령자고용촉진법'이 제정되어 사회복지 6법 시대를 열었다.

문민정부 시대에 이르러서는 공공부조보다는 사회복지서비스 부문의 입법과 개정이 많았는데 1997년 8월 22일의 사회복지사업법 개정으로 '정신보건법', '성폭력범죄의 처벌 및 피해자보호법', '입양특례법', '일본군 위안부 생활지원법', '사회복지공동모금회법', '장애인・노인・임산부 등 편의증진 보장에 관한 법률'이 추가되어 '복지 13법 시대'를 열었다.

그리고 국민의 정부에서는 '국민기초생활보장법'과 '국민건강보험법'의 제정과 장애인복지법, 국민연금법 개정이 이루어졌으며 '사회복지공동모금법'도 '사회복지공동모금회법'으로 개정되었다.

나. 사회복지정책

1988년 이후의 우리나라 사회복지정책은 각 정부마다 특징적인 측면이 있다.

첫째, 제6공화국에서는 공공부조 차원의 복지정책이 확대되었는데, 이는 경제성장 과정에서 소외된 빈곤층의 욕구에 대응한 정책이었다. 그리고 현대의 복지국가의 보편적 이념이 실천된 정책구현이 많았다.

둘째, 문민정부 시기는 보편적 복지정책이 공고화되지 못하고 복지다원주의적 경향을 띠었다. 경기퇴조의 여건 속에서 '삶의 질의 세계화'선언을 하기도 하였지만 주로 예산의 소용이 적은 사회복지서비스 영역을 위주로 정책이 발전되었다.

셋째, 국민의 정부 시기는 '생산적 복지정책'을 기치로 국민기초생활보장정책을 위주로 한 사회보험의 개혁에도 정책적 노력을 기울였으나 복지이익집단세력의 압력과 재정적인 한계를 동시에 보였다.

지금까지 보아온 것처럼 현재의 사회복지정책은 신자유주의적인 세계화 이념의 환경에서 경제와 복지의 조화를 위한 중도노선주의적 정책을 실천하고 있는 것으로 결론지을 수 있다.

6) 사회복지의 역사적 전개의 특징

이상에서 살펴본 바와 같이 우리나라 사회복지입법사를 역사주의 또는 역사주의적 접근 방법에 의하여 고찰하였다. 이러한 접근 방법에 따라 우리나라 사회복지역사를 시대별로 구분하고 각 시대에 제정된 사회복지제도들을 간단하게 기술하였다. 우리나라 사회복지 역사적 전개와 시행에 있어서의 특징을 살펴보면 다음과 같다.

첫째, 우리나라 사회복지는 다른 동기보다는 정치적 동기와 밀접한 관련이 있다는 것이다. 다른 나라도 정치적 요인과 밀접한 관계를 어느 정도 지니고 있지만 우리나라의 경우는 다른 요인보다 너무 많은 영향을 미쳤다.

이러한 예를 들어보면 제3 · 4 · 5 · 6공화국의 대통령선거 전후를 시점으로 사회복지의 근간이 되는 법들이 거의 입법화되고 있음을 알 수 있다. 1961년 생활보호법, 1963년 산재보험법을 위시하여 일련의 사회복지입법들이 1963년 10월 15일 대통령선거 전에 대량 입법화되었으며, 제4공화국 시기의 1973년 국민복지연금법, 1977년의 의료보험 및 의료보호법의 경우도 그런 형태이다. 특히, 생활보호법의 경우는 국민의 복지욕구, 정부의 복지 전달체계 등 여러 문제에도 불구하고 정치적 요인에 의해 즉흥적으로 실시된 경우이다.

둘째, 적용 대상에 있어서는 선별주의 접근에서 점차 보편주의 접근으로 확대되어 가는 경향을 띠고 있다. 특히 사회보험 부문에 있어 대부분의 개발도상국가들이 그러하듯 사회보험 실시가 용이한 계층에서부터 점차 전국민으로 확대되어 가고 있는 것이다. 그 사례로 1977년 의료보험 실시 이후 1989년 7월 1일 도시지역 의료보험이 실시되면서 전국민의 개보험화皆保險化가 이루어졌고 다른 입법의 경우에도 이런 경향이 심하다. 이런 현상은 국가가 사회복지법을 입법화하면서 재정적인 지원 및 체계를 완비하지 않고 즉흥적으로 사회복지법을 제정하는 경우가 많기 때문이다.

셋째, 정부의 사회복지입법에 대한 의지가 약하기 때문에 사회복지가 강제 규정보다는 임의 규정이 많아 공무원들의 재량권이 어떠한 정책이나 행정보다 많은 편이다.

넷째, 어떠한 법률을 제정 또는 실시하려면 사전 준비 단계가 전제되어야 하는데, 우리의 경우 정부의 입장에서 공청회 등이 생략되고 일방적으로 실시되는 경우가 많다. 이런 이유 때문에 사회복지에 대한 국민들의 전체적인 합의가 부족하고 국민통합을 이루는데 실패하였다고 볼 수 있다.

다섯째, 사회복지의 실시에 있어 준비 단계가 부족하여 선진국의 법률이나 제도를 모방하는 경우가 많은 편이다. 특히 사회복지 초기에는 이런 경향이 심했다. 사회복지는 그 국가의 사회복지 수준을 포함하여 경제 · 정치 · 경제 등 다양한 요소를 포함해야 하기 때문에 우리의 실정에 맞는 한국형 사회복지를 완성해야 할 것이다. 참고로 우리나라의 연도별 사회복지입법 과정을 살펴보면 〈표 3-1〉와 같다.

〈표 3-1〉 우리나라의 연도별 사회복지입법

정부	제정 연도	사회보험제도	공공부조제도	사회복지서비스제도	기타
제1 · 2 공화국	1953				−근로기준법(53.5.10)
군사 혁명 정부	1960 ~ 1961	−공무원연금법(60.1.1)	−갱생보호법(61.9.30) −군사수호보상법(61.11.1) −생활보호법(61.12.30)	−윤락행위등방지법 (61.11.9) −아동복리법(61.12.30)	
	1962	−선원보험법(62.3.30) 미실시	−재해구호법(62.3.30) −국가유공자 및 월남귀순자 보호법(62.4.10)		

	1963	–군인연금법(63.1.18) –산업재해보상보험법(63.11.5) –의료보험법(63.12.16)			–사회보장에 관한 법률(63.11.5) 폐지
제3 공화국	1968			–자활지도사업임시조치법(68.7.23)	
	1970		–재해구제로 인한 의사상자 구호법(70.8.4)	–사회복지사업법(70.1.1)	
	1973	–국민복지연금법(73.12.24) 미실시 –사립학교교원연금법(73.1.20)			
제4 공화국	1976	–개정의료보험법(76.12.22)		–입양특례법(76.12.31)	
	1977	–공무원 및 사립학교 교원 의료보험법(77.12.31)	–의료보험법(77.12.31)	–특수교육진흥법(77.12.31)	
	1980			–사회복지사업기금법(80.12.31)	
	1981			–심신장애자복지법(81.6.5) –노인복지법(81.6.5) –전문개정아동복지법(81.4.13)	
제5 공화국	1982	–전문개정 공무원연금법(82.12.28)	–전문개정 생활보호법(82.12.31)	–유아교육진흥법(82.12.31)	
	1984		–국가유공자예우 등에 관한 법률(84.8.2)		
	1986	–전문개정 국민연금법(86.12.31)	–전문개정 갱생보호법(86.12.23)		–최저임금법(86.12.)
	1988	–국민연금법 시행(88.1.1) –농어촌지역의료보험 시행(88.1.1)			–최저임금제시행(88.1.1) –보호관찰법(88.1.1)
제6 공화국	1989	–도시지역의료보험 시행(89.7.1)		–모자복지법(89.4.1) –전문개정 장애인복지법(89.12.30) –장애자고용촉진 등에 관한 법률(89.12.16)	
	1991			–영유아보육법(91.1.4) –사회복지사업법 개정(91.12.) –고령자고용촉진법(91.12.31)	–사내근로복지기금법(91.8.10) –청소년기본법(91.12.31)

제6 공화국	1993	-고용보험법(93.12.27)		-일제하 일본군 위안부에 대한 생활안정지원법(93. 6.11) -성폭력범죄의 처벌 및 피해자 보호 등에 관한 법률 (94.1.5)	
	1995	-국민연금법개정(95.1.5) -고용보험법(95.7.1) -농어민연금 시행(95.7.1)	-사회보장기본법 (95.12.30)	-정신보건법(95.12.30)	-보호관찰 등에 관한 법률(95.1.5)
	1997	-국민의료보험법 (97.12.31)		-사회복지공동모금법 (97.3.27) -사회복지사업법 개정 (97.8.22) -가정폭력 방지 및 피해자보호 등에 관한 법률(97.12.31)	-청소년보호법 (97.3.7)
문민 정부 이후	1998	-국민연금법개정 (98.2.24)			
	1999	-국민건강보험법(99.2.8)	-국민기초생활보장법 (99.9.7)		
	2000			-정신보건법(2000.1.12)	
	2002			-모부자복지법(2002.2)	
	2004			-개정영유아보육법(2004.1) -건강가정기본법(2004.2) -성매매 방지 및 피해자보호 등에 관한 법(2004.3)	

Introduction to Social Welfare

제2부 사회복지의 접근 방향

4장═ 인간행동과 사회환경

1. 인간행동 발달의 이해

1) 의의

인간의 일생은 수정 순간부터 죽음에 이르기까지 변화의 연속이다. 이 변화를 심리학에서는 발달development이라 부르고 있으며, 개체가 발생, 환경에 적응해 가면서 죽음에 이르기까지의 생리적, 심리적, 행동적 성장의 변화 과정이라고 정의할 수 있다. 일상용어 가운데 발달이라는 용어와 거의 비슷한 개념으로 사용되고 있는 단어로는 성장growth이나 성숙maturation이라는 표현이 있다. 대개 이들 단어에 대한 명확한 개념 규정이 없이 동의어로 사용하는 경우가 많은데, 엄밀히 구분하면 주로 신장이나 체중, 신경계통 등과 같은 신체적 생리적 변화를 '성장'이라 하고, 신경계의 구조나 기능 변화에 의해 사고나 행동 능력의 질적 변화가 생기는 경우를 '성숙'이라 한다.

2) 발달 단계의 이해

발달은 연속적이며 점진적으로 진행되지만, 어느 한 시점에서 특히 현저하게 발달하는 시기가 있다. 어느 한 시점에서의 현저한 발달 특징을 지표로 해서 인간의 일생을 몇 개의 단계로 구분한 것을 소위 '발달 단계'라고 한다. 인간의 생애에 걸친 발달 과정에는 몇 개의 절목節目이 있다. 이런 절목이 언제, 어떤 형태로 나타나는가는 심신의 구조나 기능이 어느 부분에 주목하는가에 따라 다르다. 발달상의 절목은 심신의 구조나 기능의 질적인 전환 및 출현시 행동상의 특징의 변화에 의해 결정된다. 그리고 이런 절목과 절목 사이를 단계라고 부른다. 대개의 경우 발달 단계는 이러한 질적 전환, 특징적인 행동경향의 변화에 대응하는 연령에 의해 구분된다.

발달 단계는 보는 관점에 따라 여러 형태로 구분되기도 하지만, 일반적으로 태아기, 신생아기(출생~4주), 영아기(생후 4주~2세), 유아기(생후 2~6세), 아동기(생후 7~12세), 사춘기(생후 12, 13세~18세, 19세), 청년기(19, 20세~30세), 성인기, 노년기로 구분한다.

2. 인간 발달의 기본 원리

인간의 발달은 상당히 복잡하고 다이나믹한 과정이다. 그래서 이 과정을 단순화한 형태로 개괄한다는 것은 쉽지 않지만 이제까지 발달 연구를 통해 확인된 기본적 법칙에는 다음과 같은 것이 있다(현정환 · 김익균, 2006).

1) 연속성과 개인차

발달은 연속적으로 진행되지만 그 진행속도는 일정하지 않다. 때로는 비연속적이라고도 생각할 정도의 급격한 변화를 나타내는 발달현상도 이전의 상태나 단계가 있기에 비로소 가능함으로 실질적으로는 연속적 과정이라 할 수 있다.

또한 발달은 속도도 스타일도 개인에 따라 다양하며 성장이 끝나는 시기도 개인차가 있다. 그러므로 평균적 척도의 기준으로 개인의 발달 지체 정도나 정상 · 비정상을 판단하는 것은 바람직하지 않다.

2) 분화성과 통합성

인간의 지각 발달은 전체적 미분화 상태에서 점차적으로 분화되어 계층적 통합의 상태로 진행된다고 보았다. 그래서 외부세계에 대한 유아의 인지 상태는 성인과 같은 객관성이 없고 감정이 개입된 지각 형태를 지닌다.

3) 일정한 순서

아동이 발달해가는 모습을 보면 일정한 순서가 있다는 것을 알 수 있다. 예를 들어 아기의 운동 발달을 보게 되면 뒤집기에서 시작하여 기어 다니기, 일어서기, 걷기의 순으로 발달이 전개되는 과정을 발견할 수 있다.

정신적 능력이나 특성의 면에 있어 발달의 순차적 과정을 설명한 피아제는 아동의 사고 발달에는 일정한 순서가 있다고 하였다. 먼저 감각이나 운동(동작)을 통해 외부세계를 인지하는 단계에서 출발하여 언어나 개념을 사용하여 생각하는 단계, 그 다음에는 논리에 의해 사고하는 단계를 거치게 된다고 관찰이나 실험 연구를 통해 증명하고 있다. 이외에도 신체 발달, 욕구 발달, 언어 발달, 성의식 및 성역할 발달 등 다양한 영역에 있어서도 각각 발달의 질서가 발견되고 있다.

4) 유전과 환경의 상호작용

인간 발달을 규정하는 요인이 '유전인가, 또는 환경인가'라는 논제는 이미 오래전부터 '생득설인가, 또는 경험설인가'라는 관점에서 논쟁되어 왔다. 어릴 때는 모두 귀여운 아이였지만 자라면서 어떤 아이는 건강한 인격체로, 어떤 아이는 흉악한 범죄자가 되어 버리는 이유는 무엇일까? 무엇이 이런 차이를 만드는 것일까? 이런 차이는 "유전에 의한 양향인가, 아니면 환경에 의한 영향인가"라고 하는 논쟁이 인간 형성에 관한 과학적 연구, 예를 들어 유전학의 성립 훨씬 이전부터 있었다.

가계 연구는 유전적 요인과 환경적 요인이 발달 과정에 모두 개입되어 있기 때문에 발달 결과가 유전에 의한 것인지, 아니면 환경에 의한 것인지, 그 구분이 쉽지 않는다는 연구상의 한계를 안고 있는 연구 방법이다. 음악가 바흐의 가계나 과학자 다윈의 가계에서는 모두 우수한 음악가나 학자가 많이 배출된 것은 사실이지만, 이는 훌륭한 음악가나 학자인 부모로부터 그러한 능력이나 특성을 유전적으로 이어받고, 동시에 가정적으로도 이상적인 환경자극을 효과적으로 제공받았기 때문에 그러한 우수한 자손들이 배출된 것이라고 볼 수 있다. 그러므로 인간 발달의 이해는 발달의 규정 요인을 유전 또는 환경이라고 하는 단면적인 관점보다는 두 요인의 상호작용적 관점에서 이해하는 것이 바람직하다. 이처럼 인간 발달의 진행은 유전과 환경을 분리하지 않고, 유전적 요인과 환경적 요인의 상호작용에 의해 이루어진다고 보는 것이 일반적인 견해이다.

5) 상호 관련성

인간은 지적 능력, 감정, 의지, 흥미, 관심, 사회성 등 다양한 정신적인 발달만이 아니라, 다양한 능력이나 특성을 갖추고 있다. 동시에 이런 능력이나 특성은 상호 관련성을 맺으면서 발달을 하고 있다. 각각의 발달 항목이 독립적으로 존재하고 있는 것은 아니다. 예를 들어 유아가 언어를 습득하게 되면 친구와의 상호교섭이 가능해지기 때문에 사회성도 발달된다. 즉 언어 능력이라고 하는 지적 측면과 또래와의 교류라고 하는 사회성의 측면이 밀접하게 관련되어 발달해가는 것이다.

이것을 '발달관련'이라고 부르는데 여러 발달에 나타나는 현상이다. 신체적인 측면과 정신적인 측면이 각각 독립적으로 발달하는 것이 아니라, 상호 영향을 주고받으면서 발달해나간다. 마음은 뇌의 활동이다. 그러므로 건강한 뇌의 발달은 심리적 발달에 있어 매우 중요하다. 한편 심리적 불안과 긴장은 식욕이나 수면 장애를 일으켜 신체적 부조화가 발생하기도 하는데, 이처럼 발달은 신체와 정신의 역동적 상호 관계 속에서 진행된다.

3. 인간행동의 이해

1) 정신역동이론

인간의 행동이나 감정은 의식되지 않는 동기에 의해 결정된다고 보고, 의식 아래에서 꿈틀거리는 무의식의 존재를 가정하면서 이에 대해 탐구하는 학문이 정신역동이론, 즉 정신분석학이다. 이 학문적 입장에서는 언뜻 보면 무의미하고 상호 관련성이 없는 인간의 행동일지라도 어떤 목적을 가진 하나의 통합된 형태로 이해할 수 있다.

정신역동이론의 기본 원리는 1930년대 초에 발달하였으며, 1937년 Hamilton에 의해 체계화되었고, '심리사회적'이란 용어도 1941년 그녀의 논문에서 사용한 것이 오늘에 이르고 있다. 초기의 수년 동안 심리사회학파는 이 방법을 '진단적 접근 방법'이라고 하였다. 그 이유는 기능주의학파와의 여러 가지 차이점들 중의 하나인 진단의 중요성을 강조하였기 때문이다.

• 정신분석이론

Freud의 이론은 20세기의 서구문명에 막대한 영향을 주었으며, 전 인류문명에 광범위하게 영향을 미쳐왔다. 특히 그는 성격심리학의 발달에 대단히 큰 공헌을 하였다. Freud는 성격 발달에 관한 최초의 포괄적이고 과학적인 이론을 정립하였으며, 인생 발달 단계의 특징과 심리적 기제를 체계적으로 설명하였다. 정신분석이론은 인간의 정신세계 중에서 무의식에 초점을 두어 무의식적인 성적·공격적 충동에 의해 발생하는 갈등을 파악하고 분석한 이론이다. 이것은 사회복지실천에서 클라이언트의 행동을 이해하는 데 있어서 초기 아동기의 부모와의 경험의 중요성을 강조하고 있으며, 클라이언트가 가지고 있는 내면적인 문제를 정확히 사정할 수 있는 기틀을 마련하였다. 또한 정신분석이론은 자아의 방어기제를 통해 클라이언트의 행동을 이해하는데 유용하게 활용되고 있다.

• 분석심리학

Jung의 이론은 현대 심리학의 발전에 크게 영향을 미쳤으며, 정신의학, 철학, 종교학 등을 비롯한 다양한 학문 분야의 발전에도 기여했다. 그의 이론 중에서 특히 내적 경험의 중요성, 인간 본성의 양면성, 상징주의, 중년기 발달에 대한 관심 등은 지금까지도 중요하게 다루어지고 있다.

분석심리학이론은 무의식의 본질에 주된 관심을 두면서 성격기능의 다양한 체계를 포괄하는 이론이다. 이것은 사회복지실천에서 클라이언트로 하여금 자신의 무의식에 대한 관심을 통해서 성격의 안정과 발전을 기여할 수 있게 하며, 반대의 성에 대해 이해와 화합을 촉진하여 가족 관계의 원활함을 기여할 수 있게 한다. 특히 분석심리학이론은 인간의 성격 발달에서 중년기의 중요성을 강조하고 있어서 사회복지사에게 중년기의 위기와 문제에 대해서도 관심을 갖게 한다.

• 개인심리이론

Adler는 유전적 요인과 환경적 요인이 성격 형성에 미치는 영향을 인정하고 있지만 각 개인이 가지고 있는 창조적 힘이 인간의 본성을 결정하는 데 보다 더 중요하다고 보았다. 이러한 관점에 의해서 개인심리치료에서는 클라이언트가 자신의 사고, 감정, 행동에 책임을 지도록 원조하는데 목표를 두고 있다. 즉 개인심리이론에 입각한 사회복지실천은 클라이언트의 잘못된 사회적 가치를 수정하여 클라이언트로 하여금 인생에 잘못된 신념을 확인하고 변화하도록 도움을 준다.

• 심리사회이론

Erikson의 이론은 생애주기를 통한 전 생애의 발달 변화를 강조하였으며, 사회적 · 문화적 요인을 배경으로 인간 발달을 이해하게 함으로써 정신분석학을 확대 · 발전시켰다. 그의 이론은 인간성격의 건전한 발달을 위한 가능성을 제시했으며, 성숙의 개념을 보다 폭넓은 의미로 이해하고 활용할 수 있도록 하였다. 심리사회이론은 자아의 발달과 기능에 큰 관심을 갖고 인간행동의 발달에서 사회적 ·

문화적 요인을 중요시하면서 점성원칙에 의해 지배되는 인간의 전 생애를 통한 발달 변화를 강조한 이론이다. 이것은 사회복지실천에서 전 생애를 통한 인간행동의 발달에 관심을 갖게 하였으며, 인간행동의 발달에서 클라이언트에게 영향을 미치는 중요한 타자들significant others의 역할에 대해 주목하도록 하였다. 특히 심리사회이론은 청소년기의 자아정체감 확립의 중요성을 강조하여 청소년과 함께 일하는 사회복지사에게 정체감 확립에 기여할 수 있는 주변 상황을 조성하도록 하고 있다.

2) 행동이론 및 인지발달이론

• 행동주의이론

Skinner의 이론은 행동주의학습이론의 범위를 상당히 넓혔으며, 과학적 실험 연구를 통하여 인간행동의 발달과 관련된 구체적이고 명확하면서도 유용한 지식을 제공하였다. 특히 정적 강화, 강화 계획, 행동조성 등과 같은 일련의 뛰어난 연구는 사회생활에서 실용적 가치와 효과성이 입증되고 있으며, 다양한 분야에서 활용되고 있다. 그러나 Skinner의 이론은 인간의 행동에 대한 환경의 결정력을 너무 강조하여 행동에 영향을 미치는 인간의 내적·정신적 특성을 배제하고 있다. 그리고 Skinner의 이론은 인간을 조작이 가능한 대상으로 취급하고 있기 때문에 인간의 자유와 존엄성을 무시할 수 있다는 것이다. 또한 동물실험의 결과를 그대로 인간에게 적용하고 있으나, 인간의 행동은 동물과 다르므로 인간의 행동을 동물과 동일하게 다룰 수 없으며, 이것은 인본주의 입장에서 지나치게 비인간적이라는 비판을 받고 있다.

• 사회학습이론

Bandura의 이론은 모방학습의 중요성에 대한 우리의 자각을 증진시켰으며, 사회적 환경이 인간에게 얼마나 많은 영향을 미치는가에 대해 다시 한 번 인식하도록 하였다. 그는 Skinner와는 달리 관찰학습에서 행동에 영향을 줄 수 있는 자기강화와 자기 효력 등과 같은 인지적 요소의 중요성을 받아들였으며, 행동주의학습이론을 한 단계 높은 수준으로 끌어올려 놓았다.

• 인지행동모델

인지행동모델을 사용하는 사회복지실천에서의 주요 치료목표는 클라이언트가 역기능적 감정들과 행동을 불러오는 잘못된 생각이나 신념, 왜곡, 비합리적 자기 대화 등을 확인하고 이에 도전하며 변화시키도록 돕는 데 있다. 인지행동모델은 실제로 사회복지실천상의 다양한 세팅들에서 활용될 수 있다. 정신보건, 위기개입, 아동복지, 공공부조, 가족서비스, 물질남용 등의 영역에서 인지치료를 사용한 사회복지실천의 유용성이 밝혀지고 있다.

인지발달이론은 인간이 환경과의 적응을 통해서 자발적으로 인지구조를 발달시켜 합리적인 사고를 갖게 된다고 보는 이론이다.

3) 인본주의이론

이 이론은 클라이언트가 자아를 실현하도록 돕는 데 유용하기 때문에 사회복지실천에서 폭넓게 사용되고 있다. 사회복지사는 클라이언트의 문제를 직접 해결해 주려는 것이 아니라 클라이언트가 현재 직면하고 있는 문제들과 앞으로의 문제들을 극복할 수 있도록 그들의 성장 과정을 촉진시켜 준다.

• 현상학이론

인본주의이론은 인간이 건전하고 자발적이며, 자신의 행동에 대해 책임을 지고, 합리적이고 건설적인 방향으로 나가는 미래지향적 존재라고 보는 이론이다. 여기에는 Rogers의 현상학이론과 Maslow의 자아실현이론이 있다.

Rogers의 이론은 심리치료와 상담 영역에서 상당한 공헌을 하였다. 특히 클라이언트중심치료는 정서적 장애를 가진 사람들의 치료에 유용한 것으로 평가되어 그동안 폭넓게 적용되어 왔다. 또한 그의 이론에서 인간 본성의 긍정적인 측면과 자기 개념의 중요성을 강조한 것은 많은 공감을 받고 있다. 그러나 Rogers의 이론은 클라이언트의 말을 비판 없이 그대로 받아들이는 순진한 현상학을 취하고 있으며,

클라이언트에 관한 자료들의 신뢰도와 타당도가 의문시된다.

Rogers가 클라이언트의 내면적인 경험을 이해하기 위해서 일정 기간 동안 그들의 말을 들었다고 할지라도 진정한 감정과 사고를 적절하게 이해하기가 어렵다는 것이다. 그리고 Rogers의 이론은 기본적인 인간 본성에 대한 선한 측면을 너무 강조하고 있으며, 인간의 악한 면과 부적응적인 인간에 대한 설명이 부족하다. 만일 인간이 본래부터 선하다면, 인간들이 수많은 악한 일들을 행하지 않았을 것이다. 그러나 인간의 행동은 본성에 의해서만 좌우된다고 볼 수 없으며, 다양한 관련요소들을 통해서 설명되어야 한다.

• 자아실현이론

Maslow의 이론은 인본주의이론의 기틀을 마련하는 데 크게 공헌했다. 그는 정신역동이론이나 행동주의이론과는 달리 인간 본성에 대한 낙관적인 태도를 보였으며, 동물 연구의 부적절성을 지적하였고, 인간의 전인성과 잠재적 창조성을 강조하여 인간행동 연구의 새로운 장을 형성하였다. 자아실현이론은 인간이 자신의 잠재력을 최대한 발휘할 수 있는 환경이 조성되면 성격의 성숙을 포함한 자신의 성장과 발전을 기여할 수 있는 존재이며, 인간행동이 자신의 욕구를 추구하려는 동기에서 나타난다고 보는 이론이다. 이러한 관점은 사회복지실천에서 클라이언트의 욕구와 문제를 해결하는 데 기여할 수 있다. 즉 사회복지사가 클라이언트에게 자신의 잠재력을 최대한 발휘할 수 있는 환경을 조성해 주어 자신의 사회적 기능을 향상시킬 수 있게 하며, 성장동기를 유발시켜 그들의 욕구와 문제를 스스로 해결할 수 있게 하는 데 기여할 수 있다.

4. 체계이론과 사회체계

Bronfenbrenner의 이론은 학습이론이 제공하는 것보다 환경에 대하여 더 풍부한 자료를 제공해 주고, 인간이 어떻게 환경에 영향을 주고 환경에 의해 영향을 받는가를 폭넓게 이해할 수 있으며, 인간 발달에 영향을 미치는 환경을 체계적으로 구조화한 창의적인 이론이다. 이것은 행동주의학습이론에서 제공하는 인위적인 조작을 통한 환경적 영향이 아닌 자연적인 환경의 영향을 포함한 포괄적인 환경을 다루고 있다.

생태학이론은 인간이 환경의 제반 요소들과 끊임없이 상호교류를 하면서 그들의 물리적·사회적 환경을 변화시키며, 환경과의 지속적인 상호적응 과정을 통하여 환경에 의해서 변화된다는 것이다. 이것은 사회복지실천에서 클라이언트와 사회환경과의 상호교류를 통하여 그들의 성장과 발전을 촉진하고, 그들의 생활상의 욕구와 문제를 해결해 나가는 것과 깊은 관련성을 가지고 있다. 즉 생태학이론은 사회복지실천에서 클라이언트의 다양하고 복합적인 욕구와 문제를 해결하기 위하여 사회자원을 동원하여 활용할 수 있게 한다.

즉 생태학적 이론은 환경 속에 있는 개인에게 긍정적인 영향을 미치는 복잡한 힘의 관계에 관심을 가지게 하였고 부정적인 환경의 감소시키는데 공헌을 하였다. 그리고 직접적 서비스와 간접적 서비스의 통합을 통하여 사회복지실천에서 광범위한 지식을 제공해 주었다. 인간과 환경 사이의 상호교환이 기반이 된 많은 이론들의 공통된 관점으로 인간행동에 대한 다양한 이론들을 통합한다. 생태적 관점은 인간과 환경이 어떻게 서로 영향을 주고받는지를 보는 준거틀을 제공해 준다. 또한 이 관점은 상황적, 환경적 맥락에서 클라이언트 체계를 봄으로써 사정과 계획 단계에 매우 유용하다.

5. 사회복지와 사회체계

1) 가족

가족은 사회의 가장 기본적인 단위로서 인간의 생리적·정서적 욕구를 신속하고 융통성 있게 충족시켜 주는 사회체계이다. 사회복지실천에서 가족은 클라이언트의 욕구를 충족시키고 문제를 해결하는 중요한 원천이 된다. 가족에 대한 이해를 통해서 사회복지사는 한부모가족, 노인가족, 소년소녀가족 등과 같은 다양한 형태의 가족들과 함께 일할 수 있으며, 그들의 문제에 접근할 수 있다.

가족체계의 구조와 기능에 대한 이해는 클라이언트의 문제를 한 개인의 문제로 한정하지 않고 가족 관계 속에서 가족 전체의 문제로 보고 접근하는 가족치료를 활용할 수 있게 한다. 가족 내에서 부모의 역할 유형은 자녀의 행동에 결정적인 영향을 미치게 되므로, 이를 바탕으로 아동이나 청소년과 함께 일하는 사회복지사가 부모의 역할 변화를 통해서 그들의 행동 변화를 가져올 수 있게 하는 데 기여할 수 있다.

또한 가족은 사회를 형성하는 구성요소로서 가족구성원들에게 정서적 안정과 지원을 제공하며, 구성원들 간의 상호작용을 통해서 서로에게 영향을 미치는 하나의 사회체계이다. 즉 가족은 부부 관계, 부모자녀 관계, 형제자매 관계를 통해서 서로에게 영향을 주고 영향을 받기도 하면서 가족 전체의 기능에 기여하는 상호 연결된 체계인 것이다.

가족은 부부체계, 부모자녀체계 및 형제체계와 같은 하위체계로 이루어져 있다. 부부체계는 상호보완과 적응을 통해서 관계를 형성하며, 부부간의 관계가 경직되면 스트레스를 받게 되고, 이완되면 가족 내의 질서가 손상될 수 있다. 부모자녀체계는 부모의 자녀에 대한 양육, 지도, 통제 등을 통하여 사회화의 역할을 수행하며, 부모 중 한 사람과 한 자녀와의 밀착된 관계는 가족체계가 역기능적인 양태로 나타날 수 있다. 형제체계는 형제들 간의 상호 관계를 통해 많은 것을 배우게 되며, 특히 경쟁, 질투, 싸움 등을 통해서 자율성, 협동, 양보 등을 배운다.

한편 가족은 집단, 조직, 지역사회, 국가 등과 같은 상위체계와의 상호작용을 통해서 영향을 받으면서 유지하고 발전한다. 가족체계가 상위체계와의 관계에서 개방적일수록 다른 사회체계의 변화에 쉽게 적응할 수 있으며, 자원을 효율적으로 활용할 수 있다.

2) 집단

집단은 공통의 목적이나 관심사를 가진 사람들이 모인 집합체이다. 이것은 집단구성원들의 상호작용을 바탕으로 개인의 다양한 욕구를 충족시키고 문제를 해결한다. 집단에 대한 이해는 사회복지실천에서 전문가가 성장집단, 치료집단, 자조집단 등 다양한 집단들과 함께 일할 수 있는 기반을 제공한다.

치료집단은 집단활동을 통해서 개인의 행동을 수정하거나 심리적·사회적 문제를 해결하기 위해 구성된 것이다. 사회복지실천에서 사회복지사는 비행청소년집단, 정신장애인집단 등과 같은 치료집단을 구성하여 의도적인 집단경험을 통해서 그들의 문제를 해결할 수 있다. 또한 사회복지사는 공통적인 욕구와 문제를 지니고 있는 지역사회 내의 클라이언트들이 상호 지지와 원조를 행할 수 있도록 자조집단을 결성하게 할 수 있다.

3) 조직

조직은 특정한 목적을 달성하기 위해서 의도적으로 설립한 사회체계이다. 이것은 조직구성원의 활동을 통해서 목적을 달성하며, 구성원 각자의 행동에 영향을 미친다. 조직에 대한 이해는 사회복지기관이나 시설에서 클라이언트를 위해 일하는 사회복지사가 이러한 조직의 목적을 달성할 수 있도록 행동할 수 있게 하며, 조직 내의 동료들과의 관계를 원활히 하는 데 기여한다.

사회복지실천에서 사회복지사는 클라이언트의 욕구충족과 문제 해결을 위해서 서비스를 제공하는 다양한 조직들과 관계를 갖는다. 사회복지사는 사회단체, 종교단체, 사회복지재단, 복지기업 등과 같은 조직들과 함께 일하며, 자원봉사단체를 결성할 수 있게 하여 클라이언트의 욕구와 문제를 해결하는 데 활용한다.

4) 지역사회

지역사회는 지리적 조건에 의해 형성된 지역공동체이다. 이것은 지역주민의 공통적인 욕구충족과 문제 해결에 기여하며, 주민들에게 문화를 전달한다. 사회복지실천에서 지역사회는 클라이언트의 다양한 욕구를 충족시킬 수 있는 사회자원의 원천이 된다. 즉 지역사회의 자원을 개발하고 동원하여 지역사회에 거주하는 클라이언트에게 제공함으로써 그들의 욕구를 충족시킬 수 있다.

지역사회에 대한 이해는 사회복지실천을 활성화시키는데 중요한 요소가 된다. 이것은 클라이언트의 욕구와 문제를 해결할 수 있도록 지역사회의 병원, 보건소, 사회복지기관과 시설, 공식협의체 등과 같은 공식 지원체계 및 가족, 친척, 친구, 이웃, 종교단체, 자원봉사자 등과 같은 비공식 지원체계를 활용할 수 있게 한다.

5) 문화

문화는 인간의 생활 양식으로 세대간에 전승되면서 사회구성원들에게 내면화되어 인간행동에 영향을 미치는 사회체계이다. 문하에 대한 이해는 사회복지실천에서 다양한 종교, 문화, 인종, 민족 등의 배경을 가진 클라이언트와 일하는 사회복지사에게 그들에 대한 이해를 촉진할 수 있다. 또한 이것은 클라이언트의 행동을 예측하여 대처할 수 있게 하며, 그들에게 적절한 서비스를 제공할 수 있도록 한다.

문화는 사회복지실천의 관점 중에서 민족학 관점에서 일할 수 있는 기반이 된다. 민족학 관점은 클라이언트들이 여러 민족 집단으로 구성되어 있을 때, 그들의 다양한 인종적, 문화적, 종교적 배경에 세심한 관심을 갖고 개별화하여 그들의 특정한 상황과 문제를 이해하고 수용하며 그들의 욕구와 문제를 해결하는 방법이다. 이와 같이 문화는 사회복지실천에서 다양한 문화적 배경을 가진 사람들과 함께 일하는 데 유용하게 활용된다.

5장
사회복지정책

1. 사회복지정책의 이해

1) 정책의 개념

먼저 협의의 정책 개념에 있어 A. Kahn은 정책을 "이른바 지속적인 계획, 장래의 의사결정의 지침이거나 결정의 연속선이며, 이것은 특수한 프로그램, 입법, 우선순위를 뒷받침하는 원리에 있어서 암시적이거나 명시적인 중핵인 것이다"라고 규정하고 있다(Alfred J. Kahn, 1979).

또한 N. Gilbert와 H. Specht도 협의의 개념에 입각하여 "정책이란 공·사의 기관에 있어 행동의 방향이나 계획의 기초를 이루는 모든 결정과 선택이다"라고 규정하고 있다(Neil Gilbert & Harry Specht, 1974).

한편 광의의 정책 개념에 있어 K. Boulding은 일반적으로 "정책이란 급여의 목적으로 향하는 행동을 지배하는 제 원리"라고 규정하고 있다(K. Boulding, 1973).

또한 R. M. Titmuss도 "정책이란 용어는 주어진 목적을 지향하는 행동을 좌우하는 원리에 관련된 것으로 볼 수 있다. 이 개념은 목적뿐만 아니라 수단에 관한 행동을 의미하고 있다. 따라서 그것은 변화하고 있는 상황, 체계, 실천, 행동을 의미하고 있다"라고 하여 광의의 정책 개념에 입각하고 있다(R. M. Titmuss, 1981).

요컨대 협의의 정책이란 목적 내지 목표의 선택・설정으로서 쓰이는 개념이며, 광의의 정책은 일정의 목적 달성을 위해 제 수단의 효율적・효과적 이용을 위한 방도의 선택으로서 쓰이는 경우가 많다.

그러나 최광의에 있어 정책이란 일정의 목적을 달성하기 위한 행동의 방침을 나타내는 것으로 풀이된다. 그러나 그것은 사회복지실천의 영역에 있어서의 행동의 방침 또는 지침이나 실천 프로그램과는 일단 구별되지 않으면 안 된다. 그것은 정책이란 개개의 실천주체의 행동지침 또는 프로그램이 아니라 개개의 실천 국면을 넘어 그들에게 공통되는 일정 범위에 있어서의 행동(활동)방침을 나타내는 것이기 때문이다. 따라서 이와 같은 정책은 어떤 일정 기간, 일정의 범위 내에서 유지되며 개개의 실천 국면을 규정하는 것이다. 이를 위해서는 정도의 차이는 있을지라도 이와 같은 정책은 어떠한 형태로 제도화되며, 경우에 따라서는 법제화되는 수가 많은 것이다.

2) 사회복지정책의 개념적 접근

사회복지이론의 체계화에 있어서 방법론과 정책론을 통합하는 것은 매우 어렵고 접근하기 힘든 작업이다. 일반적으로 방법론은 원조실천의 방법, 과정을 이론화한 것이고 정책론은 사회복지정책입안의 방법, 과정을 이론화한 것으로 전자를 복지임상학, 후자를 복지정책학이라 부르는 경우도 있다(김익균・고순철, 1997).

그리고 사회복지의 정책적 접근은 사회구조적인 측면에 초점을 두고 사회문제의 해결을 강조하는 입장이며, 임상적 접근은 인간 행위에 초점을 두고 문제 해결을 도모하는 입장이다. 따라서 사회복지학의 접근 방법에 내재되어 있는 구조, 행위간 이론적 딜레마의 문제는 사회복지학에게만 있는 고유한 것이 아니며 사회과학 전반의 문제라고 할 수 있다.

그러나 지금까지 잔여적이라고 생각되었던 사회복지 부문은 보편적 서비스 제공원칙의 확립과 함께 보건의료서비스, 재가복지서비스 그리고 소득보장제도와의 조정이 중요하게 되었다. 그리고 단순히 방법론과 정책론의 연결이 아니고 클라이언트의 다양한 욕구를 충족시킬 수 있는 원조 과정 연속선상에서 정책 입안 과정을 계속하여 그것이 실천 과정에 포함시키는 것을 의미한다.

그리하여 사회복지정책을 사회복지로 다루는 연구 분야로서 사회복지임상학과 동일한 분야라고 생각하는 견해도 있다. 즉 복지욕구가 사회화됨에 따라 욕구충족의 조직화로서 서비스제도의 창출과 조정 및 개혁을 다루지만 이럴 경우 복지임상학에 관한 지식과 견해를 가지면서 정책면에서 욕구의 개념화와 측정, 서비스제공시스템의 조직화, 자원의 조달과 개발 등을 그 연구 분야로 하여 조직화된다는 것이다(신섭중 외역, 1995). 결국 정책론과 방법론은 상호연관 속에서 사회복지의 이론화를 전개하면서 사회복지가 발전하고 있는 것이다.

2. 각국의 사회복지정책의 정의

사회복지정책(사회정책)의 개념 규정 또는 정의는 각기 시대와 국가에 따라 그리고 개념규정자 입장의 상이에 따라 다양한 표현으로 나타난다. 따라서 사회복지정책의 정의를 영국계, 미국계, 프랑스계, 독일계, 그리고 일본계에 따라 그 입장의 상이를 기준으로 하여 분류・서술하고 끝으로 OECD의 총합사회정책總合社會政策의 규정에 대하여 언급하고자 한다.

1) 영국계 사회정책의 정의

영국에서는 사회복지정책론이란 용어는 보기 드문 일이다. 오히려 그와 같은 용어법用語法의 전통이 없다고 하는 편이 옳다. 그렇게 말하는 것은 영국에 있어서는 사회보험이나 공공부조나 교육이나 주택공급으로부터 구별되는 좁은 의미의 사회복지(personal social service라고도 불리는 것)의 정책현상에 관한 연구를 그 밖의 것과 분리하여 자기완결적인 독립의 학문으로 구성하는 방향으로 나아가는 것이 아니라, 국민의 사회생활에 영향을 미치는 사회적인 모든 정책 영역을 일괄하여 '사회서비스social services'라고 부르며, 이 전체를 대상으로 하는 연구 부문을 구성하는 방향으로 나아갔기 때문이다.

요컨대 영국에 있어서는 다소 추상적으로 말하자면 어떤 특정의 국민사회에 있어서의 '집합적 행동collective action'의 연구의 한 부문으로서 사회복지정책의 연구를 위치지우고 있는 것 같다. 그러나 이것은 사회복지정책이 연구되고 있지 않다는 의미는 물론 아니다. 오히려 국제적으로 보아 최고의 연구 수준을 자랑하고 있는 것이다(經濟企劃廳 國民生活政策課 編, 1977).

2) 미국계 사회복지정책의 정의와 특징

전술한 바 영국에 있어서와 마찬가지로 미국에 있어서도 많은 학자들에 의해 사회정책이란 개념이 사용되고 있다. 그러나 그 의미는 독일 사회정책의 그것과는 근본적으로 달리 시장경제의 기능을 전제로 하여 시장행동에 의해서는 충족되지 않는 물적 및 사회적인 욕구충족의 기회를 정부의 활동에 의하여 만들어 내는 것을 가리킨다.

또한 미국에 있어서는 사회복지정책social welfare policy이란 용어를 사용하고 있다. 그러나 이 경우에 있어서도 그것은 social welfare policy란 용어법인 것으로서 'theory of social welfare policy'라는 용어법은 아니다. 사회복지정책이란 개념은 사회정책이나 공공정책의 동의어로서 유연하게 사용되고 있는 포착하기 어려운 개념이라고 말하는 것이다. 이와 같은 개념적 혼란 속에 그들은 독자적인 사회복지정책의 개념을 확립하고자 하고 있다.

또한 사회복지정책이란 국민생활의 질質에 영향을 미치는 것을 정부가 할 것인가 또는 하지 않을 것인가를 선택하는 어떤 것이라고 규정하면서, 미국에 있어 사회복지정책의 대부분은 서비스나 소득을 제공함으로써 시민들의 복지에 영향을 미치는 정부의 행동이라고 말하고 있다(Diana M. DiNitto & Thomas R. Dye, 1983).

이렇게 볼 때 미국에 있어서도 좁은 의미의 사회복지정책적인 측면에서 자기완결적인 독립의 연구 부문을 형성하는 움직임은 볼 수 없는 것으로서 이점에 있어 영국의 사정과 유사하다.

3) 독일계 사회정책의 정의와 특징

제2차 세계대전 이전의 독일 사회정책의 특징은 사회정책이 국가의 사회개량정책 이상으로 노동계급에 대한 정략적 행위로서의 정치적 의의를 내포하고 있다는 데 있다. 따라서 사회정책의 주된 대상은 산업사회에 있어서 중요한 사회문제로서의 노동문제였다. 그러나 세계대전 후의 오늘날에 있어 독일의 사회정책은 전술한 바와 같은 전통적인 특성과 더불어 사회복지정책적인 성격을 띠고 있다고 할 수 있다(A. Wagner, 1981).

이와 같은 의미에 있어 사회정책의 정의와 특징을 다음과 같이 들고 있다. 즉 "사회정책이란 사회정책이 인간존엄과 사회존재에서 나온 것처럼 사회생활의 법적 승인하에 사회적 공동생활의 질서에 대한 적절한 수단의 선택과 도입이다"라고 규정하고 있다.

4) 일본계 사회복지정책의 정의와 특징

일본에 있어서의 종래의 사회정책의 개념은 주로 제2차 세계대전 이전에 독일에서 행해졌던 사회개량주의의 흐름을 포함하는 전술한 바와 같은 분배정책적 사회정책과 노동력의 보전과 배양을 위주로 하는 생산정책적 사회정책 등을 의미하는 것이었다.

광의의 사회복지정책은 문화 · 교육정책, 보건 · 위생정책, 노동 · 사회정책, 아동 · 부인정책이나, 형벌 · 범죄정책 등과 그들의 총계로서의 상위 개념 또는 종합개념이며, 보통 공공일반시책이라고 불리는 것을 중심으로 사회정책과 사회사업의 어떤 부문을 포함하는 광범한 개념인 것이다. 그리고 협의의 사회복지정책은 자본주의제도의 구조적 필연의 소산인 사회적 문제에 대한 합목적, 보충적 공 · 사의 사회적 방책시설의 총칭인 것이다.

사회정책과 사회복지정책의 대상을 '사람'이 아니라 '문제'를 중심으로 분류하여, 사회문제와 사회적 문제(사회복지문제)로 구분해 사회문제에 대처하는 시책을 사회정책, 그리고 사회적 문제에 대응하는 그것을 사회복지정책이라고 부르고 있다.

이와 같이 자본주의체제와 관련하여 '사회복지정책'과 '사회정책'과의 관계 내지 그 경계를 분명히 하고 있는 것이 그 특징으로 지적될 수 있을 것이다.

5) 종합사회정책의 개념과 필요성

1975년 경제협력개발기구OECD는 종합사회정책에 관한 작업 그룹을 설치하였으며, 1976년에는 참가 각국으로부터 사회정책의 종합화의 방향에 관한 국가별 보고를 제출토록 하였다. 각국의 종합사회정책의 내용을 살펴보면 다음과 같다. ① 자원·환경의 제약, 경제의 안정성장으로의 이행 등의 경제적 조건의 변화, ② 고학력화, 고령화, 고밀도화 등의 사회적 조건의 변화, ③ 국민의식, 가치관의 변화 등의 경제·사회환경의 변화 등이 예측되는 가운데 이들에 대응하여 국민생활의 안전과 질적 향상을 확보해 가기 위해서는 국민생활정책의 종합적 전개가 요청된다고 하는 인식하에 각종 정책을 종합적, 체계적으로 추진함에 있어서 이념·수법 등에 관한 기본적인 여러 문제에 관하여 폭넓은 관점에서 연구를 하게 된 것이다(三浦文夫, 1988).

따라서 종래의 산업경제주도형의 발전 패턴을 반성·재고함으로써 경제, 사회, 문화 등의 시스템을 포함하는 넓은 의미의 사회시스템의 조화를 이룬 발전을 중시하며, 종래의 개별적이며 사후적인 사회정책이 아니라 종합적, 체계적, 사전적인 말하자면 종합사회시스템을 대상으로 하는 종합적인 정책의 기획으로서의 종합사회정책이 필요한 것이다.

3. 사회복지정책의 가치 개념과 선택

상술한 바와 같은 사회복지의 가치를 실현하기 위한 사회복지정책의 주된 가치이념으로서는 ① 개인주의와 집단주의, ② 자유와 평등 그리고 민주주의, ③ 사회적 공정과 효율, ④ 소셜 미니멈social minimum 등을 들 수 있다(신섭중, 1999).

1) 개인주의와 집단주의

인간은 개별적 동기와 집단적 동기의 두 동기에 의하여 행동하며, 각국의 문화는 두 동기 중 어느 하나를 강조하는 경향을 갖는다. 집단주의의 문화에 있어 국민의 생활안정과 향상 또는 복지는 상부상조라고 하는 형태로 행해지고 있다.

우리나라는 급속한 근대화 과정에 있어 구미歐美문화의 침투에 따라 개인주의화가 두드러진 가운데, 산업사회의 특징으로서의 업적주의에 의한 가치기준에 따른 현상(한국적인 경쟁의 가열 풍조)이 뚜렷해지고 있다. 따라서 이와 같은 개인주의와 집단주의를 어떻게 배합 또는 균형지을 것인가는 사회복지정책의 가치 선택의 문제인 것이다.

2) 자유와 평등 및 민주주의

자유와 평등의 가치이념은 인간을 움직이게 하는 기본적인 계기인 것이다. 이와 같은 자유와 평등은 사회복지정책의 시행에 있어 여러 가지 국면에서 상관 관계에 놓이는 경우가 많다. 자유는 개인과 개인이 외부로부터 제약을 받지 않는 것을 의미하며, 평등은 개인의 확립에 입각하여 개인간의 비교가능성을 전제로 하고 있다는 의미에서 양자는 다함께 개인주의의 문맥에서 정의할 수가 있으며, 그 틀 속에 있어 자유는 개별성, 그리고 평등은 집단성을 표현하고 있다고 볼 수 있다.

따라서 이와 같은 개별성계기의 표현으로서의 자유나 집단성계기의 표현인 평등을 어떻게 정책에 양립시킬 것인가가 사회복지정책의 가치 선택에 있어서의 과제가 될 것이다. 상술한 바와 같은 자유와 평등을 그 주된 본질로 하는 민주주의란 가치이념 또한 사회복지정책이 강조하는 중요한 가치인 것이다.

3) 사회적 공정과 효율

정의에는 '교환의 정의'와 '분배의 정의' 두 가지가 있는데, '교환의 정의'는 '시장

사회'에 적용되는 정의이며, '분배의 정의'는 '조직'에 적용되는 정의라고 할 수 있다. 그런데 '조직' 가운데 있어 문제가 되는 '분배의 정의'는 '조직'에 있어서의 '올바른' 기준이 무엇인가라는 결과가 문제되는 한, 만인을 납득시킬 수 있는 분배의 기준이란 있을 수 없을지도 모른다. 그것은 이미 '정의'의 문제가 아니라 '조직'의 목적으로 본다면 어떠한 분배기준이 바람직한 것인가의 문제인 것이다. 즉 ① 생존, 안전, 건강 등과 같은 기초적 욕구의 우선적 충족을 위한 '욕구에 응하는 분배'의 원칙, ② 그 이상의 욕구에 관한 '공헌도에 응하는 분배'의 원칙, 그리고 ③ 동일한 조건의 케이스는 차별함이 없이 동일하게 다룬 다른 의미로서의 기회의 균등 내지 공평을 기하는 것이 공정한 분배라는 생각이 꽤 광범한 사회적인 합의를 얻고 있는 것 같다. 상술한 바와 같은 분배의 원칙은 어떤 의미에서는 '기회의 평등화'라고도 풀이될 수 있다.

4) 소셜 미니멈social minimum

이상에 있어 검토한 바 개인주의와 집단주의, 자유와 평등, 능력원칙과 필요원칙 등의 모순과 긴장을 내포하고 있는 가치이념을 어떻게 조화시킬 것인가에 대한 해답이 미니멈minimum 수준의 설정이라고 생각된다. 즉 이것에 의하여 국민에게 최저한도의 필요를 보장하며, 동시에 상술한 바와 같이 대립하는 가치와 이념 간에 일단의 경계선을 긋는 것이다. 이와 같은 미니멈 수준 결정의 근거는 상술의 대립 개념 중 집단주의, 평등, 필요원칙 및 그것과 밀접하게 관계하는 연대주의의 계열에 속하는 원리인 것이다.

4. 사회복지정책의 과정

1) 사회복지정책의 과정 및 주요 개념

(1) 과정

D. DiNitto와 T. Dye는 정책 형성의 모든 과정이 정책 형성의 복잡한 세계에 있어 언제나 명확하게 구분되는 것은 아니라고 전제하면서 분석의 목적으로 정책 형성의 과정을 ① 정책문제의 입증Identifying Policy Problems, ② 정책 대안의 형성Formulating Policy Alternatives, ③ 공공정책의 합법화Legitimizing Public Policy, ④ 공공정책의 시행Implementing Public Policy, ⑤ 정책평가Evaluating Policy 등 다섯 단계로 구분하고 있다. 이것은 많은 공공정책 전문가들에 의하여 사용되는 정책 형성 과정의 한 형식적인 분석이다.

사회복지정책도 다른 공공정책과 마찬가지로 공공적 의사결정의 대상이므로 중앙정부나 자치단체에 있어서는 입법 내지 행정활동으로서 전개된다. 이것을 정책 형성의 입장에서 본다면 개개의 정책과제에 대응하여 사회복지에 관심과 이해가 있는 정당・의회・정부・행정기관이 주축이 되어 전개하는 일련의 과정인 것이다. 이 과정은 일반적으로 정책 과정이라고 불리지만 그것은 다음과 같은 일련의 순환 과정으로서 이해되고 있다. 즉 ① 정책 과정의 형성, ② 정책 작성, ③ 정책 결정, ④ 정책집행 과정, ⑤ 정책평가의 다섯 가지 단계인 것이다.

(2) 주요 개념

가. 조건

어떠한 사상이나 현상이 문제로 발생할 수 있는 객관적 사실들 자체

나. 문제

어떤 사건이나 사태로 인하여 다수의 사람들이 고통을 받고 있어 그것에 대한 해결욕구를 유발시키는 불만스러운 상태나 조건

다. 요구

문제 해결을 위해 요청하는 구체적인 행동

라. 아젠다

수많은 사회문제 중에서 정부가 그것에 대한 정책적 해결을 위해 자발적이든 비자발적이든 공식적으로 채택한 의제의 목록

마. 이슈

여러 가지 공공문제 중에서 논쟁의 대상이 되는 문제

바. 정책문제

사회 내의 수많은 쟁점적인 문제, 즉 이슈들 중에서 정부가 그 해결을 위해 심각하게 검토하기로 결정한 문제

사. 대안

정책의제로 채택되어 논의되고 정의되는 과정 속에서 나타나는 해결 방안들

아. 정책

대안들 중에서 권리를 가진 정책결정자에 의해 선택된 대안

2) 사회복지정책의 단계별 전개 과정

(1) 정책과제의 형성

정책과제의 형성에 있어 정책 과정에 있어서는 환경인 사회의 레벨에서 현재화顯在化하는 모든 문제가 정책주체의 반응을 야기하며 정책의 탄생이 준비된다. 사회복지정책의 경우에는 사회복지욕구와 그것에 대응해야 할 사회복지서비스와의 사이에 불균형이 생겨, 어떠한 형태로 불균형을 시정하는 움직임이 일어난다. 이것

이 정책 과정의 제1단계가 된다.

(2) 정책 작성

정책 작성의 과정에 있어서는 정책과제를 해결하기 위한 정책을 도출하기 위하여 관계정보를 수집·분석하여 적절한 정책을 책정하는 단계인 것이다.

(3) 정책 결정

정책 결정의 단계에서는 정책 작성의 단계에서 다듬어진 모든 대안을 공식의 과정에서 심의하여 그 실행가능성을 담보하는 권한과 자원의 부여를 결정하는 과정인 것이다. 그 정책과제의 성격에 따라 구구하지만 먼저 법체계의 정비에 의하여 실시의 대상, 조직, 방법, 재정의 기본원칙을 표시하며, 또한 예산 과정을 통하여 시책의 전개를 위한 비용이 뒷받침되지만 이들과 같은 의사결정을 매개로 하여 정책은 현실화될 수가 있는 것이다.

(4) 정책집행 과정

정책집행 과정에서는 공식적으로 결정된 정책을 구체적인 현실 속에 전개하는 과정이다. 법에 입각하여 부령部令이나 규칙으로 구체적인 정책이 보조금의 교부, 기준의 설정, 시설·서비스의 직접적 운영, 인원이나 조직의 배치·정비 등을 통하여 정책이 전개되어 가는 것이다.

(5) 정책평가

정책평가는 정책집행 과정에서 생기는 정책효과, 유효성을 평가하고, 그 평가에 입각하여 정책의 계속, 확충, 변경 등을 포함하여 새로운 정책과제로 환류시키는 단계인 것이다.

3) 사회복지정책 과정의 유형

이상에서 서술한 바, 사회복지정책 개발의 모형으로서의 D. DiNitto와 T. Dye의 '정책형성과정Policy-Making Process모형'과 高橋紘士의 '순환과정모형' 이외도 A. Kahn은 '계획과정Planning Process모형'을 R. Perlman과 A. Gurin은 '문제해결과정Problem Solving Process모형'을 H. Freeman과 C. Sherwood는 '사회정책개발Social Policy Development 모형'을 그리고 N. Gilbert와 H. Specht는 '과업과 전문가의 역할Task and Professional Roles에 따른 모형' 등을 개발하고 있다. 이와 같은 여러 학자들의 사회복지정책 개발의 모형을 상호비교하면 <표 5-1>와 같다.

<표 5-1>에서 보는 바와 같이 사회복지정책 형성 과정의 모든 단계가 3단계로

<표 5-1> 정책 과정의 모형의 비교

작자	Gilbert & Specht 모형	Kahn 모형	高橋紘士 모형	Perman & Gurin 모형	DiNitto & Dye 모형	Freeman & Sherwood 모형
명칭	과업 및 전문가 역할	기획 과정	순환 과정	문제 해결 과정	정책 형성 과정	사회정책 개발 과정
단계	1. 문제의 입증	1. 기획의 교사(教唆)	1. 정책과제의 형성	1. 문제의 定義	1. 정책문제의 입증	1. 기획
	2. 분석	2. 조사	2. 정책 작성	2. 문제고찰을 위한 구조 및 의사소통 결합의 확립	2. 정책 형성	2. Program 개발과 실행
	3. 공중(公衆)에 대한 홍보	3. 기획직무의 정의(定義)	3. 정책 결정	3. 대체적 해결 수단의 연구와 정책의 채택	3. 공공정책의 합법화	3. 평가
	4. 정책목표의 개발	4. 정책 형성	4. 정책집행 과정	4. Program 계획의 개발과실행	4. 공공정책의 시행	
	5. 공중의 지지 구축과 합법화	5. Programing	5. 정책평가	5. 사정과 환류(feedback)	5. 정책평가	
	6. 프로그램 설계	6. 평가와 환류(feedback)				
	7. 시행					
	8. 평가와 사정					

부터 8단계에 걸쳐 구분되어 있다. 그러나 이들 모형은 과정 기술의 본질과 합리적 발전의 특성이란 점에 있어 상호 관계가 있다. 다만 적용된 일반화의 수준에 관해서는 이들 모형이 상이할 따름이다.

≪자료≫ 사회복지제도의 발달 관련 이론들

1) 사회양심론(the social conscience theory)

–1950년대 영국 사회정책학에서 주로 받아들여졌던 이론으로 사회정책이 각 개인이 가지고 있는 타인에 대한 사랑, 사회적 의무감 등이 국민들의 지식 향상에 의해 점차 증대되었다는 이론.

–사회양심론은 낙관적이고 문제 해결 중심의 시각이며 사회복지정책을 국가의 자선활동으로 간주함.

–이 이론은 사회적 맥락이나 사회정책의 제반 여건에 대해서는 협소한 시각을 가졌다고 평가할 수 있으며 또한 인간 본성의 일부인 선한 마음이 동서고금에 존재해왔는데 현대사회에서 사회복지정책이 구체화되고 발전되었다는 사실을 설명하는데 한계가 많다.

2) 합리이론(the rationality theory)

–이 이론은 어떤 형태의 사회이든 그것이 산업화되는 과정에서는 필연적으로 사회문제가 파생되는데 이때 합리적 인간이 고안해 낸 합리적 문제 해결책이 사회정책이라는 것이다.

3) 산업화이론(the indurstrialization theory)

–복지국가의 발전은 산업화로 인해 나타난 '욕구'에 대해 산업화로 인해 가능해진 '자원'을 통하여 이루어진 것이라고 보는 입장으로 대표적인 학자로는 윌렌스키Wilensky와 르보Lebeaux가 있다.

–이 이론은 경제발전과 산업화가 진행되면 이로 인해 사회문제가 파생되고 사회적 욕구를 해결하기 위해 사회복지제도가 발전하게 된다는 이론이다.

가. 산업화로 인하여 발생한 욕구

–산업화는 산업재해, 실업, 빈곤문제 등 이전에 없던 새로운 문제를 발생시켰다.

－산업화는 노인과 아동 인구의 노동력으로서의 가치 감소, 여성의 역할 변화 등 가족구조와 인구구조의 변화를 초래하였다.

－산업화는 건강한 노동력의 지속적인 공급을 필요로 하지만 산업화된 사회에서 더 이상 가족이 이러한 역할을 맡기가 어렵게 되었다.

나. 산업화로 인하여 가능해진 자원

－산업화는 경제성장을 가져와 국가가 사회복지에 사용할 수 있는 자원을 축적시킨다. 경제성장을 통하여 국민들의 실질소득이 올라가면 조세부담 능력이 커지게 되어 국가재원이 증가한다. 이 이론은 '수렴이론'이라고도 알려져 있다. 즉 서로 다른 정치이념과 문화를 가진 국가들도 일단 산업화가 비슷한 수준에 도달하면 유사한 사회복지체계를 가지게 된다고 보는 시각이다.

－산업화이론은 다음과 같은 비판을 받고 있다.

- 욕구만 있으면 자동적으로 제도가 출현할 것이라고 본다. 즉 제도 도입 과정에서의 사회구성원들의 가치의 차이를 무시하고 있다.
- 실증적인 연구결과에서 일정한 수준의 산업화가 이루어진 후에는 산업화 변수보다 정치적 변수가 더 중요한 것으로 드러나고 있다.

4) 테크놀로지론(the technology theory)

－이 이론은 사회정책의 변화를 사회행정 및 사회사업기술의 발달과 같은 비사회적인 힘에 의해 결정되는 것으로 설명한다. 행정 관료들의 기술 향상과 인간 행위를 예측할 수 있는 테크놀로지의 향상 등이 사회복지제도의 발달을 가져왔다는 것이다.

5) 시민권론(the citizenship theory)

－이 이론은 대표적인 학자인 마셜T. H. Machall은 시민권을 법 앞에서의 자유와 평등과 같은 공민적, 참정권과 같은 정치적, 그리고 복지권과 같은 사회적요소로 분류하면서 점차로 시민권이 분화되고 발전되어 왔다고 주장한다.

6) 음모이론(the conspiracy theory)

－이 이론은 사회양심론과 정 반대의 입장을 가지고 있는데 사회복지정책의 주목적이 인

도주의나 양심의 실현이 아니라 사회 안정 및 질서의 유지와 사회통제라는 것이다. 피븐Piven과 클로와드Cloward는 미국의 사회복지발전을 분석한 결과 대량실업에서 파생되는 시민들의 소요사태가 발생하면 공공 복지제도가 시작되거나 확장되며 반대로 정치적 안정이 회복되면 그러한 프로그램은 폐지되거나 감축된다는 사실을 발견했다. 이 입장에서 비스마르크의 사회보험 입법을 보면 당시 극심하던 사회운동을 저지시켜 사회질서를 유지하기 위한 속셈이라고 평가할 수도 있다.

7) 종속이론(the dependence theory)

–이 이론은 근대화이론과는 다른 관점으로 세계경제의 중심부국가(선진자본국가)의 발전과 주변부 국가의 저발전 사이의 관계를 파악하고, 자본주의의 팽창주의적인 속성과 사회의 구조적인 분석을 시도한 방법이다.

8) 확산이론(the diffusion theory)

–이 이론은 한 나라의 사회복지정책이 다른 나라에 영향을 미친다는 데 초점을 둔 이론으로 서로 지리상으로 인접한 국가나 긴밀한 관계에 있는 국가간에 정책이 확산되어 간다는 이론이다.

9) 위인론 / 엘리트이론

–위인론은 탁월한 능력을 소유한 소수의 위인이 수행한 과업이 역사적으로 중요한 업적을 달성했다고 보는 이론

–엘리트이론에 따르면 입법가, 정부관료 등 공식적인 정책결정자들이 형식적으로는 정책을 결정하는 것처럼 보이지만 실질적으로는 보이지 않는 지배엘리트들이 자신의 선호나 가치에 따라 결정한다는 것이다.

6장
사회복지법제

1. 사회복지법의 이해

1) 개념

사회복지법은 사회적 기본권사상의 대두와 함께 시민법체계가 크게 수정되어 그 결과 바로 사회복지법이 사회법의 일환으로 등장하게 되었다. 따라서 사회복지법은 사회문제와 사회경제적 약자의 사회생활문제를 해결하는 데서 발생되어 왔다.

그리고 사회복지법 개념의 접근에서 가장 먼저 고찰해야 할 것이 사회복지법의 개념을 어떻게 규정하는가 하는 일이다. 이러한 이유는 사회복지법의 개념이 먼저 규정되어야만 사회복지법의 연구 대상과 연구 범위를 확정할 수 있기 때문이다. 이러한 측면은 여러 학자들도 견해를 일치하고 있다.

이것은 민법전이나 형법전과 같이 형식적 개념을 유도할 수 있는 법체제가 성립되어 있는 경우에는 형식적 개념 규정이 명확하지만 일반적인 법전이 제정되어 있지 않는 사회복지법에서는 적어도 그와 같은 의미의 형식적 개념조차 정립하기가 힘들다. 따라서 형식적 의미의 사회복지법 개념이 없기 때문에 어떤 특정의 기준을 제시하여 사회복지법의 개념을 파악하여야 한다.

사회복지법규의 개념을 사회복지와 법규라는 용어가 복합된 개념으로 파악하고 있다. 즉 사회복지법규는 사회복지가 하나의 국가제도로서 법의 형태를 취하고 있는 것을 말한다. 이에 따라 국가제도로서 사회복지를 이해하고 설명하기 위해서는 사회복지법의 개념 규정이 필요하다고 보고 있다.

그리고 사회복지가 국가와 국민 간의 권리와 의무의 관계로 등장하고 있음을 국가가 인정하고 또 사회복지를 구현하고자 하는 구체적인 사업들을 공익에 맞게 보호하고자 하는 뜻으로, 국가가 이를 법의 형태로 제도화한 것이 사회복지법규라고 이해하고 있다. 사회복지의 법적, 제도적 장치가 사회복지법이라고 한다면, 사회복지를 구현하고자 하는 개별법률들을 사회복지법으로 파악하여 개념을 규정해야 한다는 것이다(신섭중 외, 2001).

즉 사회복지법은 사회복지를 구체적으로 실천하는 제도・기구・기관 및 시설・권리・의무 등을 규정한 개별 법률이라 할 수 있다. 따라서 오늘날 수많은 법규들 가운데 어떤 법규가 사회복지를 구현하기 위한 개별 법률들인가를 해결하기 위해서 필요한 작업이 사회복지법의 개념 파악이라 할 수 있다.

2) 특징

사회복지법의 개념 규정은 사회복지법의 인식 대상과 연구 범위를 확정짓기 위해서 반드시 필요한 연구 작업이라는 사실에 대하여서는 우리 모두가 동의하고 있지만 사회복지법의 개념을 규정하는 일은 그렇게 쉬운 일이 아니다. 왜냐하면 사회복지법의 정의를 규정하는 데 있어 곤란한 여러 가지 문제가 존재하고 있기 때문이다.

사회복지법의 개념 파악의 파악이 어려운 것은 최근에 사회가 빠른 속도로 발전하고 있고, 국가의 여러 가지 상황에 따라 다양하게 전개되기 때문이다. 또한 사회복지법은 매우 급속하게 변화하고 있는 법규범일 뿐만 아니라 그 내용이 다른 법과는 달리 추상적이고 전문기술적인 사회복지의 성격을 지니고 있어 개념을 규정하기가 곤란하다.

이와 같이 사회복지법은 법의 역사가 짧아 체계적이지 못할 뿐만 아니라 사람에 따라, 시대에 따라, 지역에 따라 사회복지법의 개념이 다르게 규정되고 있고, 사회적 욕구의 다양성과 질적 수준의 고차원화에 따라 사회복지법의 제정·개정이 급속하게 이루어지고 있으며, 전문기술적인 사회복지의 성격을 수용하는 법규범이므로 보편적이고 일원론적인 정의가 곤란하다.

3) 현대 사회복지법 개념의 접근 방법의 특징

사회복지법의 개념을 실질적으로 파악하는 방법도 그 기준 여하에 따라 그 개념의 범위와 내용을 넓게 보거나 또는 좁게 보는 견해들이 있는데, 이것은 사회복지의 개념과도 밀접한 관계를 지니며, 최광의最廣義의 사회복지법, 광의의 사회복지법, 협의狹義의 사회복지법, 최협의의 사회복지법으로 구분하여 이해할 수도 있다.

또한 사회복지법을 사회보장법이라는 용어로 대체하여 사용하고 있는 경우도 있다. 그러나 사회보장의 구조에서 사회보험, 공공부조, 사회복지를 사회보장의 구성요소라고 지적하고 있는 것으로 미루어 보아 협의의 사회복지법 개념에 접근해 있다.

결국 현대 사회복지의 개념은 실질적 의미의 사회복지 개념으로서 넓은 의미의 사회복지법과 좁은 의미의 사회복지법으로 구분하여 파악하고 있다. 넓은 의미의 사회복지법은 사회정책 혹은 사회복지정책의 실현과 관련된 제반 법률을 의미한다. 이때 사회복지의 개념은 넓은 의미로 해석되고 이와 관련된 법규범을 사회복지법이라 한다. 다시 말하면 넓은 의미의 사회복지법이란 전국민의 물질적, 정신적, 사회적 기본욕구를 해결함으로써 인간다운 생활을 영위케 하는 공·사의 제반 사회적 서비스와 관련된 법률을 말한다. 물론 이러한 제반 서비스는 사회복지정책이나 사회정책에 의해 추상적이지만 지침과 기준이 설정되며 이의 구체적 모습이 바로 사회복지법으로 표현된다. 그리고 사회복지법의 규정에 따라 사회복지 서비스와 실천이 이루어진다.

즉 현대 사회복지법의 개념은 최근에 형성된 법으로서 급속하게 변하는 국민들의 요구에 맞추어 빠르게 변화하는 법이다. 그리고 자본주의의 구조적 모순이나 불평등을 완화하기 위하여 여러 가지 법적 장치를 마련해야 하는 법이다. 그러나 사회복지법이 추상적이고 개념 규정이 어려운 측면이 많다. 그리하여 현대 사회복지의 개념은 실질적으로 국민의 생존권을 보장하기 위하여 광범위하고 실질적인 개념으로 파악되는 것이 일반적이다.

2. 사회복지법의 접근 방법

1) 형식적 의미의 사회복지법

형식적 의미의 사회복지법이란 법의 존재 형식을 갖춘, 즉 사회복지법전이라고 하는 외적 형식을 갖춘 제반 법규를 사회복지법으로 보는 개념 파악 방법으로, 주요 각국의 실정법상 사회복지와 연관된 모든 개별 법률 등이 여기에 포함된다. 사회복지법전이 없을 경우 개별 법률의 명칭이 사회복지를 나타내고 있다면 이러한 개별 법률 등은 사회복지법으로 보아야 한다는 입장이다.

그러나 사회복지법은 역사적 생성 과정이 산발적이고 복합적이며 또한 최근에 매우 변화하고 있는 법이므로 민법전과 형법전과 같이 통일법전의 형식을 갖추지 못하고 있다.

2) 실질적 의미의 사회복지법

실질적 의미의 사회복지법이란 법의 존재 형식이나 명칭에 관계없이 법규범의 내용, 규범 목적, 기능에 따라 그 법규범에 내재하는 공통된 법 원리를 도출하고 그 법 원리에 근거하여 사회복지법의 개념을 파악하는 방법이다.

3) 두 가지 접근 방법의 평가

이상과 같이 형식적 의미의 사회복지법 개념 파악 방법과 실질적 의미의 사회복지법 개념 파악 방법 중에서 어느 방향으로 사회복지법의 개념을 도출할 것인가에 대해서는 많은 어려움이 있을 것이다.

두 가지 개념 파악 방법의 장단점을 비교하여 봄으로써 두 개념 파악 방법에 관한 논의를 더욱 진전시킬 수 있을 것이다. 형식적 의미의 개념 파악 방법은 사회복지법규에 속하는 법규의 범위를 형식적으로 확립할 수 있어서 사회복지법의 범위와 고유성을 분명히 할 수 있고, 입법 · 행정 · 사법의 관점에서 사회복지법의 명료한 한계를 지어 주어 실제상의 편의를 더해줄 수 있다는 장점이 있다.

그리고 사회복지법의 개념을 형식적으로 파악하는 방법의 단점은 실제상의 편의성에도 불구하고 변화하고 움직이는 법으로서의 사회복지법의 특성을 고려한다면 현재와 같은 사회복지법의 발전 단계에 있어서는 사회복지법의 개념을 오히려 너무 경직시켜서 사회복지법의 발전에 방해가 될 수 있다는 것이다. 또한 너무 형식에 치중하여 기준의 불명확성과 사회복지법의 개념 규정에서 빠지거나 불필요하게 포함되는 점도 있다.

형식적 의미의 개념 파악 방법의 장점은 실질적 의미의 개념 파악 방법의 단점이 될 수 있고 반대의 경우로 전자의 단점은 후자의 장점이 될 수 있다. 그럼으로 각국의 여러 가지 사정에 따라 적절히 조정해 나가야 할 것이다.

3. 사회복지법원法源

1) 개념

우리들이 사회복지의 제도적 규범을 이해하려고 할 때 그 제도적 규범의 타당성을 어디서 찾아야 하느냐 하는 문제에 직면하게 되는데 그 문제를 해결하기 위해서는 사회복지법원法源을 이해해야 한다. 그리고 법치국가에서는 사회복지와 관련된 모든 사업도 법에 의한 실체법으로 법원을 중요시 하는 것은 당연하다.

사회복지법에 있어서 법원이라 할 때에는 사회복지에 관한 실정법의 인식 근거 내지 그 존재 형식을 말하는 것으로 사회복지와 관련한 급여서비스의 내용, 조직과 관리 등에 의하여 어떠한 형식으로 표현되고 있는가 하는 것으로 사회복지법의 원천과 존재 양식을 의미한다.

그리고 법의 존재 형식으로서의 법원에는 표현형식에 따라 성문법成文法과 불문법不文法으로 분류할 수 있다. 성문법에는 헌법, 법률, 명령, 규칙, 자치법규와 국제조약, 국제법규 등이 있고, 불문법에는 자연법, 관습법, 판례법, 조례법 등이 있다.

2) 성문법으로서의 법원

• 헌법

헌법은 국가와 국민 간의 권리・의무에 관한 기본법이다. 따라서 하위의 법체계인 법률, 명령, 규칙 등은 헌법에 위배해서는 아니 된다.

그리고 사회복지법을 지도하고 있는 최고의 규범은 타영역의 법과 마찬가지로 헌법이고 헌법의 구성은 전문과 총강總綱을 제외하면 기본권에 관한 규정과 통치기구에 관한 조항 그리고 경제에 관한 조항으로 구성되어 있다.

우리나라 헌법 전문을 비롯하여 제10조 인간의 존엄성 보장과 행복추구권, 제31조 교육을 받을 권리, 제32조 근로의 권리, 제33조 노동기본 3권, 제34조 인간다운 생활을 할 권리, 제35조 환경권 및 주거권, 제36조 혼인과 가정생활의 보호, 모성의 보호 및 보건권 등의 헌법 규정은 사회복지의 범위와 내용을 규정한 최상위의 규범이다. 또한 헌법 제94조, 제95, 제96조의 사회복지행정조직 규정과 제2장 국민의 권리와 의무, 제4장 제2절 행정부, 제8장 지방자치, 제9장 경제의 사회복지 작용 규정은 사회복지법의 법원으로서 핵심을 이루고 있다.

헌법 제31조에서 제36조에 이르는 조항은 넓은 의미의 생존권적 기본권(복지권, 사회권) 규정으로서 사회복지법의 기본 방향이자 기본 근거가 되고 있으며 사회복지를 국민의 권리라는 입장에서 볼 때 이러한 규정은 매우 중요한 의미를 갖게 된다.

• 법률

법률은 헌법의 정신에 입각하여 국회에서 제정되어 대통령이 공포한 법을 말한다. 따라서 법률은 헌법에 위반되어 제정될 수 없고, 하위법인 명령, 규칙을 지배한다.

그리고 법률은 헌법상 입법권이 있는 국회에서 제정하거나 행정부에서 제출하여 국회의 의결을 거쳐 재적의원 과반수 출석과 출석의원 과반수 찬성으로 법률안이 의결된다. 또한 법률은 국회와 행정부, 대통령의 권력 관계에 많은 영향을 받기 때문에 국민의 욕구에 부응하는 사회복지법의 제정이 어려운 실정이다.

- **명령(시행령)과 시행규칙**

우리 법률은 대륙법계에 속하기 때문에 각종 법률이 입법의 제정 또는 개정되어야 만이 현실적으로 적용되기 때문에 법률이 실효성을 갖기 위해서는 법률의 하위규범인 시행령과 시행규칙이 중요한 역할을 한다.

이러한 면에서 시행령과 시행규칙은 사회복지실천 과정에서 매우 중요한 위치를 차지하고 있는 사회복지법의 법원이다. 시행령은 국회의 의결을 거치지 아니하고 권한 있는 행정기관에 의하여 제정된 법규로서 자치법규에 속하지 않는 성문법규를 말한다. 즉 시행령은 대통령의 명령으로서 대통령령을 말하고, 시행규칙은 국무총리나 행정 각부 장이 법률이나 대통령령의 위임에 의한 위임 명령이며 직권에 의한 직권 명령을 의미한다.

- **조례와 규칙**

조례 및 규칙은 지방자치단체가 정하는 법규범이다. 자치법규에는 조례와 규칙이 있는데 조례는 지방의회의 의결을 거쳐 제정되고 규칙은 자치단체의 장이 제정한다. 그리고 자치법규는 그 지방자치단체의 지역 내에서만 효력을 발생한다.

지방자치단체가 제정하는 조례와 규칙이 사회복지에 관한 내용을 규정한 것이라면 이러한 자치법규는 마땅히 사회복지법의 법원으로 인정되고 사회복지법에서는 중요한 위치를 차지하고 있다.

특히 조례의 경우에는 사회복지가 점차적으로 지역사회를 중시하고 지방자치단체별로 특성화하는 방향으로 전개되기 때문에 그 중요성이 증가할 것이다. 즉 법률이나 중앙정부의 시행령과 시행규칙은 지역주민들의 욕구와는 차이가 나므로 조례가 보다 더 구체적이기 때문이다.

그러나 아직까지 우리나라의 경우는 조례제정이 미흡하고 지방자치단체도 아직까지 그 중요성을 인식하지 못하고 있으며, 조례 제정에 필요한 전문인력과 재원도 부족한 실정이다.

• 관리운영기구의 규칙 · 지침(정관)

사회복지 사무를 국가기관이 아닌 공공단체, 즉 관리운영주체가 제정 · 공고한 제반 규칙이 사회복지법의 법원으로 인정될 수 있는가 하는 문제가 있다.

사회복지법 집행상 제정, 공고되는 제반 규칙이나 지침은 관리운영주체에 의한 사회복지법 집행의 통일과 그의 명확한 집행을 위하여 매우 중요한 역할을 담당하고 있는데 그러한 제반규칙이나 지침들이 사회복지법의 내용을 보충하거나 그 내용을 명확하게 하여 주는 경우에는 법규적 성질을 가진 것으로서 사회복지법의 중요한 법원으로 인정된다.

• 국제법

국제법에는 국제조약과 국제법규가 있는데 국제조약은 그 명칭이 어떠하더라도 국가와 국가간, 국가와 국제기관 사이에 법적 효력이 있는 합의를 말하며, 국제법규는 우리나라가 당사국이 아닌 조약으로서 국제사회에서 일반적으로 규범성이 승인된 것과 국제관습법을 말한다.

우리나라 헌법은 제6조 제1항에 헌법에 의해 체결공포된 조약과 일반적으로 승인된 국제법규는 국내법과 같은 효력을 가진다고 규정하고 있어 사회복지와 관련된 것이면 사회복지법의 법원으로 인정해야 한다.

3) 불문법으로서의 법원

• 자연법

국회가 제정한 실정법이 사회정의와 모순되는 경우 그 실정법은 부정되어야 하는데 이때 사회정의의 기준으로서 자연법이 승인된다. 일반적으로 자연법의 정의는 인간의 인격의 자유와 인간의 존엄성을 확보하는 것에 있다고 파악되고 있다.

사회복지법의 이념이 생존권을 보장하여 인간다운 생활을 보장하려는 데 있다면 사회복지법의 내용은 자연법의 이상과 당위를 기초로 하여 규정되어 있다고 볼 수 있는 것이다. 이러한 의미에서 자연법은 사회복지법을 제정하는 기준이 되고 사회복지법을 해석하는 기준이 되는 것이다. 자연법이 실정법처럼 법적 효력을 명확히 갖는 것은 아니지만 사회정의의 실현과 실정법의 이념적 기초가 된다는 점에서 그 법철학적 의의가 있다 하겠다.

• 관습법

관습법이란 사회적 관행으로 장기적으로 준수된 생활규범이 불문의 형태로서 국가에 의하여 승인되어진 법률의 형태인 불문법을 말한다. 그리고 관습법의 법적 효력은 성문법이 존재하지 않는 경우이다.

그리고 사회복지법에 있어서도 성문법규가 없을 경우 관습법의 내용이 사회복지법을 보충하는 것이라면 마땅히 사회복지법의 법원으로 인정되어야 한다.

특히, 우리나라의 경우 사회복지법의 역사가 짧아 사회복지의 실시에 있어 관습이나 관행이 적은 편이다. 그러나 사회복지법의 체계가 미흡하고 사회복지사업의 전문성의 부족과 아직까지 정부의 재량권이 많은 편이라고 볼 때 관습법도 사회복지법원으로 중요한 위치를 점하게 될 것이다.

• 판례법

판례법은 한 사건의 판결이 특정 사건에 관해서만 구속력을 가지는 것이나 동종의 사건이 발생한 경우에는 사실상 동종의 사건에도 구속력을 가지게 되는 법률이다. 이와 같이 재판의 선례, 즉 판례가 그 후의 재판을 구속할 때 판례는 법원이 되며 이러한 판례를 판례법이라 한다.

우리나라의 경우 법원조직법 제8조에 "상급법원 재판에 있어서의 판단은 해석은 당해 사건에 관하여 하급심을 기속한다"라고 규정하고 있어 하급법원은 상급법원의 판례에 따르게 되어 있다.

우리나라는 사회보험을 제외하고는 사회복지법상 판례는 거의 없는 실정이다. 이와 같이 아직까지 사회복지법에서 판례가 적다는 것은 국민이 사회복지에 대한 인식부족과 생존권에 대한 지식이 부족한 것이 아닌가 생각된다. 또한 사회복지행정의 경직성과 국가의 홍보부족도 있을 것이다. 그러나 사회복지법 관련 소송은 현행 소송법상 개인에게만 효력이 미치는 것이지만, 그것이 가지는 공익적 의미 때문에 재판결과를 떠나서 사회복지법의 발전에 중요한 영향을 미친다.

예를 들어 일본의 최초의 사회복지법의 판례인 朝日아사히 소송을 살펴보면 朝日씨의 권리행사가 다른 수백만 명의 생활보호수급자에게 이익을 끼쳤다는 것에서 그 의의를 알 수 있다.

- **조리법(條理法)**

조리란 건전한 상식으로 판단할 수 있는 사물, 자연의 본성에 적합한 원리를 말한다.

조리법의 필요성은 성문법과 기타 불문법 등이 완비되어 있다 하더라도 급변하는 현대사회에서는 모든 사회문제와 사회현상을 포함할 수 없다.

특히 사회복지법에서 조리법은 중요한 위치를 점하고 있는데 그것은 현행 사회복지법이 대상자들의 욕구를 적절히 수렴하지 못하고 있고, 또 법체계가 미비한 점이 많아 조리에 의해 판단 내지 해석할 수밖에 없는 법령이나 조항 또는 용어가 많기 때문이다(신섭중 외, 2001).

4. 사회복지법의 체계와 변화

1) 사회복지법 체계

사회복지법에 있어 총론적인 수준에서 중요한 문제는 사회복지법의 체계이다. 사회복지법의 체계는 헌법, 민법, 형법과 같이 단일한 법전으로 존재하지 않고 산만하게 나열되어 있는 실정이다. 그리고 사회복지법의 체계는 사회복지법의 권리성과도 밀접한 관계를 지니고 있으므로 사회복지법의 체계의 확립은 중요하다.

사회복지법은 여러 가지 기준에 의하여 그 종류가 한정되고 분류되어 체계화된다. 사회적 급여의 종류에 따라, 기여금의 부담 여부에 따라, 사회적 위험의 종류에 따라, 사회복지법의 제정 목적에 따라 또는 사회복지법이 사회복지정책이나 사회정책을 직접적으로 실현하는가, 간접적으로 실현하는가에 따라 분류와 체계화가 다를 수 있으며, 시대에 따라 지역에 따라 사람에 따라서도 각각 다르게 분류되고 체계화할 수 있다(장동일, 1999).

학자에 따라서 사회복지법의 독자적인 체계화의 수립은 불가능하다고 주장하기도 하고, 실제로 사회복지법의 체계를 확립하는 것은 쉬운 일이 아니다. 또한 학문적 접근 방법에 의한 사회복지법의 체계화도 여러 가지 기준에 의하여 분류될 수 있고 구체적인 기준도 특정국가의 특성에 따라 상이할 수 있어 사회복지법 체계화의 다양성은 인정해야 할 것이다.

2) 사회복지법의 변화

(1) 욕구에 의한 사회복지법의 변화

사회복지법은 사회복지 개념 및 범위에 따라 달라진다. 사회복지의 개념을 정확하게 파악하려면 국민의 새로운 욕구의 변화에 관심을 가져야 한다. 그리고 이러한 욕구 변화에 대한 사회복지의 범위의 규정도 중요한 요소이다.

또한 사회복지의 개념을 협의의 사회복지, 광의의 사회복지, 최광의의 사회복지로 분류할 때, 최광의의 사회복지의 개념으로 확대되어 가고 있음으로 사회복지법의 체계도 이러한 방향으로 변화할 전망이다.

그리고 사회복지의 개념은 국가와 사회의 가치관, 이념 및 문화적 요소와 정치·경제적 요소 등을 다양하게 포함하고 있다. 그러므로 사회복지법의 체계로 이러한 사회복지의 개념 변화에 따라 계속적으로 변화해 나갈 것이다.

(2) 사회변동에 의한 사회복지법 이념의 변화

복지국가의 등장으로 국가존립의 목적이 일차적으로 국민 전체의 복지를 증진시키는 것이므로 사회복지법의 측면에서 복지국가는 사회복지법이 매우 중요한 법규범으로 등장하여 그것이 사회복지를 실현하는 기본적인 구조적 틀로서 확고한 기반을 갖는 국가라고 할 수 있다. 그리고 이러한 사회변동에 따라 생활상의 문제의 구조와 내용이 달라지게 되므로, 생존권 실현의 이념 및 법제도 달라질 수밖에 없는 것이다. 그러므로 산업사회의 발전은 점차 개인의 생활상의 문제의 내용을 다양하고 광범위하게 함으로, 여기에 대처하는 사회복지법의 이념과 내용 및 범위가 변화하게 된다는 것이다.

아울러 기존의 사회복지법의 이념이 효력을 갖지 못한 데서부터 점차 그 효력이 강화될 전망이다. 즉 생활상의 문제의 사회성과 보편성이 산업사회의 진전에 따라 더욱 부각됨으로써 사회복지법 이념의 중요성이 강화될 것으로 생각된다. 따라서 이런 사회변동에 따른 사회복지법의 이념 변화에 의하여 사회복지법의 체계도 변화할 것이다.

5. 사회복지급여수급권

1) 사회복지급여수급권의 개념

사회복지급여수급권이란 사회복지법상 사회복지서비스를 받을 권리를 의미하며, 사회복지서비스를 받을 권리는 금전적 급여를 통한 최저한도의 생활보장과 자립을 목적으로 하는 국민기초생활보장과 비금전적 급여를 통한 재활, 생활의 안정과 복지의 증진을 목적으로 하는 사회복지서비스에 대한 통합적인 급여청구권을 말한다.

그러나 사회복지급여가 단순히 국가행정 행위의 반사적 이익이거나 또는 구빈의 관점에서 부여된 하나의 자선으로 받아졌든 과거에는 사회복지급여수급권이 법적으로 실현될 수 있는 권리가 아니었으나 점차적으로 복지국가의 출현으로 법적 권리로서 정착하게 되었다.

또한 자유권사상을 기초로 한 시민법 체계가 모순과 한계를 드러내게 됨에 따라 국민 대다수의 생존권을 확보하기 위해서 노동법, 사회보장법, 사회복지서비스법이 입법되었다. 이러한 사회관계법체계가 확립됨으로써 사회복지급여수급권이 법적 청구권으로 인정받게 되었다. 현대사회에 있어서 거의 모든 국가는 사회복지급여수급권을 법적 권리로 인정하고 있고 이를 보장하기 위하여 입법조치를 강구하고 있다.

사회복지급여수급권이란 공법 주체인 사회급여 관리운영 주체와 수급권자 간에 존재하는 사회법 관계에서 발생하는 사회복지급여의 지급을 청구할 수 있는 권리로서 공법상의 쟁송 방법을 통하여 실현할 수 있는 수급권자의 개인적 공권이다. 즉 사회복지급여수급권의 법적 성질은 공법상의 쟁송 방법을 통하여 실현할 수 있는 법적 청구권인 것이다.

이러한 과정은 이제 개인의 생활문제는 모든 개인의 보편적이고 사회성을 띤 것으로 포착되었으며, 그 문제의 해결은 국가의 의무인 동시에 국민의 권리로서 그것의 해결을 요구할 수 있게 되었던 것이다. 그리하여 사회복지급여수급권은 하나의 정상적이고 공식적인 권리로서 자리를 차지하게 되고 국민 전체를 대상으로 하는 법적 권리를 가지게 되었다.

2) 사회복지급여수급권의 법적 특징

사회복지급여수급권은 하위법규를 통해서 헌법에 규정된 생존권을 구체적으로 실현하는 것이다. 즉 구체적 생존권의 보장은 헌법의 하위 법인 각종 법률이나 명령, 규칙 등에 규정되어 있는 행정 행위에 의해서 실현되는 것이다.

그런데 사회복지수급권의 성격에서 볼 때 생존권은 자기의 생활유지라고 하는 수급자의 사적 이익에 관한 측면이 대사회적 청구권으로서의 공적 성격이 결합되어 있는 것이다. 그러므로 사회복지수급권은 이러한 이중성으로 인하여 사적 측면에서는 국가가 끊임없이 개인의 책임으로 돌리고 공적인 측면에서는 사회복지행정의 재량권의 소극적인 특성으로 인하여 권리의 확보를 방해하고 있다.

사회복지급여수급권이 법적 권리로서 인정받게 된 배경에는 정치적, 경제적, 사회적 변화를 지적하지 않을 수 없다. 즉 18, 19세기의 사회적 변화 중 성숙한 시민사회의 이념이 사회민주주의로, 경제체제가 수정자본주의의 체제로, 법체제가 공법 또는 사회법으로, 사회의 주체세력이 임금노동자로, 개인의 생활보장이 사회적 보장으로 전환함에 따라 복지국가의 출현을 보게 되었다.

생존권 중에서도 인간다운 생활을 할 권리는 가장 근원이 되는 기본적인 권리이다. 그러므로 헌법상 사회보장을 받을 권리는 인간다운 생활을 보장하기 위한 구체적 수단으로서의 권리를 의미한다. 즉 사회보장을 받을 권리는 인간다운 생활을 할 권리에서 파생된 권리이며, 그것은 동시에 인간다운 생활을 할 권리를 구체적으로 보장하는 권리라 하겠다.

사회복지는 국민기초생활보장법 · 아동복지법 · 노인복지법 · 장애인복지법 · 모 · 부자복지법 · 국민건강보험법 · 국민연금법 등 개별 사회복지법 전체를 통하여 실현되고 있다. 그러므로 모든 사회복지법에 규정되어 있는 사회복지서비스를 받을 권리, 즉 사회복지급여수급권은 헌법에 명시되어 있는 생존권, 혹은 협의의 복지권을 실현함으로써 궁극적으로는 현대 자본주의사회에서 스스로 자신의 생활을 유지하지 못하는 사회적 취약계층을 포함하여 모든 국민의 인간다운 생활을 보장하는 수단이라고 할 수 있다. 이런 점에서 사회복지법상의 수급권과 헌법상의 생존권은 내적으로 상호 연결되어 있다(신섭중 외, 1993).

그러나 사회복지수급권은 사회보험법 · 공공부조법 · 사회복지서비스법 등에서 나타나는 법적 특징은 다르게 나타난다. 그 중에서 사회복지서비스의 수급권이 위약하다고 볼 수 있다.

사회복지급여수급권의 권리성이 취약한 이유는 사회복지 발전의 역사에 그 원인이 있기는 하지만 현대사회에서 사회복지서비스에 대한 수요가 급증하고 있음을 볼 때 권리성을 확보하기 위한 구체적이고 적극적인 노력과 법적 장치가 요구된다.

3) 사회복지서비스급여 수급권의 위약성

사회복지법의 분야 중에서 사회복지서비스 수급권이 권리로서 위약성을 지닐 수밖에 없는 이유는 생존권 내용 자체에서 찾아 볼 수 있다. 사회복지급여는 현물이나 현금급여 이외에 이른바 사회복지서비스라고 할 수 있는 비금전적 전문기술적 급여가 포함되므로 이러한 급여 내용 자체를 법규범으로 규정하기 곤란한 점이 있다는 것이다.[1)]

1) 비금전적 생활보장에 대한 급여수급권을 구체적으로 살펴보면 다음과 같다. 첫째, 장기적인 시설입소보호와 단기적인 이용시설서비스를 포함한 각종 시설서비스, 둘째, 의료급여 및 보장구의 급여 등을 포함한 현물급

이러한 권리성의 결여와 불확실성을 형성하는 배경을 살펴보면 다음과 같다. 첫째, 원초적으로 사회복지서비스는 국가의 온정주의에 기초한 자선적 혹은 자비적 행위라는 것이다. 둘째, 사회복지서비스는 그 대상자를 걸식자, 부랑자를 중심으로 형성되어 온 국민감정이 내재內在하고 있다는 점이다. 셋째, 사회복지서비스는 경제적 생활보장을 주된 의무로 하지 않고 재활과 치료적 성격이 강하므로 권리・의무만으로 문제 해결이 어렵다. 넷째, 생존권과 행정조치 등과 관련하여 권리성이 약하다는 점이다.

그러나 사회복지서비스수급권도 소득보장과 의료보장 등과 분리 또는 독립해서 발전할 수 없으므로 사회복지서비스수급권의 체계화를 통한 제도화가 이루어져야 할 것이다.

여, 셋째, 상담, 조언, 지도, 훈련, 케어, 보육, 재활, 취업 등을 포함한 개인적인 인간의 사회적 기능을 향상시키는 급여수급권을 말한다.

7장 사회보장

1. 사회보장의 이해

1) 개념

현대적 의미의 사회보장이 제도적으로 자리잡기 시작한 것은 100년이 넘었지만 사회보장이란 용어는 1934년 미국의 F. D. Roosevelt 대통령이 의회에서 New Deal 정책을 설명하는 가운데서 처음 사용하였고, 1935년에는 사회보장법Social Security Act의 제정으로 용어의 사용이 공식화되었다. 그 이후 사회보장이란 용어는 전세계적으로 보편화되었으나 여전히 사회보장에 대한 개념 정의는 명확한 합의에는 이르지 못하고 국가적, 개인적 관점에 따라 다양하게 해석되고 있다(고수현 외, 2002).

사회보장 개념에 대한 몇 가지 견해를 살펴보면 먼저 1942년 W. Beveridge는 영국정부에 보고한 보고서(Social Insurance and Allied Service, 1942)에서 "사회보장이란 실업・질병 혹은 사고로 인하여 수입이 중단된 경우에 대처하기 위하여, 노령에 의한 퇴직이나 본인 이외의 사망에 의한 부양의 손실에 대비하기 위하여 또한 출생・사망・결혼 등과 관련된 특별한 지출을 감당하기 위한 소득보장"이라고 정의하였다.

이처럼 Beveridge는 사회보장을 소득보장으로 인식했으며 여기서 소득보장은 구체적으로 최저소득보장Security of income up to a minimum을 의미한다. 이와 함께 그는 소득의 중단을 종료시킬 수 있는 대책을 강구해야 하며 사회보장은 아동수당의 지급, 포괄적인 의료·재활서비스 그리고 고용의 유지도 가능케 해야 한다고 주장하였다.

미국의 사회보장국Social Security Administration의 정의에 따르면 사회보장은 "소득을 얻는 능력이 중단·상실된 경우는 개인에게 대비해 주고 또한 결혼·출생·사망 때문에 생기는 특별비용을 개인이 감당하게끔 정부의 법으로 설립된 프로그램"이다(노병일, 1999).

우리나라의 사회보장기본법 제3조에서는 사회보장을 질병·장애·노령·실업·사망 등의 사회적 위험으로부터 모든 국민을 보호하고 빈곤을 해소하며 국민생활의 질을 향상시키기 위하여 제공되는 사회보험·공공부조·사회복지서비스 및 관련복지제도로서 규정하고 있다.

전통적으로 사회보장은 소득보장을 의미하였다. 그러나 시대의 변화와 함께 과거에 볼 수 없었던 새로운 성격의 사회적 위험이 나타나면서 사회보장의 개념이 확대되어 소득보장 이외에 완전고용과 사회서비스가 중시되고 있다. 이러한 점을 비추어 볼 때 사회보장이란 국민들을 노령·질병·산재·실업 등 사회적 위험으로부터 보호하기 위한 사회적 제도라 할 수 있다.

2) 이념

사회보장은 모든 국민이 인간다운 생활을 할 수 있도록 최저생활을 보장하고 국민 개개인이 생활의 수준을 향상시킬 수 있도록 제도와 여건을 조성하여, 그 시행에 있어 형평과 효율의 조화를 기함으로써 사회복지를 실현하는 것을 기본 이념으로 하고 있다.

3) 목적

(1) 국제노동기구의 목적

국제노동기구ILO는 사회보장의 목적을 협의와 광의로 분류한다(ILO, 1984; 노병일, 1999). 협의의 목적으로 빈곤방지 또는 빈민구제이고, 광의의 목적은 안정욕구aspiration for security와 관련되어 있다. 국제노동기구에 따르면 사회보장의 기본 목적은 개인과 가족에게 그들의 생활 수준과 삶의 질이 사회적 · 경제적 사건 때문에 크게 손상되지 않을 것이라는 확신을 주는 것이다. 구체적으로 여기에는 사회적 · 경제적 위험이 발생했을 때 욕구를 충족시키는 것, 이러한 위험을 예방하는 것, 그리고 개인과 가족이 불가항력적인 장애와 어려움에 직면하였을 때 가장 잘 적응하도록 도와주는 것이 포함된다.

(2) 우리나라 사회보장법에서의 목적과 기본이념

가. 목적

국민의 권리와 국가 및 지방자치단체의 책임을 정하고 사회보장제도에 관한 기본적 사항을 규정함으로써 국민의 복지증진에 기여한다.

나. 기본이념

사회보장은 모든 국민이 인간다운 생활을 할 수 있도록 최저생활을 보장하고 국민 개개인이 생활의 수준을 향상시킬 수 있도록 제도와 여건을 조성하여, 그 시행에 있어 형평과 효율이 조화를 기함으로써 복지사회를 실현하는 것을 기본이념으로 한다.

2. 사회보장의 범위와 구성

1) 범위

사회보장기본법에서 제시하고 있는 사회보장의 범위를 살펴보면 다음과 같다.

• 사회보험

사회보험은 국민에게 발생하는 사회적 위험을 보험 방식에 의하여 대처함으로써 국민건강과 소득을 보장하는 제도를 말한다. 구체적인 특징은 다음과 같다. 첫째, 사회보험에서 비용은 사용자의 부담금과 피용자의 갹출금(기여금)으로 충당한다. 둘째, 빈곤을 예방하기 위한 소득보장정책으로서의 소득재분배성격을 지닌다. 셋째, 사보험과는 달리 강제가입이므로 국가가 사회보험제도를 운영한다. 넷째, 자산의 소유 여부에 따라 공공부조 방식의 사회보험체계로서 어느 정도의 공공부조의 성격이 가미하고 있다.

• 공공부조

공공부조는 국가 및 지방자치단체의 책임하에 생활유지의 능력이 없거나 생활이 어려운 국민의 최저생활을 보장하고 자립을 지원하는 제도를 말한다. 공공부조는 사회보험이 피보험자들이 부담하는 기여금에 기초한 제도이기 때문에 기여금을 부담하지 못하는 사람들을 대상으로 하는 제도이다. 따라서 공공부조의 대상은 자립할 생활 능력이 없거나 평균적인 국민생활 수준에 미달하는 저소득층으로 이들에게 생계보호, 의료보호, 교육보호, 주택보호 등의 급여를 제공한다.

공공부조의 특성은 첫째, 대상자의 경제적·사회적 욕구를 근거로 제공되며 이러한 욕구는 자산조사means test를 통해 측정된다. 경우에 따라서 고정된 평균욕구에 따라 부조를 제공하는데 이 경우에는 정액수당제를 채택한다. 둘째, 공공부조에서 제공하는 급여는 현물 또는 현금이다. 급여 방법은 시설에서 생활하는 사람들에게 간접적으로 급여를 제공하거나 직접적으로 가정에서 급여를 제공한다. 셋째, 공공부조급여의 양은 관계법과 사회적·경제적 욕구에 따라 결정된다. 넷째, 공공부조의 재정은 일반조세에서 충당된다.

• **사회복지서비스**

사회복지서비스는 국가 · 지방자치단체 및 민간 부문의 도움을 필요로 하는 모든 국민에게 상담 · 재활 · 직업소개 및 지도 · 사회복지시설 등을 제공하여 정상적인 사회생활이 가능하도록 지원하는 제도를 말한다.

사회복지서비스는 우리나라 사회보장기본법 제3조에 따르면, 국가지방 자치단체 및 민간 부문의 도움을 필요로 하는 모든 국민에게 상담 · 재활 · 직업소개 및 지도 · 사회복지시설 이용 등을 제공하여 정상적인 사회생활이 가능하도록 지원하는 제도이다.

• **관련복지제도**

관련복지제도는 보건 · 주거 · 교육 · 고용 등의 분야에서 인간다운 생활이 보장될 수 있도록 지원하는 각종 복지제도를 말한다. 관련복지제도는 각국의 사회복지의 역사와 수준 등에 따라 개념과 범위가 다양하게 달라진다.

2) 구성

(1) 주체와 대상

국가와 지방자치단체의 책임, 민간 부문의 역할, 국민의 책임, 가정과 지역사회의 역할을 강조하는 내용이 규정되어 있다. 사회보장의 주체가 정부, 지방자치단체뿐만 아니라 민간조직, 가정과 지역사회도 사회보장의 책임이 있다. 그리고 모든 국민은 자신의 능력을 최대한 발휘하여 자립 · 자활할 수 있도록 노력하고 국가의 사회보장정책에 협력하여야 한다.

(2) 사회보장급여수급권

사회보장수급권은 사회보장의 급여를 받을 권리를 말하며, 동 수급권은 모든 국민의 법적 권리이다. 사회보장수급권은 사회보험청구권, 공공부조청구권, 사회복지서비스청구권, 관련복지급여청구권으로 구성되는 실체적 권리로서 그 법적 권리를 인정하고 있음에도 이러한 권리의 실현은 관계법령이 정하는 바에 의한다고 함으로써 수급권의 권리성을 약화시키고 있다.

그리고 사회보장급여의 수준은 모든 국민이 건강하고 문화적인 생활을 유지할 수 있는 정도의 것이어야 하는데 이러한 수준을 달성하기 위해서는 국가의 노력을 필요로 한다. 그리고 국가와 지방자치단체는 최저생계비와 최저임금법에 의한 최저임금을 참작하여 사회보장급여의 수준을 결정하여야 한다.

3. 사회보장의 재원

사회보장재정은 재원에 따라 기여금 방식과 조세 방식에 의해 확보된다. 구체적인 내용을 살펴보면 다음과 같다(고수현 외, 2002).

1) 기여금 방식

기여금 방식은 고용주, 피용자 또는 양자의 기여금에 의해 재원의 일부 또는 전부가 마련된다. 대부분의 사회보험제도는 기여금 방식에 의해 재정이 충당된다. 고용주의 기여금은 보통 피용자가 받는 명목임금의 일정비율로 계산되며 피용자의 기여금 역시 임금을 기준으로 한다. 기여금 방식의 장・단점을 살펴보면 다음과 같다.

(1) 장점

첫째, 급여가 무분별하게 지급되는 것을 방지할 수 있다. 왜냐하면 무분별한 급여신청에 기여금을 납부하는 사람들, 사회보장 운영기관의 부담을 증가시키기 때문에 이들은 자제력을 발휘한다.

둘째, 별도의 기금이 있는 경우 관련된 사람이 기금운영에 참여함으로써 기여금지불동기가 증대한다.

셋째, 고용주는 급여비용을 노동비용에 부과함으로써 위험발생을 방지할 수 있다.

넷째, 기여금 방식은 용이하게 막대한 기금을 모을 수 있다.

다섯째, 피용자들은 기여금을 나중에 받은 급여로 간주하여 일반세금보다 선호한다. 이 경우 기여금은 연기된 임금deferred wage의 성격을 갖는다.

여섯째, 기여금이 적립된 경우 이 기금을 사회간접자본S.O.C 등 공공투자 부분에 사용될 수 있다.

(2) 단점

첫째, 기여금은 빈민층이나 저소득층의 경우 부담할 수 없어 빈곤의 악화를 초래할 수 있다.

둘째, 균일기여금이나 소득비례기여금은 역진적이어서 저소득층에게 불공평하게 부담을 줄 수 있다.

셋째, 경우에 따라 고용주의 기여금 부담은 피용자의 임금하락을 유발할 수 있다.

2) 조세 방식

조세 방식은 직·간접세를 통해 재정을 충당한다. 조세 방식의 장·단점을 살펴보면 다음과 같다(노병일, 1999).

장점으로는 첫째, 누진세제를 통하여 재원을 마련하는 경우 소득재분배효과가 기여금 방식보다 더 크다. 둘째, 정부가 관장함으로써 의료, 사회복지, 고용서비스 담당기관 간의 협조가 증대된다. 셋째, 정부는 공공지출의 모든 분야에서 우선순위를 평가할 수 있고 이를 바탕으로 세금을 조절하여 이전에 약속한 급여를 조정할 수 있다. 넷째, 전 국민을 대상으로 최저균일급여를 제공하는 데 적절하다. 즉 최저균일급여는 조세 방식으로 제공하고 소득비례급여는 기여금 방식을 통하여 제공된다.

그리고 단점으로는 첫째, 조세율이 높은 경우 조세저항이 발생할 수 있다. 둘째, 사회보장제가 사회적, 경제적으로 부정적 영향을 미친다는 비판을 받을 수 있다. 셋째, 정부나 정치가들이 자의적으로 예산배정을 할 소지가 있다.

4. 사회보장의 과제

우리나라의 사회보장제도는 나름대로 잘 정비가 되어 있지만 앞으로 사회보장에 관한 관심이 높고 그 범위와 대상이 늘어나리라 볼 때 사회보장 의의와 기능은 현재의 제도만으로는 그 기능이 미흡하고 관련제도 총괄하기에는 부족한 면이 많다. 그러므로 보다 광범위하게 개별 사회보장관제도들의 기본 내용을 총괄할 수 있도록 확대해야 한다.

그리고 사회보장장사업의 주체를 국가 및 지방자치단체, 민간 부문의 참여 등으로 규정하여 과거에 비해서는 어느 정도 전달체계를 구체적으로 명시하고 있으나 어느 부처에서 관장할 것인지를 구체적으로 지정해 놓지 않음으로써 사회보장제도의 전달체계의 확보에 어려움을 더해 주었다. 그러므로 지방자치시대를 맞이하여 정부와 지방자치단체의 역할과 민간단체의 역할을 보다 더 명확히 규정해야 한다.

또한 사회보장의 정의에서 사회적 위험으로 질병, 장애, 노령, 실업, 사망의 5가지의 유형을 제시하고 있다. 그런데 현대사회와 같이 급변하는 상황에서는 그 범위가 부족하다. 또한 사회보장제도는 개별 사회보장제도의 기본이 됨으로 사회보장제도에서 보장하고 있는 보장 범위는 다른 제도에도 영향을 미치므로 범위를 확대해야 한다.

8장 사회복지행정

1. 사회복지행정의 이해

1) 사회복지행정의 개념

사회복지행정에 관한 논의가 여러 분야에서 꾸준히 진행되고 있으나 아직 명확한 개념에 대한 이론적 일치가 이루어지지 않고 있는 이유는 사회복지행정의 관리적인 측면과 기능적인 측면 어느 부문을 강조하는가에 따라, 그리고 사회복지를 인지하는 시각의 차이, 즉 미시적 차원에서 보느냐 또는 거시적 차원으로 보느냐에 따라 그 개념이 달라지기 때문이다.

따라서 사회복지행정의 개념을 정의하기 전에 먼저 여러 학자들이 규정한 개념들을 살펴보고자 한다.

Kidneigh는 사회복지행정을 정책을 구체적인 사회적 서비스로 전환하는 것, 그리고 정책의 수정을 권장하는데 경험을 사용하는 것이라고 하였다(Kidneigh, 1950).

Dunham은 사회복지행정을 서비스 기관이 직접적으로 서비스를 제공하는데 필요한 활동을 지원하고 용이하게 하는 과정으로 설명하며, 정책 결정과 집행적 지도력에서부터 기록과 보고서의 보관 및 서비스 유지와 같은 일상적인 운영에 이르기까지 그 범위가 매우 넓다고 규정하고 있다(Dunham, 1962).

Stein은 조정되고 협조적인 노력의 체계를 통해 조직의 목표를 정의하고 획득하는 과정으로 규정하고 있다(Stein, 1970).

Trecker는 사회복지행정을 사람들의 역량이 발휘되고 그 능력들이 결합되도록 함께 일하는 과정으로서, 이는 그들에게 요구되는 지역사회서비스와 프로그램의 제공이라는 목적을 달성하도록 이용 가능한 모든 자원들을 사용하는 것이라고 정의하고 있다(Trecker, 1971).

사회복지의 영역에 있어 행정의 개념은 사회사업행정, 사회행정 또는 사회복지행정 등 다양한 개념으로 쓰이고 있으며, 그 함축된 의미에 있어서도 차이를 보이고 있다. 사회사업행정이란 용어는 1930년대 이래 사용되어 온 개념으로서, 주로 사회사업시설의 관리를 지칭하며, 사회복지기관의 인사, 재정과 사회복지시설 등의 관리・운영을 의미하는 것이었다. 그러나 사회복지에 관한 이와 같은 행정의 개념도 시대와 사회의 변천에 따라 그 대상의 전국민으로서의 확대와 더불어 국민의 복지증진을 위한 사회복지의 정책 형성과 그 집행 과정으로서의 광의의 사회복지행정의 개념을 사용하게 된 것이다.

여러 학자들의 개념을 정리하여 보면 사회복지행정이란 기관의 정책을 사회적 서비스의 전달로 전환시키기 위해 사회적 과정을 이용하는 조직구성원들의 행동이라고 규정할 수 있다.

2) 사회복지행정의 필요성

오늘날 산업화, 도시화와 더불어 국민의 복지욕구가 증대되어 가고 있고 사회복지적 기능이 전체 사회로 확산됨에 따라 나타난 다양한 사회복지조직이 수행하는 사회복지서비스는 그 사회복지 조직에서 행정이 어떻게 이루어지느냐에 따라 결정적인 영향을 받는다. 이와 같이 사회복지서비스와 행정 간의 불가분의 관계 때문에 사회복지행정조직에 있어서 서비스의 질은 사회복지행정의 질에 크게 좌우된다고 볼 수 있다. 따라서 현대 산업사회에서 각종 사회문제의 발생으로 인해 충족되지 않은 사회적 욕구가 증가하면서 사회복지 조직으로부터의 서비스 기대가 그 어느 때보다도 높아져 가고 있는 만큼 효과적인 서비스를 위한 사회복지행정의 필요성에 대한 인식이 고조되어 가고 있다.

특히 사회복지사업의 성과는 인적·물적 자원의 단순한 투입만으로 본래의 성과를 거둘 수 없다는 것은 확연한 사실이며, 투입되는 인적·물적 자원을 효율적으로 활용하는 합리적인 행정 과정을 통하여야 만이 효율적인 성과를 거둘 수 있다는 것은 주지의 사실이다. 그러므로 인간생활의 복지 수준을 높이기 위한 수단 또는 과정이라고 할 수 있는 사회복지행정은 공식적이고 체계적인 조직들을 통한 실천활동이 필요하게 된다. 그 결과 조직활동들을 위한 기획·실행·평가를 수정할 수 있는 체계적 지식들이 사회복지행정의 실천활동에 필요하게 되는 것이다.

2. 사회복지행정의 가치와 이념

1) 사회복지행정의 가치

사회복지행정은 다른 행정 분야와 다음과 같은 가치를 지니고 있다. 우리 사회의 다양한 사회철학적 가치기준은 사회복지라는 가치기준으로 대변할 수 있다고 생각한다. 규범적이긴 하지만 사회복지를 인간의 비타산적·인도주의적·이타주의적·평등지향적 동기 및 행위를 하게 하는 가치로 간주하고자 한다. 다시 말하면 가진 자로부터 갖지 못한 자, 자본가에서 노동자, 건강한 자로부터 병든 자, 문제가 없는 자로부터 문제를 가진 자에게로 자원을 재배분하고, 그러한 정치적 선택을 가능하게 하는 사회적 원칙으로 보고자 한다. 이러한 사회철학적 가치의 성격에 따라서 복지이념모형이 달라진다. 왜냐하면 이념이 개인, 집단 및 문화의 특징을 형성하는 사고 방식 혹은 내용이라고 본다면 이러한 사고 방식 혹은 내용은 인간의 행동 양식을 결정하는 가치관에서 나오기 때문이다.

(1) 존엄성과 독특성에 대한 존중

사회복지행정가는 광범위하게는 사회사업가의 역할을 강조하고 있기 때문에 전문직으로 일관성 있게 갖추어야 할 가치로서 가장 중요한 것이 인간은 존중해야 할 본래적인 존엄성을 지닌 독특한 개인이라는 점이다.

존엄성을 존중하기 위해서는 문제를 가진 사람의 참여를 존중하고 의사결정에 적극적으로 참여시켜야 하며, 문제를 가진 사람을 고정화시키지 말아야 한다.

(2) 자기 결정에 대한 신념

자기 결정의 원리는 인간의 타고난 존엄성에 대한 신념으로부터 나오며, 자기 결정에 대한 신념은 문제를 가진 사람이 문제의 해결에 있어 자기 스스로 결정을 하도록 허용되어야 한다는 점이다.

이러한 과정에서 사회복지행정가가 유의해야 할 점은 다음과 같다.

첫째, 자기 스스로 문제를 결정할 수 있도록 여러 가지 대안을 도출하여 자기 결정의 기회를 많이 주어야 한다.

둘째, 사회복지행정가는 자기 결정을 하기 위한 과정에서 전문성과 책임성이란 측면에서 문제를 가진 사람의 이익과 기회를 극대화할 수 있는 행동과 책임을 가지고 있어야 한다.

그러므로 개인이나 집단을 도와서 그들 자신과 환경 간에 불균형에서 발생하는 문제를 파악하여 해결하거나 극소화한다. 또한 불균형의 발생을 예방하기 위하여 개인 또는 집단과 환경 간에 잠재적인 불균형의 영역을 파악한다. 그리하여 위와 같은 치료적 · 예방적인 목적에 추가하여, 개인, 집단, 지역사회 내에서 최대한의 잠재 능력을 찾아내어 강화한다.

2) 이념

사회복지행정의 이념은 사회복지목표와 정책의 방향을 설정하기 위한 좌표를 제시해 준다. 또한 결정된 목표와 정책에 정당성을 부여함으로써 행정담당자로 하여금 신념을 가지고 행정을 추진할 수 있게 하며, 국민의 지지를 확보하고 국민의 합의를 형성할 수 있는 구심점을 마련해준다(최항순, 1994 : 64).

이러한 이념모형은 보다 구체화된 사회복지정책에 영향을 미치며, 사회복지정책에 의거해서 사회복지행정이 수행되는 것이다. 이러한 과정을 구체적으로 도식화하면 〈그림 8-1〉과 같다.

〈그림 8-1〉 사회철학적 가치와 사회복지행정

사회철학적 가치 ⇒ 복지이념모형 ⇒ 사회복지정책 ⇒ 사회복지행정

3. 사회복지행정의 특징

1) 일반행정과 사회복지행정

사회복지행정과 일반행정의 차이점과 공통점을 비교하여 보다 구체적으로 보육행정의 특징이나 속성을 알아보고자 한다.

(1) 공통점

① 사회복지행정과 일반행정은 모두다 문제 해결 과정으로 문제의 확인, 해결 가능한 계획의 개발 및 집행 등을 포함하고 있다.
② 가치판단적 요소를 포함하고 있다.
③ 미래지향적인 요소를 포함하고 있다.
④ 효율성과 효과성을 높이기 위하여 프로그램 및 직원들을 조직화한다.

(2) 차이점

① 사회복지행정은 일반행정에 비해 투입과 산출이 명확하지 않다.
② 사회복지행정은 일반행정에 비하여 환경적인 요소가 영향을 많이 미친다.

③ 사회복지행정은 지역사회와 밀접한 관계를 유지한다.
④ 사회복지행정은 수평적인 특성과 비공식적인 조직이 중요하다.
⑤ 사회복지행정의 출발은 인간욕구의 변화에 따라 달라진다.
⑥ 사회복지행정은 양보다 질 그리고 비영리성에 기초한다.
⑦ 사회복지행정은 불완전성을 지니고 있다.

2) 사회복지행정의 특성

사회복지행정은 교육, 국방, 병원, 기업 등과의 행정과 관리의 방법론 면에서는 많은 유사성을 가지고 있는 반면, 인간의 기본 욕구를 충족시켜 주기 위한 서비스 개발 및 문제 해결을 위한 개발된 서비스와 그 전달과 관련된 특수한 행정 분야로서 행정 대상의 특수성으로 인한 차이로 다른 일반 행정 분야와는 다르다.

4. 사회복지행정의 실천 과정

사회복지행정의 실천 과정은 기획, 조직, 인사관리, 의사결정, 의사소통, 지도력, 재무관리, 및 평가로 이루어진다.

1) 기획

사회복지행정에서 기획은 효과적인 서비스 전달을 위한 필수적인 과정이다. 기획이란 직면하고 있는 문제를 해결하고 체계적인 사고에 의해서 미래를 예측하고자 하는 의도적 노력이라고 할 수 있다. 또는 기획이란 일련의 목표를 기대하고 그 목표를 달성하기 위한 계획을 마련하는 과정이다.

2) 조직

조직이란 일정한 환경하에서 특정한 공동의 목표를 달성하기 위하여 인적, 물적 자원을 동원하고 환경과 상호 작용하여 구성원들 사이에 일정한 관계를 유지하는 상당한 지속적인 성격과 분업체계를 가지는 것이라고 할 수 있다는 것이다. 한편 사회복지기관의 조직은 기관의 목적과 정책 및 계획을 형성하고 수행함에 있어 사람들의 활동이 가장 효과적으로 이루어지는 관계가 수립되는 구조와 과정을 의미한다.

3) 인사관리

인사관리란 직원을 채용하고 능력을 개발시켜서 근무의욕을 갖고 조직에 헌신할 수 있도록 동기를 부여하여 조직체의 운영, 목적 달성을 위하여 인적 자원을 최대한 효율적으로 활용하려는 관리적 활동이라고 할 수 있다. 인사관리는 필요한 직원을 채용하고 그들의 활동을 유지하고 해고하는 일련의 과정으로 이루어진다.

가. 충원

충원의 목적은 능력이 있고 직원이나 클라이언트들과 원만한 인간 관계를 이루어 나갈 수 있는 사람을 채용하는 것이다.

나. 선발

선발은 면접이나 시험을 통하여 가장 적합한 사람을 뽑는 과정이다.

다. 임용

직원을 임용하는 것은 채용 과정의 중요한 부분이다.

라. 오리엔테이션

오리엔테이션은 기관장이나 부서장에 의해 그 기관과 서비스 및 지역사회를 새로운 직원에게 소개하는 과정이다.

마. 승진

승진이란 하위직급에서 상위직급으로 또는 하위계급에서 상위계급으로 종적·수직적 이동을 하는 것을 의미한다.

바. 평가

근무성적평정은 직원의 근무성적·능력·가치관 등을 질서 있게 객관적으로 판정·기록하여 이를 인사관리에 활용하는 절차를 말한다.

사. 해임

해임은 개인적인 상황에 따라 큰 기대감이나 공포가 된다. 이것은 퇴직, 지위의 변동 혹은 해고에 의하여 일어나게 되며, 해임에는 의원면직, 징계의 일종인 권고사직, 직권면직 등이 있다.

4) 재정관리

재정관리는 공공욕구를 충족하기 위하여 필요한 재원을 합리적으로 조달·배분하고 이를 효율적으로 사용·관리하는 과정을 말한다.

5) 의사결정

사회복지행정가들은 기관 또는 조직의 의사결정과 관련된 중요한 책임을 지고 있기 때문에 조직의 의사결정 과정에 대한 이해와 지식을 갖추어야 한다.

사회복지행정가의 주요 기능은 여러 대안들을 두고 의사결정을 하는 것이며, 의사결정에 대한 개념은 다양하게 정의되고 있으나, 일반적으로 의사결정은 협의로는 두 개 이상의 행동 대안들 가운데서 하나를 선택하는 것을 의미하며, 광의로는 최종 선택이 이루어지기 전에 취해야 하는 모든 행위로 정의하고 있다. 즉 "의사결정이란 궁극적 선택에만 국한된 개념이라기보다는 최종 선택 행위뿐만 아니라 이런 선택에 도달하는 과정에서 이루어진 행동들을 포함하는 것이다"라고 하여 대안 최종 선택 행위뿐만 아니라 이런 선택에 도달하는 과정에서 이루어진 행동까지도 의사결정의 개념에 포함시키고 있다.

결론적으로 의사결정이란 기본적으로 조직의 목표 달성을 위하여 여러 가지 대안들 가운데서 최적안을 선택하는 과정이라고 할 수 있다.

6) 의사소통

의사소통이란 사회복지기관의 과업목적과 관련된 생각, 계획, 명령이나 보고, 그리고 제안 등을 모든 직원과 이사회에 전달하기 위한 쌍방적인 경로이다. 따라서 의사소통은 기관의 행정가와 이사회, 직원과 클라이언트를 통합시켜 주는 주요 연결고리이며 또한 기관과 정부기관 혹은 지역사회를 연결시켜 주는 역할을 한다. 즉 의사소통은 두 사람 이상의 사이에서 사실・생각・의견 또는 감정의 교환을 통하여 공통적 이해를 이룩하고 수용자 측의 의식이나 태도 또는 행동에 변화를 일으키게 하는 일련의 행위를 말한다.

7) 지도력

행정지도자는 그들이 전문직 직원이든 볼런티어이든 리더쉽의 본질을 잘 이해해야 하며 필요한 자질을 갖추어야 한다. 그리고 지도력에 관해서는 많은 학자들이 다양하게 정의하고 있는데, 일반적으로 지도력은 하나의 지위로서 지도력은 어떤 상황에 대한 통제의 책임을 지는 것을 의미하며, 그것은 지시하거나 지도하는 지위이다. 지도력은 능력으로서 다른 사람들이 지도자가 취한 길을 따르도록 다른 사람과의 관계에 영향을 주는 기술이나 능력이다. 지도력은 바람직한 변화를 가져오거나 다른 사람의 행동을 일으키는 능력을 포함한다.

8) 평가

사회복지행정가와 프로그램 실무자들은 사회복지기관과 그들이 제공하는 서비스를 전달하고 사회 변화를 수행함에 있어 기존의 프로그램들이 만족스럽지 못했다는 비판에 따라 프로그램을 수정하고 새로운 프로그램을 개발하고자 하는 필요성을 느끼게 된다. 평가에 대한 요구는 프로그램의 재원을 제공하는 공·사의 기관, 전문가집단, 클라이언트 및 일반 대중으로부터 제기된다. 이에 대하여 사회복지행정가들은 프로그램의 필요성과 프로그램의 효과를 입증해야 할 뿐 아니라 재원의 운영, 프로그램의 비용과 효율에 관해서도 답변할 수 있어야 한다.

평가의 필요성은 다음과 같다.

첫째, 평가는 기관의 목적이 성취되는 정도를 확인하기 위하여 필수적이다.

둘째, 비판적인 평가는 서비스를 향상시킬 수 있는 객관적이고 체계적인 수단이 된다.

셋째, 평가는 변화하는 사회 상황 내의 변화하는 인간의 욕구에 대하여 서비스를 지속적으로 재정향reorientation시키는 필수적인 융통성을 보장한다.

넷째, 평가는 모든 재정적 원천과 조세 부담자 혹은 기부자 등에 의해서 요구되는 사회적 책임의 한 형태로 볼 수 있다.

≪자료≫ 사회복지사 자격

1) 사회복지사 자격기준

등 급	자 격 기 준
사회복지사 1급	① 고등교육법에 의한 대학원에서 사회복지학 또는 사회사업학을 전공하고 석사 또는 박사학위를 취득한 자. 다만 대학에서 사회복지학 또는 사회사업학을 전공하지 아니하고 동 석사학위를 취득한 자는 보건복지부령이 정하는 사회복지학 전공교과목과 사회복지 관련 교과목 중 필수과목은 6과목 이상(대학에서 이수한 교과목을 포함하되, 대학원에서 4과목 이상을 이수하여야 한다), 선택과목은 2과목 이상을 각각 이수한 경우에 한하여 사회복지사 자격을 인정한다. ② 고등교육법에 의한 대학에서 보건복지부령이 정하는 사회복지학 전공교과목과 사회복지 관련 교과목을 이수하고 학사학위를 취득한 자. ③ 고등교육법에 의한 대학과 동등 이상의 학력이 있다고 교육부장관이 인정하는 학교에서 보건복지부령이 정하는 사회복지학 전공교과목과 사회복지 관련 교과목을 이수하고 졸업한 자. ④ 사회복지사 2급자격증 소지자로서 3년 이상 사회복지사업의 실무경험이 있는 자.
사회복지사 2급	① 고등교육법에 의한 전문대학에서 보건복지부령이 정하는 사회복지학전공 교과목과 사회복지 관련 교과목을 이수하고 졸업한 자. ② 고등교육법에 의한 대학을 졸업하거나 이와 동등 이상의 학력이 있는 자로서 보건복지부장관이 지정하는 교육훈련기관에서 12주 이상 사회복지사업에 관한 교육훈련을 이수한 자. ③ 사회복지사 3급자격증 소지자로서 3년 이상 사회복지사업의 실무경험이 있는 자.
사회복지사 3급	① 고등교육법에 의한 전문대학을 졸업한 자로서 보건복지부장관이 지정하는 교육훈련기관에서 12주 이상 사회복지사업에 관한 교육훈련을 이수한 자. ② 고등학교를 졸업하거나 이와 동등 이상의 학력이 있다고 인정하는 자로서 보건복지부장관이 지정하는 교육훈련기관에서 24주 이상 사회복지사업에 관한 교육훈련을 이수한 자. ③ 7년 이상 사회복지사업의 실무경험이 있는 자로서 보건복지부장관이 지정하는 교육훈련기관에서 24주 이상 사회복지사업에 관한 교육훈련을 이수한 자. ④ 법 제2조 제1항의 규정에 의한 업무에 8급 또는 8급 상당 이상으로 3년 이상 종사한 공무원으로서 보건복지부장관이 지정하는 교육훈련기관에서 4주 이상 사회복지에 관한 교육훈련을 이수한 자.

※ 자료 : 동법 시행규칙 제2조 제2항 별표 s1, 1의 2

2) 사회복지학 전공교과목과 사회복지 관련 교과목

필수 과목 (10)	사회복지개론, 인간행동과 사회환경, 사회복지정책론, 사회복지법제, 사회복지실천론, 사회복지실천기술론, 사회복지조사론, 사회복지행정론, 지역사회복지론, 사회복지현장실습
선택 과목 (4)	아동복지론, 청소년복지론, 노인복지론, 장애인복지론, 여성복지론, 가족복지론, 산업복지론, 의료사회사업론, 학교사회사업론, 정신건강론, 교정복지론, 사회보장론, 사회문제론, 자원봉사론, 정신보건사회복지론, 사회복지 지도감독론, 사회복지자료분석론, 프로그램개발과 평가, 사회복지발달사, 사회복 지 윤리와 철학 중 4과목 이상

※ 자료 : 동법 시행규칙 제3조 별표1

3) 사회복지사 국가시험과목

1. 인간행동과 사회환경
2. 사회복지정책론
3. 사회복지행정론
4. 사회복지실천론
5. 사회복지실천기술론
6. 사회복지조사론
7. 아동복지론, 청소년복지론, 노인복지론, 장애인복지론, 여성복지론, 가족복지론 또는 정신보건사회복지론 중 1과목
8. 지역사회복지론, 산업복지론, 의료사회사업론, 학교사회사업론, 정신건강론, 교정복지론, 사회문제론, 자원봉사론, 사회복지법제 중 1과목

9장 사회복지조사

1. 사회복지조사의 이해

사회복지조사와 가장 근접한 용어는 survey research(조사 연구) 또는 survey(조사)라 할 수 있다. 조사 연구는 조사 방법으로 이루어지는 연구를 통틀어 일컫는 용어로서 사회현상에 대한 이해와 문제 해결을 위주로 하는 실천적 성격으로부터 시작된 것이다.

그리고 사회복지조사의 개념은 여러 가지로 분류할 수 있지만 일반적으로 사회복지조사란 ① 인간사회에 존재하는 사회복지문제를, ② 탐색하고, 기술하며, 분석 예측할 목적으로, ③ 체계적이고 실증적인 도구를 계획적으로 사용하여, ④ 자료를 수집하는 분석과학 방법을 말한다(김종천, 1999).

2. 사회복지조사의 특성과 목적 및 내용

1) 사회복지조사의 특성

(1) 접근 방법

사회복지조사의 방법은 과학적인 객관성을 갖추어야 하는데 일반적인 과학적 방법의 접근 방법은 권위적 방법, 신비적 방법, 논리 · 합법적 방법, 과학적 방법 네 가지에 의거해서 결론에 도달하게 된다.

가. 권위적 방법(authoritarian mode)

권위적 방법은 사회적으로 인정되는 사람들을 언급함으로써 사회현상을 인식하거나 진위를 밝히고자 하는 것이다.

나. 신비적 방법(mystical mode)

신비적 방법은 예언가나 신령 또는 그 밖의 초자연적인 인물들로부터 지식을 얻는다는 점에서 권위적 방법과 동질적이다.

다. 논리 · 합법적 방법(logical-rational mode)

논리적 방법은 사실로 주장되는 진술의 판단을 진술의 절차에 주로 의존하게 되고, 그 절차는 형식적인 논리의 규칙에 따른다.

라. 과학적 방법(scientific mode)

이상의 세 가지 방법들은 개인적인 기분과 의지력에 의해 좌우된다는 이유 때문에 잘못하면 맹목적 확신에 빠질 위험이 있을 뿐만 아니라 결과적으로 얻은 지식의 정확성이 부족할 수 있다. 따라서 우리가 사회현상과 문제에 대해 좀 더 정확한 지식을 찾고자 한다면, 개인적 편견이나 가치관, 태도, 감정 등의 수준을 넘어서 주어진 현상을 객관적으로 검토하여 이에 대한 결론을 얻는 과학적 방법에 근거해야 한다.

과학적 방법이 사회현상에 대한 진정한 이해와 문제 해결의 방법이라고 한다면 과학적 방법으로서의 사회복지조사도 그러한 위치를 차지한다고 하겠다(김종천, 1999).

(2) 과학적 방법의 특징과 한계

가. 특징

일반적으로 과학적 방법이란 주어진 현상간의 가정된 관계에 대해 가설적 명제와 이론들을 통제적 관찰을 통하여 체계적이고 실증적이며 비판적으로 연구하고 검증하는 방법이다.

이러한 측면에서 과학적 방법으로서 사회복지조사가 갖추어야 할 요건이자 특성을 지적하면 ① 의식적 · 체계적 · 개념적 · 이론적 틀, ② 특정적이고 조작적인 정의와 과정, ③ 논리적 일관성, ④ 자연사실적인 인과 관계에 근거한 결정론성, ⑤ 통제된 관찰가능성, ⑥ 가설검증의 실증성, ⑦ 가치중립적 객관성, ⑧ 표현의 명료 · 간결성, ⑨ 수량화 측정가능성, ⑩ 확증가능성, ⑪ 포괄적 일반성, ⑫ 예측가능성, ⑬ 반복연구가능성, ⑭ 수정가능성이다.

나. 한계

과학적 방법이라도 다음과 같은 한계를 지니고 있다.

첫째, 인간과 인간행동을 대상으로 하기 때문에 예측이 변화할 수 있는 가변성이 높다.

둘째, 가치중립성과 가치개입의 불가분성에 대한 지적이다.

셋째, 조사의 연구 방법이 적합성과 타당성이라는 측면에서 취약점이 있다는 것이다.

이러한 면은 크게 사회복지조사의 대상이 되는 인간행동과 사회환경과 사회복지조사를 하는 조사자의 양쪽에서 발생되는 한계점이라 하겠다.

2) 사회복지조사의 목적

(1) 탐색

우리는 사회복지와 관련된 어떤 현상에 의문을 갖거나 관심을 갖게 되지만 그것에 관한 기존 연구들이 없어서 연구를 해보고 싶어도 용이하지 않을 때가 있다. 이러한 의문을 탐색exploration하고 또는 규명해서 그것을 명시하고자 할 때 우선 요구되는 것이 사회복지조사이다.

(2) 현상의 기술

사회복지 현상이나 특정문제에 대한 기술description을 목적으로 사회복지조사가 이루어지기도 한다. 예를 들어, 조사연구자가 배우자 사망으로 홀로 된 노인들의 여가생활이 그렇지 않은 노인들과 어떠한 차이가 있는지를 기술하기 위해 조사하는 경우라 하겠다.

(3) 인과 관계의 설명

조사 연구는 사회복지의 상황이나 현상의 원인과 결과를 나타내는 인과 관계의 설명causal explanation을 위해서도 필요하다. 여기서 설명이란, 어떤 현상으로부터 의미를 발견해서 그 현상을 이해할 수 있도록 하는 것이고, 원인cause이란 독립변수와 종속변수 간의 인과 관계를 말하는 것이다.

(4) 가설의 검증

가설검증hypothesis testing이란 인과 관계의 설명을 위한 방법의 하나로서, 어떤 연구결과나 이론적 근거에 의하여 예측된 변수들 간의 관계를 실증적으로 검증해 보는 것을 말한다.

(5) 예측

사회복지조사는 미래에 어떤 사건이나 상황에 대한 예측prediction을 할 수 있어야 한다. 여러 가지 유사한 사회복지조사를 실시하면 어느 정도 인간행동과 사회환경에 대한 예측이 가능하다고 볼 수 있다.

(6) 지표개발

사회복지조사는 사회의 지표 개발developing indicator을 목적으로도 이용된다.

(7) 평가

사회복지조사는 평가evaluation의 목적으로도 많이 이용되는데, 이러한 조사는 사회복지프로그램의 개념화와 설계, 실행 및 효용성을 사정하기 위한 체계적 응용 형태이다. 최근에 사회복지시설 및 기관에 대한 평가가 중요시 되면서 사회복지조사에서 평가가 차지하는 영역은 많아지고 있다.

3) 사회복지조사의 내용

일반적으로 사회복지조사의 내용은 다음과 같이 분류할 수 있다(신섭중 외, 1995 : 213).

(1) 인간과 관련된 것

인간행동과 성격에 관한 조사, 인간이 직면하고 있는 욕구나 문제에 관한 조사

(2) 사회와 관련된 것

사회정책이나 조직에 관한 조사, 지역사회에 대한 조사

(3) 사회복지서비스에 대한 조사

새로운 사회복지서비스 방법이나 새로운 사회복지서비스를 개발하기 위한 조사, 사회복지서비스 특색에 관한 조사, 사회복지 유효성에 대한 조사, 사회복지서비스 만족도에 대한 조사

(4) 사회복지 업무와 사회복지사에 대한조사

사회복지사의 업무에 대한 조사, 사회복지사에 관련된 전문성에 대한 조사

3. 사회복지조사의 종류

1) 조사의 개념에 따른 분류

사회복지조사를 국세조사, 빈곤지역조사, 보건·위생조사, 청소년 비행조사 등과 같이 사회 혹은 집단 내의 광범위한 사회현상을 주로 현지에 나가서 직접 관찰하고 기술하고 얻은 자료를 분석하는 일련의 작업이라고 할 때 광의의 개념이라 할 수 있다.

2) 조사의 목적에 따른 분류

첫째, 조사의 목적에 따라 탐색조사, 기술조사, 가설검증조사로 분류하고 있다. 탐색조사exploratory or formulating study는 조사문제의 발견이나 변수의 규명 혹은 가설의 형성에 필요한 자료를 얻기 위하여 간단히 시행되는 조사를 말한다.

둘째, 기술조사descriptive study는 현상을 묘사하기 위하여 설계된 조사로서 발생빈도나 분포 등으로 현상이나 모집단의 특성을 파악하기 위해서 행하는 표본조사sample survey가 여기에 해당된다.

셋째, 가설검증조사study testing causal hypothesis는 특정한 변수들 간의 관계 가설, 예를 들어 상관 관계나 인과 관계 가설의 검증을 목적으로 하는 조사 연구를 말한다.

3) 조사의 장소와 기술에 따른 분류

(1) 장소에 따른 분류

조사의 유형을 장소setting에 따라 표본조사, 현지조사, 현지실험, 실험실내실험으로 분류하고 있다.

(2) 사용 기술에 따른 분류

조사의 기술적인 면을 고려하여 조사의 유형을 이상적 실험ideal experiment, 표본조사sample survey, 수집된 자료를 대상으로 하는 취조investigation로 분류할 수 있다.

4) 조사의 범위에 따른 분류

조사의 유형은 조사 범위를 시간에 두느냐 혹은 공간에 두느냐에 따라 분류될 수 있고, 이는 아래와 같이 다시 재분류될 수 있다.

(1) 조사의 시간적 기준에 따른 분류

조사의 유형은 조사 연구의 시간적 범위에 따라 횡단적 조사와 종단적 조사로 분류된다. 횡단적 조사cross-sectional survey는 ① 조사 대상을 조사 시점에서 절단하여 그 안에 작용하는 제 변수들을 기술하고 변수들 간의 관계를 주로 연구하는 조사와, ② 조사 대상을 조사시점에서 발달 단계별로 절단하여 단계별 속성들을 조사할 뿐만 아니라 이를 다시 통합한 전체를 묘사하려는 조사로 구분된다.

종단적 조사longitudinal survey는 ① 둘 이상의 변수들 간의 관계를 발견하기 위하여 조사 대상을 일정 기간 동안 간격을 두고 두 시점에서 조사하는 것과, ② 조사 대상을 수개월 혹은 수년에 걸쳐서 연속적으로 조사하여 전개 과정을 묘사하는 것이 있는데, 이 두 가지 모두 현재에서 과거로 소급하는 소급조사와 현재에서 미래로 지향하는 추적조사로 다시 나누어진다.

(2) 조사의 공간적 기준에 따른 분류

조사의 유형은 조사 연구의 공간적 범위에 따라 포괄적 조사와 집중적 조사로 분류해 볼 수 있다. 포괄적 조사extensive survey는 다수의 사회적 단위를 포함한 대규모의 조사 대상을 광범위하게 수평적으로 조사하는 것을 말하는데 대표적인 예로 모집단 조사나 표본조사 혹은 통계적 조사를 들 수 있다. 집중적 조사intensive survey는 소수의 사회적 단위에 대하여 다면적이고 심층적으로 조사하는 것으로 사례 연구case study가 대표적인 예라 할 수 있다.

5) 조사의 방법에 따른 분류

조사의 유형 분류에서 가장 많이 사용되는 기준은 역시 조사에서 사용되는 방법에 의한 것이다. 조사 방법에 따른 조사의 대표적 유형들로는 사전조사, 관찰조사, 면접조사, 설문지조사, 우편설문지조사, 전화조사 등을 들 수 있다.

4. 사회복지조사의 과정

1) 조사 계획

조사연구자가 조사를 하기 위해서는 우선 조사에 필요한 전반적인 계획을 수립해야 한다. 이 단계에서 조사연구자는 조사의 연구주제와 연구문제를 정립하고,

그에 따른 연구가설을 설정하며, 조사에 필요한 전반적인 계획을 수립하게 된다.

2) 조사설계

조사설계란 주어진 연구목적을 충족시킬 수 있는 자료를 가장 적은 비용과 노력으로 수집하고 분석하는 데 필요한 보다 자세한 조사 계획을 말한다. 즉 이것은 건축가가 집을 짓기 위해 설계도면을 마련하듯이 조사연구자가 자신의 조사를 위해 준비하는 설계안인 것이다.

3) 대상 선정

조사설계가 끝나면, 다음 단계로 조사에 필요한 대상을 선정하게 된다. 조사연구자라면 누구나 자신의 관심을 충족시키는 모든 사례를 일일이 검토하고 싶어 한다. 다시 말해 누구나 자신이 속해 있는 지역사회의 모든 주민을 포함한 국민 모두를 조사 대상자로 삼고자 한다. 그러나 여기에 소요되는 비용과 노력을 고려한다면 그렇게 한다는 것이 얼마나 무모한 것인가를 알 수 있다.

실제로 조사연구자가 표적으로 삼는 모집단의 모든 사례를 조사하는 경우는 극히 드물다. 대개 조사 연구에 관련되는 전체 사례로부터 일부를 뽑아내어 조사를 수행한다. 전체 사례인 모집단의 속성을 대표할 수 있도록 일정한 기준에 준거해 추출한 일부의 사례들을 우리는 모집단의 표본이라 부르는데, 이것을 결정해야만 자신이 원하는 자료를 수집할 수가 있는 것이다.

조사연구자가 오직 표본에 대해서만 연구했다고 하여 그의 조사결과가 표본으로 추출된 사례에만 적용되는 것은 아니다. 표본의 추출이 과학적인 확률에 근거했다면, 조사의 결과는 통계학적 근거로 전체 모집단에까지 일반화될 수 있다. 물론 이 일반화는 오차를 수반한다. 왜냐하면 모집단 내에 존재하는 변수들의 속성과 그것들의 관계를 완벽하게 대표할 수 있는 표본의 선정은 아주 어려운 일이 아니기 때문이다.

그러나 표본추출이라 일컫는 표본의 선정이 어떤 통계적 규칙을 따른다면, 조사연구자는 미리 발생할 수 있는 오차의 크기를 알 수 있게 된다.

4) 도구개발

조사연구자가 조사 대상을 선정하고 나면 무슨 도구로 자신이 원하는 자료를 얻을 것인가를 결정해야 한다. 즉 자료를 얻어내기 위한 측정도구를 마련해야 하는 것이다.

5) 자료수집

조사연구자가 조사에 필요한 대상을 선정하고 자료를 얻기 위한 측정도구의 개발이 끝나면 자신이 원하는 자료를 어떻게 얻어낼 것인가 하는 자료수집의 방법을 결정해야 한다.

6) 자료분석

조사연구자가 일단 조사자료를 수집하고 나면, 이들 원 자료를 분석할 수 있는 형태로 정리하기 위한 자료의 처리 과정을 거친 후에, 분석하기에 가장 적합한 기법을 찾아내어 자료의 분석 단계에 들어간다. 여기서 자료의 처리 과정은 자료의 편집과 코딩 및 입력처리를 말하는 것이다.

7) 결과보고

조사연구자는 수집된 자료를 분석한 후에 그 결과를 일정한 논리적 규칙에 따라 해석해야 한다. 여기서 일정한 논리적 규칙에 따른 해석이라 함은 조사결과가 연구되고 있는 영역 내의 동일한 현상과 조건이라면 어느 경우에도 적용될 수 있도록 경험적으로 일반화하여 이를 일정한 형식으로 기술하는 것을 의미한다.

기술 형식은 자료분석에서 통계적 방법이 사용되면 명확히 드러나지만, 그렇지 않을 경우에는 그다지 명확한 것이 되지 못할 수도 있다. 이때 약간의 개념적 혹은 이론적 사고가 요구된다.

10장
사회복지실천론

1. 사회복지실천의 이해

1) 개념

사회복지실천은 하나의 독립된 영역으로 구체적이고 쉽게 정의를 내린다는 것은 쉬운 일이 아니다. 왜냐하면 사회복지실천의 기능이나 사회복지실천 과정에 대해 분명하고 간결한 정의를 내리지 못하고 있으며, 실천 방법과 실천 장면들이 매우 다양하므로 모든 내용을 포괄할 수 있는 정의를 내린다는 것은 쉬운 일이 아니기 때문이다. 이러한 사회복지실천에 대한 개념은 사회복지가 발달하던 초기에는 개인이나 개인의 성격 변화에 초점을 둔 정의들이 대부분이었다(고수현 외, 2002).

Richmond는 개인 대 개인 및 인간과 그의 사회환경 간에 잘 적응하는 능력을 갖도록 성격을 발달시키는 과정으로 보았다(Richmond, 1992). 그러나 1949년 Bowers의 정의를 기점으로 개인이나 개인의 성격을 벗어나 지역사회를 포괄적으로 다루는 것으로 사회복지실천에 대한 정의가 내려지고 있다. Bowers는 클라이언트와 그의 환경 사이의 조화를 이루도록 지역사회 내의 자원과 클라이언트 개인의 능력을 최대한 동원하는 지식과 기술로 보았다(Bowers, 1949).

하지만 지역사회를 사회복지 대상으로 보지 않고 개인의 기능을 향상시키는 수단으로서 지역사회의 자원을 강조하고 있기 때문에 개인이나 집단 및 지역사회를 대상으로 보는 포괄적인 정의라고는 할 수 없다. 1950년대 후반부터 사회복지의 방법에는 사회복지사가 수행하는 어떤 공통적인 역할과 요소가 있다는 점에 착안하여 사회복지통합 방법이 나오게 되면서 사회복지에 대한 포괄적인 정의들이 내려지게 되었다(조휘일 · 이윤로, 1999).

이와 때를 같이 하여 1958년 미국사회복지사협회는 사회복지실천의 개념을 다음과 같이 세 가지에 목적을 둠으로써 1930년대 사회복지의 제3의 방법으로서 수용되었던 지역사회조직사업이 사회복지실천 개념에 분명한 위치를 차지하게 되었다(NASW, 1958).

첫째, 개인과 집단으로 하여금 그와 환경 간에 불균형 상태가 일어났을 때 문제를 정확히 발견하여 그 정도를 경감시키거나 해결할 수 있도록 도와주는 일이다.

둘째, 개인 또는 집단과 그 환경 간의 상호작용 과정에서 발생할 수 있는 잠재적인 문제를 확인함으로써 양자간에 불균형 상태가 발생하는 것을 사전에 예방한다.

셋째, 개인과 집단과 지역사회 내의 잠재력을 찾아내고 확인하며, 이를 강화시켜 준다.

Bohem과 미국사회복지사협회(NASW)의 정의는 사회복지실천의 통합적 방법을 활성화시키는 중요한 계기가 되었다고 할 수 있다.

사회복지실천의 개념은 환경 속의 개인을 다루어 개인이 효과적으로 환경과 상호 작용하도록 도와주는 것으로 어떤 방법으로 원조를 할 것인지에 따라 달리 해석되고 있다. 따라서 사회복지사는 사회복지실천에 대한 포괄적인 개념을 명백히 해 두는 것이 필요하다.

결론적으로 사회복지실천은 인간이 일상생활에서 직면하게 되는 욕구나 문제를 개인, 집단, 가족 및 지역사회 수준의 접근 방법을 통하여 원만한 사회적 기능을 수행하도록 돕는 전문적 활동이다. 따라서 사회복지실천의 핵심은 사회적 기능수행상의 문제를 중심으로 사회복지사와 클라이언트가 함께 활동하는 것이다.

2) 사회복지실천론의 도입배경

지금까지 사회복지실천 방법은 서비스 대상, 실천 방법 및 범위에 따라 개별사회사업, 집단사회사업, 지역사회조직 등 세 가지 방법으로 구분되어 발달되어 왔다.

1970년대 이후 미국을 중심으로 하여 전통적인 사회복지실천의 3대 방법으로 체계화되어 온 개별사회사업, 집단사회사업, 지역사회조직사업은 여러 가지 비판을 받음으로써 새로운 방법을 모색하게 되었는데, 그 대표적인 것으로 사회복지실천, 사회치료, 임상사회사업 등을 들 수 있다. 또한 전통적인 실천 방법을 하나의 통합된 실천의 가치, 지식, 목적 및 기술체계로 묶는 통합 작업이 전개되면서 통합실천방법론이 대두되기 시작하였다.

이와 함께 우리의 사회복지교육은 기존의 세 가지 방법론(개별, 집단, 지역사회)에 통합방법론이 추가되어 네 가지 사회복지실천방법론 모두가 교육되는 상황이었다.

하지만 통합방법론이 추구했던 의도는 사회복지실천 방법의 종류를 추가하자는 것에 있었던 것이 아니라 세 가지로 분류되어 각각 발달되어 왔던 실천방법론들을 하나로 통합하여 사회복지활동의 정체성을 분명히 하자는 데에 있었다.

실제로 사회복지실천 현장에서 이루어지는 각종 실천활동은 개별, 집단, 지역사회 중 어느 한 방법에 따라 이루어지기보다는 세 가지 방법들이 서로 보완적으로 복합적으로 사용되는 것이 현실이다. 따라서 통합방법론 속에 모든 사회복지실천 방법들을 포함시켜 함께 학습하는 것이 현실적으로 바람직하다 하겠다.

한국사회복지교육협의회에서는 이러한 통합방법론 쪽으로 변화를 인정하여 사회복지실천 방법과 관련된 교과목을 '사회복지실천론'과 '사회복지실천기술론'으로 통합, 구분하였다(엄명용 외, 2000).

사회복지실천론은 1998년 사회복지사업법의 개정으로 인하여 2003년부터 실시되는 사회복지사 국가자격취득시험 필수과목으로 되었다. 이로 인하여 과거의 대학교육 교과목 명칭 중 개별사회사업과 집단사회사업이 없어지고 사회복지실천론과 사회복지실천기술론으로 2001년부터 공식적으로 사용하게 되었다.

3) 목표

(1) 생존권의 보장

사회복지실천의 가장 기본적인 목표는 건강하고 문화적인 최저한도의 생활을 보장하는 것이다. 생존권의 보장한 다양한 사회복지실천을 통하여 지원해 준다. 즉 인간이 최소한의 인간다운 생활을 유지하기 위하여 최소한도의 자원을 지원해 주는 것이다.

(2) 사회생활상의 기본적 욕구의 충족

사회복지실천은 앞에서 지적하고 있는 바와 같이 생존권의 보장과 동시에 인간의 사회생활상의 기본적 욕구도 충족시켜야 한다. 사회복지실천을 통해서 인간이 가지고 있는 다양한 사회적 욕구를 충족할 수 있도록 접근해야 한다.

(3) 노말리제이션의 실현

사회복지실천 이념 중에서 중요한 부분 중의 하나가 정상화의 이념이다. 원래 정상화의 이념은 정신지체자가 다른 사람과 동등한 생활을 지역사회에서 함께 하는 것을 지향하는 것이다. 즉 장애인의 인권, 가치, 존엄성이 일반 시민과 같은 것이며, 장애를 가진 자가 장애를 가지지 않은 자와 함께 생활할 수 있는 사회야말로 정상적인 사회라는 이념이다(大僑謙策, 1995).

그리고 사회복지실천에서 추구하는 탈시설화, 주민의 참가 등에 의한 재가복지의 구체적인 목적이 정상화의 이념과 밀접한 관계를 가지고 있다. 다시 말해, 보호 대상자가 생애를 통하여 될 수 있는 한 가족생활을 기반으로 각 생활주기에 대응하는 정상의 발달과제로서 인간으로서 욕구를 충족시키며, 이웃 관계, 교육, 고용, 문화 등을 포함한 그 이외의 사회적 교류의 기회가 정상적으로 확보될 수 있는 사회복지실천의 체제를 만들어 내는 것을 목적으로 하는 것이 정상화의 이념이다.

(4) 통합화의 실현

통합화란 장애인이나 노인 등의 보호 대상자가 자신들이 성장한 지역사회에서 일반주민들과 함께 생활해야 한다는 것이다. 역사적으로 볼 때, 보호 대상자들이 지역사회에서 격리된 수용시설에서 특별히 보호하는 것이 일반적이었으나, 최근에는 인간의 기본적 인권 중시의 입장에서 복지적 처우는 격리적 보호에서 통합적 처우를 중시하는 방향 또는 시설보호에서 재가복지와 지역사회복지를 중시하는 방향으로 사회복지실천이 변화하고 있다.

또한 통합화는 정상화의 이념을 달성하기 위한 주요한 원칙으로서 그 목적은 지역사회의 보호 대상자들이 가능한 한 지역주민들과 생활하고 일하는 것을 원칙으로 한다. 즉 보호 대상자가 생애를 통하여 지역사회와 가정생활을 기반으로 인생주기에 대응하는 정상적인 발달과제, 인간 관계의 사회적 교류 등을 정상적으로 확보될 수 있는 사회복지실천체계를 만들어 내는 통합적인 처우의 이념이다.

(5) 복지사회의 실현

사회복지실천의 궁극적인 목표도 사회복지정책과 사회복지실천의 효율적인 통합화를 통하여 복지사회를 실현하는 것이다. 즉 사회복지실천이 국민들의 다양한 사회문제의 해결을 통하여 복지사회를 달성하여 모든 국민들이 행복하게 생활하는 것을 목표로 하고 있다.

2. 사회복지실천 가치의 이해

1) 개념

(1) 가치의 개념

사회복지실천의 가치를 고찰하기 전에 일반적인 가치의 의미를 살펴보아야 할 것이다. 가치란 인간이 자신의 삶에서 가장 바람직하게, 소중하게 느끼면서 지속적으로 추구하는 신념이라 하겠다. 그리고 가치라는 것은 전문직으로서의 신념을 강조해야 한다.

Bisman(1994)은 가치를 우리가 인간으로서 존재하고 행동함에 있어 옳고 좋은 것으로 선호되는 것에 대한 지속적인 신념들로 정의를 내렸다.

(2) 사회복지의 가치와 윤리

사회복지사가 전문가로서 클라이언트를 원조함에 있어 어떠한 사상이나 철학을 가져야 하며, 클라이언트의 문제 해결을 위해서 사회복지사가 어떠한 판단기준을 가지고 있는가는 매우 중요한 문제이다. 이러한 판단은 여러 가지 가치관을 전제로 하기 때문에 사회복지사는 판단을 하기 전에 다양한 가치체계에 대한 이해가 필요하고, 이를 토대로 바람직한 가치를 선택해야 한다.

그리고 윤리를 행동하는 가치로 보고, 이러한 속성을 지닌 가치에 기초해서 사회복지사들은 결정을 내리거나, 직업적 활동을 계획하고 그에 대한 평가를 내릴 수 있을 뿐만 아니라 사회복지사들에게 윤리적 사회복지실천을 실시하는 기준으로 보고 있다. 이에 따라 각국에서는 윤리강령을 만들어 사회복지사들의 윤리적 기준을 제시하고 있다.

(3) 사회복지실천 가치의 개념

가치를 명확하게 정의 내리는 일이 용이하지 않음에도 불구하고 사회복지실천에서 가치는 사회복지사들 사이에서 지속적으로 주목을 받아왔으며, 또한 이들 사회복지사들은 사회복지실천 가치를 사회복지실천의 기초로서 중요하게 인식하여 왔다. 사회복지실천의 대표적인 학자인 Perlman(1976)도 다음과 같이 가치를 설명하고 있다(오혜경, 2005).

가치는 사회복지실천의 모든 수준의 실천에 적용되고 있으며, 가치는 사회복지실천에 중요하게 영향을 미치기 때문에 사회복지사는 가치에 대해 의식적으로 인식하고 깨달아 할 필요가 있다. 또한 사회복지실천의 가치는 개념 정립이나 논의의 주제일 뿐만 아니라 개별 사회복지사나 집단 사회복지사 혹은 지역사회 계획을 담당하는 사회복지사, 사회조사 전문가들에게도 본격적으로 논의되지 않고 분석되지 않았으나, 앞으로는 사회복지실천의 가치에 대해 이들 전문가들에게 있어 각자의 관심의 동기로 다가서야 한다.

그럼으로써 모든 사람에게 보이지 않는 가치라 가정하는 것이나 책임이나 약속에 의해 끌려가기도 하고 끌고 갈 수도 있어야 한다. 사회복지실천 전문가들은 지속적으로 실천의 내용을 가정할 수 있어야 하며 지속적으로 실천에 대한 약속과 공약을 일으켜 세우고 충분한 의식을 가지고 가치가 의미하고 있는 내용을 확인할 수 있어야 한다(오혜경, 2005).

(4) 사회복지가치와 윤리의 변천

사회복지직은 역사적인 변천에 따라 우리사회에서 전문직으로서 정착하고 있다. 이런 전문직의 정착에는 사회복지와 관련된 가치와 윤리도 함께 변화해 왔는데, 이러한 변천 과정을 살펴보면 다음과 같다.

첫 번째 단계로 19세기 후반 형식적 직업으로서 사회사업 단계의 시기이다. 이 시기에는 사회복지사의 윤리나 가치보다는 클라이언트의 도덕성, 성실성을 강화시키고 빈곤에 대응하는 온정주의적 시도로서 접근하였다. 즉 클라이언트를 문제 있는 자로 취급하여 그들을 교정하는 것이 목적이었음으로 사회복지사의 직업적 윤리나 가치는 별로 중요하지 않았다.

두 번째 단계로는 20세기 초로 사회복지의 가치와 목표가 다양한 사회문제로 관련되어 클라이언트의 도덕적 문제보다는 사회문제에 초점을 두면서 사회복지직이 전문적으로 발전하였다. 즉 사회문제를 보는 시각에 어느 정도의 사회복지사의 가차와 윤리가 적용되기 시작하였다.

세 번째 단계로 1940~50년 후반으로 사회복지사들의 윤리와 도덕성에 관심을 두었던 시기였다. 즉 미국의 가족연합은 윤리적 문제에 대해 윤리위원회를 소집하는 등의 모임을 통하여 사회복지의 가치와 윤리로서 존엄, 윤리성, 인간에 대한 가치, 자율성 등에 관심을 가졌다.

네 번째 단계로 사회복지사가 전문직으로 사회정의, 권리, 개혁 등의 윤리적 구조에 관심을 보인 시기로서 1960년 처음으로 NASW가 사회복지 윤리강령을 채택하였다. 그리고 1976년 Levy의 『사회사업윤리학Social Work Ethics』의 출간을 통하여 사회복지윤리가 본격적으로 사회복지실천에 중요한 부분으로 자리를 잡기 시작하였다.

다섯 번째로 1970년대에 사회복지실천에 있어 새로운 관심이 생겨났다. 그리고 1970년대 이후에는 전문가의 윤리에 관심이 고조되면서 정부활동과 정치에 대한 비윤리적인 대처에 논의가 대중화되었다. 이러한 영향을 받아 사회복지실천 분야에서도 환자권리로서 죽음의 문제, 사회복지서비스의 수급권자의 권리, 범죄자의 권리 등에 인식을 하고 윤리적인 개념을 확대성의 필요성에 대한 움직임이 일어났다.

최근의 사회복지실천도 사회복지의 변화와 더불어 변화한다. 이러한 변화는 나라마다 다소의 차이는 있으나 공통적인 변화가 있다. 일반적으로 사회복지실천에서 자립 지원과 클라이언트의 권리보호를 강조하고 있는 실정이다. 즉 클라이언트의 자립 지원을 통하여 클라이언트의 자기결정권, 자유선택권에 초점을 두고 서비스를 지원하고 있다.

2) 사회복지실천 가치의 중요성

초기 사회복지실천에서는 대부분의 사회복지사들이 종교적인 가치를 가지고 있었으나, 이후에도 이들의 종교적인 가치에 기초한 사회복지사로서의 가치를 뛰어넘지 못한 채, 전문가의 가치개발과 사회복지실천 기치에 대한 정의를 내리는 일을 소홀히 다루어 왔다고 해도 과언이 아니다. 사회복지실천에서 많은 사회복지사들이 자신의 직관적인 것에 의해 자신의 가치관을 결정한 듯 하고, 클라이언트의 운명적인 것을 실천의 가치로서 이해하는 경우도 있었다. 또한 전문가의 가치, 사회복지실천의 가치가 사회복지사 실천을 중심을 이해되고, 사회복지사들의 이러한 가치에 기초한 전문가의 역할이 구체적으로 정해져 있지 못하였으며, 이처럼 전반적인 사회복지실천 가치문제를 중요하게 다루지 못해 왔다.

우리가 사회복지실천을 가치, 지식, 그리고 기술이 통합되어 하나의 개념으로 규명하고 있을지라도 가치는 우수한 것, 혹은 탁월한 것으로 가정하고 있으며, 대부분의 학자들은 가치는 지식과 기술을 통합한 총체적인 것이 직접적으로 영향을 미쳐 만들어진 것이라고 가정하고 있다. 이밖에도 사회복지실천의 가치는 학자, 이론가, 사회복지실천 교육 과정의 교과목을 계획하는 사람들이 사회복지실천 교육에서 가치를 어떻게 다룰 것인지 하는 문제에 최선의 관심과 주의 집중을 하고 있는 상황이라고 소개하면서 다른 부문에서 다루고 있는 가치에 대한 관심과의 차이를 비교할 필요가 있음을 지적하고 있다(오혜경, 2005).

3. 사회복지실천관계론

Biestek의 7가지 관계의 기본 원리를 정리하면 다음과 같다(Biestek, 1957; Johnson, 1998; Zastrow, 1989; 김만두, 1992; 양옥경 외, 2000; 이영분 외, 2002; 엄명용 외, 2000; 양정남 외, 2003).

1) 개별화individualization

(1) 의의

개별화의 원리는 모든 인간은 누구나 개별적인 특징을 가지고 있으며, 개인적 차별성을 가진 특정한 인간으로 취급되어야 한다는 인간의 권리에 기초를 두고 있다. 즉, 모든 클라이언트는 각기 다른 감정, 사고, 행동, 독특한 생활 양식, 경험 등을 가지고 있으므로, 각기 다른 인간으로서 존중되어야 할 권리를 지니고 있다는 것이다. 사회복지실천에서 클라이언트의 개별성을 존중한다는 것은 클라이언트와 사회복지사간에 긍정적인 관계의 수립과 유지를 도와 클라이언트의 자존심을 지원하고 강화시킨다.

따라서 개별화란 각 클라이언트의 독특한 자질을 인정하고 이해하는 것이며, 클라이언트가 보다 나은 적응 상태를 지향할 수 있도록, 각 개인마다 상이한 원리와 방법으로 돕는 것을 의미한다.

(2) 사회복지사의 역할

이러한 개별화를 위해 사회복지사는 다음과 같은 역할을 수행해야 한다.

첫째, 사회복지사는 자신의 편견이나 선입견에서 탈피해야 한다. 편견이나 선입관이란 전형화된 고정관념 등에 영향을 받아 클라이언트를 미리 판단하고, 클라이언트를 어떤 유형의 사람으로 묶어버리는 것을 뜻한다. 사회복지사는 이러한 편견이나 선입견에서 벗어나 클라이언트의 문제를 중립적인 입장에서 객관적으로 볼 수 있어야 하며, 자기 자신의 감정과 타인의 감정이 동일하지 않다는 생각에 기초하여야 한다. 특히 이러한 선입견의 경우 지금까지 많은 사례에서 나타나고 있는 기존의 클라이언트와의 낙인 등에서도 발생할 수 있다.

둘째, 인간행동 및 사회환경에 관한 지식에 근거하여 클라이언트를 이해해야 한다. 인간 발달과 인간의 행동, 사회문제 등에 대한 이해는 사회복지사가 클라이언트의 개별적 문제를 과학적으로 이해하고, 개입전략을 수립하는 데 있어서도 객관적이고 합리적인 가장 적절한 방법을 제공해 주는 틀을 마련해주기 때문이다. 따라서 인간의 문제를 돕는 사회복지사는 심리학, 사회학, 의학, 정신의학, 법학, 인류학, 철학 등에 기반을 둔 과학적 지식을 갖추어야 한다.

셋째, 클라이언트의 언어표현 내용과 표정, 몸짓, 침묵 등에 대한 경청 및 관찰 능력이 있어야 한다. 사회복지사는 귀담아 듣는 것만으로도 필요한 자료를 얻을 수 있으며 무언의 정서표현을 잘 관찰함으로써 많은 자료를 수집할 수 있게 된다. 따라서 사회복지사는 클라이언트의 언어나 태도의 표현에서 클라이언트가 무엇을 호소하려고 하는지, 무엇을 말하려고 하는지 민감하게 포착해야 한다.

넷째, 클라이언트와 보조를 맞출 수 있는 능력을 갖추어야 한다. 즉, 사회복지사는 비슷한 유형의 문제를 가지고 온 클라이언트라 할지라도, 각각의 클라이언트는 문제에 대한 인식이나 해결을 위한 동기, 그리고 대처 능력이나 활용가능자원 등 모두 상이하다는 것을 인식하고, 각 클라이언트가 현재 처해 있는 곳에서부터 출발하여 클라이언트의 수준에 맞추어 사례를 진행해야 한다. 만약 그렇지 못할 경우 클라이언트는 위화감, 거리감, 심판 받는 느낌, 강제성 등의 감정을 갖게 되기 때문이다.

다섯째, 사회복지사는 클라이언트의 감정과 사고를 민감하게 포착하고 이에 자신을 투입시켜야 한다. 인간의 개별적인 특성은 그의 감정의 움직임 속에서 가장 잘 나타나게 되므로, 사회복지사가 클라이언트의 감정을 민감하게 포착한다는 것은 클라이언트의 개성을 존중하는 것과도 같다.

여섯째, 사회복지사에게는 예견 능력이 필요하다. 이는 클라이언트의 상황과 사회복지사의 진행 상황에 대한 예견 능력을 의미한다. 사회복지사와 클라이언트와의 중대한 의견 차이가 있을 경우에는 중립적인 입장을 취하면서 적절한 시기에 사회복지사 자신의 의견을 표명할 수 있어야 한다.

이러한 개별화의 원칙을 지키기 위해 사회복지사는 면접 시간과 장소에 있어서 클라이언트의 욕구와 상황을 배려하고, 매 면접 시간 전에는 사례기록을 재검토함으로써 사전준비를 하며, 클라이언트의 능력에 맞게 클라이언트를 조사, 진단, 치료 과정에 참여시켜야 한다. 또한 이 모든 사회복지실천 진행에 있어 원칙에 급급해 하지 않는 융통성을 가져야 한다.

2) 의도적인 감정표현purposeful expression

(1) 의의

의도적인 감정표현은 클라이언트가 자신의 감정을 자유롭게 드러내고 싶은 욕구를 가진 존재이며, 특히 부정적인 감정을 자유롭게 표현하고자 하는 클라이언트의 욕구에 기반을 둔 원리이다. 즉, 의도적인 감정표현이란 클라이언트로 하여금 자신의 감정, 특히 비난받을지도 모르는 부정적 감정을 자유롭게 표현하도록 해주는 것이다.

클라이언트는 사회복지사에게 자신의 감정을 자유롭게 표현함으로써 클라이언트 내부에 있는 압력이나 긴장을 완화하게 되며, 보다 자신의 문제를 분명하고 객관적으로 볼 수 있게 된다. 그러므로 사회복지사는 이러한 클라이언트의 감정표현의 내용을 기초로 하여 클라이언트의 문제와 욕구, 클라이언트의 약점과 단점 등을 이해할 수 있게 된다. 이는 보다 더 정확한 조사, 진단, 치료가 이루어지도록 이끌게 한다. 또한 사회복지사가 클라이언트의 감정표현을 경청하는 것, 그 자체가 심리적 지지로 작용하여, 클라이언트는 심리적으로 안정감을 회복할 수 있게 되는 효과를 가져오기도 한다.

(2) 사회복지사의 역할

사회복지사는 클라이언트가 자신의 감정을 마음 놓고 털어놓을 수 있는 환경을 조성해주어야 하는데, 이를 위해서는 다음과 같은 역할에 힘써야 한다.

첫째, 사회복지사는 클라이언트가 편안함을 느끼도록 사회복지사 자신의 긴장을 풀어야 한다.

둘째, 사소한 일로 마음이 혼란되어 있지 않아야 한다. 즉 시간적, 정신적으로 충분히 여유를 가지고 면접에 임해야 하며, 미리 면접을 위해 준비를 해 두는 것도 클라이언트에게 마음의 여유와 안정을 느끼도록 하는 것이다.

셋째, 사회복지사는 허용적 태도를 지녀야 한다. 클라이언트의 말에 주의 깊게 경청하고, 관심을 기울이는 태도를 보여야 하며, 이로써 클라이언트는 사회복지사의 관심, 진실성, 이해 그리고 객관성을 느껴 더욱 쉽게 이야기할 수 있게 된다.

넷째, 사회복지사는 클라이언트가 감정을 표현하도록 격려해야 한다. 모든 인간은 자기에게 중요한 사람이나 사물에 대하여 어떤 갈등적인 감정을 가질 수 있는데, 사회복지사는 이러한 감정을 표현해도 좋다는 것을 클라이언트에게 직접적으로 알려 주어, 감정을 표현하도록 격려할 필요가 있다.

다섯째, 클라이언트의 변화 속도를 민감하게 인식해야 한다. 사회복지사는 자신도 모르게 클라이언트의 감정표현을 너무 지연시킬 수 도 있고, 너무 빨리 촉진시킬 수 도 있는데, 이는 사회복지사와 클라이언트와의 관계 형성에 해가 될 수 있기 때문이다. 그러므로 클라이언트의 움직임에 항상 민감할 필요가 있는 것이다.

여섯째, 비현실적 보증, 너무 빠르거나 많은 해석은 삼가해야 한다. 클라이언트가 표현한 감정에 대해 성급히, 과도하게 해석하거나, 비현실적으로 보장하는 태도는 클라이언트의 감정적 표현을 방해할 수 있다.

일곱째, 우리 사회는 대체로 사람들의 감정표현을 좌절시켜 왔다. 많은 아동들이 의사소통이 가능해질 때부터 감정표현을 제한 받는 경우가 많다. 예를 들어 "제발 울지 말라" 등의 부정적인 말이 감정표현을 억제하는 경우가 많았다. 이와 같은 제약으로 인하여 많은 사람들이 감정을 느낄 수 있는 능력을 상실하고 있다. 의사소통의 능력도 항상 향상시킬 수 있도록 노력해야 한다. 이러한 노력에는 사회복지사가 원활한 의사소통을 위한 전문적인 연수 등을 받아야 한다.

3) 통제된 정서적 관여controled emotional response

(1) 의의

사람과 사람들 사이의 모든 의사교환은 상호교류하는 과정에서 이루어진다. 통제된 정서적 관여의 원리란 한 사람이 다른 사람에게 자신의 감정을 표현할 때, 감정을 표현한 사람은 상대방으로부터 자신이 표현한 감정에 대해 무엇인가 반응을 기대하는 데에 기초한 원리이다. 즉, 통제된 정서적 관여란 사회복지사가 클라이언트의 감정에 대해 민감해야 하며, 감정의 의미를 이해하고, 클라이언트의 감정에 목적을 가지고 적절히 반응해야 함을 의미한다.

(2) 사회복지사의 역할

사회복지사의 통제된 정서적 관여를 위해서는 민감성, 이해, 반응의 세 가지 구성요소가 필요하다.

첫째, 민감성이란 클라이언트가 무엇을 느끼고 생각하는지에 대해 민감하게 파악하고 이에 적절히 대처하는 것을 의미한다. 즉, 클라이언트의 언어적 및 비언어적 표현에 주의를 기울이면서 클라이언트의 감정을 잘 관찰하고 경청함으로써 클라이언트에게 진심 어린 관심을 가지는 것을 뜻한다.

둘째, 이해는 사회복지사가 클라이언트의 주관적인 경험과 감정을 같이 경험함으로써 그것이 클라이언트에게 가지는 의미를 찾아내는 감정이입적 태도를 의미한다. 이때 사회복지사에게는 클라이언트의 감정과 경험을 공유하는 공감 능력과, 동시에 효과적이고 객관적인 개입을 위한 충분한 정서적 거리를 유지할 수 있는 능력도 요구된다. 특히 사회복지사는 클라이언트가 표현한 감정의 표면적 내용뿐만 아니라, 이면에 잠재되어 있는 의미까지도 이해할 수 있어야 한다.

셋째, 민감성이나 이해의 수준에서 더 나아가 반응은 클라이언트의 행동과 표현에 대해 사회복지사가 적절하게 자신을 드러내 보이는 것을 말한다. 사회복지사의 반응은 반드시 구체적인 말이나 행동으로 표현되는 것이 아니다. 때로는 묵시적인 동의가 반응으로 이해되기도 하며, 표정이나 미소까지도 유의미한 반응으로 받아들여지게 된다. 이때 사회복지사는 진실되고 일치적인 태도를 보여줌으로써 클라이언트의 문제에 진심으로 돕고자하는 태도가 전달되도록 해야 한다.

4) 수용acceptance

(1) 의의

수용의 원리는 가치 있는 인간으로 인정받고 싶은 인간의 욕구에 기반을 두고 있다. 수용이란 클라이언트의 현실을 있는 그대로 받아들이는 것으로 사회복지사의 기본적 태도로 가장 중요시되고 있다. 클라이언트의 장점이나 약점, 좋은 성격이나 나쁜 성격, 긍정적이거나 부정적인 감정, 건설적이거나 파괴적인 행동 등을 있는 그대로 이해하고 다루어 나가는 사회복지사의 행동상 원칙이 바로 수용인 것이다. 이는 클라이언트 행위의 존엄성과 인격의 가치에 대한 관념을 계속 유지해 나가는 것이다.

그러나 수용한다는 것이 클라이언트의 일탈적 태도나 행동, 감정 등에 대해 사회복지사가 모두 동의agreement해주는 것을 의미하지 않는다. 즉, 수용이란 한 인간으로서의 클라이언트의 가치, 그의 있는 그대로의 현실, 그의 감정을 받아들이는 것이지, 그의 일탈적 행동에 동의하는 것은 아니다.

(2) 사회복지사의 역할

사회복지사는 윤리와 법, 전문적 가치 등에 의거하여 바람직한 것과 수용할 수 있는 것에 대한 기준을 가지고 있는 것이 당연하며, 사회복지사의 역할은 이러한 클라이언트를 바람직하고 수용할 수 있는 상황으로 발전할 수 있도록 돕는 데 있다. 사회복지사의 수용은 클라이언트로 하여금 현재 존재하는 그대로의 자신을 표현하고 안정감을 느끼도록 해주며, 그리하여 자신의 문제에 대해 보다 현실적인 방법으로 대처해 나갈 수 있도록 도와준다. 또한 클라이언트로 하여금 바람직하지 못한 방어로부터 자신이 자유롭게 될 수 있도록 도와주기도 한다.

수용의 목적은 치료에 있다. 즉, 클라이언트가 있는 그대로의 자신을 표면에 내세우고, 그러한 자기 자신을 바라보는 것에 안도감을 갖게 도와주고, 클라이언트가 자신의 문제나 현실을 있는 그대로 인지하고, 방거기제와 감정의 얽매임에서 풀려나와 해방감과 자유를 느끼게 하는 치료의 목적이다. 효과적인 수용을 위해 사회복지사는 클라이언트를 완전히 이해하고, 클라이언트와의 가치관 차이를 극복해야 하며, 수용하는 것과 동의하는 것과의 차이를 바로 인식해야 한다.

(3) 수용의 장애 요인

사회복지사의 수용에는 다음과 같은 몇 가지 저해 요인이 있다.

첫째, 사회복지사가 인간의 행동과 성장 발달에 관한 지식이 충분하지 못한 경우 클라이언트를 바르게 수용하기 어렵다.

둘째, 사회복지사가 자기 자신 속에 미해결된 정서문제를 가지고 있는 경우, 자신의 내면에 억압된 갈등과 유사한 문제를 가지고 온 클라이언트를 바르게 수용하여 현실적으로 적절하게 처리하기 어렵다.

셋째, 사회복지사가 자기 인식이 부족하여 자기 자신의 감정을 자각하지 못하는 경우 자기의 무의식적인 분노와 거부를 클라이언트에게 향하게 할 수 있으며 이는 바른 수용에 장애가 된다.

넷째, 클라이언트와 사회복지사 간의 신념, 문화, 가치관, 경제적 지위 등의 차이로 발생되는 편견과 선입견은 클라이언트를 수용하는 데 크게 걸림돌이 되며

다섯째, 구체적인 대안 마련이나 문제 해결을 보장할 수 없는 데도 말로써만 안심시키는 것은 클라이언트로 하여금 현실적인 대처를 할 수 없도록 막는 결과를 가져온다.

여섯째, 수용과 동의의 구분이 모호할 때 수용에 장애가 된다.

일곱째, 클라이언트에 대한 존중심이 결여될 때 역시 장애의 요인이 된다.

마지막으로, 사회복지사가 클라이언트의 상황에 자신의 문제를 과잉동일시할 때 바른 수용이 어렵다.

5) 비심판적 태도nonjudgemental attitude

(1) 의의

비심판적 태도는 클라이언트의 문제나 욕구의 원인이 그들의 환경에 의한 것이든 혹은 성격의 문제이든지 간에 클라이언트에게 책임이 있다는 것을 언어적으로나 비언어적으로 비판하거나 판단하지 않는 것을 의미한다.

도움을 요청하는 클라이언트는 대부분 자기 자신에 대하여 부정적 감정을 지니고 있거나 사회적 낙인에 대한 두려움, 비난이나 거부당하는 것에 대한 두려움을 가지고 있는 경우가 많다. 따라서 이들은 다른 사람으로부터 비난받는 것에 대해 매우 민감하다. 처음 사회복지사에게 원조를 요청하러 온 클라이언트는 이러한 불안과 두려움, 그에 따른 긴장으로 인해 자신의 문제를 개방하고 변화를 하는 것에 방어적 태도를 보이기 쉽다. 그러나 사회복지사로부터 언어적 · 비언어적으로 비심판적인 태도를 전달받게 되면 클라이언트는 방어적이던 태도를 풀고 자신의 문제 해결에 협조적인 태도를 취하게 된다. 이는 클라이언트와 사회복지사 간의 치료적 관계에 도움이 되며, 결국 클라이언트가 변화할 수 있는 기반을 마련하게 해준다.

(2) 사회복지사의 역할

여기에서 사회복지사의 비심판적 태도가 사회적 가치규범과 무관하다는 것은 결코 아님을 기억해야 한다. 사회복지사의 일은 클라이언트가 이러한 사회의 규범에 적응하면서 자신의 행복을 동시에 추구할 수 있도록 돕는 것이며, 이를 위해 사회복지사는 클라이언트의 행동, 태도 등을 객관적으로 평가해야 한다. 이는 클라이언트를 비판하기 위해서가 아니라, 클라이언트를 이해하기 위한 것이다. 즉, 인간의 행동을 심판judging한다는 것과 이해understanding한다는 것은 별개의 문제임을 바르게 인식해야 한다. 판단한다는 것은 일정한 규정에 비추어 행위를 비판하고 이에 어긋나는 것은 처벌하는 것을 뜻하지만, 이해라 함은 객관적으로 그 선악을 평가하는 것이기 때문이다. 다시 말해서 사회복지사는 클라이언트와의 재통합을 위해 행동은 평가하지만, 처벌하거나 비난하고자 하는 의도는 없어야 한다.

(3) 비심판적 태도의 장애 요인

비심판적 태도를 전달하는 데 있어 장애 요인은 다음과 같다.

첫째, 편견은 사회복지사가 비심판적 태도를 가지며 이를 전달하는 데 장애가 될 수 있다. 둘째, 시간적으로 지나치게 빨리 결론에 이르려고 하는 것은 삼가야 한다.

셋째, 유사한 문제를 가진 다른 사람을 비교하거나 예시의 목적으로 참고하는 것은 사회복지사가 클라이언트를 하나의 범주에 넣으려고 하는 인상을 주게 된다.

넷째, 사회복지사에 대한 적의와 같은 클라이언트의 부정적 감정의 표현은 비심판적 태도를 전달하는 데 있어 장애 요인이 된다.

6) 클라이언트의 자기 결정client self-determination

(1) 의의

클라이언트의 자기 결정은 자신의 삶에 대해 스스로 선택과 결정을 내리고자 하는 인간의 욕구와 권리에 기반을 두고 있다. 자기 결정의 원칙이란 사회복지실천의 전 과정에 걸쳐서 클라이언트가 모든 의사결정 과정에 참여하여 스스로 선택하고 결정하는 자유를 의미한다. 이는 모든 인간은 자기 삶에 대한 결정을 스스로 내릴 수 있다는 인간의 잠재적 능력에 대한 믿음, 그리고 클라이언트 자신의 자기 결정에 대한 권리는 어떠한 경우에도 어느 누구도 대신할 수 없다는 인간권리에 대한 존중에 근거하고 있다.

(2) 사회복지사의 역할

클라이언트의 자기 결정 원리는 사회복지사가 클라이언트를 위해 무엇을 해주는 것이 아니라 클라이언트와 함께 해결해 나가는 것을 의미하므로 전문적 관계의 파트너쉽을 강조한다. 클라이언트의 자기 결정 원리를 실천하기 위해서는 다음과 같은 네 가지 측면을 고려해야 한다.

첫째, 클라이언트의 자기 결정을 위해서는 직면한 문제 해결을 위한 다양한 대안들을 알고 있어야 한다. 그러므로 사회복지사는 클라이언트와 함께 문제 해결에 가능한 대안들을 탐색하며, 클라이언트가 선택권을 가지고 다른 사람에게 의존하지 않고 스스로 결정을 내릴 수 있도록 도와야 한다.

둘째, 자기 결정 원리는 주요 문제 해결자가 사회복자사가 아니라 클라이언트임을 강조한다. 따라서 사회복지사는 문제를 가진 사람이 클라이언트이므로 문제 해결의 일차적 책임 역시 클라이언트에게 있음을 인식해야 한다.

셋째, 자기 결정의 원리가 사회복지사로 하여금 어떠한 의견이나 제안도 할 수 없다는 것을 의미하지는 않는다. 따라서 사회복지사는 클라이언트의 문제 해결을 위한 다양한 의견을 제시할 수 있다.

넷째, 자기 결정의 원리는 법적으로 강제성이 부여되는 사회복지사의 기능에서도 존중되어야 한다.

클라이언트의 바른 자기 결정을 돕기 위해 사회복지사는 클라이언트로 하여금 그의 문제와 욕구를 명확하게 전망할 수 있도록 도와야 하며, 지역사회 속에 있는 관련된 자원에 대한 정보를 제공해야 한다. 또한 클라이언트 자신의 잠적인 자원을 활성화할 수 있도록 자극을 주며, 클라이언트가 결정의 전 과정에 있어서 적극적으로 참여하고, 자기문제를 스스로 해결함으로써 자신의 잠재력을 개발하고 인격적으로 성장할 수 있도록 도와야 한다.

반면 클라이언트의 자기 결정 실천을 위해 피해야 할 일도 있다. 사회복지사 문제 해결을 위한 중요한 책임을 지고 클라이언트에게는 단지 종속적인 역할만을 수행하도록 하는 일은 피해야 하며, 클라이언트가 요구하는 서비스는 도외시하고 사회복지사 중심으로 서비스 계획을 수립하고 실행해서도 안 된다. 또한 클라이언트가 사회복지사의 판단에 따라서 행동 방법을 결정하도록 교묘하게 이끄는 조정도 삼가야 할 일이다. 사회복지사는 클라이언트를 통제하기 위해 설득하려는 태도 또한 피해야 한다.

7) 비밀보장confidentiality

(1) 의의

비밀보장은 클라이언트가 전문적 관계에서 노출한 비밀스런 정보를 사회복지사가 전문적 치료 목적 외에 남에게 알려서는 안 된다는 원리에 바탕을 두고 있다. 이는 또한 사회복지실천의 가장 기본적인 원칙이기도 하다. 만약 클라이언트가 자신에 관한 정보가 자신의 동의 없이 타인에게 알려진다고 생각한다면 사회복지사와의 신뢰적 관계 형성은 성립되지 않을 것이다. 따라서 자신의 문제에 관련된 비밀스런 정보, 부정적인 감정이나 사고 등에 대한 자기개방이 이루어지지 못하며, 물론, 문제 해결에 대한 동기의 약화, 심지어 문제 해결 노력을 거부하거나 포기하게 된다.

(2) 사회복지사의 역할

사회복지사는 클라이언트에게 또 한 번의 좌절과 실패, 불신의 경험을 주게 되는 심각한 결과를 낳게 되는 것이다. 그러므로 비밀보장은 성공적인 사회복지실천 관계를 위해 매우 중요한 기본원칙이며, 이는 사회복지사의 윤리적 의무이기도하다.

사회복지사가 클라이언트에게 클라이언트의 사적인 정보를 사회에 알리지 않는다는 강한 확신을 줄 경우, 클라이언트가 자기방어기제를 사용하여 자신을 왜곡하는 현상을 감소시킬 수 있으며, 따라서 사회복지사와 클라이언트 간의 의사소통이 촉진될 수 있는 결과를 가져오게 한다.

그러나 비밀보장이 아무리 중요하다 할지라도 그 정도에는 한계가 있다. 오늘날 대부분의 사회복지사는 다중의 문제를 갖고 찾아오는 클라이언트를 접하게 되며 다중문제에 대한 적절한 서비스를 전달하기 위해서는 기관 내외의 다른 전문가와 필요한 정보를 공유하지 않을 수 없게 된다.

또한 기관에서 보관하는 기록이나 동료들과의 사례회의에서도 비밀보장의 원리는 지켜지기 어렵게 되는 경우가 있으며, 따라서 사회복지실천에서의 비밀보장은 상대적이라 할 수 있다. 그리고 타인이나 클라이언트 자신의 생명을 위협하는 상황이 발생할 위기에 처했을 때 생명의 보호가 우선되므로 비밀보장의 원리는 유보될 수밖에 없는 상황에 처하게 된다.

(3) 비밀보장의 논쟁

비밀보장이 사회복지실천의 기본적인 원리로서 인식되는 동안에는 사회복지사들은 클라이언트에 대해 무제한적인 비밀보장에 대한 약속에 대한 논쟁이 발생한다. 사회복지사가클라이언트의 비밀보장을 위해 노력해야 하지만 비밀보장으로 인하여 다른 사람에게 피해를 주거나 예방을 해야 하는 경우가 발생하면 비밀보장에 대한 논쟁이 발생한다. 즉 사회복지사가 클라이언트의 비밀을 보장할 수 없는 경우는 클라이언트에게 발생될 중대하고 피할 수 없는 피해를 사전에 예방하기 위함이다(오혜경, 2005). 그럼으로 클라이언트 비밀보장의 예외 조건에 대한 폭넓은 합의가 이루어져야 할 것이다.

≪자료≫ 비밀보장에 대한 판결

미국 캘리포니아 대학에 재학중인 학생이 자신의 전 여자 친구를 살해할 계획이 있다는 것을 대학 내 상담실에서 카운슬러에게 알렸다. 대학의 카운슬러는 캠퍼스 경찰에게 이런 사실을 알렸고 캠퍼스 경찰은 이 학생을 심문하고 풀어주었다. 몇 달 후 이 학생은 자신의 여자 친구를 살해했고, 여자 친구의 부모는 대학이 자신의 딸에 살해의 위협에 대해 주의를 요한다는 사실을 알리지 않은 책임을 물어 대학을 상대로 소송을 제기했다. 일반 법정은 대학의 편을 들어 대학의 책임을 인정하지 않았으나, 상위법정에서는 이 결정을 뒤집는 결과를 보여주었다. 대다수의 의견은 "클라이언트의 비밀보장이 존중받고 방어 받을 수 있는 특권이 공공의 위험이 시작될 때에는 끝나는 것"이라는 판결에 초점을 맞춰 이를 따르게 되었다. 다시 말해 개인의 비밀보장은 클라이언트 자신이나 타인, 공공에게 피해가 나타날 가능성이 있는 경우에는 더 이상 보호될 수도 유지될 수도 없음을 의미한다(오혜경, 2005 재인용).

≪자료≫ 비밀보장의 예

헵워스Hepworth와 라센Larsen(1993)은 다음의 몇 가지의 상황들이 클라이언트의 정보가 부적절하게 유출될 수도 있는 상황들로 사회복지사는 이러한 상황에서의 비밀보장에 유념해야 한다고 했다.

- 가족 및 친구들과의 담소
- 직장 동료들과의 잡담
- 다른 사회복지사들과의 대화
- 다른 사람이 들을 수 있는 범위 안에서의 구술 작업 혹은 클라이언트 상황에 대한 논의·언급
- 사적 모임
- 엘리베이터 복도 등에서 클라이언트에 대한 언급

〈표 10-1〉 클라이언트의 욕구와 관계의 원리

클라이언트의 욕구	관계의 원리
개별적인 개인으로 취급 받기를 원하는 욕구	개별화의 원리
자신의 감정을 자유롭게 표현하고자 하는 욕구	의도적인 감정표현의 원리
문제에 대한 공감적인 반응을 얻으려는 욕구	통제된 정서관여의 원리
가치 있는 인간으로 인정받고자 하는 욕구	수용의 원리
판단 및 심판 받지 않고자 하는 욕구	비심판적 태도의 원리
자기 스스로 결정하고자 하는 욕구	클라이언트 자기 결정의 원리
자신의 비밀을 지키고자 하는 욕구	비밀보장의 원리

4. 사회복지실천의 면접과 기록

1) 면접

(1) 면접의 의의

사회복지실천에서 기본적인 기술 중에 하나가 면접이다. 면접은 단순한 대화가 아니고 클라이언트들을 돕기 위한 목표지향적인 활동이다. 면접은 관계를 맺는 기본적 도구로 정보를 얻기 위해서 필요할 뿐만 아니라 면접 과정 자체가 도움을 준다.

면접은 정보를 획득하고, 원조의 방법을 찾아내는 데 있으며, 사회복지사와 클라이언트의 관계 형성은 면접 과정을 통해 구체화됨으로써 목적지향적 계약적 한정적인 특수한 역할 관계를 수반한다. 또한, 공식성, 계획성, 의도성, 일괄의 명확성을 가지며 내용에 있어서는 일관성과 통일성을 가진다.

그리고 면접이 효과적으로 이루어지기 위해서는 의사소통기술이 필요하다. 특히 최근에 와서 가족상담 등이 중요한 분야로 등장하면서 면접은 사회복지실천뿐만 아니라 사회복지 전반에 있어 중요한 부분을 차지할 것이다.

(2) 면접의 방법

사회복지실천에 있어 주요한 면접의 방법은 다음과 같다.

가. 관찰

관찰에는 배려, 비언어적 의사소통 중시, 눈 접촉들을 통한 인간 관계의 형성하는 것으로 면접에서 중요한 부분을 차지하고 있다. 그럼으로 사회복지사는 클라이언트를 지속적으로 관찰하고 평가해야 한다.

나. 경청

면접에서 말하는 것과 질문에 응답을 듣는 것은 매우 중요하다. 경청은 감정통제, 분위기 조성, 클라이언트의 입장에서 출발하여 클라이언트가 표현하는 것을 듣는 것을 말한다.

다. 질문과 대화

보조 맞추기, 감정통제, 아동 수준의 언어사용을 사용하고 사적 질문에 대한 응답의 방법도 사용한다.

라. 통솔과 지도

문제 해결 때까지 책임 있게 통솔과 지도를 하고 아동의 입장 반영, 정보기회, 지원 제공을 한다.

2) 기록

(1) 기록의 의의

기록은 면접 내용의 기억과 정확한 진단 및 치료를 위한 기초자료로서, 면접의 기본적 기술을 배우는 데 필요하여, 사회복지사의 자기평가와 행정가 및 프로그램 계획자들이 기관의 실적과 프로그램의 효율성을 평가하는 자료가 된다.

기록의 목적은 사회복지사의 교체(전근, 휴가, 퇴직 등)와 타기관으로 의뢰할 경우를 대비, 기관의 서비스에 대한 적절한 수혜자격의 입증 근거를 마련하기 위함이다. 즉 무엇보다도 중요한 것은 기록의 중요목적은 책임성과 자신의 일을 기록하고 설명하고 평가함으로써 법적, 윤리적 책임을 지는 것이다. 또한 사회복지사업에 본격적으로 평가제도가 도입되면 기록은 중요한 부분이 되므로 사회복지사는 지속적으로 기록에 대해 관심을 가져야 한다.

(2) 기록의 방법

구체적인 기록의 방법은 다음과 같다.

가. 항목기록

면접의 전개 과정을 시간적으로 기술하지 않고 이야기의 내용을 항목별로 기술하는 방식이다. 주로 객관적인 자료를 얻는 방향으로 초점이 정해진 면접에서 쓰인다.

나. 요약기록

1회 면접에서 파악한 것을 전체적으로 요점을 정리하여 기술하는 방식으로 압축기록이라고도 한다. 이것은 면접 내용을 2~3분 내에 일목요연하게 압축된 것이어서 기록의 배후에 있는 워커의 노력이 경시되기 쉽다는 단점이 있다.

다. 과정기록

사회복지사와 클라이언트 관계의 전개 과정을 시간적인 흐름에 따라 구체적으로 기술하는 방식이다. 즉 면접이 진행되고 있는 과정을 단순한 문답체가 아니라 워커의 판단이나 해석을 더해가면서 각각의 심리적 요소에 중점을 두는 방식이다.

5. 사회복지실천의 과정

사회복지실천의 과정은 다양하게 구분할 수 있지만 일반적으로 인테이크, 조사 · 진단 단계, 치료 단계로 구분할 수 있는데, 그 내용을 살펴보면 다음과 같다.

1) 인테이크 과정

인테이크 과정은 기관에 찾아온 사람에게 도움을 죽 위해서 처음으로 접촉하여 문제와 욕구를 해결하기 위하여 접촉하는 단계이다. 이 과정에서 고찰되어야 하는 내용은 다음과 같다.

첫째, 문제의 성격을 명확히 하고 문제의 중요성과 원인을 확인한다.

둘째, 자신의 문제에 대해서 지금까지 시도해 온 노력과 방법에 대해 고찰하고 앞으로 무엇을 기대하고 있는지에 대해 알아본다.

셋째, 기관에서 도움을 줄 수 있는 내용과 절차를 설명하고 도움을 줄 수 없다면 문제를 해결할 수 있는 기관을 소개해 준다.

넷째, 이해와 수용으로 접근해야 한다. 즉 약점과 장점, 바람직한 성격과 그렇지 못한 성격 등을 있는 그대로 이해해야 한다.

2) 조사 · 진단 과정

조사 과정은 문제를 효율적으로 해결하기 위하여 문제와 관련된 현재의 상황과 생활력, 중요한 자료원을 조사하고 필요하다며 검사나 테스트도 할 필요가 있다. 조사의 형태는 일반적으로 두 가지로 나누어 볼 수 있다.

첫째, 실마리형clue type으로 문제를 가진 사람이 도움을 주기를 원하는 주된 소재를 찾는 유형이다.

둘째, 양식형patterned type으로 법령 등에 따라 공적기관에서 주로 행하는 수급자격의 적격성 조사 양식과 정신발생자의 조사 양식을 말한다.

위와 같은 유형을 통하여 전문적 대인 관계를 통하여 조사를 진행하고 객관적 사실과 주관적 사실을 명확히 해야 한다. 그리고 문제를 가진 사람의 생활력을 중시하고 충분한 참가와 동의를 얻어 조사를 진행해야 한다.

진단 과정은 보통 사정assessment이라고도 하는데, 인테이크 과정과 조사 과정에서 얻은 자료를 분석하여 문제의 성격이나 원인의 종합적인 해석을 내리는 단계이다.

3) 치료 과정

치료 과정은 사회복지실천의 핵심적인 단계로서 조사 과정에서 수집한 자료와 정보를 분석하고 검토하여 문제 해결을 위하여 구체적으로 치료를 실시하는 단계이다. 치료 과정은 개입이라는 용어를 사용하기도 한다.

그리고 이 단계는 사회복지사와 클라이언트가 상호 합의하여 결정한 문제 해결을 위한 계획을 구체적인 행동으로 실천하는 단계로서 이를 통해 의도하는 변화를 유발하는 단계이다.

또한 문제와 욕구가 다양하기 때문에 사회복지사업의 프로그램은 서비스 목표가 명확하고 구체적이어야 한다. 서비스 목표가 구체적이어야 만이 보다 과학적이고 객관적인 목표를 개발할 수 있다. 그리고 프로그램이 제대로 실시되려면 프로그램의 서비스를 전달할 수 있는 전문적인 서비스기술을 지니고 있어야 한다.

4) 평가와 종결

(1) 종결

가. 의의

사회복지실천 과정의 최종 단계는 종결이다. 종결은 개입을 끝마치는 것이므로 간단하게 보이지만 사실은 사회복지실천 과정에서 매우 중요한 단계이다. 종결 작업은 클라이언트의 사회적 기능을 강화시키는 동시에 가족복지사와 클라이언트가 개입의 전 과정을 통해 같이 발전시켜 온 성과를 이해시키는 과정이기도 하다.

종결에는 개입활동 전반에 걸친 평가가 병행된다. 평가는 사회복지실천의 전 과정에서 계속적으로 일어나는 일로서 가족복지실천의 목적과 목표의 달성 정도를 결정하며, 동시에 목적과 목표를 성취하기 위해 사용된 수단의 적합성을 심사하는 과정이기도 하다.

나. 종결의 유형

사회복지실천 종결의 유형은 다양하게 분류해 볼 수 있다. 그러나 종결의 가장 중요한 요인은 문제를 얼마나 해결했느냐에 초점을 맞추어야 할 것이다. 구체적으로 종결의 유형을 살펴보면 다음과 같다.

①성공적으로 종결된 경우

이 경우는 해결하고자 목적이 완성되어 클라이언트와 상호 동의하애 종결하는 경우이다.

② 계약 기간의 종료

이 경우는 계약 기간이 종료되는 시점에 클라이언트의 요구에 의해 종결하는 경우이다.

③ 문제 해결의 진전이 없는 경우

이 경우는 문제의 해결에 별로 진전이 없어 클라이언트와 공동으로 동의하여 종결하는 경우이다.

④ 상담에 문제가 발생한 경우

이 경우는 클라이언트가 문제 해결에 도움을 주지 않거나, 비협조적이고 반항하여 더 이상 사회복지실천을 진행할 수 없는 경우이다.

(2) 평가

사회복지실천이 종결되고 나면 평가를 실시해야 한다. 즉 사회복지사가 문제 해결을 위해 실시한 사업에 대해 평가를 하는 것이다. 그리고 평가시에는 실시된 사회복지실천의 기능과 한계, 종결 후의 반성을 포함하여 클라이언트의 특징과 문제 해결에서 나타난 문제점과 특성 등에 대해 평가한다.

6. 사회복지실천의 모델

1) 심리사회적 모델

심리사회적 모델은 정신분석학, 자아심리학, 심리학, 문화인류학 등 여러 가지 분야에 근원을 두고 있으며, 많은 자료 대부분이 개인사례와 소집단 사례에 관한 실제 사례 보고서였다. 정신분석학은 성격이론의 중요한 체계로서 관찰에 의해 수집된 자료들을 정리 설명하는 데 도움을 주었으며, 대표적인 학자들은 Freud, Erikson, Hartmann 등이다. 그리고 1930년대 후반에 나타난 자아심리학은 정신분석이론을 따르는 사회복지사들에게 보급되기 시작하면서 그 중요성이 강조되었다.

초기의 수년 동안 심리사회학파는 이 방법을 '진단적 모델'이라고 하였다. 그 이유는 기능적 모델과의 여러 가지 차이점들 중의 하나인 진단의 중요성을 강조하였기 때문이다.

모든 사회복지실천이 심리사회적 개념들에 의존해 왔다고 해도 과언이 아닐 만큼 심리사회적 모델은 사회복지에서 차지하는 비중이 매우 크다. 사회복지 역사의 관점에서 볼 때 심리사회적 접근은 개인 및 가족의 복지를 차지하고, 사람들이 가지는 사회적 기능의 회복 및 대인 관계의 향상이라는 욕구에 부응하려는 노력에서 성장했다고 할 수 있다(Woods & Robinson, 1996).

그리고 오랜 세월을 거치는 동안 심리사회적 접근은 내용상 강조하는 것이 다소 변동된 것을 제외한다면 생물학적 요소, 심리 내적 및 정서적 과정, 외부 환경적 및 물질적 조건, 그리고 이들 간의 상호작용 등의 영향력에 대해 지속적 관심을 가져왔다. 그러나 초창기 심리사회적 모델은 정신분석, 자아심리학, 대상관계이론 등의 정신역동심리이론을 주로 적용함으로써 실제 개입은 클라이언트의 심리내적인 과정에 치중되었던 것을 알 수 있다.

2) 문제해결모델

문제해결모델은 Perlman이 창안한 모델로서 진단주의와 기능주의의 영향을 받아 절충주의적 입장을 취한다. 따라서 문제해결모델의 구성요소는 ① 문제Problem, ② 사람Person, ③ 장소Place, ④ 과정Process의 4P 개념으로 이루어져 있다.

문제해결모델은 인생을 계속적으로 문제에 직면하여 해결하는 과정으로 보고 있다. 그러므로 문제 해결 과정의 주요한 목적은 개인이나 가족이 현재 직면하고 있는 어떤 어려움을 처리하거나 해결하도록 돕는 것이다.

문제해결모델은 진단주의학파가 진단 및 치료 계획에 기초한 치료 과정을 지나치게 경직되게 인식하는 데 대한 반대의 입장에서 나온, 보다 실용주의적이고 현재를 강조하고자 하는 노력에서 출발하였다. 1950년대 미국 시카고대학의 Perlman은 클라이언트들이 문제를 대처하려는 시작을 하기도 전에 과거에 의존해 클라이언트를 평가함으로써 그들의 역기능성을 부각시키던 당시 진단주의의 결정론적 사고에 회의를 가졌다. Perlman은 클라이언트가 장기간의 내적 성찰 없이도 당면한 사안들에 효과적으로 대응할 수 있도록 개인적 강점들을 활용하는 데 초점을 두고자 했다. 이러한 배경에 의해 문제해결이론 및 실천모델이 생겨나게 되었으며, 이것은 차후 다른 많은 연구자들에 의해 보완되면서 거듭 발전하였다. Perlman에 의해 처음 소개되었을 당시에는 케이스워크이론의 하나로 간주되었지만, 요즘에는 실천상의 모든 형태들에 적용될 수 있는 것으로 인식되어지고 있다. 그리고 사회복지실천에서의 다른 이론들 및 모델의 발달에 많은 영향을 미쳤다(김기태 외, 2002).

3) 위기개입모델

위기개입모델은 자연재해나 갑작스러운 생활상의 사건으로 인해 격심한 고통의 감정을 일시적으로 경험하고, 이로 인해 압도당하거나 발달 과정에서 유발되는 스트레스로 인해 일상생활 수행에 어려움이 발생하는 경우 이에 대처할 능력과 자원이 부족하여 문제가 생기는 사람들에 관한 관심으로부터 나온 것이다. 이 모델은 극심한 스트레스 상황에서 즉각적으로 필요한 서비스의 지원과 격심한 고통 이후에 발생할 수도 있는 심각한 심리적 붕괴 현상의 예방에 관심이 있다.

위기개입모델과 실제는 Lindermann(1944)의 격심한 슬픔 반응에 관한 연구와 Caplan(1964) 및 동료수학자가 수행한 예방정신의학연구프로그램 등에 기초해서 1950년대 및 1960년대에 급격한 속도로 성장했다.

이 모델은 우리에게 완전히 생소한 것이 아니라 기존 모델들과 절충적이며 통합적인 형태를 갖고 있다. 이는 이 모델이 인간의 행동과 성격을 이해하기 위한 기존 이론들의 원칙이나 기술을 결합시키며, 위기 개념과 단기치료의 개념을 통합시키고 있기 때문이다(장인협, 1989).

4) 과제중심모델

미국 시카고대학의 Reid와 Epstein에 의해 1970년대에 단기치료의 우수성을 입증하는 실험 연구를 기초로 형성된 실천모델이다. Reid와 Epstein이 Task-Centered Casework(1972)를 발표하면서 과제중심모델을 소개하였다. 이 모델이 발표될 당시에는 심리치료 분야에서 장기간의 치료에 대한 회의와 비판이 확대되고, 현재의 문제 상황에 개입의 초점을 두는 단기치료 방식에 관심이 커지던 시기였다.

과제중심모델은 초창기 단기 케이스워크의 시간제한적이고 구조적인 측면을 따르고 있으며, Perlman의 문제 해결 접근의 요소, Studt의 클라이언트 과제에 대한 개념, 케이스워크 기법의 접목에 대한 앞선 작업 들을 통합하여 형성되었다. 과제중심모델은 한정된 이론이 아닌 체계적인 절차를 지닌 실천모델로서, 문제 사정이나 해결 과정에서 인간행동과 실천에 관한 다양한 여러 이론들을 융통성 있게 사용할 수 있다.

5) 인지행동모델

1960년대 말부터 행동치료를 통한 행동 변화에 문제점들이 제기되면서 그 문제점들을 보완할 수 있는 새로운 접근법이 요구되었다. 인재행동모델은 대개 단기치료이기 때문에 치료의 종결이 정신역동적 치료나 기타 다른 치료에 비해 덜 복잡하다. 최근의 사회복지실천에 지대한 영향을 미치고 있는 인지행동모델은 인지과정(사고하고 정보를 처리하는 과정)의 연구로부터 도출된 개념과 행동주의와 사회학습이론으로부터 나온 개념들을 통합 적용한 것이다. 인지행동모델에 입각한 치료과정은 문제를 일으키는 잘못된 사정과 사고의 유형을 확인・점검하고, 재평가하여 수정하도록 격려하고 원조한다.

실제로 인치치료는 그것을 사용하는 사람에 따라 다양한 이름으로 불리는 경향을 보이는데, 일반적으로 Aron Beck의 '인지치료Cognitive Therapy'가 많이 알려져 있고, 그 외, Albert Ellis의 '합리정서치료Rational-Emotive Therapy', Meichenbaum의 '인지행동수정', Lasrus의 '복합형태치료', Maultsby의 '합리행동치료Rational Behavior Therapy' 등이 이 모델에 기여하였다.

명칭의 다양성에도 불구하고 이들 인지적 치료들은 근원적으로 같은 토대를 가지면서 일부 국소적 차이점들을 가질 뿐이다. 이들 치료모델간 차이는 인지-행동주의 구조에서 인지 측면과 행동 측면 중 어느 것을 더 강조하느냐와 함께 인식, 기억, 정보처리 과정, 판단, 의사결정과 같은 인지 과정에 어느 정도로, 어디에 초점을 두는가에 있다.

6) 현실치료모델

현실치료reality therapy : RP는 정신의학자인 William Glasser에 의해 치료 모델로 개발되었으며, Wubbolding에 의해 실제 적용 기법이 더욱 구체화되었다. Glasser는 현실치료를 "모든 환자를 현실로 이끌어 주고 현실 세계의 실체적인 면을 성공적으로 성취하고 획득하도록 이끌어주는 기법"이라고 하였다. Glasser는 정신분석이론의 발달이론들은 수용하였지만 유용한 치료의 근거로서는 받아들이지 않았고 치료가 억압되어 왔던 인생 초기의 외상적 기억의 회복에 달려 있다는 정신분석 이론가들의 주장에 대해서도 회의적이었다.

현실치료는 모든 유기체들이 행동하는 이유와 방식에 대한 설명을 이론적이며 실천적으로 제시해 줌으로써 상담이론과 실제에 현실적이며 구체적인 접근 방법을 제시하고 인간의 이해에 대한 새로운 관점을 제공해 주고 있다. 즉, 현실치료 모델에서는 인간은 궁극적으로 자기 결정적인 존재이며 삶에 책임을 진다는 가정에 기초한다. 이 접근은 반결정론적이고, 긍정적이다. 현실치료모델에서는 전통적인 치료에서 하듯이 클라이언트에게 부여한 낙인과 같은 정신건강상의 상표(신경증, 성격장애, 정신병 등) 대신에 책임감이 없다는 평가로 대체할 것을 강조한다. '건강한' 사람은 책임감이 있다고 인식되며, 치료자의 임무는 무책임한 클라이언트를 책임감을 갖도록 도와주는 것이다(김기태 외, 2002).

11장
사회복지실천기술론

1. 사회복지실천기술의 이해

사회복지실천기술은 전문성과 과학성을 전제로 한 실천활동으로써 사회복지 원조활동에 기대되는 과제이다. 사회복지의 목표를 실행하는 활동은 풍족한 가치관과 깊고 넓은 지식에 의한 원조기술로 가능해지며, 사회복지 원조활동의 전문성과 과학성을 사회복지사의 원조기술에 의해 성립된다고 해도 과언이 아니다. 전문적으로서의 소셜워커에게는 사회복지의 여러 제도에 의한 복지서비스를 필요로 하는 사람들에게 적절하게 충분한 원조활동을 효과적으로 추진해가는 것이 요청되고 있다. 따라서 다음과 같은 사항에 유의해야 한다.

① 사람과 환경의 상호작용을 중시하고, 그 사람들에게 맞는 생활환경을 함께 창출하는 것

② 소셜 워크의 원리, 원칙에 의거한 제반 실천 방법의 통합화를 꾀하고 유연한 대응을 하는 것

③ 기존 영역의 사회자원을 활용하는 등 사회적 자원망을 꾀하는 것을 그 기본으로 들 수 있다.

다시 말하면 각 실천 분야의 특질에 입각하여 통합적으로 전개하는 데 있어서 공통된 테두리를 확정하는 일이 중요시 된다. 그리고 구체적인 원조활동에는 다음과 같은 것들이 있다.

① 개인 및 각종 전체에 대한 대응 방법으로서의 케이스워크, 최근에는 가족요법family therapy의 도입이 적극적으로 이루어지고 있다.

② 소집단 및 집단 멤버 개개인에 대한 방법으로서의 그룹워크가 있다.

③ 지역사회 및 주민의 조직화 활동의 추진, 지역사회자원시스템에 대응하는 커뮤니티워크가 있다

④ 사회복지 원조에 필요한 자료수집 및 조사의 실시, 그 결과 분석 등의 사회복지조사가 있다.

⑤ 사회복지 기관, 시설의 관리운영을 꾀하는 사회복지 운영관리(소셜 어드미니스트레이션)가 있다.

⑥ 사회복지를 계획적으로 추진하기 위한 수단이나 방법(소셜 플래닝)이 지역사회복지를 중심으로 중요하게 등장하고 있다.

⑦ 시설수용자에게 대응하는 시설처우 방법 등이 포함된다.

2. 사회복지실천 영역의 범위와 유형

1) 범위

사회복지실천의 범위는 일률적으로 규정할 수 없다. 사회복지실천의 범위는 각국의 사회복지의 발달과 수준 등에 따라 달라지기 때문이다. 여기에서는 우리나라에 일반적으로 실시되고 있는 사회복지실천의 범위를 중심으로 살펴보고자 한다.

(1) 개별실천

개별실천이란 개인적 또는 사회적 문제에 직면하고 있는 개인을 일대일로 만나 문제 해결을 원조해 주는 활동이다. 그리고 이러한 활동은 클라이언트로 하여금

주변 환경에 적응하도록 도움을 제공하거나 개인에 영향을 미치는 사회경제적 상태를 지원하여 완화시켜 주는 것이다. 과거에는 개별사회사업이라고 불렀다.

(2) 집단실천

일반적으로 집단실천은 집단사회사업과 집단치료로 구분하여 접근해 볼 수 있다. 집단실천은 개별실천에 비해 개인의 사회화 촉진, 정보교환, 비행 예방 등을 포함하여 집단적인 차원에서 문제를 해결하는 방법이다. 즉 집단치료는 집단구성원간의 상호작용이나 집단 내의 역동성을 활용해 개인이 갖고 있는 사회적 · 행동적 · 정서적 문제들이 해결될 수 있도록 하는 활동이다(엄명용 외, 2000).

또한 집단치료는 개인의 부적응 행동을 변화시키는 측면에서는 개별치료보다 효과적이고, 동일문제나 유사한 문제를 지닌 집단의 클라이언트를 한꺼번에 치료한다는 면에서 경제적인 요인도 지니고 있다. 이런 측면에서 우울증 환자, 알코올중독자 치료, 약물 중독자 등을 대상으로 집단치료를 실시하면 효과적이다.

(3) 지역사회실천

사회복지사는 인간과 환경 모두에 동시에 관여할 수 있도록 지역사회의 다양한 구조와 인구 구성, 사회특성 등을 파악해야 한다. 즉 지역사회에 대해 교육을 받지 않았거나 경험을 갖고 있지 않다면 지역사회 계획활동 등에서 전문적인 지역사회복지활동을 실시하지 못할 것이다. 그러므로 효과적인 복지서비스를 제공하고 지역사회의 복지정책에 중요한 영향을 미치기 위해서는 지역사회에 대한 기본적인 지식의 획득, 정보의 수집, 지역사회의 변천 과정 등을 알아야 한다.

1970년대를 전후로 커뮤니티케어community care라든지 커뮤니티워커community work라는 영국계의 용어가 사용되게 된 것은 사회복지의 긴급과제가 빈곤구제정책에서 서비스 공급으로 변화한 것과 관계가 있다. 미국에서는 제6의 복지로서 휴먼서비스human service의 필요성의 제기되고 있으나 이 변화에서 가장 먼저 대응하기 시작한 것은 영국이었다. 1968년 씨봄seeboom보고, 칼벤킨안 보고에서 1982년 버클레이 보고에 이르는 과정에서 지역사회에 의한 케어, 서비스 제공과 그것을 관리하고 운영하는 전문직의 자세가 논의되어 지역사회실천의 이론과 실제가 정비되었다.
그리고 장애인, 노인, 아동 등 사회복지 이용자가 지금까지의 거주지에서 정상적인 생활을 계속하는 것이 사회복지의 과제라고 생각하는 정상화normalization이념이 일반화되어 재가복지서비스의 수요가 확대되었다. 각종 다양한 개별적 수요에 대하여 적절한 서비스 공급이 요구되었고, 이를 위해 지역서비스 공급체계도 다원적으로 변화하지 않으면 안 되었다. 따라서 지역사회실천은 지금까지와는 다른 전문성을 필요하게 되었고 그 중요성이 부각되었다.

(4) 가족치료

가족치료는 가족을 하나의 체계로 보며, 그 체계 속의 상호 교류양상에 개입함으로써 가족체계의 역기능적인 상호작용 패턴과 관계구조를 변화시켜 인간의 문제를 해결하고자 하는 치료적 접근법이다. 즉 인간문제의 원인을 개인적 요인에서 찾는 것이 아니라 가족 성원들 간의 관계의 문제로 보고 인간문제의 원인을 가족구성원들의 상호작용적 맥락에서 이해하고 해결하고자 하는 접근하는 것이다.

(5) 사례관리

사례관리는 복잡하고 다양한 욕구를 지니고 있는 클라이언트에게 장기적으로 공식적 또는 비공식적인 자원을 조직 또는 조정하여 서비스를 효과적이고 효율적으로 전달하는 것을 목적으로 하고 있는 사례관리는 1980년대 이후 영국 · 미국 · 일본 등의 선진국에서 크게 주목을 받아왔다. 이들 국가에서 사례관리란 재가복지 영역, 발달장애 영역, 노인복지 영역 등에서 효과적인 서비스 접근 방법으로 평가받고 있다.
우리나라에서도 최근 사회복지환경의 급격한 변화에 따라 전통적인 실천 방법, 즉 개별사회사업, 집단사회사업, 지역사회조직 등의 기능들을 수용하면서도 클라이언트의 다양한 욕구에 초점을 맞추는 사례관리 접근 방법이 전문사회사업의 중요한 패러다임paradigm으로 인식되고 있다.
이러한 사례관리는 최근 인간에 대한 서비스체계에서 클라이언트를 원조하는 새로운 기법으로서 복합적인 욕구를 지닌 사람의 복지와 기능화를 최대화시키기 위해 고안된 활동들을 포함하는 개념으로서 많은 역할을 하고 있다. 또한 클라이언트 수준, 서비스들 사이의 조정, 서비스의 통합, 보호의 연속성이라는 사례관리의 초점은 의료적, 사회적, 경제적 측면의 서비스가 일련의 연속적 과정으로 장기적으로 제공되어야 하는 클라이언트의 특성과 그 맥을 같이할 수 있다.

2) 사회복지실천의 유형

(1) 인간체계 수준에 따른 사회복지실천

인간체계는 주로 개인, 가족 및 집단, 조직, 지역사회, 전체 사회, 세계 등으로 이루어져 있다. 전통적으로 사회사업은 이러한 인간체계 가운데 개인을 주로 대상으로 하는 개별사회사업social case work, 가족 및 집단을 대상으로 하는 집단사회사업social group work, 지역사회를 대상으로 하는 지역사회조직사업community organization 등 셋을 사회사업의 3대 방법으로 중요시해 왔다.

나아가서 전체 사회를 대상으로 하는 사회사업정책, 사회사업행정 등도 사회사업의 방법으로 발전해 왔다. 그러나 이러한 방법적 체계는 각기 나름대로의 발전을 달성하였지만 하나의 통일된 사회사업의 방법으로서의 정체감 확립에는 성공하지 못했기에 1970년대 이후 사회사업 통합방법론에 대한 논의들이 활발히 전개되고 있다.

(2) 범위별 분야별 사회복지실천의 분류

사회복지실천의 구체적인 분류를 위한 다양한 노력들은 대체로 다음과 같은 세 가지 방향으로 정리해 볼 수 있다.

첫째 방향은 사회사업의 실천 방법을 크게 대상 영역별로 구분하여 재편성해 내는 시도이다. 거시적macro 방법과 중도적mezzo 방법과 미시적micro 방법 등의 구분이 이에 속한다.

둘째 방향은 클라이언트와의 접촉 유무에 따른 서비스별로 구분하고자 하는 시도이다. 직접적direct 서비스와 간접적indirect 서비스 등의 구분이 이에 속한다.

셋째 방향은 실천 방법 체계하에서 전개되는 방법의 공통적인 기반을 확인하여 그것을 토대로 통합된 방법의 기본적인 틀을 구축하려는 시도이다.

이는 일반적으로 사회사업의 통합적 접근을 기반으로 하고 있다. 사회치료social treatment, 사회사업실천social work practice, 임상사회사업clinical social work 등의 구분이 이에 속한다.

가. 거시적 · 중도적 · 미시적 방법

근린지역, 공식적인 조직체, 지역사회, 전체 사회 등의 거시체계에 대응하는 실천 방법과 개인, 가족, 소집단 등의 미시적 체계에 대응하는 방법으로 분류하여, 전자를 지역사회조직론, 사회행동, 사회 계획 등의 방법을 포함하는 것으로 보고, 후자에는 개별사회사업, 집단사회사업 등을 포함시켜 통합화를 시도하고 있다.

이후 이러한 이분법적 구분을 탈피하여 조직과 지역사회 영역을 따로 떼어 거시적, 미시적 방법의 중간적 성격으로서 중도적 방법으로 구분하기도 하였다.

나. 직접적 · 간접적 서비스

직접적 서비스는 사회복지사가 직접적인 클라이언트와의 접촉을 통하여 서비스를 제공하는 것을 말하고, 간접적 서비스는 사회복지사가 직접 클라이언트를 대면하지 않으면서 클라이언트의 문제 해결에 간접적으로 도움을 제공하는 것을 말한다. 다시 말하여 전자는 클라이언트에게 직접 대응하여 서비스를 제공하는 것으로 개별사회사업, 집단사회사업 등이 이에 속한다. 이에 비해서 후자는 서비스를 제공하는 제도나 기구, 정책 등에 초점을 두어 전개하는 방법으로서 조직적, 정치적 체계에 대한 지식과 기능, 경영관리와 정보분석기술 등의 체계화를 포함하는 지역사회조직, 사회사업행정, 사회사업정책 등이 이에 속한다.

다. 사회치료 · 사회사업실천 · 임상사회사업

미국을 중심으로 하여 전통적으로 사회사업의 3대 방법으로 체계화되어 온 개별사회사업, 집단사회사업, 지역사회조직사업은 1970년대 이후 여러 가지 비판을 받음으로써 새로운 방법으로의 모색을 하게 되었는데, 대표적인 것으로 사회치료, 사회사업실천, 임상사회사업 등을 들 수 있다.

① 사회치료

사회치료적 접근의 기원을 사회사업학에서 찾고 그것을 '새롭고도 오래된 돕는 방법'이라고 말하고 있다. 그는 또 사회치료를 '개인과 가족집단으로 하여금 그들의 사회문제를 처리하고 사회기능을 개선하도록 돕는 전반적인 방법'이라고 정의를 내리고 있다. 그는 또한 이 용어의 기원을 초창기 사회복지사업에 두고 있으며 리치먼드와 같은 학자가 사회치료를 사회집단의 측면에서 이해함으로써 이 용어를 중요시했음을 지적하고 있다.

그리고 사회치료란 개인과 가족 및 소집단이 그들의 사회기능을 향상시키고 사회문제를 처리해 나가도록 돕기 위해 직접적, 간접적인 개인전략을 활용하는 대인 관계 원조interpersonal helping의 한 접근 방식이라고 정의했다. 이에 따르면 사회치료는 도움을 받은 개인과 가족 및 소집단에 관심을 둔다. 그러므로 사회치료의 초점은 지역사회조직이나 사회 계획 및 그 외의 대규모 체계의 변화접근법과는 다르다. 또 대인 관계 원조는 심리치료적 도움에만 국한되지는 않으며 사회복지사가 직접적으로나 간접적으로 클라이언트를 위해 실시하는 광범위한 모든 활동을 포함하고 있다.

② 사회사업실천

1970년대 이후 미국 사회사업실천 방법 분야에서는 두 가지의 개념이 등장하게 되었다. 즉 그것은 직접적인 실천과 간접적인 실천 사이의 분명하게 구분되지 않았던 복합적인 서비스 개입, 그리고 과제들을 하나의 우산 밑으로 포괄하는 개념으로서의 사회사업실천social work practice과 1978년 NASW에 의해 전문직으로서 공식적으로 인정한 '임상사회사업실천the practice of clinical social work'인 것이다.

③ 임상사회사업

사회사업실천가 또는 실천의 형태로 묘사되는 '임상적clinical'이라는 용어의 사용은 [그 어원은 그리스어에서 유래되고 문자 그대로 환자의 머리맡에서at the bedside라는 의미이다] 논쟁의 대상이 되어 왔다. 비판하는 사람뿐만 아니라 지지하는 거의 모든 사람들은 그것에 대한 나름대로의 의견을 가지고 있다. 임상사회사업 California협회는 전문적인 명칭으로 그 용어를 최초로 사용하였다.

어떤 비판자는 '임상적'이라는 용어는 부적절하다고 생각했다. 왜냐하면 그것은 구체적인 서비스를 위한 예방과 대책적인 구성요소를 무시하는 실천적 측면에서의 단순한 치료로 표현되기 때문이라는 것이다.

다른 비판자들은 '임상적'이라는 용어는 의료적인 의미를 지나치게 강조한다 하여 불쾌하게 생각했다. 이러한 비판자들은 사회 복지사들이 정신과 의사나 심리학자들이 누리는 지위와 같은 것을 얻기 위한 시도로 이런 용어를 사용한다고 생각했다. 많은 또 다른 사람들은 대학원 졸업자 수준의 사회사업을 위한 엘리트적인 표현이라 생각하기도 했다(Meyer, 1983).

그러나 지지자들은 그것이 가지고 있는 애매성과 불명확성에도 불구하고 그 용어는 지금 우리가 사용하고 있는 것보다 더 나은 용어를 발견할 때까지 사회사업 실천의 질적인 문제를 정확하게 반영하고 있다는 것에 일반적으로 동의하고 있다.

3) 직접 원조기술과 간접 원조기술

복지서비스의 원조기술은 일반적으로 직접적 원조기술로서 개별 원조기술, 집단 원조기술 등과 간접 원조기술로서 지역사회 원조기술, 사회조사 등으로 구분할 수 있는데, 현대사회에서는 개별 원조기술과 지역사회 원조기술과의 연관에 의해 발전된 케이스 매니지먼트(사례관리), 더욱 보다 효과적인 복지서비스를 제공하기 위하여 슈퍼비존, 상담 등이 중시되고 있다. 이 중에서 직접 원조기술은 문자 그대로 개인, 가족, 집단에 대해서 직접적・개별적 서비스를 원조하는 것이고, 간접 원조기술은 직접 원조기술을 효과적으로 실천하기 위한 조건정비에 해당한다고 볼 수 있다. 그러나 아직까지 이러한 분류에 대한 법적・학문적 합의는 성립되지 않고 있는 실정이다.

(1) 직접 원조기술

직접 원조기술은 정비된 간접 원조하에서 실시되고, 간접 원조가 제공하는 자원을 활용해서 비로소 효과적인 원조 과정을 전개할 수 있는 것이며 간접 원조도 또한 직접 원조 과정에서부터의 끊임없는 피드백에 근거하여 자원동원 등에 의해서 그 존재의의를 가진다.

원래 사회복지 원조기술의 역사에 있어서 원조 과정의 과정화는 직접 원조 과정에 시작되었다. 자의적이고 비효율적인 자선적 운영에서 자선조직화운동COS운동을 거쳐서 영국을 중심으로 가족복지 기반으로라는 직접 원조의 과학화・합리화가 이루어졌는데, 그 과정에서 간접 원조기술도 점차 체계화의 길을 걸어왔다. 구체적인 직접 원조기술로서는 전통적인 케이스워크, 그룹워크를 중심으로 하고 최근에는 재가복지를 바탕으로 그 필요성이 증가하고 있는 사례관리 등의 기반도 포함된다고 보는 경향이 있다.

직접 원조기술과 유사한 개념으로 대인복지서비스라는 용어가 있는데, 대인복지서비스는 보다 광범위한 의미를 내포하고 있다.

직접 원조기술의 특색으로서는 워커와 클라이언트와의 직접적인 인간 관계, 특히 전문적 원조 관계에 있다. 이 일정한 관계를 구축하기 위해서는 몇 개의 기본원리가 인정되고 있는데 그 중 많은 부분은 종래의 케이스워크나 그룹워크의 연구와 실천의 영향이 강했다고 볼 수 있다.

(2) 간접 원조기술

간접 원조기술은 사회복지의 원조기술로서 직접 원조기술과 함께 사용되고 있는 사회복지실천에 있어서 절차상의 개념이다. 간접 원조기술은 클라이언트의 구체적인 기본적 욕구의 해결에 직접 속하는 것은 아니더라도 클라이언트에게 있어서는 인간으로서의 가능성을 추구하는 데에 잠재적 가치를 갖는 기호를 얻는 환경상의 수단을 포함하고 있거나 또는 환경상의 압력이나 장애를 제거하거나 클라이언트에 대한 타인의 태도를 개선시키는 개입 등에 의해 성립하고 있는 것이다.

(3) 원조기술의 통합

이상에서 살펴본 직접 원조기술과 간접 원조기술을 단지 직접 원조기술은 단순히 심리적인 것으로 생각하고 간접 원조기술은 심리사회적인 것으로 생각하는 것은 잘못된 것이다. 환경상의 원조도 또한 인간에 대해서 행하여지는 것이므로 양자는 기법技法의 차이에 의한 것이라기보다는 오히려 기법에 의해 영향을 받는 인간과 관계된다는 인식이 중요한 전제이다. 지금까지의 원조 방법들이 별개로 전문・분화되어 발달해 왔기 때문에 원조활동이 분단되는 불합리한 점이 있다는 반성에서 상호 관련성을 명확하게 하는 일과 그 공통 기반을 확립할 필요성이 있다는 점에서 원조활동에 대한 재편성의 움직임이 나타나고 있다.

즉 문제를 일으키는 주된 원인, 부차적 원인, 유인 등의 판별과 함께 긴급을 요하는 원조와 비교적 긴급을 요하지 않는 원조 등 직접 원조, 간접 원조를 막론하고 처우기법에 대해서는 워커가 클라이언트의 문제 해결 원조에 있어서 그것이 대상자에게 어떠한 의미를 갖고 있는가에 초점을 맞추는 것이 중요하다.

3. 사회복지실천의 기법

사회복지실천을 행할 경우 단순한 정열, 온화함, 애정, 직감과 경험 등의 주관적인 것에 너무 기인하여서는 안 된다. 왜냐하면, 객관성이나 과학성이라기보다는 자기 만족의 주관적인 세계에 빠질 가능성이 높기 때문이다.

사회복지 원조의 객관성, 과학성, 유효성을 높이기 위하여 원조기술로서의 구체적인 기법이 존재한다. 여기에서는 사용 빈도가 높은 면접 기법, 커뮤니케이션 기법, 관찰기법을 소개하고자 한다(全國社會福祉協議會, 1998 ; 고수현 외, 2002).

1) 면접 기법

사회복지실천 과정에 있어서 제1단계인 인테이크 과정부터 마지막 종결 단계까지 모든 원조활동은 면접을 중심으로 하여 행해진다. 따라서 면접기법은 사회복지실천에 있어서 중요한 원조기법이며, 면접을 제외한 사회복지실천은 생각할 수 없을 것이다. 사회복지실천에서 이용되는 면접기법은 다양하지만, 일반적으로 다음의 4가지를 들 수가 있다.

(1) 신뢰 관계 수립의 기법

원조에 있어서의 대인 관계는 신뢰가 기초가 된다. 사회복지사에 의한 면접이 문제 상황에 관한 정보수집이든, 문제를 안고 있는 클라이언트의 심정의 이해이든, 원조 대안의 탐색이든, 신뢰를 가질 수 없는 상대에게 이용자는 진실을 말하지 않는다. 반대로 신뢰할 수 있는 사람이면 클라이언트는 질문하지 않아도 진실이나 심정을 자발적으로 토로하게 된다. 따라서 원조 관계의 성패를 가름하는 결정적 요인은 신뢰 관계 수립인 것이다.

가. 수용적 태도

사회복지사는 클라이언트를 한 사람의 인간으로서 받아들이고, 그 가치를 인정하고 존중하는 따뜻한 말과 태도, 행동으로 클라이언트를 접하지 않으면 안 된다. 통상, 이용자는 열등감, 굴욕감, 패배감, 절망감, 원망과 분노 등의 부정적인 감정이나 사고를 갖고 있는 경우가 많다. 이러한 감정을 제거하기 위하여 이용자와 그 정서, 감정을 공유하려고 하는 사회복지사의 열의 있는 수용적 태도가 필요한 것이다.

나. 깊은 관심

다음으로 필요한 것이 깊은 관심이다. 이것은 클라이언트에 한하지 않고, 인간은 누구나가 다른 사람으로부터 관심을 받기를 바라고 있다. 더욱이 문제를 안고 곤경에 직면해 있는 사람은 그 소망이 한층 더 강할 것이다.

다. 성의

성의라고 하는 것은 말뿐만이 아니라 진지하게 클라이언트와의 관계를 가지려고 하는 태도와 행동이다. 이 진지한 태도가 클라이언트에게 전달되면 이 사회복지사에게 맡기고 함께 문제 해결에 임하려고 하는 의욕이 나타나기 때문이다.

라. 자신감

마지막으로 자신감을 가지는 것이다. 아무리 숙련된 사회복지사라고 하더라도, 문제 해결이 달성될지 안 될지는 모르는 것이다. 그러나 사회복지사가 문제의 내용을 듣고, 자신이 없어서 침착하지 못하거나, 곤혹스런 표정을 보인다거나, 미숙함을 나타내면, 클라이언트는 이 사회복지사에 대하여 원조상담을 신청한 것에 대하여 불안감을 갖게 될 것이다. 사회복지사는 과잉 자신감을 가져서도 안 되지만, 경험이 없는 문제라도 전력을 다하여서 임하면 반드시 해결, 개선될 수 있다고 하는 신념에 가까운 자신감을 가지고 클라이언트와 접하여야 될 것이다.

(2) 지지적 기법

신뢰 관계가 수립된 후의 다음 목표는 클라이언트가 스스로 자기문제를 해결할 수 있도록 원조해 주는 것이다. 클라이언트가 어떤 어려움에 직면해 있더라도, 원조를 요청하고 있는 것 자체는 문제를 해결하고, 이 어려움에서 해방되고 싶다고 하는 잠재적인 소망의 표현인 것이다. 그것은 이용자 자신에게 건전한 적극성이 내재되어 있다는 것을 의미한다. 이 부분을 지지함으로써 문제 해결에 임하는 적극적 의욕을 끌어내고, 자아의 강화를 꾀하는 것이 중요하다. 사람은 사람에 지지받는 것에 의해 조장되고, 자기 강화가 촉진된다고 하는 전제로부터 나타난 것이 지지적 기법인 것이다.

(3) 감정표현 촉진의 기법

사회복지사는 클라이언트가 자유롭게 감정을 표현할 수 있는 상황을 만들어 의도적으로 감정표현을 촉진시키고, 부정적인 감정이나 정서적인 갈등을 자유롭게 표현할 수 있도록 하지 않으면 안 된다. 그로 인하여, 긴장이나 심리적 갈등이 해소되어 정서적 안정을 찾을 수 있게 된다. 인간의 생활행동을 지배하는 많은 부분은 감정에 의한 것이다. 따라서 울분이 쌓인 부정적인 감정을 토로하게 되면, 정화가 일어나 해방감이나 안정감을 찾을 수 있게 되어 인간의 생활행동에 변화가 나타나는 것이다.

(4) 자기 이해 촉진의 기법

인간은 일반적으로 자기 중심적인 경향이 강하지만, 문제를 안고 곤란에 직면해 있는 클라이언트는 그러한 경향이 한층 더 강하다. 그러나 문제 해결을 지향하는 것은 문제의 객관적인 상황과 자신이 처해 있는 상황의 냉정한 인식이 필요하다. 이것을 통찰하고, 촉진할 수 있도록 원조하는 것이 자기 이해 촉진의 기법이다.

2) 커뮤니케이션 기법

면접이라는 것은 단순히 대면에 의한 만남이나 교류가 아니다. 면접의 실질적인 내용을 구성하고, 그 매체가 되는 것은 사회복지사와 이용자의 사이에서 행해지는 커뮤니케이션이다. 커뮤니케이션 기법에 대해서는 구미에서 연구된 여러 가지의 새로운 기법들이 소개되고 있지만, 그 중에서도 기본이 되는 중요한 몇 가지를 소개하고자 한다.

(1) 비언어적 커뮤니케이션 기법

커뮤니케이션은 언어만으로 성립되는 것이 아니라, 상호태도, 시선, 표정, 자세 등이 언어를 보강하기도 하고, 파괴하기도 한다. 대화를 하기 전에 반드시 주의해야 되는 기법이며, 대화를 행할 때의 원조태도이다. 원조 관계의 기본은 이용자를 따뜻하게 받아들이는 것부터 시작되는 것이기 때문에 표정, 시선, 태도, 자세에 대한 배려는 대단히 중요하다.

(2) 언어적 커뮤니케이션 기법

가. 촉진시키기의 기법

이용자가 적극적으로 이야기할 수 있도록 하는 기법으로 수긍, 맞장구, 적절한 질문 등을 행하여, 클라이언트에게 나의 이야기를 진지하게 경청하고 있군나라는 기분을 갖게 하여 염려하는 것 없이 자유롭게 이야기할 수 있도록 촉진시키는 것이다.

나. 경청의 기법

커뮤니케이션의 가장 기본이 되는 것은 경청이다. 클라이언트가 이야기하는 언어에서 무엇을 이야기하며, 진정으로 호소하고 있는 것은 무엇인가를 집중해서 듣는 것이다. 그를 위해서 클라이언트의 언어의 일부 또는 전부를 되묻는 반어법, 이야기하고 싶어 하는 것을 명확한 언어로 되묻는 명확화 기법, 이야기의 내용을 인과 관계에 의해서 해석하여 되묻는 요약의 기법 등이 있다. 이것에 의하여 커뮤니케이션이 심화되어 클라이언트는 이야기하는 데에 자신감을 가지며 나아가 원조 관계가 강화되는 것이다. 경청은 언어뿐만이 아니라, 상대의 인간성을 이해하려고 하는 깊은 관심과 성의의 표현이라는 것을 유념해야 한다.

다. 공감의 기법

인간은 누구나 자신의 마음을 알아주기를 원한다. 그럼으로 자신과 공감하면 여러 가지 정보를 쉽게 얻을 수 있다. 구체적으로 클라이언트가 이야기하는 언어에서 감정을 정확하게 이해하고, 그 감정을 자연스런 언어로 되돌리는 것이다.

라. 질문의 기법

질문에는 폐쇄형 질문과 개방형 질문이 있다. 폐쇄형 질문이라는 것은 '예', '아니오'로 답할 수 있는 질문이다. 개방형 질문은 자유로운 언어로 답할 수 있는 질문이다. 이 두 가지의 질문은 능숙하게 판단하여 사용하는 것이 질문의 기법에서 중요하다.

마. 보증의 기법

클라이언트가 불안이나 두려움을 안고 있을 경우에 지지, 격려, 용기를 주는 것이 보증의 기법이다. 문제 해결에 임할 때는 새로운 상황이나 미경험의 사태에 직면하여도 그것을 극복하지 않으면 안 된다. 또 과거에 실패한 적이 있는 동일한 문제에 직면할 수도 있다. 어느 쪽의 경우도 불안에 빠지며, 본래의 능력을 발휘할 수 없게 되어 사회복지사의 원조를 받아들일 수 없는 경우에 여러 가지 보증을 통해 문제를 해결한다.

바. 침묵과 직면의 기법

클라이언트의 말을 가만히 듣고 기다리는 기술이 침묵의 기법이다. 가만히 입을 다물고 기다리는 것이라면, 누구라도 할 수 있으므로 특정기법이라고 할 수 없다. 침묵함으로써 틈을 만들어 클라이언트에게 깊은 생각을 하게 하고, 적절한 표현을 찾아내도록 하는 것이 이 기법의 특성이다.

이것과는 대조적인 것이 직면의 기법이다. 이야기하는 데 있어서 일관성이 없거나 사리에 맞지 않을 때가 있다. 이것은 언어뿐만 아니라 말하는 언어와 표정・태도・행동의 모순도 포함된다. 이용자와의 커뮤니케이션에 있어서 일관성이 없거나 모순을 본인에게 지적하여 이용자에게 직면시키는 것으로 자기 이해를 깊게 하고 객관적인 대응을 끌어내는 것이 이 기법이다.

3) 관찰 기법

면접기법에 있어서나, 커뮤니케이션 기법에 있어서도, 그것들을 지탱하는 기본적 기능은 관찰이라고 말할 수 있을 것이다. 더욱이, 커뮤니케이션 기법에 있어서 큰 부분을 점하는 비언어적인 커뮤니케이션 분야인 표정・시선・태도・자세 등이 중요한 의미를 갖는다는 것은 설명을 하였다. 이 기법은 개인, 대인, 문제 상황, 생활환경의 4가지의 관찰 분야로 분류할 수 있다.

(1) 개인 관찰

개인 관찰의 초점은 신체적 관찰이다. 우선, 신체기능에 장애나 이상이 있는지 없는지를 관찰하는 것으로, 즉 언어 능력, 시각, 청각, 운동 능력 등을 보는 것이다. 이러한 장애를 잘 관찰하여 그 장애에 맞는 면접을 행해야 한다. 클라이언트가 노인인 경우는 청각장애를 가지고 있는 경우가 많으며 거기에 대응하여 커뮤니케이션을 취하여야 된다.

다음으로 신체동작의 관찰이다. 상반신의 어깨, 가슴, 팔, 손가락 등을 보는 것으로 분노나 긴장의 정도를 이해할 수 있다. 그 다음으로 복장, 머리형, 화장 등도 관찰의 대상이 된다. 이것은 의외로 본인의 성격, 사회적 입장, 생활배경 등의 정보를 제공해 주기 때문이다.

(2) 대인 관찰

면접은 대인 관계만이라고는 말할 수 없다. 이용자를 포함한 복수의 사람과 행하는 합동면접이 있다. 또 클라이언트의 가정에 나아가서 행하는 출장합동면접 등도 있다. 이때 타자에 대한 언어사용, 태도, 예의, 표정 등을 관찰하여 클라이언트가 행하는 대인 관계가 어떠한지를 관찰하는 것이 대인 관찰이다.

(3) 상황 관찰

문제 상황의 정확한 파악은 원조활동에 있어서 대단히 중요한 것이다. 클라이언트가 면접에서 말하는 문제나 그 상황에 대한 설명이나 해석은 반드시 객관적으로 올바른 것이라고는 볼 수 없다. 오늘날의 사회복지사는 대변자, 중개자, 조정자, 알선자 등 다양한 역할을 가지고 있으며, 단순히 면접실의 면접만으로 끝나는 것이 아니다.

그러므로 필요에 따라서 문제나 그 상황 속으로 들어가서 문제나 그 상황의 현실이 어떠한지를 관찰하여 필요한 대안을 강구하지 않으면 안 된다.

(4) 환경 관찰

환경 관찰에는 면접실의 환경과 클라이언트의 생활이나 직장의 환경이 있다. 면접실의 환경은 커튼이나 벽의 색, 장식, 책상이나 걸상의 위치 등을 이용자를 고려하여 배려해야 된다. 제일 중요한 것은 클라이언트의 생활의 장이나 문제가 발생한 장소의 거주 공간 환경이다.

4. 사회복지사의 역할과 윤리갈등

1) 사회복지사의 역할

사회복지실천 현장에서의 사회복지사의 역할은 매우 다양하다. 그리고 이러한 역할은 서로 독립되어 있는 것이 아니고 상호 보완적인 역할을 담당하고 있다. 구체적으로 사회복지실천에서의 사회복지사의 역할을 살펴보면 다음과 같다.

가. 중개인의 역할

사회문제를 해결하기 위해 적절한 인간서비스와 자원에 연결하는 역할을 한다.

나. 옹호자의 역할

자원과 서비스를 받을 권리를 유지하도록 돕거나 클라이언트에게 부정적 효과를 주는 프로그램과 정책을 변화시키는 운동을 적극적으로 지지한다.

다. 교사의 역할

사회문제를 예방하거나 클라이언트의 사회적 기능을 향상시키는 데 필요한 지식과 기술을 갖추도록 교육시키는 역할을 한다.

라. 상담가의 역할

클라이언트가 자신의 감정을 보다 잘 이해하고, 행동을 수정하며, 문제 상황에 대처하기 위해 학습하도록 도움으로서 그들의 사회적 기능 수행 능력을 향상시키도록 돕는 역할을 한다.

마. 사례관리자의 역할

클라이언트에게 적합한 서비스에 연결하고 그러한 서비스를 활용하도록 조정하는 과정에서 개인과 가족에게 서비스를 지속적으로 제공하는 하는 사례관리자의 역할을 해야 한다.

사. 행정관리자의 역할

클라이언트에게 가장 효율적으로 서비스를 실시하고 고용된 조직에 책임을 지기 위해 업무량을 관리하는 행정가의 역할을 해야 하며, 인간서비스 조직에서 정책, 서비스, 프로그램을 계획하고, 개발하며, 수행하는 역할을 해야 한다. 또한 훈련, 슈퍼비전, 그리고 인사관리를 통해 기관 직원의 전문적 개발을 촉진하는 역할을 수행해야 한다.

아. 사회 변화 대행자의 역할

지역사회프로그램과 삶의 질을 향상시키는 영역을 확인하고, 변화나 새로운 자원 획득을 옹호하기 위해 이익집단을 동원하는 데 참여하는 역할을 해야 한다.

2) 사회복지실천 윤리와 갈등

사회복지실천에 있어 윤리란 특별한 상황에서만 발생하는 것이 아니고 항상 발생할 수 있는 문제이다. 대부분의 사회복지사들은 사회복지실천을 위해서는 높은 수준의 전문기술만 있으면 가능하다고 생각하고 있는 경우가 많다. 그러나 사회복지실천에는 윤리적 원칙을 포함하고 있거나 윤리적 기반에서 출발하는 경우가 많다.

Corey와 Coyle(1988)에 의하면 실천가는 두 개 혹은 그 이상의 대안들을 놓고 선택을 해야 하는 상황에 처하게 되면서 딜레마를 경험하게 되며, 이러한 상황에서는 전문직이 요구하는 윤리적 기준들에 관한 더 많은 정보가 요청되는데 이로 인해 윤리강령에 대한 학습과 지식이 필요하다고 했다.

또한 Ashman과 Hull Jr(1999)는 대안 선택을 위해 윤리강령에서 제시하고 있는 여러 윤리적 기준들을 참고로 했을 때에도 대안들이 모두 똑같은 정도로 적절하다거나 나쁜 경우로 결론지어지는 경우는 거의 없고, 그보다는 최상의 행동을 결정짓기 위해 각 대안의 득과 실)을 세심하게 고려하는 데 가치 및 윤리기준들을 사용해야 한다고 했다.

≪자료≫ 사회복지실천에서 윤리적인 딜레마

아동학대에서 사회복지사는 자신의 클라이언트가 자기결정권(아동학대에 대한 신고 여부)에 대한 존중의 가치와 법적으로 당연히 신고해야 하는 문제에 직면하게 된다. 사회복지사는 이러한 윤리적 문제를 직면했을 때, 사회복지실천의 가치는 전문가의 의사결정이 이루어지기전에 이루어지게 되어 사회복지사 자신의 기본 가치관에 기초하여 자신의 신념을 믿고 자신의 결정에 따라 행동하게 된다. 이 경우의 사회복지실천의 가치는 구체적인 전문가의 임무와 책임으로 전환되는 것으로 이해할 수 있다(오혜경, 2005).

12장
지역사회복지

1. 지역사회복지의 이해

1) 지역사회복지의 의의

지역사회복지란 바람직하다고 할 수 있는 표준적 생활 수준에서 볼 때 좋지 않은 상태에 놓여 있는 지역주민 또는 지역사회에 대하여 개선 또는 향상을 목적으로 주민주체의 원칙에 입각하여 국가・지방자치단체 및 주민조직, 민간단체가 협동하여 소득보장정책, 주거환경정책, 보건의료정책, 교육・문화정책, 노동정책, 교통통신정책 등 일반공공정책과 함께 상호보완적으로 보충하여 개별적, 종합적, 조직적으로 원조를 해주는 지역정책과 지역활동을 의미한다.

우리나라에서의 지역사회복지 또는 지역복지라는 분야는 미국의 사회사업의 영향으로 인하여 지역사회조직의 원리와 방법에 익숙해져 있으며, 지역사회개발의 일환으로 새마을운동 등에 관심을 가져왔다.

그리고 지역사회복지는 최근에 이념과 정책 분야에서 급속하게 발전해 온 사회복지의 중요한 분야 중의 하나다. 그것은 다른 사회복지 분야와는 현저하게 다르며, 접근 방향이 생활권별 또는 문제별로 계통적인 복지가 아니고 지역사회라는 장에서 주민 절차를 원칙으로 민간과 국가가 협동으로 형성된다는 점에서 그 의미가 있다. 그러나 지역사회복지의 사상과 실천에 관한 학문적 위치나 접근 방법은 매우 어려운 문제이다(大橋謙策, 1995).

이러한 문제점에 의하여 지역사회복지의 범위와 영역은 광범위하고 여러 분야와 밀접하게 연결되어 있어서 연구 방법과 전개 방향도 범위·영역 설정에 따라 달라진다. 그리고 대인복지서비스를 중심으로 하는 지역사회복지가 시작된 것은 근래에 와서 이루어졌다고 볼 수 있다.

결론적으로 말한다면 지역사회복지는 전문적인 분야 또는 비전문적인 분야, 공식적인 분야 또는 비공식적인 분야 등이 지역사회 차원에서 지역사회의 문제를 해결하기 위해서 지역사회 내의 사회자원을 동원하여 주민의 자율적인 노력에 의하여 문제를 해결하는 과정이라고 할 수 있다.

2) 지역사회복지의 이념과 특징

(1) 이념

가. 정상화

지역사회복지의 이념 중에서 중요한 부분 중의 하나가 정상화의 이념이다. 원래 정상화의 이념은 정신지체자가 다른 사람과 동등한 생활을 지역사회에서 함께 하는 것을 지향하는 것이다. 즉 장애인의 인권, 가치, 존엄성이 일반 시민과 같은 것이며, 장애를 가진 자가 장애를 가지지 않은 자와 함께 생활할 수 있는 사회야말로 정상적인 사회라는 이념이다.

그리고 지역사회복지에서 추구하는 탈시설화, 주민의 참가 등에 의한 재가복지의 구체적인 목적이 정상화의 이념과 밀접한 관계를 가지고 있다. 다시 말해, 보호 대상자가 생애를 통하여 될 수 있는 한 가족생활을 기반으로 각 생활주기에 대응하는 정상의 발달과제로서 인간으로서 욕구를 충족시키며, 이웃 관계, 교육, 고용, 문화 등을 포함한 그 이외의 사회적 교류의 기회가 정상적으로 확보될 수 있는 지역사회의 체제를 만들어 내는 것을 목적으로 하는 것이 정상화의 이념이다(김익균 · 고순철, 1997).

나. 통합화

통합화의 이념이란 장애인이나 노인 등의 보호 대상자가 자신들이 성장한 지역사회에서 일반주민들과 함께 생활해야 한다는 것이다.

역사적으로 볼 때, 보호 대상자들이 지역사회에서 격리된 수용시설에서 특별히 보호하는 것이 일반적이었으나, 최근에는 인간의 기본적 인권 중시의 입장에서 복지적 처우는 격리적 보호에서 통합적 처우를 중시하는 방향 또는 시설보호에서 재가복지와 지역사회복지를 중시하는 방향으로 전환되었다.

또한 통합화는 정상화의 이념을 달성하기 위한 주요한 원칙으로서 그 목적은 지역사회의 보호 대상자들이 가능한 한 지역주민들과 생활하고 일하는 것을 원칙으로 한다. 즉 보호 대상자가 생애를 통하여 지역사회와 가정생활을 기반으로 인생주기에 대응하는 정상적인 발달과제, 인간 관계의 사회적 교류 등을 정상적으로 확보될 수 있는 지역사회체제를 만들어 내는 통합적인 처우의 이념이다.

다. 주민참가

주민참가의 이념은 지역사회복지의 전문적 전개 방향에 있어 그 중요성이 증가하고 있다. 특히 우리나라는 지방자치의 실시로 인하여 다양한 주민참여가 이루어질 것이다. 지역사회복지에서 주민참가의 의의는 사회복지의 정책 · 계획, 운영 및 실시에 주민이 참가하여 사회복지의 민주화를 통하여 지역사회의 복지 분야뿐만 아니라 정치 · 경제 · 문화 등의 모든 분야가 발전할 것이다.

한편, 지역사회복지에서의 주민참가의 이념은 주민들의 자원봉사활동과도 밀접한 관계를 유지하고 있다. 그리고 주민참가는 그 본질적 표현인 주민주체의 이념은 주민자치, 주민복지로서의 주민참가와 분권화의 이념으로서 현대 복지국가에서 공통적으로 추구하는 과제이다.

(2) 특징

일반적으로 다른 사회복지의 분야에 비하여 나타나는 지역사회복지의 특징을 살펴보면 다음과 같다. 지역사회복지는 사회복지서비스의 한 분야를 구성한다는 것보다는 지역사회주민의 복지 향상을 도모한다는 목적적인 개념으로 생각할 수 있다. 즉 목적 개념으로서의 지역사회복지가 구체적으로 생활상의 과제를 해결하려는 실천서비스를 제공하는 실천 개념의 성격도 강하다.

그리고 지역사회복지는 지역주민이나 지역사회의 공동이익에 초점을 두고 지역사회의 공동체적인 문제에 관심을 가지고 접근하고, 지역사회복지의 실천을 위해서는 지방자치단체의 역할이 어떠한 사회복지의 분야보다도 중요한 부분을 차지하고 있다. 또한 문제 해결의 과정에서도 전문가의 직접적인 원조도 중요하겠지만 지역사회주민들이 주도적인 역할을 하여야 한다.

2. 지역사회복지의 구성요건

지역사회복지의 구성요건은 일반적으로 서비스체계의 요건, 재원・재정의 관리요건, 법제화・제도의 여건, 공급조직, 인적자원의 정비요건 등으로 나누어 볼 수 있는데 구체적인 내용을 살펴보면 다음과 같다.

1) 지역사회욕구의 파악

지역사회에 대한 욕구는 개인 및 지역사회의 가치관, 문화 및 경험에 따라 상대적이고 또한 지역사회의 욕구는 역동적으로 변한다. 그러므로 사회복지욕구를 지역사회복지사업으로 전환하는 과정에서 인적 자원, 적절한 기술의 입수가능성, 재정 상태 등을 파악하기 위해서 지역사회의 욕구를 정확히 알아야 한다. 또한 사회복지의 욕구는 지역적 상황에 따라 다르다. 그것은 지역사회의 인구 구성, 핵가족화, 지역사회환경 등이 커다란 차이를 보이기 때문이다.

2) 서비스의 체계화

지역사회복지에서 말하는 서비스의 체계화는 시설서비스와 재가복지서비스를 일원화一元化한 지역사회보호사업과 소득보장, 고용, 교육, 보건의료, 주거환경, 교통통신 등의 생활 관련 공공정책 및 모든 정책과의 연계서비스를 전담해야 한다. 그리고 서비스 전체와 관련하여 조직화・체계화하는 주민참가와 주민조직화가 필요하다.

3) 지역사회조직화

지역사회복지에 있어서 지역사회의 존재 방식이 기본이 되는데 지역의 조직화, 통합화를 꾀하고 지역사회 형성 과정에서도 복지공동체의 조성을 추진하여 지역사회복지의 성립 기반으로서 바람직스러운 지역사회 형성을 행하는 일정한 과정의 방법이 지역사회조직화이다.

이러한 지역사회조직화는 지역사회에서 주민이 주체가 되어 지역의 실정에 따라 주민의 복지를 증진시키고, 지역사회의 욕구충족을 위하여 조직활동을 통해서 지역사회의 단결 및 통합을 꾀하는 과정이다

4) 지역사회복지를 위한 실천전략

지역사회복지를 실천하기 위한 전략으로서 지역사회복지와 관련하여 방법론과 기술론의 조직화, 서비스의 체계화, 조직화와 연결조정하기 위한 방법론 및 기술론뿐만 아니라 개인, 가족, 집단에 대한 개별사회사업과 집단사회사업 등의 조직적인 활용을 필요로 한다. 그리고 지금까지의 지역사회복지는 기술적인 측면에서 조직론에 접근했으나 앞으로는 기술론을 행동이론의 영역까지 전개시킬 필요성이 있을 것이다.

3. 지역사회복지의 접근 방향

사회복지의 목적인 자립생활을 지역사회에서 보장하기 위해서는 지역사회복지의 전개 과정에 있어서 바람직한 이념적 또는 목적적 접근 방향이 있어야 한다. 이러한 측면에서 지역사회복지의 접근 방향을 살펴보면 다음과 같다(大橋謙策, 1995).

1) 전체성의 존중

지역에서 생활할 수 있도록 원조하는 것은 주민의 생활에서 개별적인 부분에 대응하는 것이 아니라 주민생활의 전체에서 필요한 서비스를 종합적으로 제공하는 것이 필요하다. 그러므로 사회복지와 보건 등을 포함한 모든 서비스를 제공할 수 있는 행정조직을 구축해야 한다.

2) 지역성의 존중

지역사회마다 주민의 문화, 생활 양식 등이 다양하게 다르므로 지역성에 적합한 서비스를 제공할 필요가 있다. 특히 지방자치의 실시에 따른 지역복지서비스의 지역화는 중요한 과제일 것이다.

3) 근접성의 존중

지역사회복지의 주요한 대상자인 고령자나 장애인을 위하여 교통수단을 확보하거나 서비스를 용이하게 받을 수 있도록 지리적 조건에 관심을 가질 필요가 있다.

4) 사회성의 존중

인간은 사회적으로 고립하여 생활할 수 없으므로 고령자나 장애인들이 사회적으로 교류交流를 하면서 적극적으로 사회참가를 할 수 있어야 하고 여러 가지 신체적 장애를 가진 자들도 사회적으로 정상적인 생활을 할 수 있도록 하여야 한다.

5) 주체성의 존중

사회복지는 개개인의 자립생활에의 원조를 목적으로 하기 때문에 개개인의 주체적인 역량을 발전시켜야 한다. 그러므로 지역복지서비스를 제도 그 자체에만 책임지는 것은 불충분하므로 직접적인 대인對人서비스의 기능을 강화하고, 이러한 기능을 할 수 있는 전문인력을 확보해야 한다.

6) 문화성의 존중

과거의 사회복지는 단지 최저한의 의・식・주의 보장이 중요한 문제였지만, 현대의 사회복지는 생활의 질의 향상이라는 측면에서 서비스를 제공해야 한다. 그러므로 지역사회 차원에서의 새로운 복지문화를 창조하고 제공할 필요성이 있다.

7) 참여와 협동성의 존중

지역사회복지의 전개에 있어서 공적으로 행정책임이 명확한 제도적 재가복지서비스의 제공으로는 불충분하고 지역주민 등과의 유기적인 협동이 필요하다. 그러므로 주민의 참가에 의한 자원봉사활동이 중요시된다.

4. 지역사회복지의 전개 과정

지역사회복지는 재가복지, 조직화활동 등을 주요 내용으로 하고, 그 방법으로서 많이 사용되고 있는 것이 지역사회조직이며 전개 과정도 지역사회조직을 주요 내용으로 하고 있다. 그리고 지역사회복지의 방법에 의한 구체적인 전개 과정을 ① 욕구의 파악, ② 욕구의 공유, ③ 조직 구성, ④ 지역사회복지의 계획, ⑤ 주민참가와 협동, ⑥ 사회자원의 동원, 개발, 조정, ⑦ 사회행동, ⑧ 복지서비스 실시, ⑨ 서비스 이용자와 가족의 조직화, ⑩ 효과의 측정과 평가로 나누어 살펴 볼 수 있다.

1) 욕구의 파악

지역사회복지의 전개 과정은 우선 지역사회의 욕구의 파악부터 시작된다. 욕구의 파악은 정책이나 프로그램을 결정할 때 기초가 되는 것으로 파악해야 할 내용은 다음과 같다.

① 사회적 원조를 필요로 하는 대상자와 가족의 욕구
② 지역주민이 관심을 가지는 욕구
③ 인적, 물질적인 지역사회자원
④ 지역사회의 특성

이러한 욕구는 개별적 또는 종합적으로 파악해야 하고, 서비스의 내용이나 지역주민의 자립의식, 협력 관계, 사회자원에 관한 이해 등도 파악하는 것이 필요하다. 그리고 욕구의 파악 방법으로서는 사회복지종사자나 상담기관, 복지센터 등을 통하거나 사회조사에 의하여 파악할 수 있다.

2) 욕구의 공유화

지역사회복지의 전개의 제2의 단계는 파악된 욕구를 주민들에 알리고, 주민들의 문제로 지각知覺·인식하며 구체적인 해결 방안을 위한 광고홍보와 복지교육을 실시하는 것이다.

3) 조직 구성

이 단계에서는 활동의 핵이 되고 기초적인 작업을 하기 위한 조직 구성이다. 지역사회복지를 구체적으로 전개하기 위한 중심적인 조직 구성은 활동과제의 결정, 지역사회복지의 계획, 주민의 참가와 역할분담, 자원조달, 광고홍보, 서비스전달, 효과측정 등이 중요한 문제이다. 그리고 조직의 운영과 추진 방법은 지역사회의 실정에 따라 판단할 문제이다.

4) 지역사회복지의 계획의 수립

지역사회복지의 구체적인 전개는 구체적으로 파악된 욕구를 기본으로 어떠한 서비스로 지역사회자원과 조정을 통하여 문제를 해결할 것인가에 대한 목표를 설정하는 것이다. 이러한 측면에서 지역사회복지의 계획은 주민의 합의 형성과 서비스를 종합적으로 실시하기 위한 계획의 수립이다. 특히, 최근에는 지방자치의 활성화로 인하여 지역사회복지의 계획 중에서 민간단체나 주민에의 역할 등에 관심을 많이 가지고 계획을 수립하는 경우가 많아지고 있다.

5) 주민참가와 협동화

이 단계에서는 주민참가와 협동을 촉진하는 것으로 지역사회복지의 기본적인 성격인 지역주민의 참가와 지역사회자원의 동원을 촉진하는 것이다. 그리고 이러한 참가는 다양한 형태로 참가하고, 참가의 활성화와 참가 촉진을 위한 홍보와 교육을 통하여 그들의 기능과 능력을 고려하여 참가시켜야 할 것이다.

6) 사회자원의 동원, 개발, 조정

이 단계는 사회자원을 유용하게 활용하기 위하여 동원, 개발, 조정을 도모하는 것으로 주민들의 구체적인 생활상의 욕구를 사회자원의 조정을 통하여 문제를 해결하는 것을 목적으로 하고 있다. 따라서 사회자원의 동원, 개발 없이는 지역사회복지의 진정한 발전은 어렵다고 할 수 있다.

특히, 현대사회와 같이 다양하고 복잡한 욕구를 해결하기 위해서는 사회자원도 다양하게 요구되며, 사회자원의 질과 양, 그리고 사회자원의 현실화와 또한 그 사회자원이 욕구를 가진 대상자의 지역사회에 위치하여 이용하기 용이한가도 중요한 문제이다.

(1) 자원의 동원

욕구 해결을 위해서는 우선 자원을 동원해야 하는데, 자원의 동원이란 욕구 해결을 위해 필요한 자원을 지역사회 내에서 유효하게 활용하는 것이다. 즉 광범위한 정보의 수집과 지역사회자원을 이용하고자 하는 것은 자발적인 주민의식 없이는 어려운 일이다. 그리고 사회자원을 동원하기 위하여 주의해야 할 것은 사회복지시설이나 사회복지단체와 관련된 곳 이외에도 사회복지와 직접적으로 관련되지 않은 민간기업이나 단체의 기능도 중요하다는 것이다.

(2) 자원의 조성과 개발

일반적으로 지금까지는 지역사회복지의 자원과 개발이 공적 기관에 의하여 주도적으로 실시되었으나, 최근에는 복지단체기관뿐만 아니라 비영리단체나 기업의 분야에서도 독자적으로 복지서비스를 개발하고 연구되어지고 있다.

(3) 자원의 조정과 관계구조 조성

사회자원에 있어서 중요한 것은 동원・개발된 자원이 문제 해결 과정과 직접적으로 연결될 수 있는 조정과 관계구조를 조직해야 한다는 것이다. 자원의 성격과 기능에 대해 이해를 하여야 하고, 그 자원이 유용하게 사용될 수 있도록 조정하고 보완해 주어야 한다.

7) 사회행동

이 단계는 사회행동의 단계로서 전개 방법의 명확화를 위해서 자원의 동원과 사회행동을 구분하고 있으나 유사한 점을 많이 지니고 있다. 주민과 복지관련자의 노력이 있고, 그리고 복지서비스의 필요성이 존재하더라도 지방자치단체의 예산문제, 인식 차이 등에 의하여 해결할 수 없는 경우가 많다. 이러한 경우 주민들과 복지관계자들이 조직적・계획적으로 단결하고 여론을 조직화함으로써 지역사회자원의 동원이나 실현을 도모할 수 있다. 이와 같이 국가나 지방자치단체 등에 대해서 특정의 목적을 가지고 단기간에 그 실현을 도모하고자 하는 조직적인 행동을 사회행동이라고 부르고, 이것은 복지문제를 사회적・정치적으로 해결을 촉진하는 한 방법이다.

그리고 사회행동의 전개 과정은 사회운동을 할 수 있는 조직을 구성하고 문제인식에 대한 공유와 학습, 그리고 사회운동의 구체적인 방법의 확인을 한다. 그 다음으로 사회적인 지원과 지지를 확산하고 압력을 가하는 구체적 단계로 이루어진다.

8) 복지서비스의 실시

이 단계에서는 지금까지의 단계가 기본정비의 단계라면 복지서비스를 구체적으로 실시하는 단계이다. 일반적으로 지역사회복지와 관련된 복지서비스로서는 전문케어서비스, 재가복지서비스, 예방서비스, 복지증진서비스, 환경의 정비의 개선활동 등이 있다. 그리고 구체적인 복지서비스의 전개 과정은 다음과 같다.

(1) 실시 계획과 예산의 입안

첫 번째의 단계는 제4단계에서 책정한 지역사회복지 계획에 기본을 두고, 그것을 구체화하는 하는 형태로 진행된다. 지역사회복지 계획이 몇 년 동안 실시된다 하더라도 서비스를 실시할 때에는 계획을 구체화한다는 의미에서 예산 계획을 세우지 않으면 안 된다. 그러므로 새로운 서비스의 대상자, 재가복지서비스에 대해서 서비스이용자의 조사를 행하는 것이 필요하다.

(2) 서비스의 공급체계의 구성

이 단계는 서비스의 공급체계를 구성하는 것으로 서비스체계의 구체적인 구상은 실제로 동원되는 사회자원에 적합한 공급체계를 구성해야 한다. 즉 복지서비스의 내용과 성격에 의해 서비스를 어떠한 형태로 구분할 것인가 등에 따라 서비스체계가 달라진다.

(3) 교육과 훈련

이 단계는 서비스의 전달자의 교육과 학습을 실시하는 것으로 단순한 전달자 이상으로 대상자들의 생활의 발달을 원조하는 동시에 지역계몽의 역할도 하여야 한다. 그러므로 이러한 역할을 수행하기 위해 필요한 지식과 기술, 사회복지의 이념 및 가족과 지역주민에 대한 이해까지 다양한 교육을 필요로 한다.

(4) 전문가에 의한 조정 작업

지금까지 실시된 사업에 대해서 서비스가 효과적으로 실시되도록 조정이 필요한 단계이다. 이러한 역할을 수행하는 전문가를 일반적으로 커뮤니티워커community worker라고 부르는데, 우리나라의 경우에는 일반화되어 있지 않은 실정이다. 그리고 이 단계에서는 지역사회정보의 정확한 수집 여부에 대한 조정, 계획 수립과 서비스의 관계 등에 대한 조정이 이루어진다.

(5) 서비스의 구체적인 제공

서비스의 구체적 제공에서 중요한 것은 대상자의 자립을 목적으로 원조해야 한다는 것이다.

(6) 서비스의 개선과 새로운 욕구의 발견

서비스의 실시의 마지막 단계는 서비스의 개선・보완과 새로운 욕구의 파악이다. 서비스의 실천 과정에 있어서 일반적으로 서비스를 실시하기 전에는 예측할 수 없었던 문제들이 발생하기도 하고 서비스의 효과성에 대해서도 문제들이 생긴다. 그리고 새로운 욕구들이 지속적으로 발생한다. 그러므로 새로운 욕구의 발생에 관하여 항상 관심을 가져야 할 것이다.

9) 서비스 이용자와 가족의 조직화

이 단계에서는 복지서비스 이용자와 가족의 조직화 과정이다. 이러한 활동을 명확히 하기 위해서는 다음과 같은 사항에 유의해야 한다.

첫째, 서비스의 이용자의 자립의사를 향상시킬 것, 둘째, 문제를 함께 공유하고 자립에 도움을 줄 수 있는 가족이 서비스의 목적을 바로 이해하고 그것을 원조할 것, 셋째, 서비스의 실시를 통하여 파악된 욕구의 개선점과 새로운 자원의 필요성 등을 지각할 것, 넷째, 서비스의 효과성의 명확화나 가족간에 공유하고 있는 욕구를 서로 이해하거나 정보교환하는 것이 필요하다.

즉 서비스의 이용자, 가족에 대한 복지교육, 정보 제공, 상담활동, 욕구조사, 서비스의 효과와 측정, 상호학습 등이 전제되어서 활동을 효과적 효율적으로 추진하기 위해서는 서비스의 이용자, 가족의 조직화가 요구된다. 그리고 앞으로는 서비스의 운영의 주체가 다양화해지므로 서비스의 운영주체의 지원을 받아 운영주체와 밀접한 관련을 갖는 서비스 이용자의 조직도 많아질 것이다.

10) 효과의 측정과 평가

지역사회복지의 전개 과정의 마지막 단계인 효과의 측정과 평가는 일반적으로 다음과 같은 목표를 가지고 행해진다.

첫째, 활동의 목적 또는 목표달성의 정도를 측정하여 평가하는 것으로 복지서비스의 실시에 의하여 초기의 목적이 어느 정도 달성되고 진전되었는가를 확인하는 것이다.

둘째, 계획의 부족한 사항이 있다면 보완을 하고, 예측하지 못한 일이 발생하면 장애를 제거하는 것으로 계획의 변경, 보완, 부족한 자원의 동원 등 서비스의 질을 높여서 욕구와의 적합성을 강하게 하는 것이다.

셋째, 하나의 과정을 통하여 새로운 지역사회복지의 전개에 있어서 중요한 교훈과 자료를 획득하는 것이다.

그러므로 효과와 측정의 평가는 편의상 마지막 단계에 일반적으로 위치하지만 효과의 측정과 평가는 지역사회복지 전체의 전 과정에서 행해져야 할 활동이라는 것에 주의해야 할 것이다.

그리고 효과의 측정과 평가에 있어서 유의해야 할 사항은 다음과 같다.

① 본래의 목적 또는 목표를 어느 정도 달성했는가.

- 욕구충족은 어느 정도 충족되었는가.
- 이용자와 가족의 생활과 의식은 어느 정도 변했는가.
- 인적, 물적 환경은 어느 정도 조정, 개선되었는가.

② 활동의 진행 방법은 잘 되고 있는가.

- 욕구의 파악과 공유화는 충분한가.
- 지역사회복지 계획은 적절한가.
- 활동주체의 역할은 적절한가.
- 지역주민의 이해와 관심 및 활동의 참가와 협동은 충분한가.
- 동원된 자원은 충분한 기능을 하였는가.
- 복지서비스의 실시상 장애가 된 것은 무엇인가.

③ 지속적인 활동을 위한 기초는 준비되었는가.

- 욕구파악시스템은 확립되었는가.
- 서비스의 공급체계(활동본부, 관계기관, 단체의 조직망 등)는 확립되었는가.
- 주민의식의 변화에 의하여 복지제도 등에 관한 이해가 어느 정도 진행되었는가.
- 앞으로 활동을 진행하는 데 참고되는 것은 무엇인가.

13장
사례관리

1. 사례관리의 이해

1) 의의

사례관리는 1970년대 중반부터 미국에서 사용된 용어이다.[1] 사례관리가 클라이언트와 이미 제도화되어 있는 공식적 서비스와 가족, 친척, 근린近隣, 볼런티어 등의 비공식적 지원을 연계시켜 클라이언트를 계속적으로 원조하는 방법의 총체를 말한다(신섭중 외, 1995).

사례관리는 클라이언트와 사회환경 간의 서비스나 원조의 이용 관계를 강조하는 것이며 케이스워크의 일부분을 강화시킨 것, 정보제공·송치서비스를 강화시킨 것, 인테이크 부분을 강화시킨 것으로 이해할 수 있다.

우리나라의 경우에는 한국사회복지협의회의 사회복지사전에서 사례관리에 대한 개념을 다음과 같이 정의하고 있다. '사례관리란 복합적인 원인으로 요보호의 상태에 있는 클라이언트에게 다양한 지역사회자원을 연결시켜 관리하는 원조 대

1) 사례관리라는 용어는 케이스매니지먼트, 케어매니지먼트 등으로 사용되고 있으나, 아직까지 용어정리가 정립되지 못하고 있다.

책으로서 정신장애인, 누워 있는 노인, 치매성노인 등이 가지고 있는 여러 가지 욕구를 조기早期에 적절하게 대응하는 지역보호체계'라고 설명하고 있다(한국사회복지협의회, 1994).

즉 사례관리란 복합적이고 다양한 욕구와 문제를 지닌 클라이언트를 중심으로 그들의 욕구와 문제를 해결하고 사회적 기능을 증진시키기 위해서 그들이 필요로 하는 보호와 서비스를 효과적으로 제공받을 수 있도록 공식적 보호체계와 비공식적 보호체계를 통합・조정・관리하는 과정이라 할 수 있다.

2) 등장배경

사례관리가 등장하게 된 배경은 미국에서 사회사업의 통합화와 사회복지에 대한 생태학적 접근과 시스템이론의 발전이라 하겠다. 즉 현대사회에서는 사회복지사의 새로운 역할을 기대하면서 사회복지의 전체성을 요구하고 있다.

그리고 시스템이론에 근거하여 통합화의 장점이 도입되어 시스템이론이 가진 의의와 한계성 때문에 인간의 생활실태에 더욱 가까운 실천으로서 사례관리가 등장하게 되었다.

3) 필요성

현대사회에서 사례관리의 구체적인 필요성을 살펴보면 다음과 같다.

① 탈시설화와 지역사회 중심의 다원적인 서비스의 증가에 의한 서비스의 형태의 변화

② 지역사회에 중도重度의 장애를 갖게 되었거나 사회적 기능에 문제를 가진 보호 대상자들의 증가

③ 개인의 사회적 기능수행에 사회적 지지와 사회적 관계망이 중요한 역할을 수행하고 있다는 사실의 인식(이근홍, 1996)

④ 서비스의 단편화와 비용의 효과성에 대한 평가기능의 강화

⑤ 사회복지의 원조 방법의 관심이 환경조정으로 변화하면서 사회복지에서 사례관리에 관한 관심의 증가

⑥ 지방자치제의 실시와 더불어 사회복지서비스의 공급주체의 다원화

즉 가족기능의 저하와 보호 대상자의 욕구의 다양화 · 고도화 · 전문화에 의해서 지역사회의 차원에서의 자원개발과 재가보호 대상자에 대한 지속적인 지역사회보호를 위해서는 사례관리가 절실히 필요하다고 볼 수 있을 것이다.

2. 사례관리의 기능

1) 기능

(1) 조정의 기능

사례관리는 요구와 사회자원의 관계를 조정하고, 서비스 제공자와 기관과의 관계도 조정하는 기능을 지니고 있다. 또한 클라이언트 본인과 가족과의 조정 역할도 한다.

(2) 대변기능

사례관리자는 지역사회에서 문제를 지니고 있는 사람이나 가족이 있을 경우에는 직접 그들을 찾아가서 대변기능을 하여 문제 해결 의욕을 이끌어내는 역할을 하여야 한다.

(3) 사정의 기능

사례관리에서 사정은 적절한 서비스를 제공하기 위해서 욕구를 파악하는 것이다. 사정의 내용에는 주로 현재의 문제 상황, 신체적 · 정신적 건강 상태, 일상생활 동작, 심리적 · 사회적 기능, 경제 상황, 가치관, 클라이언트의 자조 노력이나

프로그램에 대한 적극성, 현재 이용하고 있는 서비스나 원조 등이 포함된다(장창호, 2001).

(4) 자기개발기능

사례관리에 있어 자기개발의 기능이란 사례관리에서 클라이언트를 능력을 스스로 활용하게 하는 것이다. 즉 클라이언트 자신에 의한 선택, 자립에 대한 지원 등을 유도하는 기능이다.

(5) 사회개발기능

사례관리가 클라이언트의 욕구와 사회자원을 연결시켜 클라이언트의 삶의 질을 높이는 것이라고 할 때, 사례관리자는 단순히 클라이언트와 서비스를 연결시켜 주는 업무를 넘어서 클라이언트의 입장에서 욕구를 충족시키기 위해 사회자원의 개발의 기능을 하여야 한다.

(6) 평가의 기능

사례관리에 있어 평가란 사례관리자가 사례관리 실시를 적절하게 했는지를 확인하는 것이다.

2) 전문성의 확보

현대의 시회복지는 재가복지를 중심으로 주민들이 가능한 한 근접한 지역에서 생활 가능한 조건을 정비하고 욕구충족에 맞추어 욕구의 전체성을 조명하면서 개인에게 종합적이고 통합적인 서비스를 제공하지 않으면 안 된다. 그리고 사례관리를 적절히 할 수 있는 공급체계를 구축하는 것도 사회복지의 전문성의 확립과 밀접한 관계를 가진다.

즉 지역주민이 근접한 장소에서 적절한 서비스를 받을 수 있도록 체제를 구축하는 것으로 그 주된 내용은 재가복지의 욕구의 파악, 정책의 입안, 계획화, 관련기관・시설의 연락조정, 서비스자원의 점검과 정비, 복지종사자의 확보, 정보 제공, 주민참가 계획 등이 포함된다.

또한 지역사회의 차원에서 보호를 원하는 보호 대상자들의 욕구를 충족시켜 주기 위해서는 기존의 체계를 활용하는 것도 중요하겠지만 지역사회의 사회자원을 개발, 발전시키는 일도 사례관리의 전문성과의 관련성에서 중요하다. 특히 노인 등을 포함한 만성질환자는 가족의 보호와 같은 비공식적인 지원을 거의 가지고 있지 못한데다 복합적인 욕구를 가지고 있는 경우가 대부분임으로 보호를 제공해 줄 수 있는 잠재적 자원인 지역사회 내에서 관계망이 클라이언트가 가지고 있는 관계망으로서 적극적인 활용할 줄 알아야 한다.

그리고 장기보호를 원하는 보호 대상자들의 신체적, 사회적, 정서적인 모든 측면의 욕구를 충족시키기 위해서는 가족이나 인근 지역주민들을 보호자로서 또한 원조자로서 발굴하여 이들을 클라이언트와 연계시키는 기능이 중요하다.

3. 사례관리의 구성

1) 과정

(1) 인테이크 과정

케이스의 발견이나 긴급한 욕구를 가진 자를 가장 우선 과정에 포함시키고, 클라이언트에게 사례관리의 의미를 이해시켜 그 과정에 참가시키는 인테이크의 단계이다. 즉 지역사회복지관을 중심으로 각종 상담이나 지역주민의 정보를 통해서 서비스를 받도록 권장하거나 홍보하는 단계이다.

(2) 사정 단계

클라이언트를 사회생활의 전체적인 시점에서 파악하여 각종 욕구를 사전에 평가한다. 사정의 내용은 원조 대상자들의 종류에 따라 달라지지만 기본적으로는 현재의 문제 상황, 신체적·정신적 건강생활, 일상생활의 동작 능력, 경제 상황, 세대 구성, 가족 구성 이웃·친구에 관한 정보, 현재의 공적 서비스 등이 포함된다.

(3) 서비스 계획

게이스 목표의 설정과 서비스 계획의 작성의 단계로 클라이언트 측의 욕구와 해당지역의 잠재적인 서비스의 제공 능력에 맞추어 케이스에 맞는 원조목표를 설정하고, 개별화된 서비스와 원조를 통합해서 서비스의 계획을 작성한다.

(4) 개입

클라이언트가 좋은 서비스를 원조받을 수 있도록 서비스의 계획을 실시하는 단계로서 사례관리자는 서비스나 원조의 공급주체와 관련을 가지고 클라이언트가 서비스를 원활하게 이용할 수 있도록 변호적 기능을 포함한 개입을 한다.

(5) 평가와 종결

클라이언트 및 프로그램의 상황에 관한 재검토와 평가 단계로서 서비스의 계획의 실시 상황에 관하여 점검하고 클라이언트나 사회 상황의 변동에 따라 욕구가 충족하지 못한 경우에 다시 사정으로 돌아와서 서비스의 계획을 변경한다. 그리고 마지막 단계인 종결이다.

2) 원리

사례관리의 구조나 원리에서 보호 대상자의 사회생활의 원조의 공통적인 원리를 살펴보면 다음과 같다.

(1) 사회생활의 전체성

사회생활의 모든 문제나 욕구는 상호 연관되고 중복되어 있으므로 사례관리를 통하여 사회생활의 전체의 관점에서 욕구를 파악하여 사회자원을 활용해야 한다.

(2) 사회생활의 계속성

사회생활의 욕구나 문제는 항상 변화하고 문제의 내용도 변질하므로 계속적인 사정을 통하여 사회생활의 계속성의 입장에서 사례관리를 실시하여야 한다.

(3) 사회생활의 개별성

사회생활에서 욕구를 충족시켜 주는 방법은 개개인이 주체적으로 선택하는 입장에서 사례관리를 실시하여야 한다.

(4) 사회생활의 지역성

사회생활의 문제나 욕구를 해결하는 방법은 개개인의 지역의 사회자원의 상황에 따라 차이가 나야 한다. 사례관리에 있어서도 지역의 사회자원의 범위 내에서 계획을 작성, 실시하여야 한다.

4. 사례관리의 실시

최근의 사회복지의 변화 추세는 대인복지서비스 전달의 구성 부분으로서 사례관리에 대한 관심이 높아지고 있으며, 민간 부분은 물론 공공 부문까지 광범위한 영향을 미치고 있다. 그리하여 사례관리를 활용하는 분야는 학교, 보건 및 정신보건진료소, 병원 등으로 확대되고 있으며, 재정상의 서비스에 대한 부가요소로서 사례관리를 계획하고 있다. 특히 사례관리는 허약한 노인, 시설에서 퇴원한 정신질환자, 발달장애를 지닌 아동과 성인 등에게 폭넓게 활용되고 있고, 만성질환자의 정신보건 및 신체상의 장애를 지닌 보호 대상자들에게도 활용되고 있다. 이러한 측면에서 노인, 장애인, 아동을 중심으로 사례관리의 적용을 살펴보고자 한다.

1) 노인

최근의 산업화・도시화로 인하여 사회변동이 심화되고 정부의 복지 부담이 점점 커져 가면서 가족기능의 강화를 포함한 사회적 지지에 대한 관심이 나타나기 시작하였다. 지역사회에 거주하는 대부분의 재가노인들은 가족의 도움을 받고 있으며, 가족지지망의 강화가 노인의 사회적・심리적 및 신체적 복지에 가장 영향을 많이 주는 요인으로 나타나고 있다.

그러나 그들에게 서비스를 제공할 수 없는 경우에는 지역사회 내의 공식적인 지원망을 통하여 그들에게 서비스를 제공하는 것이 바람직하다. 특히 사례관리가 지역사회에 기반을 두어 한정되고 결핍된 자원 내에서 서비스의 전달의 효과를 최대화하며, 대인서비스 전달의 비용을 억제하는 측면에서 지역사회 내에서 인적 자원을 동원하여 재가노인들에게 서비스를 전달해야 할 것이다.

즉 재가노인들에게는 가족보호와 같은 비공식 보호가 바람직한 것은 사실이나 대개 가족들은 어떤 서비스가 유용한가에 대해서 잘 알지 못하고 사회자원과의 연결도 가능하지 않다. 이것은 노인과 가족들이 다차원적인 욕구를 가지고 있는 반면 이들이 필요로 하는 다양한 서비스에 대한 정보와 인식이 부족하고, 더욱이 서비스전달체계가 복잡하며 자원이 부족하여 결과적으로 노인의 욕구와 서비스가 적절히 연결되지 못하고 있는 실정이다. 이러한 문제를 해결하는 데는 사회사업 방법론의 새로운 분야인 사례관리를 활용하는 것이 바람직할 것이다.

이런 경우에 사례관리는 재가노인의 복잡한 욕구와 문제를 해결할 수 있는 서비스와 신속하게 연결시키며, 복합적인 욕구에 대처하기 위하여 서비스를 통합·조정하고 만성질환노인을 포함한 재가노인들에게 지속적인 보호를 제공할 수 있을 것이다.

2) 장애인

장애인문제는 장애인의 심신상의 문제와 사회적인 성격을 지니고 있기 때문에 복잡 다양한 측면을 지니고 있고, 그 대책에 있어서도 다양하게 접근해야 한다. 장애인들을 지역사회 내에서 자립생활을 지원하기 위한 각종 대책이 강구되면서 시설 중심의 장애인복지가 재가복지를 중심으로 관심이 변화하였다. 즉 정상화의 이념과 통합화의 이념에 의하여 자립생활을 강조하기 시작하였다.

또한 장애인에 대한 연구 방향도 수요의 다양화, 장애의 중복·복잡화에 따라 종래의 소수 요인을 분석하는 연구 방법에 의해서는 문제 해결이 곤란한 상황이 되고 있다. 즉 체계적 방법을 활용함으로써 개인적 수준에서의 해결 방법으로부터 사회 전체에서의 해결 방법을 강조하고 있다.

그럼으로 장애인 또는 그 보호자를 대상으로 보다 다양한 지지체계라 할 수 있는 단기보호, 장기보호, 재활서비스 등을 포함한 재가복지서비스를 실시하기 위하여 전문가에 의한 원조서비스의 계획이나 조정을 추진케 하는 사례관리의 필요성이 대두되고 있다.

사례관리에 의하여 서비스의 연계, 가족과 비공식 지원체계의 강화, 장애인의 사회적 기능 향상을 위하여 공적 기관과 민간기관이 통합화함으로써 장애인문제를 효율적으로 해결할 수 있을 것이다.

3) 아동

현대 아동문제에 대한 복지서비스는 아동들에게 보다 나은 생활과 발달을 보장하기 위하여 가족에 의한 아동양육을 지원・강화하는 서비스와 정신적 또는 신체적으로 장애를 가진 아동과 가족에 대한 의료, 심리임상, 재활서비스 및 가족의 부양이 어려운 아동에 대한 시설서비스 등이 주된 내용이다.

그러나 지금까지의 아동복지는 시설 위주의 서비스에만 중점을 두어 왔지만, 앞으로는 지역사회를 거점으로 하는 대인복지서비스가 보다 많은 부분을 차지할 것이다. 그리고 아동들에 대한 대인적 서비스를 제공하기 위해서는 지역사회 중심의 복지체계로 전환해야 하며, 아동들의 생활의 원천이 되는 가족에로의 접근, 즉 재가복지서비스의 체계를 강화해야 한다.

아동을 위한 재가복지서비스는 일차적으로 가족, 친척, 이웃을 통한 지원체계를 활용해야 하겠지만, 사례관리를 통하여 지역사회주민을 교육시켜서 보호할 수 있는 능력을 함양시키고 지원봉사의 활용을 통하여 지역사회자원과의 연계를 실시하여야 한다.

14장
자원봉사

1. 자원봉사의 이해

1) 자원봉사의 개념

자원봉사 또는 볼런티어Volunteer의 어원은 라틴어의 'Voluntus'로 자발적인 의지와 자원하는 욕망을 표시하는 개념으로 자주, 임의, 자발성 등을 의미하며, 사회복지에서는 사람들이 가지고 있는 자발적 정신, 자주적 사상 또는 민간적 사상으로 확대하여 해석하고 있다.

미국사회사업가협회가 발간한 1997년판 『미국사회사업백과사전Encyclopedia of Social Work』에서는 "자원봉사자란 사회복지기관이나 공공기관에서 지역사회개발, 주택, 교정, 아동복지 등의 제 분야에서 참여활동에 대한 보수 없이 자발적으로 참여하는 개인이다"라고 정의하고 있다(김익균 외, 2002).

자원봉사는 법적 의무가 아닌 자유의사를 바탕으로 하는 사회적 연대감의 하나이다.

또한, 자원봉사는 어떤 특정한 사람이나 집단의 사람만이 하는 활동이 아니기 때문에 그 영역과 대상은 매우 넓고 다양하다.

자원봉사의 특징으로는 사회적 연대감을 바탕으로 한 자발성, 공익성, 무보수성을 들 수 있다. 이 중 자발성은 평등한 인간 관계를 기반으로 누구에 의한 명령을 받거나 강요되어서는 안 되며, 오직 자신의 의지와 판단에 의해서 하는 것을 의미한다. 그리고 공익성은 어느 한 사람만을 위한 활동이 아니라 사회 전체의 이익을 위해서 이루어지는 것을 뜻하며, 무보수성은 보수에 대한 기대가 없어야 한다는 뜻이다.

자원봉사는 완전한 자유의지에 따라 타인과 사회를 위하여 무보수로 일한다는 기본정신 위에 계획성과 지속성이 있어야 한다. 우연한 행동이 아니라 의도되고 계획된 활동으로 지속적으로 이루어져야 한다.

2) 사회적 의의

자원봉사활동이 가지는 사회적 의의로서, 다음 세 가지를 들 수 있다.

첫째, 현대사회는 도움이 필요한 사람・집단 및 기관들의 증가로 적절한 욕구충족이 이루어지지 못하고 있는 실정이다. 재정과 인력의 부족이 그 원인 중의 하나인데, 자원봉사는 이러한 복지제도의 불완전성을 보완, 강화하는 의의를 갖는다. 복지서비스의 욕구는 점점 늘어만 가는데, 재정 확보가 어려운 상황에서 자원봉사활동을 효율적으로 활용하여 다양한 욕구를 충족시키는 일은 매우 중요하다.

둘째, 자원봉사활동은 자발성에서 우러나온 민간활동이고, 활동 과정을 통해서 공동체의식을 높이는 것이므로 시민 참여의 한 형태로서 중요한 의의가 있다.

셋째, 우리 사회도 국민소득의 증대와 기술 문명에 의한 노동력의 대치로 많은 여가를 누리게 되었다. 여가는 그 사용에 따라서 건설적이고 긍정적일 수 있는 한편 파괴적이고 부정적인 결과를 초래할 수도 있다. 여가를 자원봉사활동에 활용하는 것은 개인적 차원에서 긍정적일 뿐 아니라 사회적으로도 사회복지에 기여하게 되며, 여가를 활용하여 발생할 수 있는 파괴적 요소를 예방하는 것이라 볼 수 있다.

2. 자원봉사의 이념과 태도

1) 이념

자원봉사의 이념으로는 자발성 · 공공성 · 비영리성 · 사회개발성 · 지속성 등의 5가지로도 분류할 수 있다(원요한, 2001).

(1) 자발성

자발성 이념은 무엇보다도 활동하는 개인의 자유의지나 자발적 의지를 존중해야 한다는 기본적인 이념이다. 모든 사회구성원의 자발적 참여가 민주사회의 중요한 핵심적 전제라고 한다면 자원봉사활동은 사회가 요구하는 의무일 뿐만 아니라 권리라고 말할 수 있을 것이다. 즉 자원봉사활동은 민주주의나 주민자치의 기본적인 출발점이기도 하다. 이런 의미에서 자원봉사에는 다른 사람에 의해 강제되어지는 행위나 자신의 사회적 역할에 따라 마땅히 해야 하는 활동은 포함되지 않는다.

(2) 공공성

공공성 이념으로 자원봉사활동은 특정의 개인이나 단체의 이익, 특정사상과 신념 · 종교 · 민족 · 목적집단만의 이익을 위한 활동이 아니라, 모든 사람이나 사회의 보편적 이익으로 환원되어지는 것이다. 따라서 자원봉사는 영리적인 목적이나 이기적인 목적 없이 이타적인 정신에 기초한 것이기 때문에 자기 자신이나 친족을 돕는 행위는 포함되지 않는다.

(3) 비영리성

비영리성 이념으로 자원봉사는 원칙적으로 일정한 보수나 대가를 기대하지 않은 활동이어야 한다. 남을 도와줌으로써 갖게 되는 정신적인 보람이나 만족 이외의 다른 물질적인 보상을 기대하지 않아야 한다. 즉 자원봉사에 참가하는 사람들의 자유로운 의지나 제안, 사회적 행동이 존중되기 위해서는 금전이나 보수에 의해 구속되어서는 안 된다는 사고를 바탕으로 하고 있는 것이다.

그러나 근래에 들어 자원봉사의 비영리성 이념은 기본적인 본질로 전제되면서도 다시 완화되어지는 경향을 보이고 있다. 즉 활동에 대한 얼마간의 금전적 대가를 얻게 되더라도 참여동기 자체가 자원봉사라는 의식에 바탕을 두고 있고, 급여적 대가에 좌우되지 않는다면 비영리성이라는 이념에 크게 구애받을 필요가 없다는 의견도 대두되고 있다.

(4) 사회개발성

사회개발성 이념으로 자원봉사는 우선 사람들의 관심을 끌지 못하는 사회적 과제이나 정부나 공공 부문의 노력만으로 해결하기 어려운 문제를 다루는 보완적 역할을 가지고 있다. 그렇지만 자원봉사는 보완적 역할에 머물지 않고 보다 적극적으로 사회문제를 제기하고 국가와 공공 부문의 해결 방안 모색을 제안하는 등의 사회 개혁적이고 개척적인 역할을 담당하는 활동이다.

(5) 지속성

지속성 이념으로 자원봉사활동은 우연적이거나 일시적인 충동에 의한 행동은 포함되지 않는다. 의도적인 계획을 갖고 지속적으로 이루어지는 행위를 전제하고 있다.

2) 태도

자원봉사를 지속적으로 실시하려면 자원봉사에 따른 문제점들이 발생한다. 그러므로 자원봉사자는 자세와 태도를 가져야 된다.

즉 자신에 대한 확신과 타인에 대한 개방이 요구된다. 자원봉사자는 자신에 대한 확신을 가짐은 물론 다른 사람에 대해 열린 마음을 가지고 있어야 한다. 자원봉사자는 내면적으로 따뜻한 마음을 가지고 있어야 하며 그것이 친절로 나타나야 한다. 정신적 온정과 친절함이 있고, 순수한 인간애를 가지고 있어야 한다.

자원봉사자는 순수한 인간애와 존경심에서 우러나온 겸손에 바탕을 두고 있다. 이것이 민주주의사회에 있어 참된 자원봉사의 모습이다. 구체적으로 자원봉사자의 기본 자세를 살펴보면 다음과 같다.

① 자원봉사의 동기를 점검하고 순수함이 지속적으로 유지되어야 함.
② 책임감을 가져야 함.
③ 기관 및 시설의 직원과 조화하는 자세를 가져야 함.
④ 동료 자원봉사자와 조화하는 자세를 가져야 함.
⑤ 가정과 조화하는 자세를 가져야 함.
⑥ 자기개발의 노력과 교육훈련프로그램에 적극적으로 참여하는 자세를 가져야 함.
⑦ 업무상의 비밀을 유지하는 자세를 가져야 함.
⑧ 자원봉사의 한계성에 대하여 인식하는 자세를 가져야 함.
⑨ 자원봉사를 위한 각종 준비를 위한 자세를 가져야 함.

3. 자원봉사의 실시 과정

1) 계획 수립과 업무 결정

가. 계획 수립

사회복지기관이나 시설에서 자원봉사를 실시하려면 자원봉사에 필요한 계획을 수립하여야 한다. 자원봉사 계획 수립의 중요성은 자원봉사자의 역할과 직원의 역할과의 관계성 때문이다. 자원봉사자를 활용하는 기관이나 시설은 얼마나 명확한 계획을 수립하느냐가 효과적인 자원봉사의 실시와 밀접한 관계를 가지고 있다.

나. 계획 수립 과정

자원봉사 계획과 프로그램은 사회복지기관 및 시설의 목적에 부합해야 한다. 계획 수립 과정에는 자원봉사자에 대한 사전교육과 시간 설정, 모집 대상, 평가 방법 등이 포함되어야 한다. 그리고 자원봉사에 필요한 기본적인 재원은 확보되어야 한다.

다. 업무 결정

장기적으로 자원봉사의 전문성이 높아진다고 본다면 자원봉사자의 능력을 고려하여 자원봉사의 업무를 결정해야 한다.

2) 홍보

자원봉사 계획이 수립되면, 다음 단계는 자원봉사자를 어떤 방법으로 모집할 것인가를 결정하여야 한다. 자원봉사를 하고 싶은 사람들이 많다고 해도 자원봉사 모집에 대한 홍보가 부족하면 효율적으로 자원봉사를 모집할 수 없다. 그러므로 다양한 방법을 통하여 자원봉사자를 모집할 수 있는 방법에 대하여 연구하여야 한다. 구체적으로 자원봉사자의 모집 과정은 자원봉사 업무의 성격, 자원봉사자의 유형 등을 고려하여 선택하여야 할 것이다.

3) 배치

자원봉사자의 모집이 끝나면 사회복지기관 및 시설을 소개하고 신청서를 접수하고 상담을 실시하여야 한다. 신청서에는 자원봉사의 내용과 유형, 시간 등을 명시하고, 사전교육을 위한 준비를 한다. 그리고 이 단계에서는 자원봉사지원자에 대한 사전조사와 정보수집이 있어야 하고, 지원자의 의견제시, 관심 분야 등에 대해 구체적으로 상담하여야 한다.

4) 사전교육과 지도감독

자원봉사자의 자질을 높이고 전문성을 향상시키려면 업무수행에 필요한 사전교육을 체계적으로 실시하여야 한다. 그리고 사전교육은 특수 분야, 보충훈련, 지도감독 등의 과정으로 단계별로 이루어져야 한다. 그러므로 기관 및 시설에서는 훈련목적, 훈련 내용, 방법 등에 대한 계획을 수립하여야 한다. 또한 자원봉사의 지속성을 유지하기 위하여 재교육도 지속적으로 실시하여야 한다.

마지막으로 교육 및 훈련 과정을 지도하기 위한 전문 지도감독자가 배치되어 지도감독자를 중심으로 정기적이고 체계적인 지도가 이루어져야 한다.

5) 평가

마지막 단계로 자원봉사 실시 후 평가를 실시하여야 한다. 평가 과정은 계획 과정에서부터 실시 과정에 이르기까지 모든 과정에 걸친 평가가 실시되어야 한다.

4. 자원봉사관리자의 자질

1) 사명감

자원봉사관리자는 사명감 고취라는 활동 방법 연결important bridge의 역할이다. 봉사활동은 이 연결을 통하여 조직의 목표와 연계함은 물론 확대된 안목으로 현재 프로그램을 매개 변수화하여 확충하고 보완할 수 있기 때문이다. 따라서 자원봉사관리자들의 사명감으로 다음과 같은 점을 열거할 수 있다.

① 지속적인 참여의 격려와 공유가치 진작
② 낙관적인 견해와 유머 감각
③ 모든 사람들에게 열린 마음의 진솔한 신뢰 획득
④ 모든 일에 적극적으로 솔선수범하는 실천성

⑤ 합목적인 가치관과 직무의 융통성
⑥ 더불어 사는 인간공동체의 구성
⑦ 자기 일을 천직으로 알고 업무에 창조적 직관력 발휘
⑧ 타인에 대한 존경과 예의

2) 지도력

자원봉사관리자의 지도력은 쉽게 임무를 수행하면서도 큰 성과를 낼 수 있는 기본적인 전략을 모색할 수 있어야 한다. 따라서 자원봉사활동의 자원봉사관리자로서 지도력은 조직의 활동과 프로그램의 방향을 바르게 제시하고, 교육하고 친절하게 돌보는 지도력의 함양이 요청된다고 하겠는데 구체적인 내용은 다음과 같다.

① 작은 것도 꼼꼼히 살피는 관찰력과 인내력
② 좋은 언어의 구사력과 문장력
③ 창조적으로 이끌어 가려는 의지와 능력
④ 제반 문제를 간별할 수 있는 판단력과 용기
⑤ 기존 정책을 이해하고 활용하며 새 정책을 개발할 수 있는 능력
⑥ 조직원의 욕구, 능력, 기술, 기대 등을 분석・통합할 수 있는 식견
⑦ 업무의 개선과 우선 순위에 따른 의사결정력
⑧ 기획, 감독 그리고 평가할 수 있는 총괄적 조직력

3) 관리 능력

자원봉사활동에 있어서 사명감과 가치인식이 이루어지고, 지도력에 의한 방향이 제시되고 능력이 있다 하더라도 집단의 전체 프로그램이 효율적으로 계속 지속된다는 보장은 없다.

개개인이 기술을 습득하고 방법을 숙지하고 조정될 때 프로그램의 목적과 조직

의 목표는 달성될 수 있는 것이다. 이것은 일에 따른 사람, 물자 및 시설의 관리·배치에서부터 적절한 재원의 지원 등 복잡 다양한 관리의 기술을 필요로 한다.

5. 자원봉사의 실천기술

자원봉사의 주요한 실천기술을 살펴보면 다음과 같다(류기형 외, 2000).

1) 촉진적 관계 형성을 위해 필요한 기술

• 공감적 이해

공감적 이해란 자신이 직접 경험하지 않고도 다른 사람의 감정을 거의 같은 내용과 수준으로 이해하는 것으로 이러한 태도가 상대방에게 전달되면 자신이 이해받고 있다는 느낌을 갖게 되어 자원봉사자를 더욱 신뢰하게 된다.

• 수용적 존중

수용적 존중은 상대방의 어떤 생각, 어떤 행동이라도 그대로 받아들이고 존중하는 것을 의미하는 것으로 비록 상대방의 의견이 자신과 달라 상대방의 의견에 동의하지는 않는다 하더라도 거부하지 않고 인격적으로 수용하는 것을 말한다.

• 일관적 성실성

자원봉사활동은 단순한 자원봉사자와 수혜자의 관계 이전에 인간 대 인간의 교류이므로 자원봉사자는 상대방에게 개방적이고 정직하고 일관성 있는 태도를 견지해야 한다. 이렇듯 자신의 감정을 솔직하게 표현하려면 무엇보다도 자신의 감정이 무엇인지를 파악해야 하며, 자신의 태도와 가치관이 상대방에게 어떠한 영향을 미치는지 명확히 이해해야 한다.

• 전문적 구체성

정확한 의사소통을 위해서는 상대방이 보다 구체적으로 상세하게 반응할 수 있도록 이끌어 주어야 하며, 이는 상대방의 감정과 경험을 보다 정확하게 이해할 수 있게 한다.

2) 문제의 이해와 새로운 조망의 촉진을 위해 필요한 기술

• 요약기술

대화 과정에 요약은 산만하게 펼쳐져 있는 생각과 느낌을 한 방향으로 모으고 특정 주제에 대한 계속된 논의를 마감한다거나 특정 주제를 더 철저하게 탐색할 수 있게 한다.

• 정보제공기술

수혜자가 충분한 정보가 없어 자신의 문제 해결에 어려움을 가질 경우 자원봉사자는 적합한 정보를 제공하여 현명한 선택을 하게 한다. 정보 제공에 있어서는 문제 상황과 관련된 정보만을 제공하고 정보 제공으로 인해 수혜자가 당황하지 않도록 해야 한다. 또한 충고와 정보 제공은 명확히 다르다는 점을 인식해야 한다.

• 직면반응

직면은 상대가 못 보고 지나치는 부분에 대해 상대방이 문제 상황에 그대로 있게 하는 불일치를 검토해 보도록 인도하는 기술이다. 직면반응은 상대방이 생각하거나 느끼는 것이 말하는 것과 다를 때, 말하는 것이 행동하는 것과 다를 때, 상대방의 생각이 타인의 생각과 다를 때 사용할 수 있다.

• 자기공개기술

자기공개기술은 자원봉사자의 생각, 가치, 느낌, 태도 및 여러 가지 정보들을 상대방에게 공개하고 자원봉사자도 상대방과 비슷하거나 같은 경험을 하고 같은 느낌을 갖는다는 것을 보여주는 것이다. 이는 자원봉사자에 대한 모델링의 효과와 상대방으로 하여금 문제 상황에 대한 새로운 조망과 사고를 갖게 한다.

• 즉시성기술

즉시성에서의 기본가정은 상대방이 일상생활에서 보이는 대인 관계의 특성이 자원봉사자와의 관계에서도 나타난다는 것이다. 즉 상대방이 자원봉사자와 관계를 맺는 기술은 일상생활에서 다른 사람과 관계를 맺는 방식의 일부이다.

따라서 자원봉사자는 상대방과의 관계를 계속 이야기하면서 상담 이외의 관계에서도 새로운 조망을 갖게 된다.

• 질문기술

대화에서의 질문은 개방적이어야 하며 이중질문이 아니어야 하며, 추상적이고 일반적인 내용보다는 구체적인 내용을 담고 있어야 한다.

15장 평가

1. 평가의 이해

1) 평가의 의의

복지서비스의 평가는 케이스워크나 그룹워크 등의 개개 처우 수준의 평가와 이러한 처우 방법의 복합체 및 그에 필요한 모든 자원이나 운영관리 방법 등을 포함한 서비스의 프로그램 수준에서의 평가로 나눌 수 있다.

전자에 관해서는 그 각각의 처우 방법의 항에서 다루어지기 때문에 여기에서는 항목의 영문표기에서 보는 대로 후자의 프로그램 수준에서의 평가를 다룬다.

이 의미에서의 서비스 프로그램이 그 목적을 어느 정도 혹은 어떤 점에서 달성하였는가를 양적 혹은 질적으로 평가하는 것이 과제이다.

2) 평가의 목적과 성격

(1) 목적

사회복지 평가의 목적을 살펴보면 다음과 같다.

첫째, 사회복지사업이 목표하는 일이 어느 정도 달성되었는지에 대한 점검이다.

둘째, 프로그램의 실시 과정에 나타나는 전달 과정의 문제점을 파악한다.

셋째, 프로그램의 형평성, 효과성, 효율성을 검토하기 위함이다.

넷째, 프로그램의 성취와 관리에 관련된 속성들인 사회복지서비스의 전체적인 포괄성, 상호간의 일치성, 사회복지서비스의 지속성, 지리적, 공간적 접근성 등을 검토하기 위함이다.

다섯째, 프로그램이 사회적 요구나 도덕적, 윤리적, 사회적 규범에 어느 정도 부응하는가를 알아보기 위함이다.

여섯째, 객관성을 가진 평가 연구를 통하여 인접한 전문 분야로부터 인정받기 위함이다.

(2) 성격

사회복지의 평가는 사회복지기관 및 시설의 실정에 알맞는 프로그램을 편성, 운영하기 위해 계획하고 있거나 실행하고 있는 프로그램을 적절한 시기에 평가하는 것은 보육의 필수적인 과정이다.

이것은 프로그램을 평가한다는 의미는 프로그램의 가치를 여러 측면에서 사정하는 일이다. 따라서 평가의 시기, 내용 및 범위, 방법, 횟수, 보고서 양식, 활용 방안 등은 평가를 시행하는 목적에 따라 다르다. 예를 들면 정책 입안자는 현행 프로그램에 대한 대안적인 모형을 결정하기 위해 평가하고자 할 것이며, 프로그램 개발자나 행정가는 프로그램 개발을 위한 초안 작성이나 프로그램 개선 방안을 찾기 위해 평가를 실시할 것이다.

2. 평가의 접근 방법

1) 양적 접근과 질적 접근

평가하는 방식은 크게 양적 접근과 질적 접근으로 분류할 수 있다. 양적 접근과 질적 접근 방법은 사회복지프로그램에 대한 평가뿐만 아니라 다른 분야의 평가에서도 많이 시도되고 있는 방법이다. 그러나 이 두 가지 접근에 대한 장・단점은 지금까지도 많은 논란이 되고 있으며 특정한 방법을 제시하기보다는 사업의 성격에 맞는 방법을 채택해야 할 것이다.

프로그램 평가에 대한 양적 접근은 사전에 의도된 목표와 결과에 대한 인과적 관계를 양적 접근 방법을 통하여 수량화하여 평가하는 방식으로 수량화하여 자료를 수집하고 분석, 해석하는 방법으로 양적 접근이라고 부른다. 이러한 양적 접근에서는 양적인 측면에서 목표가 어느 정도 달성되었는지가 관심사가 된다.

반면에 프로그램 평가에 대한 질적 접근은 양적 접근이 안고 있는 문제점을 보완하는 방향에서 출발하였다. 즉 단순한 양적인 측면보다는 사회복지의 전문성을 높이기 위한 질적 방법을 도입하고자 하는 목적에서 출발하였다.

그러나 질적 평가는 양적 평가에 비하여 많은 어려움이 있다. 질적인 접근은 주관적이고 개인적인 요소가 많이 포함되어 있음으로 객관적인 평가지표를 개발하는 것이 전제되어야 한다.

질적 평가를 위해서는 다음과 같은 것이 필요하다.

첫째, 자연적인 상황, 사건, 사람, 상호작용, 기타 행동을 관찰하여 자세히 문장으로 기술한다.

둘째, 프로그램에 참여하고 있는 사람들의 흥미, 경험, 태도, 신념, 사고, 요구, 관심 등을 관찰이나 대화를 통해 수집하여 직접 인용한다.

셋째, 보관하고 있는 여러 기록과 제작물을 분석한다.

질적 평가 자료는 준거 관련 검사나 규준 관련 검사 또는 정형화된 질문지나 면접보다는 개방적인 면접, 참여 관찰, 참여자의 기록이나 제작물 등을 포함한다.

그런데 지금까지의 대부분의 평가는 양적인 방법에 의하여 이루어져 왔으나 근래에 와서는 질적인 방법도 많이 사용되고 있다. 이러한 시각의 차이는 관심 대상의 사물이나 현상에 접근하는 방식뿐만 아니라 이들의 어떤 측면이 중요한가 하는 판단에까지도 영향을 미치기 때문에 평가 연구에서 아주 중요한 의미를 갖는다. 그러면 여기서 양적 접근 방법과 질적인 접근 방법의 특성을 비교하여 보면 다음과 같다.

〈표 15-1〉 평가의 질적 시각과 양적 시각의 특성

질적 시각	양적 시각
① 질적 방법의 사용을 옹호함	① 양적 방법의 사용을 옹호함
② 행위자 자신의 준거의 틀에 입각하여 인간의 형태를 이해하는데 관심을 갖는 현상학 입장을 취함	② 개인들이 주관적 상태에는 관심을 두지 않고, 사회현상의 사실이나 원인들을 탐구하는 논리 실증주의적 입장을 취함
③ 자연주의적 · 비통제적 관찰을 이용함	③ 강제적 측정과 통제된 측정
④ 주관적임	④ 객관적임
⑤ 자료에 가까움 : 내부자의 시각	⑤ 자료에 거리가 있음 : 외부자의 시각
⑥ 자료에서 파생한 발견지향적 · 탐색적 · 확장주의적 · 서술적 · 귀납적	⑥ 자료에서 파생하지 않는 확인 · 지향적 · 확증적 · 축소주의적 · 추론적 · 가설연역적
⑦ 과정지향적	⑦ 결과지향적
⑧ 타당성 : 실질적인, 풍부한 깊이 있는 자료	⑧ 신뢰성 있는 : 강성의 반복가능한 자료
⑨ 일반화할 수 없음 : 단일사례 연구	⑨ 일반화할 수 있음 : 복수사례 연구
⑩ 총체론적(holistic)	⑩ 특정적(particularistic)
⑪ 동태론적 현상을 가정함	⑪ 안정적 현실을 가정함

2) 절대평가와 상대평가

절대평가란 '행동'과 '내용'의 이원분류표를 활용하여 수업 목표를 진술할 수 있으며 또 할 수 없느냐에 대한 정보를 얻고자 할 때 시행한다. 절대 평가는 또한 계획했던 프로그램의 장 · 단점을 평가해 주는 역할을 한다.

상대평가는 표준화된 검사를 통해 개인의 위치를 전체와 비교하여 상대적으로 평가하는 방법이다. 상대평가는 전체 집단의 평균치와 같은 값을 규준으로 하고, 개인의 위치를 규준과 관련지어 점수화하고 해석하는 것이라고 하여 규준 관련평가(검사)라고도 부른다. 상대평가는 입학시험처럼 선발 인원수가 제한된 경우에 주로 이용한다. 또한 기대하는 학습 결과가 계열적인 것이 아닌 경우 또는 '발달 수준'을 나타내는 것인 경우에는 절대 평가가 부적절하기 때문에 이 경우에는 오히려 상대 평가가 종종 활용된다.

3. 평가의 유형과 내용

구체적인 평가의 유형을 살펴보면 다음과 같다.

1) 평가자의 소속에 따른 분류

• 자체평가

사회복지사업과 프로그램을 담당하고 있는 자신이 실시하는 평가이다.

• 내부평가

프로그램을 실시하고 있는 담당자는 아니지만 실시의 책임을 지고 있는 기관의 직원이 평가하는 방식이다.

• 외부평가

제3자의 위치에 있는 외부전문가에 의하여 실시되는 방법이다.

2) 평가의 시기에 따른 분류

평가의 시기에 따라 평가는 형성평가와 총괄평가로 나눠진다.

• 형성평가

형성평가는 사업 계획의 개발 과정이나 그것의 개선 과정에 수행된다. 그것은 사업관리자나 사업 실시와 같은 사업과 직접적으로 관련이 되어 있는 사람들을 위해 수행되며 내부적으로만 활용되는 것이 보통이다. 즉 형성평가는 보다 나은 사업 계획을 구성하고, 이미 확정 · 실시되고 있는 사업을 개선하기 위한 목적으로 수행된다. 예컨대 요리사가 국을 끓이면서 맛있는 국이 되어 가고 있는지를 알아보기 위해 국의 맛을 보는 것은 형성평가이다. 이러한 형성평가는 뒤에 논할 총괄평가와 대칭되는 개념이다. 그러나 보다 바람직한 것은 양자가 합동으로 형성평가를 실시하는 방식이다.

• 총괄평가

총괄평가는 정책이나 사업의 종료 후에 실시되며, 주로 고위정책결정자 혹은 정책 또는 사업자금 제공자와 같은 외부의 고객의 요구를 충족시키기 위하여 수행된다. 이러한 총괄평가는 효과평가와 혼동되어서는 안 되는데, 효과평가는 정책이나 사업의 효과에 초점을 맞춘 평가를 말한다. 표과평가는 집행 과정에 초점을 맞추는 집행평가와 구별되는 개념이다. 이러한 효과평가는 그것의 수행 시기에 따라 형성평가가 될 수가 있고, 총괄평가가 될 수도 있는 것이다.

3) 평가의 목적에 따른 분류

일반적으로 프로그램 수준에서의 서비스 평가는 평가하는 차원의 차이에 따라서 다음의 네 가지 방법으로 행하여진다.

• 서비스 실시의 결과 · 효과의 평가

서비스 프로그램의 목표로 설정된 욕구충족이나 문제 해결이 어느 정도 달성되었는가를 평가하는 것을 말한다. 서비스 평가에 있어서 가장 직접적이고 제1의적인 방법인데 사회복지서비스의 경우 다음과 같은 이유에서 이 방법의 실행은 매우 곤란할 뿐만 아니라 반드시 적절하지 않는 경우가 많다. 그 이유란 ① 결과나 효과가 잠재적, 간접적, 장기적으로 밖에 나타나지 않는 경우가 많고, ② 적극적인 결과 · 효과를 기대할 수 없는 사람에 대한 서비스 제공도 불가결하며, ③ 결과 · 효과가 개별적 · 주관적 요소를 포함하는 경우가 많기 때문에 그 객관적 · 보편적인 평가의 지표를 확정하기 어렵고, ④ 결과 · 효과의 평가를 위한 가장 과학적인 방법인 실험적 디자인을 채용하는 것에 윤리적 · 기술적인 곤란이 수반된다는 것 등이다.

• 효율의 효과

결과 · 효과의 달성도를 투입자원과의 대비로 상대적으로 평가하는 것이다. 효율평가의 목적은 적어도 결과 · 효과를 낳는 복수의 서비스 중에서 투입자원이 보다 적은 것을 선택하는 것이다. 적은 자원을 우선시킴으로써 지향할 결과 · 효과 평가의 방법적 곤란이 마찬가지로 수반된다. 효율평가의 대표적인 방법은 비용 · 효과분석이다.

• 서비스 실시의 과정 · 방법의 평가

위와 같은 이유에서 결과나 효과를 직접 평가하는 것이 어렵거나 적절치 못한 경우, 혹은 결과 · 효과 평가의 중간 단계에서 서비스 실시의 과정 내지 방법을 평가하는 것이다. 사회복지서비스의 경우, 이 방법이 실제적으로 유효한 경우가 많다. 다만, 바람직한 서비스의 과정 · 방법과 지향하는 결과 · 효과간에 높은 상관관계가 명백하지 않다면 유효한 평가가 될 수 없다. 바람직한 과정 · 방법이라고 판단하는 기준은 정상화 원리 등의 사회복지서비스에서의 실천이나 경험 중에서 보편화되어 온 것이어야 한다.

• 투입된 자원의 평가

서비스 실시를 위하여 투입된 물적 · 인적 자원 및 그것들이 서비스 실시의 구체적인 형태를 가진 서비스 활동량의 평가이다. 보다 구체적으로는 자금의 양, 건물 · 설비, 직원의 종류의 수, 소비된 노동 시간, 서비스 제공횟수 등에 비추어서 평가된다. 방법적으로는 가장 실행하기 쉽지만 여기에도 자원과 그것을 투입해서 서비스를 실시한 결과 간에 높은 상관 관계가 없다면 유효한 평가가 되지 못한다는 점에 주의할 필요가 있다.

서비스 평가는 실제로는 행정이나 자료 제공자에 의한 감사, 서비스 프로그램의 외부의 전문가 · 옴부즈맨 · 주변 등에 의한 제3자의 평가, 서비스 프로그램의 직원이나 관계자에 의한 자기 점검(일상적 · 계속적인 것을 모니터링이라고 함) 등으로서 행해진다.

4. 평가의 절차와 방법

1) 절차

• **목표의 설정**

평가에서 중요한 것은 어떠한 목표를 가지고 평가를 하느냐이다. 그리고 목표가 명확하지 않으면 평가하기가 어렵다. 그러므로 평가에 앞서서 평가목표를 구체적으로 설정하고 하부목표도 세부적으로 설정해야 만이 효과적인 평가가 될 것이다.

• **평가기준의 완성**

평가가 성공적으로 이루어지려면 평가기준이 과학적으로 완성되어야 할 것이다. 그리고 평가기준으로는 효과성 · 능률성 · 적절성 · 적합성 · 대응성 등이 필요하다.

• **인과모형의 설정**

일반적으로 평가에 있어 모형은 중요한 부분을 차지하고 있다. 특히 평가의 결과로서 어떠한 변화를 발견하고 행동 대안을 건의하고자 할 때에는 이러한 인과모형의 사용은 더욱 중요하다. 즉 욕구, 사회복지정책, 사회복지행정으로 이어지는 과정에서 서로의 인과 관계에 초점을 두어야 한다.

• **측정**

평가에서 측정은 측정도구를 개발하여야 한다. 개발도구는 객관적이고 투명한 평가의 전제가 된다.

• **자료의 수집**

자료수집은 면접, 설문지법, 관찰 등에 의하여 수집하고 각종 자료나 통계자료를 이용해야 한다.

• **자료의 분석과 해석**

이 단계에서는 다양한 통계기법을 이용하여 자료분석과 해석을 한다.

• **평가 방법**

평가 방법에는 다양한 내용들이 포함된다. 평가유형별 방법, 총합효과평가의 방법, 내적 능률성평가의 방법, 외적 능률성평가의 방법, 정확성평가의 방법 등이 있다.

2) 방법

• **관찰법**

이 방법은 사업 실시 과정을 직접 관찰함으로써 자료를 수집하는 방법이다. 이 경우 관찰자는 프로그램의 실시자의 일원으로서 참여하기도 하고 객관적 관찰자로만 참여하기도 한다.

• **면접법**

면접법은 연구 대상자와 직접적인 대화를 통해 연구 목적에 부합한 자료를 수집하는 방법이다. 이 방법은 감정, 생각, 의도 등과 같이 직접적으로 관찰할 수 없는 정보를 얻는 데 주로 쓰인다.

면접은 질문이 자연스럽고, 인위적이지 않으며 융통성이 있다. 면접은 설문 항목을 자연스럽게 제시할 수 있어서 대상자의 복잡한 심리 과정을 파악하기 쉽다.

또한 의견이나 태도뿐 아니라 그 반응의 근원을 파악할 수 있다. 면접은 특히 피상적인 대답 이외에도 심층적인 개인의 정보, 태도, 지각, 신념 등 그 배경과 관련된 정보들을 수집하는 데 매우 유용하다.

• 조사연구법

조사연구법은 프로그램의 정확성 여부를 점검하는 데 있어 또 하나의 방법으로 실시자와 대상자를 중심으로 설문지를 통해 연구 목적에 부합한 자료를 수집하는 방법이다. 조사연구법은 일시에 다수를 대상으로 조사할 수 있기 때문에 교육 연구에서 널리 사용된다.

일반적으로 문서조사법은 결과의 비교가능성을 높이기 위해 설문지를 이용하여 모든 응답자에게 동일한 내용을 동일한 방식으로 질문함으로써 연구 도구, 즉 측정도구의 변화에 따른 측정의 오류를 최소화할 수 있어 결과의 비교가능성이 높아진다.

그리고 빠른 시간에 핵심적인 정보만을 선별하여 비교적 객관적이고 정확한 정보를 입수할 수 있다. 응답자가 무기명으로 답을 기록하는 경우에는 솔직한 응답이 가능하다.

• 문서조사법

문서조사법은 사업과 프로그램을 실시하는 시설이나 사람들을 남겨진 기록으로 평가를 하는 것이다. 그러므로 보육종사자들은 기록의 중요성을 인식하고 준비를 해야 한다. 그러나 문서 자체에만 의존하면 정확성의 문제가 발생하므로 다른 방법에 의하여 보완하여야 한다.

제3부 사회복지의 분야

Introduction to Social Welfare

16장
아동복지

1. 아동복지의 이해

현대의 아동복지라는 말은 보다 넓은 의미를 갖는다. 그것은 단지 빈곤아동, 기아, 결식아, 부적응아동 및 비행아동의 보호에만 국한한 것이 아니다. 그것은 아동의 신체적, 지능적, 정서적 발달에 관하여 모든 아동의 복지를 지키며 보호하고자 하는 공·사단체의 사회적, 경제적, 보건적 활동과 일체를 이루는 것으로 이해되고 있다.

미국아동복지연맹에 따르면 '아동복지는 부모가 양육의 책임을 다할 수 없거나 지역사회가 아동과 그 가족이 요구하는 자원 및 보호를 제공하지 못하는 아동 및 청소년에게 사회적 서비스를 제공하는 것이다.

아동복지서비스는 부모가 할 수 없는 기능을 보강·보충 또는 대체하며, 기존의 사회제도를 수정하거나 또는 새로운 제도로서 아동과 그 상태를 개선하는 것이다.

또한 사회복지프로그램에서 넓은 범위에 있어서 아동복지란 주로 아동과 그 가족의 복지, 그리고 보다 광의로는 모든 아동과 청소년의 복지증진에 관한 것이다라고 하여 광의의 실체로서의 개념을 포함하고 있다.

아동복지는 협의의 아동복지와 아동복지활동의 양자로 구분된다. 협의의 아동복지는 주로 공적 책임을 중심으로 하여 법률에 준거하여 행해지는 보호, 원조, 지도, 치료 등 공·사의 서비스를 가리키며, 아동복지활동은 협의의 아동복지를 제외한 아동의 복지를 직접 또는 간접으로 보호·증진함을 목적으로 공·사의 기관이나 모든 사람들에 의해서 행해지는 활동을 가리킨다.

그러나 아동복지는 그 가장 넓은 의미에 있어서 아동의 보건교육, 레크리에이션 및 안전을 가리키는 것으로서, 그것이 아동복지의 과목이 된다. 따라서 가족 및 사회의 일원으로서 아동의 건전한 성장과 발달을 위하여 개인이나 단체에 의해서 행해지는 일체의 활동이 아동복지이다.

이와 같이 아동복지란 용어는 각국의 경제, 사회 및 문화적인 특성에 따라 그 탄력성을 갖고 있기는 하지만, 일반적으로 과학기술의 발달, 경제발전에 따른 경제생활의 복잡화 및 대중사회적 상황의 진전 등에 따라 점차 광의로 해석하게 되었다.

2. 아동복지의 이념과 대상

1) 이념

아동복지의 이념은 일반적으로 자본주의사회에 '휴머니즘'의 운동의 일환으로서 생성 발전되어 온 것으로 볼 수 있다. 즉 19세기 자본주의의 발달 과정에 있어 아동의 수난으로부터 아동과 아동의 생활을 수호하려는 노동, 교육 및 아동보호운동 가운데서 싹이 트고 20세기에 이르러 그 개화를 보게 된 '아동의 권리'의 확인의 집약이라 할 수 있다.

이와 같은 아동의 권리적 이념을 고양하고 아동복지 이념의 발전에 크게 영향을 미치면서, 아동복지의 규범으로서 정책적으로나 실천적으로 중시된 것은 1959년의 UN의 '아동복지선언'과 1909년 이후의 미국 '백악관 아동회의' 그리고 각국에 있어서 '아동헌장' 등이라 할 수 있다. 아동복지선언은 그 전문에서 "인류는 아동에 대하여 최선의 것을 부여할 의무를 진다"고 전제하면서 동 선언 제1조로부터 제10조에 걸쳐 차별의 금지, 법률에 의한 보호, 사회보장, 교육 및 의료를 받을 권리, 장애아의 권리, 방임, 학대, 착취로부터의 보호 등을 규정하고 있다.

그러나 이 선언은 매우 이상적이고 중요한 내용을 지니면서도 그 자체로서는 법적 규제력이 결여되어 있으므로 아동권리의 실질적인 실현, 보호에 결정적으로 기여할 수 없는 면이 있다. 선언은 선언 이상의 것이 아니다. 그래서 선언의 내용을 법적 구속력이 있는 협약으로 높이려는 움직임이 나오게 되었다.

우리나라의 경우 헌법의 추상적 내용을 구체화시킨 아동복지법에서는 아동복지의 이념을 정립하고 있다. 즉 동법 제1조에서 "이 법은 아동이 건전하게 출생하여 행복하고 건강하게 육성되도록 그 복지를 보장함을 목적으로 한다"라고 했으며, 제4조에는 "① 모든 국민은 아동의 권익과 안전을 존중하여야 하며, 아동을 건강하게 양육하여야 한다. ② 국가와 지방자치단체는 아동의 건강과 복지증진에 노력하여야 하며, 이를 위한 시책을 시행하여야 한다"고 명시하고 있다. 즉 국가와 국민이 아동을 건전하게 육성할 의무와 아동의 복지와 권리에 관한 이념을 나타내고 있다고 볼 수 있다.

2) 아동복지의 대상

아동복지는 모든 아동을 대상으로 그들의 복지를 추구하는 전문적, 조직적 활동으로서 그 대상을 구체적으로 분류하면 연령에 따른 대상과 아동문제에 따른 대상으로 나눌 수 있다.

(1) 연령 및 특성에 따른 대상

연령상의 구분을 시도하게 된 기초에는 '미성숙한 단계에 있는 인간'이라는 점이 고려된 것이다.

아동의 연령에 따른 구분은 학자나 관계 분야에 따라 조금씩 견해를 달리하고 있는데, 우리나라의 경우 아동복지법에서는 "아동이라 함은 18세 미만의 자를 말한다"라고 규정짓고 있으며, 소년법에서는 "20세 미만의 자를 소년"이라고 규정하고 있다. 또 민법에서는 "만 20세 미만의 자를 미성년"이라고 하고 있으며, 근로기준법에서는 "여자와 18세미만의 자는 도덕상 또는 보건상 위험한 사업에 사용치 못한다"라고 규정하고 있다.

이와 같은 법적 개념은 발달적 개념보다도 그 나라의 사회문화적인 맥락과도 관련이 깊은 편이나 법적 개념에서도 발달적 개념이 밑바탕을 이루기 때문에 그 차이는 그리 크지 않다.

인간의 속성은 매우 복합적인 유기체로서 성장과 변화를 거듭하면서 성숙한 인격으로 형성되어 간다. 이와 같은 성장과 변화는 유기체 내에 포함되고 있는 본질적인 속성과 요소들도 조화와 균형을 유지하면서 함께 발달해가고 있는 것이다. 즉 인간의 외형적 형상을 이루고 있는 육체가 성장하고 발달해 감에 따라 내면세계의 심리적 기능과 인지 능력, 그리고 정신적, 도덕적 속성도 함께 성장하여 개인의 전인성을 형성해 가고 있다. 그러므로 연령 및 특성에 의한 대상은 사회문화적 배경, 특성, 가치관 등에 따라 달라져야 할 것이다.

(2) 아동문제에 따른 대상

아동복지의 대상체계는 크게 일반 아동과 요보호 아동인 특수한 문제나 필요를 가진 아동으로 분류할 수 있다.

아동복지의 발달 과정에서 보면 초기에는 대상의 범위가 좁아서 특수한 상황에 처하거나 문제를 가진 아동에 국한되고 있으며, 현대에 가까울수록, 그리고 산업화의 정도가 높을수록 그 범위가 확대되어 가고 있다. 어느 국가나 고아・기아(방임된 아동)가 초기의 대상이 되었으며 다음으로 빈곤가정의 아동, 그리고 정신・신체상의 장애아동의 순으로 발달되어 왔으며, 오늘날에 와서는 이상의 요보호 아동은 물론 모든 아동을 그 대상으로 확대되고 있다.

가. 요보호 상태의 아동을 위한 아동복지사업

요보호 아동은 가정환경상의 문제를 지닌 고아, 기아, 빈곤가정의 아동과, 정신・신체상의 장애아동 그리고 미혼모의 아동 등이 있다.,

① 거택보호 : 공공부조, 가정지도
② 위탁보호 : 가정보호, 입양보호
③ 시설보호 : 아동상담소, 보육시설, 정신박약아 보호시설, 맹농아 양호시설, 신체허약아 보호시설, 지체부자유자 보호시설, 모자보호시설, 탁아시설, 아동휴양시설, 교호시설, 부랑아 보호시설, 소년직업보도실

나. 경계선상의 아동을 위한 아동복지사업

① 아동상담, 모자상담, 의료상담
② 탁아소, 모자원
③ 장기결석아 지도

다. 일반아동을 위한 아동복지사업

일반아동을 위한 복지사업이란 가정, 외부로부터 특별한 도움을 받지 않고도 생활할 수 있는 아동과 그 부모를 위한 사업이다. 이는 보편적인 서비스의 원칙하에 주로 예방적 관점에서 제공된다.

① 아동복지 : 어린이놀이터, 어린이회관
② 모자보건 : 임산부, 영유아의 보건지도, 모자건강센터
③ 아동복지사상의 보급 : 어린이날, 어버이날

일반적으로 아동복지 실천 분야에서 취급되는 내용과 범위는 대체로 부모 중심과 아동 중심으로 나누어질 수 있으며 원칙적으로 동시에 사업이 진행된다. 아동중심의 실천 분야는 이미 위에서 언급이 되었으므로 부모 중심의 내용을 보면 다음과 같다.

3. 아동복지의 원칙과 분야

1) 원칙

아동문제를 해결하기 위한 아동복지사업의 원칙은 '권리와 책임의 원칙', '보편

성과 성별성의 원칙', '개발적 기능의 원칙', '포괄성의 원칙', '전문성의 원칙' 등 다섯 가지 원칙을 제시하고 있다(박용순, 1998).

(1) 권리와 책임의 원칙

아동복지의 서비스는 '아동－부모－사회'의 상호 관계를 바탕으로 실시되어야 하며, 아동은 계속적인 균형유지와 상호 관계를 지녀야 한다.

이러한 삼자 관계는 항상 권리와 책임을 가져야 한다. 이들 중 어느 한 부분이라도 권리의 상실이나 부적응, 지나친 요구 등이 야기될 때, 아동복지는 많은 문제점을 도출하는 원천이 된다. 따라서 아동은 아동으로서의 권리와 책임을 부여받았고, 부모는 부모로서의 권리와 책임을 감당해야 하며, 그리고 사회는 사회로서의 권리와 책임을 충실히 이행할 때 아동복지를 실천하게 된다.

(2) 보편성과 선별성의 원칙

아동복지의 서비스는 보편성과 선별성이 동시에 적용되어야 한다. 보편성은 전체 아동을 대상으로 하는 포괄적이고 기회균등적인 제도를 말하고, 선별성은 특수아동을 대상으로 하는 보충적이고 열등처우적인 서비스 제공을 의미하고 있다.

기존의 아동복지사업은 특수한 아동을 중심으로 보충적 서비스가 중심이 되어 왔으나, 앞으로는 전체 아동을 위한 보편적인 수준에서 의료, 주택, 교육 등의 질적인 서비스가 제공되어야 한다.

(3) 개발적 기능의 원칙

아동복지는 사회복지의 주요 기능인 개발적 기능을 통해 문제아동의 변화를 유도하는 데 그 의미를 두고 있다. 개발적 기능은 제도적인 변화를 초래하는 것은 물론, 국가의 경제개발과 사회개발의 제 조건을 향상시키고 창조하는 일의 참여를 의미한다. 즉 사회의 부정적인 문제들에 대해 의도적인 변화를 초래케 하여 개발체계와 보조를 맞추는 일련의 활동을 의미한다.

따라서 아동은 사회적으로 소속이 없는 소외된 대상이 아니라, 국가발전에 능동적으로 참여하여 활동할 수 있는 기회를 제공함으로써 건전하게 성장할 수 있도록 각별한 관심을 가져야 한다.

(4) 통합성의 원칙

아동복지는 기본전제로서 아동들에게 안정된 가정생활, 경제적인 안정, 교육기회, 건강유지, 오락활동, 특수보호 등에 대한 프로그램이나 서비스가 포괄적이고 통합적으로 제공되어야 한다. 아동복지프로그램은 상호 보완적으로 적절히 제공되어야 함에도 불구하고, 부분적인 서비스 제공만으로는 아동문제를 완전히 해결할 수 없을 것이다. 그러므로 아동복지사업은 다양한 아동문제에 접근할 수 있는 통합적인 서비스가 요청되며, 어느 분야에서든 상호간에 의뢰, 조정, 보완함으로써 아동의 전인적인 특성을 살려가야 한다.

(5) 전문성의 원칙

아동복지서비스의 전문성은 산업화, 도시화, 정보화사회에 따라 점차 높이 요구되면서, 기존의 보모활동이나 자원봉사자로서는 당면한 아동문제를 쉽게 해결할 수가 없는 실정이다. 이에 아동의 욕구를 충족할 수 있는 전문적인 지식과 기술을 지닌 전문인력이 요청되고 있다. 따라서 아동복지사업을 효율적으로 전개하기 위해서는 사회복지, 아동복지, 보육학, 심리학 등을 이수한 전문인력의 활용이 반영되어야 한다. 또한 현행 전문가에 대한 체계적인 교육과 훈련을 통해서 전문가를 양성하고 활용해야 한다.

2) 분야

구체적인 아동복지의 분야는 다음과 같다.

가. 부모의 양육기능을 지지하거나 강화시키는 사업

아동 및 부모상담, 미혼부모와 그 자녀를 위한 보호사업

나. 부모의 양육기능을 보충하는 사업

공공부조, 사회보험이 중심이 되는 소득보완사업, 보육사업

다. 부모의 양육기능을 일부 또는 전적으로 대리해 주는 사업

가정위탁보호사업, 입양사업, 수용형시설보호사업

4. 아동복지의 접근 방법

아동복지의 접근 방법은 아동복지가 사회복지의 한 분야이기 때문에 접근 방법에 있어서도 사회복지의 기본적인 방법론을 적용할 수 있을 것이다. 이러한 측면에서 사회복지의 접근 방법으로 일반적으로 사용되고 있는 정책적 방법과 전문적 방법으로 구분하여 아동복지에 맞게 전개해 보고자 한다.

1) 정책적 접근 방법

(1) 사회보장제도

사회보장제도란 사회보험과 공공부조, 사회복지서비스 등을 통하여 국민들에게 최저한도의 소득보장을 해주는 제도이고, 자발적 서비스나 산업적 또는 협동적 제반활동은 포함되지 않는다. 그리고 대부분의 국가들은 아동복지정책을 사회보장정책의 일환으로 추진하고 있으며 우리나라도 어느 정도 차이는 있지만 이에 준하고 있다.

(2) 아동복지 관련법규

아동복지를 실천하고 아동정책을 수립하기 위해서는 법적 장치로서 법규를 마련해야 한다. 그리고 아동보기는 단일한 법으로는 완전한 아동복지정책을 실시할 수 없음으로 관련법규들이 통합적으로 실시되어야 한다. 그리고 아동복지법의 종류로는 아동복지법, 영유아보육법, 모자복지법, 부자복지법, 소년원법, 청소년기본법, 국민기초생활보장법 등이 있다.

2) 전문적 접근 방법

아동복지의 전문적 접근 방법으로는 여러 가지가 있으나 개별지도, 집단지도, 지역사회조직, 통합방법론, 사례관리 등으로 분류할 수 있다.

(1) 개별지도사업

가. 개별지도사업의 정의

개별지도사업은 개별적으로 인간과 환경 간의 의식적이고 효과적인 재조정을 통하여 퍼스낼리티를 개발시키는 과정이다.

이와 같이 개별지도사업은 아동을 대상으로 하고, 아동을 치료하는 데 있어서 1 : 1, 즉 전문사회사업가와 클라이언트에 의해서 아동의 행복을 위한 조정이라는 것을 알 수 있다.

나. 아동을 위한 개별지도사업의 의미

핵가족화, 가족 해체, 취업모의 증가라는 현대사회의 특징 속에서 등장하고 있는 아동들은 행동문제나 사회부적응문제가 야기되고 있다. 이러한 문제를 가진 아동을 위해서 개별지도사업은 가정, 학교, 사회 각 단체나 시설이 아동들에게 필요에 따라 제공되어져야 하며 문제 요인을 조기발견, 치료하는 가운데서 건전한 사회인으로 그들을 성장케 할 수 있다는 데에서 아동 개별지도사업의 의의가 있다. 이 사업은 교육기관, 아동상담소, 아동복지기관이나 단체 등에서 실시된다.

(2) 집단지도사업

집단지도사업이란 전문 사회사업 방법 중의 하나로서 의도적인 집단경험을 통하여 개인의 사회적 기능을 향상케 하며 또한 개인, 집단, 지역사회들이 당면 문제들에 대해서 보다 효과적으로 대처해 나갈 수 있도록 도움을 주는 것이다.

(3) 지역사회조직사업

개별지도사업과 집단지도사업은 클라이언트를 대상으로 직접적인 서비스를 제공하는 데 비해 지역사회 조직사업은 간접적인 서비스가 제공되는 것으로 대중적 봉사활동이다. 아동・청소년의 복지와 관련된 교육, 보건 및 사회봉사, 주거 등의 계획과 조정이 요구되고 이러한 요인들의 통합이 필요하게 된다.

(4) 통합방법론

통합방법론이란 모든 사회복지사들이 개인, 집단, 지역사회에서 제기되는 사회문제에 대처해 나가고자 할 때 활용할 수 있는 공통된 하나의 원리나 개념을 제공할 수 있는 방법의 통합화를 말한다. 즉 전문직으로서의 사회복지실천활동을 통일적으로 포착해 나가기 위한 기반을 재확립하면서 총체로서의 방법을 특징짓는 관점과 틀을 확정하여 이를 토대로 하여 방법의 재편성을 도모해 나가는 접근 방법이다(김융일, 조홍식, 김연옥, 1995).

5. 아동복지의 과제와 전망

1) 가정 · 학교 · 지역사회 기능 강화

앞으로 재가복지사업과 사회복지기관의 가정복지사업을 통한 재가구호사업을 적극 추진해 나가는 한편, 장차에 있어 오늘날 선진 복지국가에 있어서와 같이 가족수당의 급여 등 사회보장제도를 통한 경제적 원조를 하도록 해야 할 것이다.

이와 더불어 가정복지기관을 중심으로 다양한 프로그램을 통한 가정복지서비스를 적극적으로 추진함으로써 결손가족이나 문제 가정의 아동 및 청소년의 건전한 육성 발달과 아울러 복지를 도모하여야 할 것이다

건전하고 다양한 과외활동의 프로그램을 통하여 아동 및 청소년들의 욕구를 건전하며 생산적으로 발휘할 수 있는 통로를 마련해 주지 않으면 안 될 것이다.

아동 및 청소년들의 학교생활에 있어서 적응상의 곤란 요인으로서의 경제적, 사회적, 정서적 및 행동적 문제 등 학업이나 학교생활에 있어 장애를 지니고 있는 학생들의 문제 해결과 욕구를 충족시켜 줌으로써 그들로 하여금 학교생활에 최대한의 능력을 발휘하게 하며, 아울러 예방적인 서비스도 겸하는 학교사회사업제도를 조속히 도입 시행할 필요가 있다.

지역사회에 있어서의 아동 및 청소년에게 유해한 지역사회 환경의 정화와 선도는 지역사회복지조직을 통하여 유관기관이나 시설과의 유기적인 협조하에 그 효율적 운영을 기하도록 지역사회의 전체 주민들이 상호협조하며 노력하지 않으면 안 될 것이다.

2) 아동복지시설의 확충

아동복지정책이 효율적인 추진을 위해서는 전술한 바와 같이 가정, 학교, 지역사회의 기능강화복지시책을 통하여 대다수 일반아동의 복지 향상을 도모하는 한편, 특수한 범주에 시설수용아동의 복지를 위해서는 오늘날 아동복지의 방향이 시설보호 중심에서 가정보호 중심으로 지향하는 현대적 추세에 따라 영 · 육아시

설의 단위를 축소화하는 한편, 지역사회 내에서의 양육을 지향하면서 지역사회 내에 아동 및 청소년을 위한 각종 복지시설을 지방자치단체가 중심이 되어 확충·증설해 나가야 할 것이다.

3) 시설 수용 불우아동 대책

영·유아시설에 수용보호되고 있는 불우아동을 위해서는 전술한 바와 같이 요보호 아동에 있어 그 경향이 이전의 시설보호 중심으로부터 가족보호 위주로 지향해 나감에 따라 1977년 이래 별다른 진전을 보지 못하고 있는 국내 입양사업 및 가정위탁보호사업을 적극적으로 추진해 나가야 할 것이다.

아울러 불우아동결연사업도 국민의 자발적인 참여를 유도하여 지속적이며 효율적으로 운영해 나가도록 해야 할 것이다. 나아가서는 성장아동의 자립을 위하여 직장알선운동의 활발한 전개를 통한 취업 대책을 적극적으로 해 나가게끔 정책적인 지원을 해나가지 않으면 안 될 것이다.

4) 아동복지 관련법률의 정비와 전달체계의 확립

아동복지법이 그 실효를 거둘 수 있도록 하기 위해서는 기존 관계법률의 보완과 더불어 사회보장프로그램으로서의 아동수당 또는 가족수당제도를 국민기초생활보장 수급자가족 내지 영세가정으로부터의 단계적인 도입 실시가 아동의 가정이탈방지라는 예방적 측면과 아울러 아동을 가정 내에서의 건전육성이란 아동복지의 현대적 관점에서 볼 때 바람직하다고 하겠다.

아울러 전달체계에 있어 단편적인 아동복지행정 전달체계를 지양하고 아동복지서비스를 위시한 사회복지서비스가 신속 정확하게 효율적으로 수혜자에게 전달될 수 있게끔 일본 등 여러 선진국에서 볼 수 있는 것 같이 사회복지 업무의 독립적인 일선 전담행정기구로서의 사회복지사무소의 시·구·군 단위로의 설치 운영을 통한 아동복지의 효율적인 전개가 요망된다.

5) 아동복지예산의 획기적인 증액

이상에서 몇 가지 아동복지의 중요과제와 아울러 그 정책 방향에 대하여 논급하였다. 그러나 이와 같은 과제를 해결하기 위한 정책을 수행하는 데 있어서 무엇보다도 중요하며 필요불가결한 것은 아동복지 부문의 예산확보일 것이다.

따라서 복지국가 건설을 지향하는 현시점에 있어 사회복지의 중핵적인 분야로서 아동복지의 확충 발전을 기하기 위해서는 이전의 정부 예산 요구에 있어서의 실적주의를 과감히 벗어나 획기적인 예산의 증액이 있어야 할 것이다.

17장 청소년복지

1. 청소년의 이해

1) 청소년의 개념

청소년이라는 용어는 산업화와 노동시장에서의 훈련받은 노동력의 필요성 때문에 나타나기 시작하였으며, 과거 농경사회에서는 청소년이라는 개념 자체가 존재하지도 않았다.[1)]

이러한 청소년의 개념은 시대적 상황, 그리고 그 국가의 제도 및 문화에 따라 정의되기 때문에 일치된 정의를 내린다는 것은 어려운 일이다.

사회적 배경에 따라 청소년기는 짧아질 수도, 길어질 수도 있고, 심지어 존재하지 않을 수도 있다.

먼저 청소년의 개념을 명확하게 정의하기 위해서는 신체적 발달 과정의 특성과 연령에 의한 구분을 통하는 기준을 사용하는 것이 보편적이다.

먼저 신체적 발달 과정을 기준으로 청소년기를 구분하는 방법이 가장 일반적이

1) 농경사회에서는 어른 아니면 아동이었기 때문에 단지 아동이 그 사회의 고유한 통과의례를 거치면 바로 성인으로 받아들여졌다.

지만 나타나는 신체적 발달 징후들이 개인에 따라 다르기 때문에 보편적인 기준을 제시하는 데는 한계가 있다(홍봉선 외, 2000).

청소년기를 구분하는 또 다른 방법인 연령에 의한 구분은 1985년 UN에서는 15세부터 24세 사이의 집단을 청소년이라고 규정하였고, UN기구 중 FAO에서는 10세부터 24세까지의 남녀로 정의하였다. 뿐만 아니라 우리나라의 경우에는 청소년기본법에서는 9세 이상 24세 미만의 자를 청소년으로 규정하고 있고, 민법에서는 만 20세를 성인으로 구분하고 있으며, 청소년보호법에서는 19세 미만을 보호 대상인 청소년으로 규정하고 있다.

2) 청소년의 특성

청소년기는 발달적으로 아동과 성인 양 집단 사이에 존재하는 주변인marginal man으로서의 특징을 갖는 시기이다. 따라서 청소년의 일반적인 특성을 살펴보면 다음과 같다(이인정 외, 2001).

(1) 신체적 및 성적 성숙

청소년기의 신체적 변화의 특징은 급속한 성장과 생식 능력의 획득이다. 구체적으로 신장과 체중의 급격한 증가가 일어나며 생식기관의 성숙과 제2차 성징이 나타난다. 이러한 신체적 성숙의 속도와 형태는 일반적으로 남자들의 성장이 여자들보다 2년 정도 늦게 시작된다.

또한 이 시기에는 성호르몬의 생성과 분비가 일어나며, 그 결과 성징의 발달을 가져오게 된다. 그리고 이 시기 대부분의 청소년들은 이 새로운 경험에 대해 즐거움과 불안이라는 양면적인 감정으로 반응하게 된다.

(2) 인지적 발달

청소년기에는 더 추상적으로 사고할 수 있게 되며, 경험해 본 적이 없는 사건에 대해서도 인과 관계를 추론할 수 있게 된다. 이러한 형식적 조작사고는 자신의 사고를 비판적으로 검토할 수 있고, 한 변수가 다른 변수에 미치는 영향에 대하여 가설을 세울 수 있는 능력들을 포함한다. 또한 자신의 가치관이나 행동 양식은 자기가 속한 사회규범 때문이라는 것을 이해함으로써 다른 사회에 속한 사람은 그 사회의 규범에 따라 자신과 다른 방식으로 행동할 수 있다고 기대한다. 따라서 다른 사람에 대한 이해와 포용력이 증가한다. 그 결과 청소년기의 특징인 자기 중심적인 사고의 감소를 가져온다.

(3) 사회적 발달

청소년들은 또래집단에 의하여 인정받고 싶은 욕구가 매우 강하며, 심리적으로 어떤 집단의 성원이 되기를 추구하는 경향이 있어, 자기가 속한 집단에 의하여 자신을 정의하고자 한다. 또한 이 시기의 또래집단의 특징은 보다 더 조직적이며, 그 구성원들이 이질적이라는 점이다. 청소년들이 특정한 또래집단을 선택하는 것은 사회경제적 계층, 부모로부터 물려받은 가치관, 거주지역과 학교의 성격, 특수한 능력이나 재질, 자신의 성격 등 여러 가지 요인에 의해서 결정된다.

이와 같은 또래집단의 경험을 통해서 청소년들은 조직을 평가하고 조직 내에서 자신의 위치를 평가하는 기술을 배우게 되며, 이러한 사회적 기술이 성인기 때의 사회적 집단 내에서의 기능에 대한 기초가 되는 것이다. 또한 이 시기에는 성적인 성숙과 사회적 기대의 결과로 이성 관계가 새로운 관심의 대상이 되기 시작한다.

(4) 정서적 발달

청소년기에는 낙관적, 비관적 감정이 교차하기도 하고 자부심과 수치심을 강하게 경험하기도 한다. 또한 부모나 형제, 그리고 친구들과 공유할 수 없는 감정의 경험을 통해서 고립감을 느끼기도 한다. 이렇게 감정의 기복이 심한 이 시기의 주요한 과제는 자신의 감정에 보다 관대해지는 것이다. 이러한 정서적 문제 속에서 자신의 감정을 지나치게 억제하거나 지나치게 충동적으로 반응하면 사회적 고립, 비행 등의 결과를 가져올 수 있다. 이와 같이 충동에 대해 통제력이 약한 것은 대부분의 청소년들에게 일시적인 현상이다. 이것은 비행에 따르는 두려움이나 죄의식이 더 이상의 지속적인 비행을 방지하는 일종의 벌로 작용하기 때문이다. 그러나 어떤 청소년들은 비행을 반복함에 따라 스스로 통제하는 능력이 약화되어 비행이 증가하거나 강화되어지기도 한다.

(5) 성 역할에 대한 정체감

아동기에서부터 생기기 시작한 자신의 성에 대한 정체감은 청소년기에 들어 개념화되고 확고해진다.

청소년기를 통과해 나가면서, 성인 남자와 여자에게 주어지는 성 역할 행동에 대한 사회적 기대를 접하게 되면서 그들은 확고한 성 역할에 대한 정체감을 형성하게 된다.

(6) 직업에 대한 준비

청소년기는 직업 선택에 대한 준비를 하는 시기라고 볼 수 있다. 직업을 선택하는 과정은 여러 가지 요인에 의하여 영향을 받게 되지만 개인적인 능력, 관심, 자신에 대한 부모나 중요한 사람들의 기대와 같은 개인적 요소가 가장 중요한 결정요인이다.

(7) 자아정체감 확립

자아정체감의 형성은 아동기의 동일시 경험에서부터 시작된다고 볼 수 있다. 청소년들은 자기의 행동에 대해 자주적인 선택을 하기 위하여 부모의 가치와 규범을 점점 더 나름대로 재평가하게 된다. 따라서 정체감 형성의 과정은 아동기에 그 뿌리를 두고 청소년기를 거쳐 성인기까지 지속되지만 특히 청소년기에 가장 중요한 이슈로 등장하게 된다. 자아정체감을 형성한 사람은 신념, 가치관, 정치적 견해, 직업 등에서 스스로 의사결정을 할 수 있다.

자아정체감 형성을 위해서는 자신의 신념, 가치관 등에 대한 의문 제시가 선행되어야 하며 일종의 위기를 경험한다. 자신이 경험한 많은 요소들을 모아서 통합된 명확한 자기정의를 내리는 것은 어려운 일이므로 정체감을 형성하는 과정에서 누구나 일시적인 혼동이나 우울증을 경험할 수 있다. 특히, 청소년기는 특정한 역할에 대한 전념을 요구하는 사회적 의무가 거의 없기 때문에 정체감 위기 해결의 준비를 위하여 원하는 대로 많은 역할을 해 볼 기회가 주어진다고 할 수 있다.

2. 청소년복지의 개념

최근에 우리나라에서 청소년복지라는 용어가 사용되어 아동복지와 분리하기 시작하였다. 청소년복지의 개념은 청소년의 특징에 대한 관점 그리고 청소년정책의 국가적 수준과 방향에 따라 달라질 수 있다. 그러므로 청소년복지 개념에 대한 합의된 정의를 아직까지 찾기 어려운 현실이므로, 지금까지의 몇몇 학자들의 정의를 살펴보면 다음과 같다.

장인협과 오정수는 "청소년복지를 아동복지와 구분하지 않고 아동・청소년복지라고 혼합하여 사용하고 있다. 아동・청소년복지는 사회구성원으로서 아동과 청소년의 기본적인 욕구를 충족시키고 건전한 성장과 발달을 도모하기 위하여 여러 가지 활동을 가능케 하는 공적인 방법과 절차이다"라고 정의하고 있다(장인협・오정수, 1984).

김성이는 "청소년복지는 가정이나 사회로부터 버려지거나 적응하지 못하는 청소년들뿐만 아니라, 모든 청소년들의 안녕에 관심을 가져야 한다고 전제하고 청소년복지활동은 청소년의 기본적인 욕구를 충족케 하고, 정신적・정서적・신체적으로 최상의 발달을 기하기 위해서 청소년 자신들에게 직접적으로 또는 가정이나 사회를 통해 간접적으로 제공되는 모든 사회제도적 전문적 활동을 말한다"라고 정의하였다(김성이, 1993).

송정부는 "청소년복지란 사회복지의 하위 개념이므로 청소년의 생존권이 보장되어 사회적으로 편안히 잘 지내는 상태이다라고 설명하면서 청소년복지의 개념을 청소년이 사회생활을 유지, 발전시킬 수 있도록 작용하는 제도・정책・행위의 체계이다"라고 정의하고 있다(송정부, 1991 : 565).

이상의 정의를 종합하여 볼 때 청소년복지는 특정 요보호 청소년 집단에 국한되는 것이 아니라 일반 청소년 및 청소년의 생활에 가장 직접적인 영향을 미치는 가족까지도 포함하고 있으며 또한 청소년에 대한 직접적인 서비스뿐만 아니라 간접적으로 제공되는 모든 정책과 제도를 포함하는 광범위한 개념임을 알 수 있다.

3. 청소년복지의 대상과 종류

1) 대상

서비스 대상을 중심으로 대상 청소년을 나누어 보면, 학대 및 유기청소년, 가출청소년, 장애청소년, 근로청소년, 시설수용청소년, 미혼모청소년, 소년소녀가장청소년 등으로 나눌 수 있지만 본 연구에서는 크게 대별하여 요보호 청소년과 일반청소년으로 나누어 살펴보고자 한다.

가. 요보호 청소년

요보호 청소년이라 함은 청소년이 그 보호자로부터 유실, 유기, 또는 이탈된 경우 그 보호자가 청소년을 양육하기에 부적당하거나 양육할 능력이 없는 경우 등으로 법의 보호를 받는 청소년을 말한다. 좀 더 구체적으로 양육환경에 문제가 있는 가정의 청소년, 신체적 · 정신적 · 정서적 문제나 장애를 가진 청소년, 가출하거나 비행을 저질러 사회나 법적 보호를 필요로 하는 청소년, 미혼모의 청소년처럼 특별보호를 필요로 하는 청소년이라고 할 수 있다.

요보호 청소년을 대상으로 이루어지는 서비스는 선별 주의적이며 잔여적 서비스의 형태를 취하는데, 지금까지 우리나라의 청소년복지정책은 요보호 청소년을 대상으로 하는 정책이라고 할 수 있다.

나. 일반 청소년

1991년 개정된 아동복지법에서는 최초의 아동복리법의 제1조에 명시되었던 대상 '도움이 필요한 요보호 아동'의 규정을 삭제하고 대상을 '모든 아동'으로 확대하였다. 이처럼 가정 이외의 특별한 보호나 도움 없이도 생활할 수 있는 청소년을 말한다.

저소득층 가정의 청소년들도 즐길 수 있는 가족 오락 및 여가시설을 저렴하게 제공하고, 아동 및 청소년이 심신을 단련할 수 있는 수련시설을 이용할 수 있도록 일반 청소년의 보편적 욕구를 충족시키면 자연히 잔여적 복지서비스의 욕구는 감소하게 될 것이다.

2) 종류

(1) 재가서비스in-home service

자신의 가족구성원과 같이 생활하면서 필요한 서비스를 제공받는 경우로 청소년이 자신의 가정에서 양육되는 것이 가장 바람직하다는 것이 인식되면서 중요시되고 있다. 부모의 양육지식과 기술이 부족한 경우, 또는 원만하지 못한 가족 관계 등으로 적절한 양육이 이루어지지 못하는 경우에 외부로부터 가족상담, 부모교육, 방임학대아동보호서비스 등의 다양한 도움을 제공받는 것이다.

(2) 청소년상담사업

상담사업은 청소년문제의 발생을 예방하고 이미 발생된 경우 사후지도를 통하여 지역사회의 자원활용 및 알선으로 청소년복지서비스를 증진시키려는 목표를 가지고 있다. 우리나라의 청소년상담사업은 1959년 서울 아동상담소의 설립을 계기로 시작되었으나, 모든 청소년을 위한 종합적이고 체계적인 상담사업을 본격적으로 실시하고자 노력한 것은 1990년대에 들어와 문화체육부에 의한 청소년상담실이 설립되면서부터라고 할 수 있다.

현재 우리나라의 청소년상담사업은 모든 청소년을 위한 청소년상담소는 거의 없이 요보호 청소년을 위한 대책 마련에도 급급한 실정이며, 학교상담실의 경우도 전문상담교사의 수가 절대적으로 부족하여 진정한 상담서비스가 이루어지지 못하고 있는 실정이다. 이외에도 사회복지법인이나 기타 공익법인에서 운영하는 민간상담실이 있으나 대부분의 경우 다른 공익사업에 의해 부수적으로 실시되고 있는 현실이다.

(3) 소년 · 소녀 가장세대 보호사업

소년 · 소녀 가장세대 보호사업은 경제적으로 필요한 최저한의 생활을 보장해 줌으로써 가정 해체와 비행청소년화를 방지하고 자립 능력을 배양하여 건전한 사회인으로 육성되도록 보호하는 사업으로 정부가 1985년 선가정, 후시설보호라는 정책하에 처음 시작된 것으로 국민기초생활보장법에 의한 수혜자 중 18세 미만의 청소년이 실질적으로 생계를 이끌어 가는 경우에만 선정토록 하고 있다. 소년 · 소녀 가장세대 보호사업은 공공부조 방식에 의한 소득 지원 방법으로 생계보호, 의료보호, 교육보호가 실시되며, 피복비, 영양급식비, 학용품비, 교통비 등이 추가 지원되고 있다.

또한 부족한 경제적, 정서적 지원을 보충하기 위하여 소년 · 소녀 가장세대를 불우아동사업에 포함시켜 결연후원사업을 추진하여 왔고, 결연후원사업의 활성화를 위하여 한국복지재단에 결연사업을 위탁하여 추진하고 있다. 그러나 성인의 보호 및 지도 없이 일상생활, 학업, 친구 관계 등과 관련된 많은 어려움을 경험하고 있는 소년 · 소녀 가장들에게 주로 경제적인 지원을 하고 있으나, 정서 및 생활과 관련된 도움은 거의 제공되지 않고 있는 현실이다.

(4) 복지시설의 청소년

우리나라에서는 일반 아동보호시설에서 요보호 청소년을 보호하고 있다. 우리나라에서 아동의 보호 또는 교육, 훈련, 치료를 목적으로 운영되고 있는 수용 보호시설 중 청소년만을 수용하여 보호받는 시설은 보육시설, 직업보도시설, 교호시설, 자립지원시설 등의 시설에서 청소년들이 서비스를 받고 있다.

(5) 사회환경 개선사업

가. 학교주변 교육환경 개선

학교 출입문으로부터 직선거리 50m까지의 절대정화구역, 학교경계선으로부터 직선거리 200m까지의 지역 중 절대정화구역을 제외한 상대정화구역을 설정하여, 정화구역 안에서의 유해업소 설치가 원칙적으로 금지되고 있다. 각 지역 교육청에 설치된 학교환경위생정화위원회의 사전 심의를 거쳐서 학습과 학교보건위생에 나쁜 영향을 주지 않는다고 인정한 시설에 한해서는 제한적으로 설치가 가능한 경우도 있다.

그리고 학교폭력 등 청소년문제 해결을 위하여 학교담당검사제, 학교폭력전담반, 학교폭력신고 전화운영 등 학교폭력 근절 대책과 우범청소년 결연사업 등 각종 청소년선도정책들을 실시하고 있다.

나. 대중매체의 개선

오늘날 대중매체가 청소년의 개인생활 속에 깊이 잠입해 있다는 사실을 감안할 때 대중매체는 다른 환경적 요소들보다 매우 큰 영향을 미치고 있다. 따라서 정부는 방송위원회 심의, 종합방송위원회 심의와 방송사별 프로그램 개선을 위한 시청자위원회, 자체심의, 케이블 TV 자율심사위원회 등을 구성하여 음란저질폭력 등을 내용으로 하는 오락물을 공연윤리위원회 심의 강화를 통하여 청소년에게 유통되는 것을 방지하고 있으며, 또한 불법음반 비디오물의 근절을 위하여 검・경찰과 합동으로 지속적인 단속을 실시해 오고 있다.

다. 청소년유해환경 정화

청소년의 통행을 금지 또는 제한시킴으로써 청소년을 각종 유해환경으로부터 사전에 차단하여 건전한 인격체로 성장할 수 있도록 청소년유해업소가 밀집되어 있고, 청소년 비행이 빈번하게 발생되는 특정 지역에 대하여 청소년보호법에 의거하여 지정하고 있다.

그리고 청소년유해환경의 개선을 관계 당국의 행정적 규칙에 일임할 수 없어서 1993년 한국청소년학회에서 청소년유해환경 고발센터를 개설하여 시민의 고발을 받아 현장조사, 시정권고 등 고발처리활동을 주로 수행해 왔으며, 1994년부터는 감시모니터 운영과 유해환경실태조사, 시민캠페인과 여론조성 등 보다 능동적인 기능을 보완시켜 유해환경민간감시단사업을 마련하고 이를 효과적으로 추진할 민간단체를 선정, 시민운동을 전개할 수 있도록 지원하고 있다.

(6) 기타 어려운 청소년활동 지원

기타 어려운 청소년들에게 지원해주는 활동은 ① 근로 청소년 등 소외계층 청소년을 위한 연극공연, ② 비정규학교 지원, ③ 근로청소년 문화체육대회, ④ 어려운 청소년 자연체험활동, ⑤ 청소년 공부방 운영, ⑥ 농어촌 청소년육성재단 설립 운영, ⑦ 농어촌 출신 학생기숙사 건립 지원 등의 사업이 있다.

4. 청소년복지의 과제와 전망

21세기 사회의 주역이 될 청소년을 건강하게 성장·발달시키는 것은 이제는 각 가정만의 문제가 아니라 사회·국가가 함께 책임을 져야 할 문제이다. 청소년이 건강하고 미래지향적인 모습으로 성장할 수 있도록 하기 위해서 우리나라의 청소년 복지가 해결해야 할 과제는 무엇이고 앞으로 어떤 방향으로 나아가야 하는지를 알아보기로 한다.

1) 청소년복지 이념의 재정립

1981년 개정된 아동복지법은 대상을 '모든 아동'으로 보편화시켰지만, 행정상의 변화가 뒤따르지 않아 실제로 청소년 복지사업은 여전히 제한적이고 잔여적인 청소년복지 이념에 의해 지배되고 있는 실정이다. 이제는 청소년에게 불리하게 작용하는 모든 사회환경으로부터 이들을 보호하고 모든 청소년이 건전하게 성장할 수 있도록 도와주는 복지서비스가 시급히 요구된다. 따라서 치료 위주의 자선적이며 구호적인 이념에서가 아니라 문제의 발생을 막기 위한 적극적 예방적 차원에서 청소년복지를 생각하는 인식의 전환이 필요하다.

2) 일반 청소년을 위한 프로그램의 개발

청소년들도 긴장을 풀고 재충전할 수 있는 서비스를 필요로 한다. 따라서 기쁨과 즐거움을 느끼게 하고 삶의 질을 향상시킬 수 있는 프로그램이 제공되어야 한다.

그리고 현재의 청소년상담사업은 요보호 청소년이 되는 것을 미연에 방지하기에도 역부족일 뿐 아니라 요보호 청소년에 대한 적절한 개입을 실시하기에도 미흡한 실정이다. 무엇보다도 상담소의 증설이 요구되며, 예방적 차원에서 문제발생의 소지가 있는 가정에는 수시로 상담서비스가 제공되어야 한다. 우선적으로 청소년인구가 많고 문제의 소지가 많은 취약지구에 상담소를 설치하고, 기존의 사회복지관이나 재가복지센터의 상담기능을 활용하는 등 상담창구를 다원화하고, 양질의 상담서비스를 제공할 수 있는 전문상담인력이 확보되어야 한다.

또한 요보호 청소년에 대한 상담뿐만 아니라 올바른 자녀양육을 위한 부모교육 등 가정문제 전반에 걸쳐 전문적인 상담을 제공할 수 있는 프로그램이 개발되어야 한다.

3) 요보호 청소년을 위한 복지서비스의 강화

우리나라의 청소년복지서비스는 요보호 청소년을 중심으로 주로 구호나 생존차원의 복지성책이었다. 이제는 한 차원 높여 그들의 삶의 질을 향상하는데 목표를 두는 복지정책을 추진시켜야 할 때이다.

요보호 청소년의 범위를 확대하고 각각에 맞는 적합한 프로그램의 제공, 현대의 요보호 대상은 과거의 고아나 미아뿐만 아니라, 정서와 행동에 문제를 가진 청소년, 신체적 성적으로 학대받는 청소년, 약물을 사용하는 청소년, 가출하거나 비행을 일으키는 청소년, 폭력을 사용하고 당하는 청소년, 십대 미혼모 등으로 그 범위가 매우 넓어졌다. 따라서 그들이 겪는 다양한 문제를 해결할 수 있도록 다양한 프로그램이 개발되어 제공되어야 하며, 사전에 요보호 청소년을 예방할 수 있는 사회적 대책도 강구되어야 한다.

18장
여성복지

1. 여성복지의 이해

1) 개념

우리나라에서 사용되고 있는 여성복지woman welfare의 용어는 최근 들어 주로 사용하고 있는 용어로서 과거에는 주로 부녀복지로 지칭되었으며, 이에 따라 현재까지도 부녀복지라는 용어를 사용하기도 한다. 그러나 여성복지는 부녀복지보다는 더 발전된 개념으로 보고 있다(고수현 외, 2002).

부녀복지는 지난 50년 동안 여성의 모성 및 부인으로서의 기능과 역할에 초점을 맞추어 행정체계를 중심으로 사용해 왔으며, 그 대상이 미혼모, 저소득층 편모, 가출여성, 윤락여성 등 요보호 여성을 중심으로 하는 소극적, 제한적, 부정적인 개념을 지니고 있었다(이소희 외, 2001).

그러나 1990년대 후반에 들어 산업화와 근대화에 따른 여성의 지위와 역할이 변화함에 따라 부녀복지의 대상을 일반여성 모두를 대상으로 하는 개념으로 전환되어야 한다는 인식이 확산되고, 여성들의 복지요구도 증대되어 일반여성을 위한 복지가 추가되었다(박영란 · 황정임, 1997). 즉 현재 우리나라의 여성복지는 전환기를 맞이하고 있다.

결론적으로 여성복지는 헌법의 남녀평등이념을 구현하기 위해 정치 · 경제 · 사회 · 문화의 모든 영역에 있어서 남녀평등을 촉진하고 여성의 발전을 도모함을 목적으로 한다. 즉 개인의 존엄을 기초로 하여 남녀평등의 촉진, 모성의 보호, 성차별적 의식의 해소 및 여성의 능력개발을 통하여 건강한 가정의 구현과 국가 및 사회의 발전에 남녀가 공동으로 참여하고 책임을 분담할 수 있도록 하는 것이다.

2) 변화

지난 반세기 동안 부녀복지사업을 중심으로 발달해온 우리나라의 여성복지는 오늘날 새로운 패러다임의 도전을 받고 있다. 이제는 요보호 여성만이 아니라 모든 여성을 위한 보다 보편적인 서비스를 제공하고, 여성복지 분야뿐만 아니라 사회복지의 모든 분야가 여성의 복지욕구에 보다 적절히 대응할 수 있는 역량을 구축해 나아가야 하는 시대적인 요청에 당면하고 있기 때문이다.

우리나라의 여성복지는 1945년 해방 이후 미군정에 의해 실시된 전쟁미망인 구호사업에서 출발하여 1960~70년대부터는 미혼모, 저소득모자가정, 가출여성, 윤락여성 등 사회적 지원을 필요로 하는 여성들을 대상으로 서비스를 제공해왔으며 1980년대에 이르러서는 여성의 능력개발과 능동적인 사회참여 유도 등을 목표로 하여 여성단체활동 지원, 여성회관 운영사업 등을 확대 실시하고, 1990년대에는 성폭력, 가정폭력피해여성들을 위한 보호서비스를 확대하는 방향으로 발달해왔다. 이와 같이 한국의 여성복지체계는 시대적 배경과 사회문화적 특수성을 반영하면서 부녀복지에서 여성복지로 발달해 왔으나, 아직 급변하는 한국여성의 사회적 지위와 역할, 그리고 보다 다양해진 여성의 복지욕구를 수용하는 데는 한계가 있는 것으로 지적되고 있다.

2. 여성복지의 접근 방향

1) 여성복지정책의 방향

(1) 기본 방향

여성복지정책에 관한 기본 계획을 5년마다 수립하여야 한다. 그리고 여성정책의 기본 방향과 남녀평등의 촉진, 여성의 사회참여 확대, 여성의 복지증진, 기타 여성정책에 관한 주요시책, 여성정책 추진과 관련한 재원의 조달 방법을 포함하여야 한다.

(2) 여성 관련문제의 조사

효율적인 여성정책의 수립을 위하여 여론조사, 성별통계 작성 등을 통하여 여성과 관련된 문제에 관한 조사를 실시하여야 하여 정보체계의 구축을 통한 여성 관련 정보의 제공에 노력하여야 한다.

(3) 여성주간

정부는 여성의 발전을 도모하고 범국민적으로 남녀평등의 촉진 등에 대한 관심을 높이기 위하여 1년 중 1주간을 여성주간으로 지정한다.

(4) 정책 결정 과정 및 정치참여

① 국가 및 지방자치단체는 각종 위원회 등 정책 결정 과정에 여성의 참여를 확대하기 위한 방안을 강구하여야 한다.

② 국가 및 지방자치단체는 다양한 방법을 통하여 여성의 정치참여 확대를 지원하기 위하여 노력하여야 한다.

(5) 공직참여와 고용평등

가. 공직참여

공무원의 채용·보직관리·승진·포상·교육훈련 등의 합리적 운영으로 여성의 공직참여 확대를 위한 여건을 조성하여야 한다.

나. 고용평등

① 국가 및 지방자치단체는 관계법률이 정하는 바에 의하여 근로자의 채용·교육훈련·승진·퇴직 등 고용 전반에 걸쳐 남녀평등이 이루어지도록 하여야 한다.

② 국가 및 지방자치단체는 육아휴직제 실시 등 근로자의 가정생활과 직장생활을 조화시킬 수 있는 제도를 마련하여야 한다.

③ 국가·지방자치단체 또는 사업주는 성희롱의 예방 등 직장 내의 평등한 근무환경 조성을 위하여 필요한 조치를 취하여야 한다.

(6) 모성보호의 강화

① 국가·지방자치단체 또는 사업주는 여성의 임신·출산 및 수유 기간 동안에 이들을 특별히 보호하며 이를 이유로 하여 불이익을 받지 아니하도록 하여야 한다.

② 국가 및 지방자치단체는 취업여성의 임신·출산 및 수유와 관련한 모성보호 비용에 대하여 사회보장기본법에 의한 사회보험 및 재정 등을 통한 사회적 부담을 높여 나가도록 하여야 한다.

2) 교육정책

• 가정교육

가정에서부터 남녀평등에 관한 교육이 이루어지도록 노력하여야 한다.

• 학교교육

국가 및 지방자치단체는 학교교육에 있어서 남녀평등이념을 고취하고 여성의 교육기회를 확대하여야 한다.

• 사회교육

국・공립연수기관 및 사회교육기관과 기업체의 연수교육 과정에서 남녀평등의식을 제고하는 교육이 실시되도록 노력하여야 한다.

3) 기타 정책

• 여성복지증진

사회구조의 변화에 따른 여성복지수요에 부응하기 위한 시책을 강구하여야 하고, 관계법률이 정하는 바에 의하여 저소득 모자가정, 미혼모, 가출여성 및 요보호 여성의 발생을 예방하고 이들을 선도・보호하여야 하며 노인인 여성과 농어촌에 거주하는 여성의 복지증진에 노력하여야 한다.

• 영유아보육

관계법률이 정하는 바에 의하여 영유아의 보호와 건전한 교육을 위하여 보육시설 확대 기타 필요한 조치를 취하여야 하고, 방과 후 아동의 보호와 건전한 생활을 위한 시책을 강구하여야 한다.

• 평등한 가족 관계 확립

민주적이고 평등한 가족 관계를 확립시키기 위하여 노력하여야 하고, 가족구조의 변화에 따라 맞벌이부부・편부모가정 등에 대하여 필요한 지원책을 강구하여야 한다.

• 성폭력 및 가정폭력 예방

관계법률이 정하는 바에 의하여 성폭력범죄의 예방과 피해자 보호를 하여야 하며, 가정에서 일어나는 폭력문제에 대한 시책을 강구하여야 한다.

• 가사노동가치의 평가

가사노동에 대한 경제적 가치를 정당하게 평가하여 이를 법제도나 시책에 반영하도록 노력하여야 한다.

• 여성국제협력

국제기구나 국제회의에 있어서의 여성의 참여를 확대하고 여성의 국제적 평화증진운동과 국제협력 강화를 위한 활동을 지원하여야 하고, 국제연합 여성차별철폐협약 등 여성 관련 국제조약의 체결 또는 이행에 노력하여야 한다.

• 대중매체의 성차별 개선

대중매체의 성차별적 내용이 개선되도록 지원하고 대중매체를 통한 남녀평등의식을 확산하도록 하여야 한다.

3. 여성복지의 분야

1) 소득 및 자립지원사업

(1) 의의

저소득층에 대한 소득 지원은 연금, 기초생활보장, 저소득 모・부자가정을 위한 지원이 있으며, 구체적으로 자녀 학비 지원, 아동양육비, 복지자금대출, 영구임대주택 입주, 직업훈련 및 취업알선 등의 지원이 있다.

(2) 사업의 종류

가. 모자보호시설

모자보호시설은 18세 미만의 자녀가 있는 보호자나 배우자가 없는 여자로서 그가 가족을 부양할 능력이 없다고 인정되는 경우에 그 여자와 아동을 함께 입소시켜 보호함을 목적으로 하는 시설이다.

나. 미혼모시설

미혼모란 법적으로 혼인하지 않은 남녀가 성 관계를 맺어 아기를 낳아 부모가 된 사람을 말하며, 사회사업의 대상이 되는 미혼모의 개념은 미혼으로서 아기를 낳은 여자와, 기혼녀가 별거하거나 이혼하였거나 과부로서 혼외의 아기를 낳은 여자를 모두 포함한다. 이러한 미혼모를 위한 사회복지시설을 의미한다.

2) 여성복지 상담 및 선도사업

(1) 의의

여성복지 상담 및 선도사업은 '윤락행위등방지법'(제14조)에 의해 시행되고 있다. 이때 윤락이란 '타락하여 몸을 버림'으로 정의되고 있으나 행정적으로나 법규상 사용하는 윤락의 개념은 매춘賣春, prostitution이라는 용어와 구별되지 않고, '윤락행위등방지법'이 규정하고 있는 윤락 행위는 불특정한 사람을 상대로 하여 금품 기타 재산상의 이익을 받고 성 행위를 하는 것으로 정의하고 있다(고수현 외, 2002).

(2) 사업의 종류

가. 여성복지상담소

요보호 가정 및 신상에 대한 조사・상담, 가출여성 등의 귀가조치, 취업안내 및 알선, 지역사회 내 사회복지시설의 이용 안내 및 알선, 기타 요보호자의 선도보호를 위하여 필요한 상담 및 조치사업을 전개하기 위하여 전국에 여성복지상담소와 취약지역에 간이여성상담소를 설치하여 운영하고 있다. 또한 전문인력이 부족한 지역에는 자원봉사를 적극적으로 활용하여 상담을 강화하고 있다.

나. 선도보호시설 운영

선도보호시설은 '윤락행위등방지법'에 의해 설치된 시설로서 상담원은 저소득여성·가출여성·미혼모·윤락여성 등과 상담하여 이 중 보호선도가 필요한 여성에 대해서는 부녀직업보도시설에 1개월 내지 1년 간 수용(이용)·보호하여 이들에 대한 정신교육과 더불어 컴퓨터·양재·미용·제과·제빵 등과 같은 기술교육을 실시하여 자립 능력을 배양시켜 건전한 사회인으로 복귀하도록 도와주고 있다.

3) 여성폭력 예방 및 보호지원사업

(1) 의의

여성폭력을 예방하고 보호 지원하는 것은 여성폭력의 예방에 많은 도움을 준다 그래서 국가에서는 다양한 정책을 통하여 여성폭력을 예방하고 보호해주는 지원사업을 확대하고 있다.

(2) 사업의 종류

가. 성폭력 상담소 및 피해자보호시설

성폭력은 '성을 매개로 해서 상대방의 의사에 반해 이루어지는 모든 가해 행위'로서 성희롱이나 성추행, 성폭행 등은 모두 성폭력의 개념에 포함된다. 이밖에 인터넷을 통해 음란물을 보내는 등의 '사이버 성폭력'과 일방적으로 전화를 하거나 쫓아다니는 '스토킹Stalking' 등을 넓은 의미의 성폭력에 포함시키기도 한다(한국성폭력상담소, 2000).

나. 가정폭력 및 피해자보호시설

가정폭력으로 인해 발생하는 여성을 위해 설치된 시설을 의미한다.

다. 여성 1366과 요보호 여성 긴급피난처 운영

여성 1366은 저소득모자가정, 성폭력·가정폭력 피해자 등 긴급 상담·보호를 필요로 하는 여성들이 언제라도 전화를 통해 안내·상담을 받을 수 있는 전화번호로서 365일, 24시간 운영하는 위기 상황에 대한 개입서비스라 할 수 있다. 설치 장소로는 여성복지상담소, 여성회관, 민간단체 등 설치가 용이하고 실효성이 높은 곳을 지방자치단체가 선정하고 있다. 한편, 요보호 여성을 위한 긴급피난처를 지정·운영하고 있는데 이는 긴급히 보호를 받아야 할 여성이 보호를 받지 못할 경우, 인근시설 등에 우선 긴급피난 시켜 임시보호하여 상태에 따라 전문시설로 조치하거나 필요한 조치를 하고자 하는 것으로 가정폭력·성폭력 피해에 대처하고 있다.

4. 여성복지의 과제와 전망

1) 여성복지에 대한 인식의 변화

시대의 변화와 함께 새로이 대두되고 있는 여성의 복지욕구 및 지방화시대의 여건에 보다 적합한 여성복지를 실시하기 위해서는 서비스의 기획과 집행 과정에서 여성복지에 대한 인식의 전환이 필요하다. 즉 누구를 대상으로 누가 어떤 서비스를 어떻게 제공할 것인가의 기본적인 문제를 재검토하고 서비스 내용을 문제와 욕구별로 재조정하여 보다 효과적이고 효율적인 여성복지사업을 계획할 필요가 있다고 하겠다.

2) 통합적인 여성복지의 실시

여성복지를 보다 종합적이고 통합적인 여성복지서비스 전달체계를 구축하기 위해서는 현행 조직의 기능을 재조정하고 궁극적으로는 중앙정부의 행정체계를 개편할 필요가 있다. 지방자치단체에서는 시·도를 비롯하여 각 시·군·구의 여성복지 담당 공무원과 관련시설 및 기관 간에 보다 원활한 정보교류와 업무협조가 이루어지도록 간담회를 정례화하는 등 보다 긴밀한 연계망을 구축함으로써 보다 통합적인 서비스를 전달해야 할 것이다.

3) 여성복지 관련시설의 확충

우리나라의 사회복지는 시설의 절대 수가 부족한 상태이며 또한 지역별로 균형적인 분포가 이루어지지 않고 있다. 이는 여성복지 분야의 경우도 마찬가지이며 저소득 모자 관련시설, 성폭력피해 상담소와 보호시설, 미혼모보호시설, 여성회관 등은 상대적으로 부족한 실정이다. 그럼으로 다양한 여성복지 관련시설을 확충해야 하겠다.

4) 상담의 강화

지역사회의 여성들이 위기 상황을 접했거나 특정 복지욕구를 지니고 있을 때 찾아갈 수 있는 상담창구를 일원화하고 접근성을 제고하는 방안의 하나로 현재 시청, 구청, 여성회관, 간이상담소 등에 산재해 있는 여성복지상담소의 여성복지 상담원들을 종합사회복지관이나 보건복지사무소에 재배치하여 지역주민들이 쉽게 접근할 수 있는 장소에서 상담 업무를 전담할 수 있도록 하는 방안을 모색해 볼 수 있다.

5) 일반여성을 위한 프로그램의 개발

지금까지의 여성복지는 주로 미혼모, 모자가정 등 특별한 문제를 가진 여성을 중심으로 접근해 왔다. 그러나 앞으로는 일반여성을 위한 다양한 여성복지프로그램을 개발하여야 한다. 즉 여성복지의 변화에서도 살펴본 바와 같이 문제여성을 위한 정책도 지속적으로 개발해야 하지만 일반여성을 위한 프로그램도 전문적으로 개발해야 한다.

19장 노인복지

1. 노인의 이해

1) 노화

(1) 노화의 개념

노화의 의미로서는 '나이가 들면서 발생되는 생존 능력 및 생식력의 저하, 특히 성숙기 이후에 있어서의 저하현상으로 생리학적으로 불가피한 변화의 총화, 또는 그 결과가 육체적으로 표출되어 나타나는 현상'을 의미한다.

모든 생물에 공통적으로 나타나는 노령화의 특성을 정의하고자 한다면 위와 같이 표현될 수 있으나, 인간에게 있어서 노화현상을 전부 생리적 측면으로서만 나타낼 수 있을까 하는 문제가 제기된다. 예를 들어 정신기능의 저하, 노년기의 성격의 변화와 같은 현상은 어느 정도의 신체기능의 저하, 중추신경계나 감각계의 노화에 기인되기는 하지만, 전체적으로 그렇다고는 말할 수 없다. 심리적 조건, 환경상의 요인에 의해서도 규정될 수 있기 때문이다.

더구나 노화라는 단어는 '인구학적 노화'(전체 인구에 점하는 65세 이상 인구 비율의 증가

현상을 의미), '사회적 노화'(가족, 친구 등과의 이별 · 사별 등 인간 관계의 축소, 경제적 능력의 저하, 정년퇴직을 포함하는 사회적 활동의 기회의 감소 등을 의미) 등과 같이 사용되는 경우도 있으나, 앞에서 진술한 정의로부터 생각한다면 이들은 비유적인 사용 방법에 지나지 않는다(신섭중 외역, 1995).

(2) 노화에 대한 학설

노화에 관한 학설에는 ① 레이트 오브 리빙rate of living설, ② 유전설, ③ 프로그램설, ④ 변이누적설, ⑤ 다형질발현설, ⑥ 자기면역설 등등의 여러 학설이 있다. 이것은 서로 관련되어 있는 점도 있지만, 크게 분류하면 수명의 한계를 어떤 형태의 유전자에 의하여 지배되어 있다고 생각하는 학설과 외적 요인(방사능, 온도, 식물, 질병 등)에 의하여 지배된다고 하는 학설이 있는데, 전자의 학설의 경우가 더 폭넓게 인식되고 있으며 유력하다.

(3) 노화의 성질

노화현상은 다음의 네 가지의 성질을 갖고 있다고 한다.

가. 보편성

빠르고 늦음의 차이는 있으나, 필연적으로 나타나는 현상, 따라서 특정 일부에만 나타나는 장애나 특정 상황에서만 발생하는 질병 등은 노화현상이라고 말하지 않는다.

나. 내재성

성장이나 죽음과 마찬가지로, 개체에 유전적으로 갖추어져 있는 것으로 시간의 변화에 있어 환경인자에 의한 변화는 여기서는 제외되고 있다.

다. 진행성

노화는 정도의 차이는 존재하나 역행할 수 없는 변화의 과정이다.

라. 유해성

노화로 발생하는 변화는 개체에 바람직하지 못한 영향을 미치는 것으로 대체로 기능의 저하를 야기시키며, 그 결과 개체는 결국 환경에 적응하지 못하고 죽게 된다.

(4) 성공적인 노화

행복하게 생의 보람을 느끼면서 노년기를 맞이하는 것은 많은 사람들의 희망이며, 따라서 대부분의 사람들에게 있어서 건강한 노화를 보장하는 일이 노인복지의 궁극적인 목표를 보장하는 일이 노인복지의 궁극적인 목표이다. 성공적인 노화(건강한 노화)는 많은 사람들이 바라는 이상적인 노화를 표현하기 위하여 사용되고 있는 언어에 불과하며, 반드시 엄밀히 정의된 전문용어는 아니다. 미국에서는 건전한 노화, 일본에서는 건강한 노화, 훌륭한 노화라고 표현되기도 한다.

성공적인 노화를 가능하게 하는 조건을 명확하게 하는 일은, 사회노년학에 있어서 매우 중요한 연구과제의 하나이며, 많은 연구가 이루어지고 있다. 또한 그와 같은 연구들의 성과는 성공적인 노화를 보장하고자 하는 실천활동에 구체적인 개입 방법을 결정하는 내용이 될 것이다.

2) 노령화에 대한 이론적 접근

노령화이론은 시대와 학자에 따라 다양하게 분류할 수 있지만 우리나라의 실정에 맞게 구체적인 노령화이론을 살펴보면 다음과 같다(이현기 · 김익균, 1998).

• 철회이론

철회이론은 1960년대에 등장하여 노년기에 들어 지금까지 수행하던 사회적 역할로부터 빠져 나와 사회적 임무를 줄여나가야 개인의 생활만족도가 증가하고 생활이 행복할 수 있다는 것이다. 따라서 개인이 노년기에 들어 사회적 역할의 양을 줄여나가야 하는데 은퇴와 같은 것은 노년기를 접어드는 생활사건으로 개인의 생활만족도를 증가시킨다고 한다. 이론을 대변하는 학자는 Cumming과 Henry(1961)

인데 노년기에 접어들면 고령자들은 사회적 상호작용에서 역할, 활동, 자아 관련의 양이 줄어든다고 하였다.

신체적인 활력도 쇠퇴하고 사회활동 축소, 배우자의 죽음 등으로 인하여 가정과 사회에서의 역할이 줄어든다. 따라서 고령계층은 대부분의 사회활동에 관여하였던 심리적 에너지를 거두어들임으로서 정상적이고 성공적인 노화를 성취할 수 있다고 한다.

개인 노인의 사회적 역할에서의 철회는 사회가 원하는 데서 발생하기도 하고 개인이 스스로 자발적인 의도를 갖고 일어나기도 한다. 노년기에 이르러 죽음의 가능성이 커짐으로 스스로 자기의 내부를 정돈하고 심리적 에너지를 보존하기 위해 사회로부터 일정한 거리를 두고 자기와의 시간을 많이 가짐으로서 생활만족도가 높아진다는 것에 대한 개인 반응의 결과로 발생한다.

• 활동이론

활동이론은 철회이론의 시각을 반대하면서 노인의 생활만족도는 사회적 활동을 많이 함으로서 갖게 되는 사회적 역할에서 오고 이 역할은 개인의 자아상을 확대시켜 줌으로서 자아상이 바뀐다는 것이다. 노인의 심리적 사회적 복지는 역할과 관련 있는 사회활동에 기초한다고 주장한다. 노인은 근본적으로 건강상의 큰 변화가 없다면 중년기와 별로 다르지 않은 심리적 · 사회적 욕구를 가지고 있다. 노인도 중년이나 장년기와 마찬가지의 타인과 어울리기를 원하고 사회활동과 지역사회의 일에 참여하여 일하는 것은 매우 자연스런 일이다.

이 이론에 따르면 사회적 역할의 철회, 즉 정년이나 은퇴 건강으로 인한 사회적 활동의 축소는 개인의 집단 소속감과 친밀한 사교활동을 못하게 함으로서 집단에 소속하고 싶은 욕구, 교제하고 싶은 욕구를 충족시키지 못한다는 것이다. 따라서 자아정체감이 불안정하게 되고 부정적인 자아정체성을 느낄 확률이 커진다는 것이다. 자아상이 부정적일 때 노인계층의 심리적 만족감 또는 삶에 대한 주관적 복지는 매우 낮게 나타날 것이다.

• 하위문화이론

하위문화이론은 노인들은 나이가 들어가면서 자신들 간의 빈번한 접촉으로 인하여 젊은 세대와의 사회적 접촉의 빈도는 점점 줄어들게 되고 따라서 노인들 간의 동질성이 강해져 하나의 독특한 고령자 하위문화를 형성하게 된다는 것이다. 한 집단에 속해 있는 사람은 다른 집단에 속해 있는 사람들보다 더 자주 상호작용하게 되고 그러므로 그들만의 의미 있는 문화를 형성하게 된다.

• 교환이론

노년학의 교환이론은 사회학자 Homans의 교환이론을 노령화 과정에 적용한 이론으로서 Dowd(1975)에 의해서 시도되었다. 교환이론에서 사회구성원간의 상호관계는 사람들 사이에 보상을 반복적으로 교환하는 것인데 사회적 행동이 성립되는 것은 주는 것보다는 받는 것의 가치가 크게 되기 때문이다. 그 상황이 구비되어야 그 관계는 계속적으로 유지된다는 것이다. 노인의 사회적 지위의 하락은 결국 사회적으로 고령자가 젊은 세대에게 줄 수 있는 보상이 적기 때문에 발생한다.

즉 재산소유 및 통제권의 약화, 노인지식의 낙후, 노인의 종교적 전통에의 연결약화, 핵가족화, 노인의 생산성 약화 등은 노인의 교환자원의 부실과 약화를 가져와 노인은 결국 사회적 지위가 약해진다는 것이다. 앞에서 언급한 활동이론이 왜 노년기 개인의 사회적 상호작용이 감소하는지 설명하지 못하는 것에 반해 사회적 교환이론은 그것을 설명해 주고 있다.

• 단계이론

Erikson의 단계이론은 아동기와 사춘기의 정체성을 어떻게 발전시키고 동시에 성인기와 노년기의 인간 발달을 고려하고 있다. 정체성은 자아를 타인과 구분시키고 평생 동안 지속하는 특성의 집합이다. Erikson에게 있어서 정체성은 신뢰, 자율성, 창의성, 근면성의 기초 위에 형성되며 아동기에 발달하는 이 특징은 개인으로 하여금 유능하고, 가치 있고, 안전하다는 자아관을 갖도록 한다.

이 특성을 발달시키지 못하는 사람은 타인을 신뢰하는데 어려움을 느끼며 자신의 능력을 의심하고, 빈약한 자신의 행동결과에 죄의식을 가지며, 타인에게 열등감을 느끼며, 성년기의 변화를 대처할 자신감을 갖지 못한다. 이 두 극단의 특징에서 개인의 정체성은 지속적인 계속성을 갖고 있다.

2. 노인욕구와 문제

1) 노인욕구

(1) 노인욕구의 개념과 유형

노인의 욕구란 노인이 생존과 복지 및 자아실현을 위해 필요로 하는 신체적, 경제적, 사회적, 심리적 및 문화적 조건이라고 말할 수 있다. 이러한 욕구는 대개 ① 신체적 복지(건강, 영양, 일상적 활동), ② 심리적 복지(주관적 행복감, 소속감, 사기), ③ 사회적 복지(사회적 원조, 경제적 안녕, 주거환경)의 3가지 차원으로 구성되어 있다고 한다.

이러한 욕구는 생활 수준의 향상과 더불어 ① 생존적이고 기본적인 것, ② 일상생활의 도움을 얻으려는 것, ③ 사회심리적인 문제 해결을 위한 것, ④ 자기발전적인 것의 순으로 발전한다는 것이다(최성재, 1989).

이와 같이 노인의 욕구는 대개 경제적 욕구(소득), 의료욕구(보건, 의료), 사회심리적 욕구(의존, 안전, 가족, 집단참여), 주택욕구(3세대 주택, 노인주택, 수용시설), 교육욕구(사회교육), 교통욕구(교통수단), 문화・오락욕구(문화, 오락) 등이다.

(2) 노인욕구의 유형

가. 경제적 욕구

경제적 불안정은 노인들의 생활 모든 부분에 영향을 끼치며 노후의 생활이 불행하게 되는 가장 큰 원인은 노인들이 가난해지기 때문이다. 산업사회에서 근로자의 소득원은 임금이 될 수밖에 없는데 노인들은 육체적, 정신적 능력이 낮은 것으로 평가되어 노동시장에서 정년제도에 의해 강제로 축출되어 소득을 상실하게 된다.

그래서 노인들은 빈곤하게 되며 거의 모든 나라에서 가장 빈곤한 인구 집단은 노인이며 노인인구의 절반 이상이 빈곤층에 속하여 심각한 사회문제가 되고 있다.

나. 의료욕구

노인에게 무엇보다 두드러지게 나타나는 변화는 신체적 능력과 기능의 저하이다. 이와 더불어 건강이 약화되고 각종 질병으로 고통을 당하게 되는 경향이 연령이 많아짐에 따라 증가하게 된다. 젊은 층에 비하여 건강이 나빠 그만큼 의료에 대한 욕구가 높다.

특히 노인들의 질병은 대부분이 뇌혈관질환, 고혈압성 질환, 당뇨병, 관절염 등 만성질환으로 치료 기간이 길고 따라서 치료비용도 많이 든다. 더구나 이런 노인성질환은 완전한 치료가 불가능하여 많은 노인들이 자신의 건강문제를 가장 심각한 문제로 인식하고 있다.

다. 주택욕구

주택은 노인에게 뿐만 아니라 모든 인간의 생활의 근거지로서 생활의 안정에 필수적인 요건이 된다. 특히 주택이 노인의 복지와 관련하여 중요성을 갖는 까닭은 주택을 소유하고 있는 경우와 그렇지 못한 경우 노후의 생활에 미치는 경제적, 사회적 영향이 클 뿐만 아니라 주택소유 여부가 가족 관계 및 노인의 보호와 밀접한 상관성을 가지고 있기 때문이다.

노인들은 신체적 기능의 쇠퇴로 인하여 주택의 구조나 위치 등도 문제가 된다. 또한 노인들이 주택을 관리, 유지하는 문제에서도 노인들의 욕구가 나타난다. 물론 주택이 없는 노인들에게 안락한 주거공간을 마련하여 준다는 것이 가장 큰 문제이다.

라. 사회심리적 욕구

노인들의 경제적 욕구나 신체적 의존성에 대해서는 잘 알려져 있으나 노인의 사회심리적 욕구는 간과하는 경향이 있다. 인간은 물질적으로 풍족한 것만으로는 행복할 수가 없으며 주변의 사람들과 만족한 인간 관계와 정서적 교류가 이루어져야 한다.

그러나 노인들은 경제적 빈곤과 신체기능의 저하로 활동의 범위가 좁아지고 외출도 줄어 친구를 사귈 기회도 적어져 과거의 친구와 배우자, 그리고 가족과의 접촉에만 머무르게 되는데, 그나마 친구들을 자주 만나지 못하게 되어 점차 고립되어 간다. 더구나 자녀들과 별거를 하게 되거나 노화가 진행될수록 주변의 친구나 친척, 배우자가 사망하게 되는 수가 많고 이 경우 노인들은 큰 충격을 받게 되며 긴장과 불안을 느끼게 된다.

또한 자신의 능력은 점차 쇠퇴하는 반면 주변 환경의 변화는 급속하다고 느끼므로 자신의 생활에 대한 안전의 욕구도 증가하며 자신에 대한 심리적 지지와 애정과 인정을 받을 수 있는 집단 참여의 욕구와 과거의 폭넓고 다양한 흥미를 간직하려는 욕구도 커진다.

마. 교육욕구

노인의 학습 능력에 관한 논란은 계속되고 있으나 일반적으로 노인은 학습 능력이 낮다고 하는 잘못된 인식 때문에 노인들을 위한 교육에 상당한 장애가 된다. 하지만 분명 노인들은 교육에 대한 강한 욕구를 가지고 있으며 노인문제가 심화되고 있는 오늘날 노인 교육의 필요성은 더욱 절실하다. 특히 우리사회의 노인들은 오늘날의 기준으로 보아 전반적으로 교육 수준이 대단히 낮아 생활에 많은 지장을 받고 있다.

또한 노인교육을 통하여 노인 자신의 신체적, 정신적 특성으로 인하여 신속하게 변화하는 사회에 적응할 수 있는 능력을 기르게 되며 노인문제의 해결에 있어서 노인들 자신의 역할을 깨달을 수 있다.

바. 교통욕구

교통은 인간의 생활공간을 확대시켜 주며 생활에 필요한 자원과 서비스와 기회에 접근할 수 있고 타인과 접촉할 수 있는 수단이 되므로 우리의 생활에 적지 않은 영향을 미치게 된다.

노인들을 위한 사회복지서비스나 프로그램이 마련되어 있다고 하더라도 거기에 접근할 수 있는 교통수단이 없어서 이러한 서비스와 프로그램을 이용하지 못하는 노인이 많다면 사회복지서비스를 제공하는 의의가 없어지게 된다.

노인들의 교통욕구는 노인들의 신체적 활동력의 저하로 이동에 어려움을 겪고, 소득 수준이 낮아 교통비의 부담에 어려움이 따르며, 대부분의 교통체계가 노인들에게 부적당하게 마련되어 있다는 문제에 집약되며 노인의 운동 능력과 시력, 청력 등 감각 능력의 약화로 위급한 상황에 대처하는 능력이 부족하여, 교통안전의 문제도 따르게 된다. 따라서 값싸고 안전한 교통수단이 노인들에게 대단히 필요하다.

사. 문화 · 오락욕구

여가는 그것을 잘 이용하고 즐길 수 있는 경우 커다란 축복이 될 수도 있으나 그렇지 못할 경우 이는 큰 고역이 될 수밖에 없다.

노인들이 다른 연령층이 향유하는 문화와 오락에 접할 수 있도록 해야 할 뿐만 아니라 노인들을 위한 문화와 오락이 마련되어 노년기에 여가활동을 충분히 즐길 수 있도록 해야 할 것이다.

2) 노인의 문제

(1) 노인문제의 현황

노인문제란 노인을 위한 사회적 성격을 갖는 문제를 일반적으로 노인문제라 부른다. 여기서 사회적 성격을 갖는 문제란 반드시 모든 노인에게 공통적으로 발생한다고 볼 수 없지만 대체로 사회의 다수집단에게 바람직하지 못한 조건에 놓이는 비율이 증가할 때 나타나는 문제로서, 즉 빈곤, 질병, 고독, 역할 상실 등을 우리는 노인문제라고 한다. 노인문제의 근원적 모든 영역과 그것이 유발하는 스트레스와 관련하여 노인문제의 여러 측면을 다음과 같이 들고 있다.

① 경제적 문제 영역으로서 은퇴 후 소득의 상실과 새로운 생활 양식에 대한 적응문제

② 신체적 문제 영역으로서 건강의 악화, 저하된 기동성, 그리고 감각적 능력의 감소 등 신체의 변화에 따르는 경험에의 적응문제

③ 심리적인 문제 영역으로서 자신의 문제에 관하여 더 이상 젊지 않다는 것에 대한 깨달음과 그에 따른 감정에 대한 적응문제

④ 사회적 문제 영역으로서 사회적 지위의 잠재적 상실, 사회적 역할의 부적절한 위치, 그리고 레저leisure의 욕구를 일work과는 독립된 것으로서 평가하려는 욕구 등에 대한 적응문제

⑤ 철학적 문제 영역으로서 실존적 또는 종교적인 문제를 파악하게 되는 것으로서 '나는 왜 존재하는가?', '나의 인생은 무엇인가?', '인생이란 무엇인가?' 하는

문제들이 생각의 저변에 깔려 있다.

(2) 노인문제의 유형

노인문제는 대개 노인인구의 증가, 가족 유형의 변화, 산업화・도시화 및 노인 부양의식의 변화에 그 원인이 있으며, 이로 인하여 노인의 경제문제, 건강문제, 심리문제, 여가선용문제 등이 부각된다. 이러한 문제들이 일반적으로 노인문제로 일컬어지는 노인 4가지 문제로 이어진다(최경석, 1992).

가. 빈곤

현대 산업사회에서 노동력이 상품화되어 기술과 능력이 부족한 노인들은 점차 산업현장에서 물러나게 되면서 생계수단이며 소득의 주요한 원천인 일자리를 잃게 됨으로써 노인들이 빈곤에 시달리는 경우가 많다.

나. 질병

노인들은 생물학적 노화로 인하여 건강이 약화되면서 각종 질병에 시달리고 있으며, 주로 만성적 질병과 합병증이 나타나고 있다. 이러한 질병은 진행 정도가 느리고 회복이 어려운 관계로 과다한 의료비 지출을 야기시켜 노인들을 더욱 어렵게 하고 있다.

다. 고독

노인이 되면서 직업적・사회적 역할 및 지위의 상실, 사회참여 기회의 상실 자녀세대와의 가치관과 지식 수준의 차이 등은 노인으로 하여금 고독과 소외감을 느끼도록 하며, 이들은 노인에게 심리적 갈등을 유발하여 우울증과 자살에 이르게까지 한다. 고독과 소외의 문제는 현대사회의 특징으로 많은 사람들이 경험하게 되는 일이기는 하지만 모든 것을 상실한 노인들에게는 더욱 심각한 문제가 아닐 수 없다.

라. 역할 상실

산업화・도시화 및 가족 유형의 변화로 인하여 노인들의 가정에서의 역할이 점점 감소되고, 신체적, 정신적, 기술적 기능의 약화로 산업현장에서 물러나게 되면서부터 직업적 역할은 물론 생계유지자로서의 역할과 가계를 이끌어 가는 가장으로서의 역할까지도 상실하는 결과를 초래하고 있다.

노인의 지위와 역할이 약화되거나 상실되는 주요 원인은 개인의 부 또는 경제적 힘의 약화에 있을 것이다. 농경사회에서는 토지가 가장 큰 재산이었고 소유권이 일반적으로 노인에게 있었으므로 노인이 재산권을 가지고 자녀들을 통제하는 영향력을 발휘할 수 있었다. 그러나 산업사회가 진전됨에 따라 노동에 의한 임금수입이 주요한 소득의 원천이 되면서 노화로 인하여 노동현장에서 물러남에 따라 경제적 자원의 결핍으로 노인의 지위와 역할이 약화되고 상실되는 결과를 초래하고 있다.

마. 정신건강문제

노년기는 생물학적 능력이 점진적으로 소실되면서 성적 능력도 감퇴되고 사회심리적 적응도 어려워지는 시기이기 때문에 심신의 장애가 일어나기 쉽다. 더욱이 산업화 · 도시화 등 사회구조와 가치체계의 급격한 변화는 노인들에게 스트레스를 가중시켜 정신건강에 심각한 위협을 줄 수 있다.

이러한 것들은 노인들에게 강박증, 공포증, 우울증, 건강염려증, 편집증, 과대망상, 절망감, 이인증, 피해망상, 정신분열증적 장애, 노인성 치매 등의 정신건강의 문제를 야기시킬 수 있다.

(3) 노인문제의 특징

노인을 위한 사회복지정책으로는 좁은 의미에서의 사회복지시설 입소, 재가복지서비스, 노인복지시설 이용 등을 포함하여 보건의료, 소득보장, 고용, 주택, 환경, 교육 등의 분야에까지 광범위한 내용들을 포함하고 있다.

최근의 복지서비스의 공급주체가 다양해지고 있으나 공적 부문과 민간의 역할이 명확해지면서 실버산업을 포함한 종합적인 노인복지서비스의 체계를 구성하고자 노력하고 있다.

또한 급속하게 진행되고 있는 고령화사회에 대비하기 위해서는 지역사회복지와 지역사회보호 수준에서 지역사회복지서비스의 기능을 강화해야 할 것이다.

그리고 대인복지기술 분야에서는 케이스워크, 그룹워크 등이 주로 논의되어 왔지만 오늘날의 인구동태학적 변화인 노인 관련 질병, 만성질환자 등의 증가는 장기적으로 지역사회에서 노인들을 관리하고 보호하는 기술을 요청하고 있다.

이러한 측면은 지금까지의 시설수용 방식에 의한 복지서비스보다는 재가복지서비스 방식으로 전환되면서 지역사회 차원에서 노인문제로 접근해 나가는 경향이다.

즉 노령화의 지속적인 증가는 일반노인들의 평균수명의 연장으로 노인성 질환 및 장애인의 발생률을 높아지고 보건 및 사회적 서비스뿐만 아니라 비공식적 보호에 대한 요구를 증대시키고 있다. 이러한 노인성 질환은 단기적으로 치료가 불가능한 퇴행성 만성질환이라는 사실은 장기적 보호의 중요성을 부각시키고, 지역사회 기반의 재가보호 및 시설서비스 체계의 보다 나은 통합을 시도하게 될 것이고, 노인문제의 해결 방법도 이러한 방향으로 나아가야 할 것이다.

이러한 변화는 우리보다 복지가 발달한 선진복지국가에서도 나타나고 있는데 그 구체적인 변화는 살펴보면 다음과 같다.

첫째, 선진복지국가에서는 고령화사회에 대응하여 장기의 보호를 필요로 하는 노인을 대상으로 장기보호를 중시하고 시설입소보호에서 재가보호로 변화하고 있다.

둘째, 핵가족화의 진행으로 인하여 노인단독세대의 노인이 압도적이어서 가족에 의한 보호는 기대하지 못하고 사회적이고 지역적인 차원에서의 지역재가복지서비스를 중시하고 자원배분의 전환이 중요한 과제로 되어 있다. 이러한 측면에서 아직까지 우리나라는 소수의 시설수용보호노인 이외의 대다수의 노인들은 실제에 있어 대개 그들의 자녀와 동거하면서 부양을 받고 있는 것이 우리나라의 현실이다.

3. 노인복지의 본질

1) 노인복지의 개념

인간의 복지가 생애주기life cycle의 관점에서 계속적으로 일관된 과정으로 파악되고 규명되어져야 한다면, 노인복지는 생애주기의 후기 또는 완성기에 처한 인간의 복지라고 할 수 있을 것이다.

노인복지에 있어서 불가결한 생활상의 욕구로서 사회가 들어주지 않으면 안 되는 것으로서 건강증진과 생명연장을 위한 의료나 정신의학적 서비스, 적절한 주택, 정신적 안정과 사회적 유용성을 부여하는 사회, 퇴직 후의 경제적 안정, 만성병 노인의 보호, 노동 능력에 알맞는 일을 할 수 있는 기회, 창조적 활동의 기회 및 여가를 적극적으로 이용하기 위한 지도 등을 들고 있다.

그 중에서도 의료와 경제적 안정의 요구는 모든 노인에게 있어서 불가결의 요구로 보며, 이와 같은 요구에 대응하는 노인 대책을 노인을 위한 사회적 대책이라 부르면서 광범위한 노인복지의 필요성을 지적하고 있다.

즉 노인복지는 사회복지의 한 분야이기 때문에 요약적으로 말하면 노인복지란 노령에 의하여 일어나는 사회생활상의 곤란에 대한 사회복지적 원조라고 말할 수 있다. 즉 사회복지 고유의 관점 내지 원리에 입각한 노인문제 해결의 원조가 아니면 노인복지라 할 수 없다고 하여 사회복지 고유의 관점에서 노인복지의 파악을 시도하고 있다(신섭중, 1999).

또 이와 같은 노인복지에 있어서도 노령에 의하여 일어나는 생활곤란에 대한 보편적 대책, 이를테면 보편적인 노령연금, 노인의 의료・보건서비스나 주택 대책 및 직업 대책 등을 포함하는 노인정책을 '광의의 노인복지'로 보며 이와 같은 일반적 대책만으로는 생활상의 곤란을 해결할 수 없는 특수한 조건을 갖는 일부의 노인을 원조하는 서비스를 '협의의 노인복지'로 보고자 하는 입장도 있다.

요컨대 노인복지란 노인의 생활상의 곤란에 대하여 생활의 안정, 심신의 건강유지, 사회적 참여와 역할의 수행 및 취업의 기회와 여가 등에 걸쳐 정책 및 제도와 복지서비스 등을 통하여 노인이 하나의 독립된 인간으로서의 기본적 욕구와 문화적 생활을 유지할 수 있도록 원조하는 것이라 할 수 있다.

2) 노인복지의 원칙

노인복지의 기본적 기준으로서의 노인복지의 원칙에 대하여 사회복지의 이론적 근거, 즉 고유의 관점 내지 원리를 사회복지가 대상으로 하는 생활상의 곤란을 갖는 사회성, 전체성, 주체성, 현실성이라는 본질에서 유래하는 것으로 보았다.

이와 같은 사회복지 고유의 관점 내지 원리를 노인문제 해결에 적용함으로써 노인복지 고유의 의미를 이론적으로 규명하고자, 상술한 바 사회복지 고유 원리를 동시에 노인복지의 원리 내지 관점으로 보고 있다.

즉 노인복지의 원리로서 사회적 환경・조건이 노인생활의 사회적 측면을 상징하는 노인복지의 사회성의 원리, 노인 개인이 갖는 다수의 사회 관계가 전체로서 조화되며 양립할 수 있도록 원조한다는 전체성의 원리, 생활상의 곤란을 갖는 노인 자신의 입장에 서서 생활곤란의 파악과 해결을 원조하는 것으로서 주체성의 원리, 모든 노인의 생활상의 곤란에 대하여 최후적인 특수한 책임을 지는 노인복지는 평균 이하의 능력 및 조건이나 특수한 요구를 갖는 노인이나 일반적 노인정책으로부터 배제된 노인을 위한 서비스를 제공해야 한다는 현실성의 원리 등 4대 원리를 들고 있다.

또한 노인복지의 기본적 원칙에 대하여 존엄성, 독립성, 안정성의 유지, 선택의 자유 제공, 충분한 사회참여의 증진, 노령의 부정적 충격의 감소, 개인적 생활의 권장, 정부의 책임인식, 모든 노인에게의 동등 지원, 특수집단에 앞서 전국민의 권리고려, 변화하는 욕구에의 대응, 새로운 지식의 획득 보급 및 적용의 필요성, 노인복지의 목표 및 목적의 우선 순위에 따른 발전 등의 제 원리를 들고 있다.

1982년 5월 8일에 선포된 우리나라의 경로헌장에서는 노인복지의 구현을 위하여 다음과 같은 5개 항목을 규정하고 있다.

첫째, 노인은 가정에서 전통의 미덕을 살려 자손의 극진한 봉양을 받아야 하며 지역사회와 국가는 이를 도와야 한다.

둘째, 노인은 의・식・주에 있어서 충족되고 안락한 생활을 즐길 수 있어야 한다.

셋째, 노인은 심신의 안정과 건강을 누릴 수 있어야 한다.

넷째, 노인은 자신의 능력에 따라 사회활동에 참여할 수 있어야 한다.

다섯째, 노인은 취미・오락을 비롯한 문화생활과 노후생활에 필요한 지식을 얻는 기회를 가져야 한다.

즉 노인복지의 증진을 위하여 가족과 지역사회 및 부양책임에 의한 생활보장, 심신의 건강유지, 사회참여와 문화생활 및 필요한 지식획득의 기회부여 등의 모든 원칙을 규정, 선포하고 있다.

이상과 같은 노인복지의 모든 원칙·원리를 검토·분석하고 산업화에 따른 급속한 사회변동을 감안하여 정책론적인 입장에서 장차 우리나라의 노인복지의 지침으로서 기본적 원칙을 다음과 같은 10대 원칙으로 제시하고자 한다(신섭중, 1999).

① 의·식·주 등 기본적인 생활의 보장원칙
② 심신의 안정 및 건강유지와 의료보장의 원칙
③ 능력에 따른 재취업과 사회참여의 원칙
④ 취미·오락 등 문화생활 향유의 원칙
⑤ 노후생활 선택의 자유와 독립·자존 및 거택보호의 원칙
⑥ 급격한 사회변동에 적응할 수 있도록 새로운 지식획득의 기회 제공의 원칙
⑦ 노인양육에 대한 가족과 지역사회 및 국가책임의 원칙
⑧ 노후생활에 대한 자기책임과 자립자조의 원칙
⑨ 노인복지정책 수립에 있어서의 현실성과 우선순위의 원칙
⑩ 인간의 존엄에 상응하는 노후생활보장 원칙

4. 노인복지정책의 과제와 전망

1) 정책이념과 기본 방향

노인복지정책의 이념은 1981년 6월에 제정된 노인복지법과 1982년 5월 경로헌장에서 그 이념을 살펴 볼 수 있다. 노인복지법에 나타나 있는 그 이념을 보면 노인은 자손의 양육과 국가 및 사회의 발전에 기여해 온 자로서 존경과 건전하고 안정된 생활을 보장받으며, 노인은 그 능력에 따라 적당한 일에 종사하고 사회적 활동에 참여할 기회를 보장받으며, 노인은 노령에 따라 심신의 변화를 자각하여 항상 심신의 건강을 유지하고 그 지식과 경험을 활용하여 사회의 발전에 기여하도록 노력하여야 한다는 기본이념을 밝히고 경로효친의 미풍양속에 따른 건전한 가족제도가 유지 발전되도록 노력하여야 될 것을 명시하였다. 또한 국가나 지방자치단체가 노인복지 증진을 위하여 해야 할 책임과 제반 복지조치를 규정하고

있다.

한편 1982년 5월 8일을 기하여 선포된 경로헌장은 국민적 노력으로서 노인은 가정에서 전통의 미덕을 살려 자손의 극진한 봉양을 받아야 하고 지역사회와 국가는 이를 적극 도와야 하며, 의식주에 있어서 충족되고 안락한 생활을 즐길 수 있어야 하며, 심신의 안정과 건강을 누릴 수 있어야 하고, 자신의 능력에 따라 사회생활에 기여할 수 있어야 하며, 취미와 오락을 비롯한 문화생활과 노후생활에 필요한 지식을 얻고 지식을 가질 수 있도록 다 함께 노력할 것을 천명하고 있다.

그러나 오늘날 고도산업화, 전통적 가족제도의 퇴조, 인구 및 사회·경제적 여건의 변화 등 우리가 당면하고 있는 상황에서 헌장과 법이 제시하고 있는 이념을 구현하기에는 많은 과제를 안고 있다 하겠다.

2) 소득보장과 정년제

노인문제에 있어 가장 핵심적인 문제는 노후의 소득보장의 문제라 할 수 있다. 이를 위하여 우리나라에서는 공무원연금, 사립학교교원연금, 군인연금, 그리고 국민연금으로 네 종류의 노후소득보장제도가 있다.

그리고 노령자의 취업 및 고용기회의 확대를 위해서는 노령자에게 적합한 직업을 개발하여 그와 같은 일정의 직종에는 대한노인회 산하의 노인 능력은행을 통하여 노령자를 우선 배치하도록 하여 노후의 소득보장과 더불어 노인 자신의 지식과 경험을 살려 일이나 사회봉사활동을 통한 창조적인 삶의 보람을 느끼도록 해야 할 것이다. 이와 관련하여 우리나라 노인복지법에 노인에게 적합한 직종의 개발 및 보급과 일할 기회의 제공을 위한 조항을 두고 있음을 특기할 만하다.

3) 노인의 보건과 의료보장

노인의 의료보장은 소득보장과 더불어 가장 기본적인 요구이다.

노인의료의 사회적 보장으로서 노인의료보장의 방법으로는 일반적으로 피보험자에게 질병 및 부상 등의 사고가 발생한 경우에 요양 또는 부양비를 급여하는 가입이 강제되며 대개는 공영보험으로서의 사회보험인 건강보험, 곤궁 때문에 최저한도의 생활을 유지할 수 없는 생활곤궁자에 대하여 치료와 요양을 갹출금 없이 필요한 보호를 주는 의료부조, 그 비용의 전부나 대부분을 공비로 부담하며 급여의 범위도 치료뿐만 아니라 예방이나 건강증진까지도 포함하는 공공보건서비스 등에 의존할 수 있다. 우리나라의 경우 노인의료의 보장은 상술한 바 의료보험과 의료부조로서의 의료급여제도에 의하여 보장되게 되어 있다.

노인의 의료보장과 관련하여 우리나라 의료보험제도의 발전 방향을 제시하면 보험재정의 안정을 위한 종합 대책의 수립과 시행, 사회보장의 원리를 높일 수 있는 보험관리체계를 수립, 즉 취약계층인 노인을 위해 소득 재분배 방식의 제고와 사무자동화 및 관리운영비의 절감, 의료 지원의 효율적 이용을 유도하기 위해 의약 관련제도의 개선, 보완이 이루어져야겠다.

4) 사회복지서비스

노후의 소득보장과 의료보장이 노인문제의 양대 지주라고 한다면, 노인의 역할 상실과 고독은 노후에 있어서의 '삶의 보람'이란 관점에서 볼 때 매우 중요한 문제라고 할 수 있을 것이다. 따라서 이들 문제에 대한 대응으로서 사회복지서비스가 있다. 여기에는 노인의 여가문제, 사회심리적 문제, 교통문제, 영양문제, 정보 제공 및 안내에 대한 모든 정책 및 제도가 포함될 수 있다.

20장 장애인복지

1. 장애인의 이해

1) 개념

최근 들어 우리는 '장애' 또는 '장애인'이라는 용어를 많이 접하고 있으며 이를 중심으로 한 각종 사회운동이나 복지정책들이 전개되고 있음을 알고 있다. 특히 제5공화국의 출범에 따른 '복지사회의 건설'이라는 정책목표와 때를 같이 한 국제연합의 '세계장애자의 해'의 행동목표인 '완전참가와 평등'은 '병신', '불구자' 등 스티그마stigma를 부여함으로써 심신에 장애가 있는 사람들을 사회와 다수자들의 세계로부터 배척 · 소외시켰던 용어들을 재활의 가능성 내지 성장지향적인 의미가 내포된 용어들로 대체시키는 계기를 만들었다고 볼 수 있을 것이다.

일상용어로서의 '장애'란 '무엇인가를 행할 때 방해가 되는 것'이라는 의미이다. 장애인복지의 주요 용어인 '장애'는 이 일상용어에서 파생된 것으로서 보다 특수한 개념을 반영하는 말이다. 즉 장애인복지 영역에서의 '장애'란 말은 인간의 심신기능의 특수한 상태(기능의 저하, 이상, 상실)를 나타내는 것으로 가장 빈번하게 사용되고 있다.

2) 장애인의 접근 방향

우리나라의 장애인복지법(법률 제5931호, 1999) 제2조에서는 '장애인'을 '신체적·정신적 장애로 인하여 장기간에 걸쳐 일상생활 또는 사회생활에 상당한 제약을 받는 자로 대통령령으로 정하는 기준에 해당하는 자'로 정의하고 있다. 여기서 신체적 장애는 주요 외부신체기능의 장애, 내부기관의 장애 등이고 정신적 장애는 정신지체 또는 정신적 질환으로 발생하는 장애를 의미한다.

세계보건기구WHO는 1980년에 장애의 계층적 개념을 제창하면서 국제장애 분류에 있어서의 장애의 계층적 구분의 정의를 다음과 같이 하고 있다.

① 정신신체부전Impairment : 정신적, 신체적 또는 해부학적 기구나 기능의 상실 또는 이상－장기臟器 레벨(I코드)

② 능력부전Disability : 인간으로서 정상적인 생활 범위에 있어서의 활동을 형성하는 능력이 impairment에 의하여 제한 또는 결핍되어 있음－인간 레벨(D코드)

③ 사회적 불리Handicap : impairment나 disability에 의하여 초래되어 개인에 생긴 불리로서 연령, 성性, 사회 또는 문화적 요소에 관련된 정상적인 개인으로서의 역할의 달성이 제한되거나 방해되는 것－사회적 레벨(H코드)

세계보건기구WHO는 ICIDH를 제시한 이후, 장애인의 사회참여를 강조하기 위한 계속적인 노력을 통하여 1997년 ICIDH-2international classification of impairments, activities, and participation : A manual of dimensions of disablement and functioning를 제안하였다. ICIDH-2에서는 한 개인이 접하는 장애를 3차원의 축인 손상impairment, 활동activities, 참여participation로 설명하면서 상황 요인contextual factors이라는 개념을 추가하여 4가지 차원을 제시하고 있다.

손상impairment은 신체구조나 물리적, 심리적 기능상의 상실이나 비정상을 의미하며, 활동activities은 개인적 수준에서 기능의 범위와 본질로서의 활동의 차원으로 일상생활과 관계된 개인의 활동 모두를 다룬다. 끝으로 참여participation는 손상, 활동, 건강 조건, 상황 요인과 관련된 생활 상황에서 개인의 연관성 정도와 본질로 정의한다. 따라서 참여의 차원은 사회적 현상을 다루며 개인의 참여 정도, 참여를 촉진하거나 방해하는 사회적 반응을 의미한다. 참여는 환경과 장애를 가진 사람간의 복잡한 관계와 상호작용으로 개인적인 유지와 보호의 참여, 이동성의 참여, 정보교환의 참여, 사회적 관계의 참여, 교육·노동·레저와 정신적 영역의 참여, 경제생활에 대한 참여, 도시·지역사회생활에의 참여와 같은 참여 등을 포함한다.

〈표 20-1〉 다양한 차원에 따른 장애의 개념(ICIDH-2)

구분	손상 유형 (impairment)	활동 (activities)	참여 (participation)	상황 요인 (contextual factors)
기능의 수준	신체 (신체의 부분)	개인 (전체로서의 개인)	사회 (사회와의 관계)	환경적 요인 (기능상의 외부적 영향) 개인적 요인 (기능상의 내부적 영향)
특징	신체기능 신체구소	개인의 일상활동	상황에서의 관련	신체적 사회적 태도적 세계의 형태
긍정적 측면	기능적 구조적 통합	활동	참여	촉진자
부정적 측면	손상	활동 제안	참여 제한	장벽, 어려움

※ 자료 : WHO(1997)

과거의 육체적 불편함이 의학과 기술의 발전으로 점차 보완되면서 신체 손상과는 상관없이 사회에서 한 사람의 건강한 개인으로 역할을 수행하면서 생활상 지속적인 문제를 갖고 있는 사람을 장애인으로 간주하는 경향이 증가하고 있다. ICIDH-2에서 한 개인이 제시한 손상, 활동, 참여의 3대 축의 적용은 사실상 모든 개인에게 적용이 가능한 것으로 장애인에 대한 경계는 점점 무너지고 있다고 볼 수 있다.

3) 장애의 구조

일반용어로써 장애는 일이 진척되지 않는 것 자체가 아니고 일을 진척시키는데 방해가 되거나 장애가 되는 것을 의미한다. 장애인복지에 있어 장애라는 말은 협의와 광의의 두 가지로 사용된다. 협의의 장애는 의학에서 사용되는 뜻과 비슷하며, 광의의 장애는 심신의 이상에서부터 사회적 불이익까지 포함하는 포괄적인 개념이다. 구체적으로 비교해 보면 다음과 같다.

협의의 장애는 엄밀하게는 심신의 결손 및 심신기능의 전체를 의미하는 것이 아니라, 그 가운데서 특히 일상생활에서 곤란을 일으키는 것을 의미한다. 그것은 치아 한 개가 빠지는 것은 신체의 이상이지만 장애라고는 볼 수 없다. 그럼으로 장애의 종류와 발생 시기의 경우에는 보통 협의의 장애를 가리키는 것이다.

광의의 장애는 협의의 장애의 의미를 포함하여 사회적 수준의 불이익과 사회적 역할의 곤란까지 포함하고 있다. 장애의 구조라든지 일반적인 장애인의 분류에는 광의 장애인의 범위가 사용되고 있다(김익균 외, 2004).

2. 장애인복지의 본질

1) 개념

장애인에게 있어서 바람직한 상태(사회적 상황)를 가리키는 것으로서 이념이나 목표라고 하는 목적 개념이다. 그것은 의학적 핸디캡을 갖는 상태에 있더라도 인간의 생명 그 자체가 가치인 것이며 능력껏 살며, 충실한 생활을 영위하는 것이 이상인 것이다. 그러기 위해 인간의 전체적인 발달의 기회를 보장한다는 것이 장애인복지의 이념이 되며 목표가 된다.

이와 같은 장애인복지의 이념이나 목표에 관해서 일본의 장애자기본법에서는 제3조 '개인의 존엄', 제4조 '국가 및 지방공공단체의 책무', 제5조 '국민의 책무', 제6조 '자립에의 노력' 등에 적절히 명기되어 있으며, 우리나라의 장애인복지법에서도 제4조 '장애인의 권리', 제5조 '장애인 및 가족의 의무', 그리고 제9조 '국가, 지방자치단체와 국민의 책임' 등에서 잘 나타나 있다. 즉 장애인복지의 기본이념은 장애인의 완전한 사회참여와 평등을 통한 사회통합을 이루는 데 있으며 그의 인간적 권리를 회복하는 존재라고 하는 리해빌리테이션의 이념을 확인함과 아울러 복지사상의 발전으로서 정상화normalization의 사고에 입각한 정책의 전개를 기대하며, 나아가서는 '완전참가와 평등'을 내건 세계장애자의 해의 행동계획이념에 따르는 것이다.

그리고 실체 개념으로서 전술한 바와 같은 정책·제도·원조활동 등의 사회적 시책의 체계를 가리키며, 이것은 다시 현행의 복지정책·제도·원조활동 등 협의의 장애인복지와, 협의의 장애인복지에 교육·위생·노동 등 관련 시책들을 포함하는 광의의 장애인복지로 구분하여 사용된다.

그러나 이상과 같은 두 가지 시각은 따로따로 존재하는 것이 아니라 상호 관련되어 있는 것이다. 즉 이념·목표에 비추어 대책을 위한 상황을 묻고, 문제점을 적출하여 대책을 구상함으로써 정책의 실시를 가능하게 하는 것이다.

따라서 장애인복지란 장애인의 인격의 존엄성과 인간적 권리의 회복, 그리고 자립에의 노력과 사회참가에의 기회보장 등의 이념에 입각하여 장애인 본인의 노력뿐만 아니라 국가 및 지방공공단체가 장애인의 재활을 원조하며 필요한 보호를 행하고 국민도 그의 재활에 협력하는 책무를 짐으로써 장애인의 핸디캡을 가능한 한 경감시켜 일반인과 같은 생활 조건과 생활 안정을 향수할 수 있도록 하는 것이라고 할 수 있다.

2) 각국의 장애인의 정의

• 일본

일본의 장애인정의는 심신장애자대책기본법 제2조에서 '장애인이란 지체부자유, 시각장애, 심신기능장애, 음성기능장애, 언어기능장애, 평형기능장애, 호흡기기능장애 등의 고정적, 장기적인 기능장애 및 정신장애 등의 정신적 결함이 있기 때문에 장기적으로 일상생활 또는 사회생활에 상당히 제약을 받는 자'라고 정의하고 있다.

• 미국

미국에서는 장애인에 대해 다양한 법률에서 규정하고 있다. 사회보장법에 의하면 장애인은 의학적으로 1년 간 지속될 것으로 기대되는 또는 사망에 이르는 것으로 기대되는 신체적, 정신적 손상으로 인하여 실질적인 소득생활에 참여하지 못하는 자로 규정하고 있다. 그리고 재활법에서는 장애인을 일상적인 활동 분야 중 한 가지 이상의 활동을 현저히 제한하는 신체적 또는 정신적 기능장애가 있는 자와 이와 같은 기능장애가 과거에 있었던 자 및 이와 같은 기능장애가 있다고 간주되는 자로 규정하고 있다. 그리고 1990년에 제정된 미국장애인법Americans with Disabilities Act도 위의 규정과 비슷하다.

• **독일**

독일에서는 장애인에 대해 장애인지원법 제13조에서 영구히 일을 하기가 불가능하거나, 정신적 · 육체적으로 결격자이어서 고용하지 못해 영원히 일을 할 수 없거나, 맹인을 의미한다. 그리고 중증장애인법 제1조에서 중증장애인이란 육체적 · 정신적으로 장애가 있고, 또 그 장애로 인하여 생계 능력이 최소한 50%까지 저하된 자로 규정하고 있다.

• **영국**

영국에서는 장애인차별법에서 장애와 장애인의 의미를 각각 규정하고 있다. 그 규정에 의하면 장애인이란 신체 또는 정신적인 손상으로 인하여 일시적 혹은 장기간 정상적인 일상생활을 수행할 수 능력에 영향을 끼친 경우와 구체적으로 장애, 정신적 손상, 장기간의 지속, 정상적인 일상의 활동 등에 관해서고 명확히 명시하고 있다. 여기서 정신적인 손상이란 임상적으로 진단된 정신병에 의해 나타난 결과이며, 장기적인 지속이란 손상이 최소한 12개월 간 계속되어야 하며, 정상적인 일상활동이란 이동의 장애, 손떨림 등으로 인해 행동의 제약, 사회적, 신체적, 언어, 청각, 시각, 기억력, 학습 능력의 제약, 신체적인 위험이 유발할 가능성이 있는 경우 등에 의해 일상생활에 제약을 받는 모든 것을 포함하고 있다. 그리고 장애인의 범위에 12개월이란 기간의 지속성을 강조하고 있다.

3. 장애인문제

1) 장애인에 대한 시각의 문제

장애인을 보는 시각과 관점을 시대와 역사에 따라 다양하게 변화하여 왔다. 과거 전통적인 농업사회에서는 육체적인 노력이 주된 노동력이었기 때문에 신체가 허약하거나 건강하지 못한 자는 적절한 역할을 하지 못하였기 때문에 사회적으로 무시나 버림을 당하는 경우가 많았다. 그럼으로 이러한 시대에서는 장애인을 보는 시각은 부정적인 측면이 강했다고 볼 수 있다.

그러나 그 후 서구사회의 경우에는 장애인에 대한 관습적 관념은 근대사회에서 현대사회로 접어들면서 바람직스럽게 개선되어야 한다는 사회사상이 일어나면서 점차적으로 변화되기 시작하였다. 이러한 변화는 르네상스 이후 등장하기 시작한 인문주의와 종교개혁을 통해 확대되었다.

또한 17세기의 경험주의철학이나 실용주의는 인간을 철저하게 이해하기 시작하였고, 인간에 대한 접근은 모든 인간이 대등하다는 관점과 각 개인은 개인에 따라 개인차가 있다는 것은 인정하기 시작하였다. 즉 이시대의 철학적 배경에 의하면 장애인도 인간으로서 동등한 인격을 겸비하며, 그들의 신체적 결함이나 사회적 지위 때문에 차별적인 대우를 받지 않는다고 봄으로써 장애인에 대한 잘못된 인식과 태도를 바꾸어 놓게 되었다.

즉 1601년에 제정된 영국의 구빈법은 맹인, 논아, 장애인 등 노동력이 없는 장애인들의 생존권을 국가의 책임으로 공포하여 장애인을 보는 시각의 변화에 법적인 측면에서 중요한 영향을 미쳤다. 이 시기부터 장애인들의 생존권을 국가의 책임으로서 규정한 법령으로서 큰 의미를 가지며, 이와 같은 생존권의 보장의 사상이나 사회복지 이념은 제2차 세계대전 이후 전세계로 파급되었고, 대부분의 국가는 모든 국민의 문화적인 최저생활을 영위할 수 있는 권리를 인정하게 되었다.

그러다가 현대사회에 들어서 1971년 UN에서 채택한 정신지체인의 권리선언The Declaration of the Rights of Mentally Retarded Persons, Resolution에 의하면 "모든 정신장애인은 경제적 안전과 보장, 그리고 바람직한 생활 수준을 향유할 권리가 있다"고 규정하고 있다.

그 후 1975년 장애인 권리선언The Declaration of the Rights of Disabled Persons에서도 비슷하게 규정하고 있다. 그리고 국제연합인권선언 헌정 제22조 의하면, "모든 인간은 한 개인의 존엄성과 그의 인생을 자유로이 발전시키는데 불가결한 경제적, 사회적, 문화적 권리를 실천할 권리를 보장받는다"라고 되어 있어 각국에 있어 장애인을 보는 시각에 많은 영향을 비치는 기준이 되고 있다.

2) 인권문제

인류의 역사는 인권을 둘러싼 싸움의 역사라고 일컬어진다. 그리고 장애인의 관점도 비슷하다. 장애인은 장애라는 이유로 사회로부터 특별히 보여지고 부당하게 사회적 불리를 받게 된다. 사회의 왜곡된 장애인관의 근원은 차별이나 편견에 있고, 그것이 인간의 권리와 평등성 인식에 장벽이 되고 있다. 최근에 장애인의 인권문제가 제기되기 시작한 것은 국제장애인의 해를 계기로 다양한 연구가 행해지고 또한 정상화의 확산과 더불어 장애인 당사자의 권리의식이 강화되었다.

3) 생활환경문제

장애인의 생활환경문제는 장애인들에게 공통적으로 보여지는 생활환경상의 문제를 말한다. 장애인의 생활환경에는 하드hard와 소프트soft의 양면에 걸쳐 다양한 문제가 많다. 즉 다양한 장애를 가진 장애인들은 그러한 장애를 통하여 생활환경상에 많은 문제점들이 있다. 즉 장애인의 생활환경상의 문제는 주요환경 등의 하드적인 측면뿐만 아니라 장애인 당사자의 직·간접적으로 생활환경에서 곤란을 지니고 있다.

그리고 이러한 문제는 의료보건과 교육, 사회보장, 주거문제와 이동권 등과 더불어 정상적인 사람들과 어울려 생활환경을 연대하는 시스템이 필요하고 같이 생활하는 사회환경을 완성해야 한다.

4) 취업문제

장애인들에게 취업의 기회는 일반노동자와 동등하게 주어지지 않으면 안 된다. 그러나 장애의 상태나 환경 조건에 따라서는 취업에 이르는 과정, 취업 후의 과정에서도 배려를 요하는 다양한 문제들이 있다. 장애인의 취업문제는 장애에 의하여 생기는 신체적, 정신적 능력의 저하에 수반되어 발생한다. 그리고 일의 수행 능력이나 학습 능력이 고용 수준에 미치지 못할 경우 일반인과 달리 다른 취업기회를 고려하지 않으면 안 된다.

5) 성과 생활문제

장애인은 사회생활에서 성기능의 장애나 차별에서 생기는 문제는 다양하다. 외국에서는 이러한 문제에 대해 과학적으로 접근하고 있으나, 우리나라의 경우는 아주 미흡한 실정이다. 그리고 장애인의 결혼생활은 정신적 장애와 신체적 장애가 있는 경우로 분류할 수 있는데, 정신박약장애인의 결혼은 경제적으로도 결혼생활에 문제가 있다. 또한 시각, 청각장애인도 결혼생활에 많은 문제가 있다. 또한 장애인의 결혼은 장애인이 장애인과 결혼하는 유형, 일반인과 결혼하는 유형 등에서도 다양하게 나타나고 있다.

6) 장애인 범위의 문제

종전 장애인복지법상의 장애범주는 주로 외형적 · 기능적 장애에 국한하고 있어 선진국에 비하여 지나치게 그 범주가 좁았다. 이에 장애범주를 지체, 시각, 청각, 언어, 정신지체의 5종 장애 외에 실제로 사회활동 등에 지장을 받으면서 현행법상 장애인 범주에 들지 않아 장애인복지시책의 대상에서 제외되고 있는 만성질환자 등도 장애범주에 포함시키기 위하여 장애범주 확대를 추진하고 있다. 1단계 조치로 2000년 1월 1일부터 신장 · 심장 · 정신 · 발달(자폐증)장애를 추가하고, 뇌병변장애를 지체장애에서 분리하여 10종 장애로 확대하였으며, 2001년에는 만성호흡기 · 간질환, 기질성 뇌증후군 등을 장애범주로 확대하기 위하여 연구 중이다. 앞으로도 국가재정부담 능력 및 장애 정도를 감안하여 단계적으로 장애범주를 확대하여 나갈 계획이다. 그러나 이러한 장애인 범위의 확대는 여러 가지 장애인의 변화로 인하여 장기적으로 확대해 나가야 할 것이다.

4. 장애인복지의 특성과 이념

1) 특성

(1) 장애인복지의 복잡성

장애인은 장애라는 사실로부터 부차적으로 파생하는 여러 가지 문제, 이를테면 학교입학의 어려움, 취직난, 가족의 결혼에도 나쁜 영향을 끼치는 등의 중압에 괴로움을 당한다. 이와 같이 한 사람의 장애인문제가 중복화되면서 복잡한 구조로 나타난다. 복잡한 양상을 드러내는 장애인문제에는 사회 전체가 갖는 그릇된 장애인에 대한 시각이 있다. 이와 같은 그릇된 장애인관은 사회가 만들어낸다. 따라서 그릇된 가치관・장애인관에 대하여 사회적 변혁을 추구하는 철저한 노력이 있어야 한다.

(2) 장애인복지의 총합성

장애인문제의 복잡성에 따른 문제의 해결에 있어 장애인복지는 매우 총합성이 높은 것으로 파악할 필요가 있다. 즉 장애인복지는 사회복지의 문제일 뿐만 아니라 의학, 교육학, 심리학, 사회학 그리고 나아가서는 공학, 건축학 등의 과제이기도 하다. 이들의 과학적인 연구를 기반으로 하여 교육, 의학, 노동 그리고 복지 등의 구체적인 원조활동들이 제휴함으로써 비로소 총합성이 높은 장애인복지로 구현되는 것이다.

(3) 발달보장의 권리성

심신장애의 유무에 관계없이 모든 인간의 발달은 기본적으로 공통의 특성을 갖는다. 이를테면 장애가 없는 아동에게 부모나 또래집단, 교사, 그리고 지역사회 등의 풍부한 교육적, 사회적인 관계가 필요한 것과 마찬가지로 장애아동에게도 그것들이 똑같이 보장되어야만 하는 것이다. 이와 같은 사고에 근거함으로써 비로소 인간의 평등성이 공감되며, 헌법 제34조에 보장된 '인간다운 생활을 할 권리'가 실제로 그 무게를 더하게 되는 것이다.

2) 이념

(1) 자립independence

선천적인 장애를 가지고 있는 경우이든, 사고나 질병에 의한 장애의 경우이든 또는 노령에 따르는 장애이든 간에 장애를 갖고 사는 사람들 및 그 가족이 간절히 바라는 것은 장애인의 '자립'적인 생활일 것이다. '자립'은 인간의 기본적인 요구인 동시에 권리이며 '인간다운' 생활의 중요한 요소로서 '완전참가와 평등'이라는 장애인복지의 궁극적 목표의 실천에 있어 전제인 동시에 조건인 것이다.

일반적으로 자립이란 일상생활 동작의 자립, 그리고 그 연장선상에 있는 직업적 자립, 나아가서는 경제적 자립으로 이해되고 있다. 따라서 장애인의 재활문제에 있어서는 잔존 능력의 개발과 향상에 초점이 맞추어지고 있다.

그러나 자립의 의미를 직업적 · 경제적 측면 등에서의 자립으로 한정시켜 버린다면 장애가 가벼운 사람들에게만 권리로서의 '자립'이 가능할 뿐 많은 중증장애인에게는 이 기본적인 욕구이자 권리가 인정될 수 없어 그들을 의존적이고 가치가 없는 존재로 전락시켜 버릴 위험조차 있게 된다.

(2) 정상화normalization

'normalization'이란 용어는 1981년 세계장애자의 해를 전후해서 일본을 비롯한 동양권에서 일반화되었는바, '정상화' 외에도 '상태화常態化', '일상화日常化', '통상화通常化' 등으로 번역되어 사용되거나 '노말리제이션'으로 그대로 사용되고 있다.

이 개념은 먼저 모든 사람, 즉 젊은이도, 고령자도, 장애를 가진 사람도 또는 그렇지 않은 사람도 모두가 정상적인 생활을 할 권리가 있다는 것, 그리고 사회는 심신의 장애 등 불리한 조건을 가진 모든 사람들이 그러한 조건에도 불구하고 그 지역사회를 기반으로 해서 일상생활상의 모든 욕구를 충족시키면서 다른 사람들과 더불어 끝까지 살아 나갈 수 있는 여건을 조성해야 한다는 것을 전제로 하고 있다.

이 사상은 장애인시설에의 분류수용 내지 분단형 복지의 상태에 대한 반성에서 생겨난 것으로서 사회로부터 분리된 장애인의 생활이 자극이나 동료, 다양한 인간 교류의 체험을 상실하게 되고 단순한 생존에 머물게 되어 비정상적인 상태가 됨과 동시에 사회의 다른 성원들에 대해서도 장애를 가진 사람들과의 다양한 상호작용을 경험할 기회를 박탈하게 되는 것 역시 정상적인 상태는 아니라는 것이다.

(3) 통합화integration

'정상화'의 구체적인 전개는 '통합화'로서 구현된다. '통합화'란 장애를 가진 사람들과 그렇지 않은 이른바 정상인이 모든 기회에 서로 공동·협력해 갈 가능성을 위한 조건추구를 지향하는 과정을 말한다.

그리고 통합화의 제1의 수준은 그 사람의 생애에 있어 교육, 노동, 의료, 주거, 교통수단, 문화생활 등 일체가 상호연계되고 통합되어야 하며, 법정 보호연령인 18세 이전과 그 이후, 그리고 고령기의 문제들과 장애로 인한 문제 사이에 괴리가 생기지 않도록 배려되어야 함을 말한다.

통합화의 제2의 수준은 지역 내에서의 통합화, 즉 일정한 생활 범위, 생활권이 상호연계network되어 기능하는 이상적인 상태를 말한다. 이 수준에서 가장 우선되어야 할 것은 장애인의 이동과 관련한 문제를 최소화시키는 물리적 장의 통합(예를 들면 공공건물의 단차 없애기, 휠체어에 앉은 채 버스, 지하철, 항공기 등을 이용할 수 있는 각종 편의시설의 설치, 휠체어에 앉아서 활동할 수 있도록 고안된 주택의 출입구, 부엌설비, 목욕시설, 화장실의 개선 등), 그리고 장애인과 일반인들이 함께 어울려 교육받고 성장하며 더불어 활동하면서 살아갈 수 있도록 하는 기능적·사회적 측면에서의 통합일 것이다.

통합화의 제3의 수준은 각기 별개인 다양한 행정 안에서 운영되고 있는 장애인과 관련된 행정의 각 기능들이 상호 연락·조정되어 합쳐지고 통일된 기관과 이념에 기초를 둔 새로운 행정으로 통합되어야 한다는 것이다.

(4) 참가participation

장애인을 '특별한 욕구를 지닌 한 사람의 사회성원'으로 규정한다면, 그가 지니고 있는 신체적 또는 정신적 장애에도 불구하고 지역사회 내에서 정상적인 사회생활을 영위할 수 있도록 하기 위해서는 그의 기능적 장애를 보완할 수 있는 물리적, 제도적 조건들이 요구되는바, 이러한 조건들은 장애의 종류에 따라, 그리고 개인의 상태에 따라 달라지게 될 것이다.

그런데 이와 같은 조건들은 시혜적인 측면에서 무작정, 무계획적으로 충족되어져서는 안 되며 '장애인의 주체성 확보 및 생활권의 구축'이라는 견지에서 그들의 욕구에 맞추어, 그리고 그들이 가장 편리하게 이용할 수 있도록 마련되어야 할 것이다. 따라서 장애인들은 수혜자로서 그들의 권익과 관련된 정책 및 사회적 움직임에 수동적인 자세로 임하기보다는 적극적인 참가를 통하여 그들 스스로가 필요로 하는 정책을 고안해내어 그것을 발전시켜 갈 기회를 넓히지 않으면 안 된다.

이처럼 장애인의 '참가'란 지역사회의 진정한 한 성원으로서 그 지역의 갖가지 행사는 물론 정상적인 삶을 영위하는데 따르는 각종 관계들에의 참가 외에도 '정책결정 단계까지의 참가'가 보장되어야만 세계장애자 해의 테마인 '완전참가와 평등'이 구현될 수 있을 것이다.

5. 재활Rehabilitation

1) 재활의 의의

재활rehabilitation이란 심신장애자에게 의료적 · 직업적 · 교육적 · 사회적 · 심리적 재훈련을 통합적 · 협동적으로 실시함으로써 각 개인에 대하여 가능한 한 최대한의 기능회복을 부여하는 것이라고 한다.

장애인의 경제적 자립과 사회적 책임의식을 보다 중요시하여 다음과 같이 설명할 수 있다. 재활은 광의로는 같은 인간에게 일어난 일에 대한 인도주의적 책임이라는 신념에 기초한 인간행동의 철학이며, 협의로는 의료적, 직업적 훈련을 통해서 완전하고 생산적인 유용한 생生을 만드는 것이다. 또한 미국재활협회에서는 재활이란 장애자의 신체적, 정신적, 사회적, 직업적, 경제적인 능력을 가능한 한 최대한으로 회복시켜 주는 것이라고 하여 사회심리적, 직업적인 재활 과정을 강조하고 있다.

다시 말하면 재활이란 사회적 책임을 강조하는 인도주의를 기본철학으로 하여 모든 장애를 제거하여 사회에 복귀시키는 데에 그 목표를 두며, 신체장애의 발생 초기부터 의료적, 직업적, 교육적, 사회심리적 개입 과정을 통하여 서비스 대상자에 따라 개별화되고, 전문직간의 팀웍에 의한 통합적인 서비스와 장애자 가족 및 지역사회의 참여를 필요로 하는 사업이라고 말할 수 있다.

2) 종류

위와 같은 원칙에 의한 재활사업의 내용을 간단히 살펴보면 다음과 같다.

• 의료적 재활

이것은 흔히들 얘기하는 예방의학, 치료의학 다음의 제3단계 의학이라 불리우기도 하는 분야로서 동작훈련, 물리요법, 언어요법, 보조구에 의한 처지와 훈련, 의료사회복지에 의한 원조 등을 포함하고 있다.

• 직업적 재활

장애인의 직업적 생활 능력의 회복과 직업적 신분보장을 위한 분야로서, 직업훈련, 직업보도 등을 행하는 서비스이다. 이 경우에는 취업의 가능성이 고려되어야 함은 말할 것도 없다.

• 교육적 재활

교육적 대책에 준하는 것으로서 다만, 여기서는 제도적 측면에서가 아닌 구체적인 서비스의 측면에서 다른 재활 분야 외의 상관성을 고려하여 운영된다.

• **사회적 재활**

인간이 사회생활을 영위하는 데에 따르는 욕구 전반에 관심을 가지고 장애아가 일반사회의 한 성원이 될 수 있도록 장애자와 사회와의 관계를 개선하려는 데 목표를 두고 있는 서비스이다. 따라서 이것은 장애아동을 둘러싸고 있는 사회제도나 조직에까지 관여하는 보다 거시적인 측면까지 포함하는 것이 된다.

• **심리적 재활**

장애라는 사실에서 비롯되는 정서나 심리 면에서의 문제와 부적응 현상 등에 초점을 두고, 이들을 극복할 수 있도록 원조하는 서비스이다. 이것은 사회적 재활과 함께 다른 어떠한 기술적 측면의 서비스에 못지않게 중요한 의미를 가지는 분야가 된다.

그 외에도 오락활동서비스가 제공되기도 하는데, 어쨌든 이상과 같은 서비스가 바람직하게 이루어지기 위해서는 필연적으로 전문인력, 시설, 재원 등의 문제가 수반되는 것이다.

교육이나 재활을 통해서 자활에의 길을 제시할 수 없는 중도重度장애아동에 대해서는 경제적인 지원이나, 의료・일상생활 등의 측면에서 지속적인 보호가 요청된다. 즉 이들로 인한 가족의 경제적 부담을 덜어 주고, 심각한 사회적응상의 문제를 경감시키기 위해 취해지는 행정적・기술적・사회적 조치를 의미한다.

6. 장애인복지의 과제와 전망

1) 장애발생예방사업의 강화와 장애인등록제의 활성화

장애인복지 대책에 있어 가장 기본이 되는 것은 그 발생의 예방이다. 왜냐하면 장애인이 발생하지 않는 상태가 되면 그 밖의 모든 대책 내지 정책이 불필요해지는 것은 물론, 특히 비용 면에 있어 발생의 예방이 월등히 효과적이기 때문이다.

그리고 장애인에 대한 정확한 실태 파악은 효율적인 장애인복지정책의 수립과 효율적인 지원 및 관리서비스 체계의 확립을 위해서 필수불가결한 기본적인 요건이다. 장애인등록제가 그 본연의 목적을 달성하고 제대로 기능하기 위해서는 홍보는 물론, 접근이 불가능한 중증장애인을 위한 출장진단 및 절차의 간소화, 그리고 장애등급 판정기준을 정비하는 노력들이 필요하다(신섭중, 1999).

2) 의료 및 직업재활사업의 확충

우리나라 장애인들의 욕구 중 그 비율이 가장 높은 것이 의료재활이며 그 다음이 직업재활(훈련)임에도 불구하고 재활치료를 받는 자는 시설입소자의 30%에 머물고 있으며 그 수준도 낮다. 이것은 무엇보다도 재활시설과 전문인력의 부족에 기인한다고 볼 수 있다.

따라서 국공립병원부터 재활치료시 보험수가의 적용을 점차 확대해 나가며, 복지시설의 증설과 복지시설 내의 재활전문인력과 의료장비를 보강해 나가도록 해야 할 것이다. 이와 같은 재활전문인력의 양성을 위해서는 국립재활원의 기능도 활성화할 필요가 있을 것이다.

장애인 취업과 직결되는 직업재활에 있어서는 장애인복지시설 부설 자립작업장의 재활직업훈련기능을 제도적으로 강화해 나감과 아울러 전문훈련기관으로서의 장애인직업훈련원을 건립·운영토록 해야 할 것이다.

3) 특수학교의 대폭 증설

현재 장애인문제 중에서 가장 시급한 문제가 장애인의 교육문제이다. 그럼으로 장기적으로 장애인들을 위한 특수학교가 증설되어야 한다. 그리고 전체적으로 특수학교의 증설과 동시에 특수학급 증설도 중요하고 중증장애아동들이 계속해서 교육을 받을 수 있도록 상급학교의 특수학급 증설이 절실히 요망된다.

장애유아障碍幼兒로 하여금 장애를 극복하는 능력을 기르게 하고, 이를 통하여 학령기에 일반교육을 받을 수 있도록 하기 위하여 장애아동의 조기교육을 위한 제도적 장치가 구비되어야 할 것이다. 이를 위해서는 특수학교에 유치부 증설을 허용하거나 유치원에 특수학급 설치를 허용해야 할 것이다. 또한 특수학교의 지역적 안배를 고려해야 하고 사립학교 취학시의 비용 부담을 최소화시킬 수 있는 정책적 배려가 요망된다.

4) 재가장애인 복지서비스의 확대

오늘날 사회복지는 복지서비스 기반의 정비에 있어 수용 능력의 한계와 비용부담 등으로 인해 시설수용보다는 재가복지와 지역복지를 중시하는 새로운 경향을 띠고 있다. 따라서 지역사회재활의 개념에 입각하여 재가장애인의 지역사회재활의 거점으로서 장애인종합복지관의 건립을 연차적으로 추진해 나가는 동시에 재가중증장애인의 일상생활의 지원을 위하여 가사봉사원제도home helper service를 도입・시행해 나가야 할 것이다.

5) 장애인 생활환경과 국민의식의 개선

장애인생활의 개선을 위해 도로, 교통, 건축물 등에 장애인의 접근이 가능하도록 편의시설을 지속적으로 확충해 나가도록 하는 한편, 장애인의 취학, 취업, 자격취득 등에 있어서의 제한법규의 완전정비를 통하여 장애인의 완전한 사회참여와 평등에 기여하도록 해야 할 것이다. 아울러 수화방송과 점자통장의 발급, 그리고 장애인용 생활용기의 개발보급 등 장애인에 대한 편의 서비스 제공의 방안도 강구해 나가도록 해야 할 것이다.

그러나 무엇보다도 일반국민의 장애인에 대한 편견과 인습적인 차별을 없애는 등 장애인에 대한 그릇된 국민의식의 개선을 위하여 정부는 지속적인 교육과 홍보를 해나가는 한편 장애인재활대회, 장애인기능경기대회, 장애인작품전시회 등 각종 행사와 캠페인의 개최를 통하여 장애인에 대한 국민의 관심과 이해를 고취시켜 나가도록 해야 할 것이다.

그럼으로 장애인들의 사회참여를 촉진하기 위해 각종 장애인 단체에 대한 국가의 지원을 확대하고 장애인에 대한 사회 전반의 인식을 개선하는 사업을 지속적으로 추진해 나갈 것이다. 한편 '장애인 먼저' 실천 홍보사절단의 위촉 등 '장애인 먼저' 실천운동을 지속적으로 전개하고, 장애인에 대한 사회적 편견을 해소하기 위해 TV, 공익광고를 이용한 홍보 및 캠페인을 전개하며, 청소년 대상 자원봉사활동 및 장애체험 등을 체계적으로 추진해 나가고 있다.

≪자료≫ 우리나라 장애인 기준과 유형

1) 장애인의 기준

(1) 의의

이 기준은 장애인복지법시행규칙 제2조 및 [별표 1]의 장애인의 장애등급표에 의한 장애등급 사정기준을 구체적으로 해석하고 표준진단 방법을 제시하여 정확하게 장애등급을 판정하도록 하기 위한 것이다.

(2) 적용 범위

이 기준은 장애인복지법 제29조의 규정에 의하여 시장・군수・구청장에게 장애인등록을 신청한 사람의 장애등급을 진단・판정하는 때에 적용한다. 장애인복지법 제29조의 규정에 의하여 장애인으로 등록할 수 있는 사람은 아래 장애인의 분류에 해당되는 사람으로서 장애인복지법시행규칙 〈표 20-2〉의 장애인의 장애등급표에서 정하는 기준에 부합하는 정도의 장애가 있는 사람이다.

〈표 20-2〉 장애인의 분류

대분류	중분류	소분류	세분류
신체적 장애	외부 신체기능의 장애	지체장애	절단장애, 관절장애, 지체기능장애, 변형 등의 장애
		뇌병변장애	중추신경의 손상으로 인한 복합적인 장애
		시각장애	시력장애, 시야결손장애
		청각장애	청력장애, 평형기능장애
		언어장애	언어장애, 음성장애, 구어장애
		안면장애	안면부의 추상, 함몰, 비후 등 변형으로 인한 장애
신체적 장애	내부기관의 장애	신장장애	투석치료중이거나 신장을 이식 받은 경우
		심장장애	일상생활이 현저히 제한되는 심장 기능 이상
		간장애	일상생활이 현저히 제한되는 만성・중증의 간 기능 이상
		호흡기장애	일상생활이 현저히 제한되는 만성・중증의 호흡기 기능 이상
		장루・요루장애	일상생활이 현저히 제한되는 장루・요루
		간질장애	일상생활이 현저히 제한되는 만성・중증의 간질

정신적 장애	정신지체	지능지수가 70 이하인 경우
	정신장애	정신분열병, 분열형정동장애, 양극성정동장애, 반복성우울장애
	발달장애(자폐증)	소아자폐 등 자폐성장애

2) 유형

(1) 지체장애인(肢體障碍人)

① 한 팔, 한 다리 또는 몸통의 기능에 영속적인 장애가 있는 사람

② 한 손의 엄지손가락을 지골관절(指骨關節) 이상의 부위에서 잃은 사람 또는 한 손의 둘째손가락을 포함한 2 이상의 손가락을 모두 제1지골관절 이상의 부위에서 잃은 사람

③ 한 다리를 리스프랑(Lisfranc) 관절 이상의 부위에서 잃은 사람

④ 두 발의 모든 발가락을 잃은 사람

⑤ 한 손의 엄지손가락의 기능을 잃은 사람 또는 한 손의 둘째손가락을 포함한 2 이상의 손가락의 기능을 잃은 사람

⑥ 왜소증으로 인하여 키가 심하게 작거나 척추에 현저한 변형 또는 기형이 있는 사람

⑦ 지체(肢體)에 위 각목의 1에 해당하는 장애 정도 이상의 장애가 있다고 인정되는 사람

(2) 뇌병변장애인(腦病變障碍人)

뇌성마비, 외상성 뇌손상, 뇌졸중(腦卒中) 등 뇌의 기질적 병변에 기인한 신체적 장애로 보행 또는 일상생활의 동작 등에 상당한 제한을 받는 사람

(3) 시각장애인(視覺障碍人)

① 나쁜 눈의 시력(만국식시력표에 따라 측정된 교정시력을 말한다. 이하 같다)이 0.02 이하인 사람

② 좋은 눈의 시력이 0.2 이하인 사람

③ 두 눈의 시야가 각각 주시점에서 10도 이하로 남은 사람

④ 두 눈의 시야의 2분의 1 이상을 잃은 사람

(4) 청각장애인(聽覺障碍人)

①두 귀의 청력 손실이 각각 60데시벨(dB) 이상인 사람

② 한 귀의 청력 손실이 80데시벨(dB) 이상, 다른 귀의 청력 손실이 40데시벨(dB) 이상인 사람

③두 귀에 들리는 보통 말소리의 명료도가 50퍼센트 이하인 사람

④ 평형기능에 상당한 장애가 있는 사람

(5) 언어장애인(言語障碍人)

음성기능 또는 언어기능에 영속적으로 상당한 장애가 있는 사람

(6) 정신지체인(精神遲滯人)

정신발육이 항구적으로 지체되어 지적 능력의 발달이 불충분하거나 불완전하고 자신의 일을 처리하는 것과 사회생활에의 적응이 상당히 곤란한 사람

(7) 발달장애인(發達障碍人)

소아기 자폐증, 비전형적 자폐증에 의한 언어 · 신체표현 · 자기조절 · 사회적응기능 및 능력의 장애로 인하여 일상생활 또는 사회생활을 하는 데 있어 상당한 제한을 받아 다른 사람의 도움이 필요한 사람

(8) 정신장애인(精神障碍人)

지속적인 정신분열병, 분열형 정동장애(情動障碍), 양극성 정동장애 및 반복성 우울장애에 의한 감정조절 · 행동 · 사고기능 및 능력의 장애로 인하여 일상생활 또는 사회생활을 하는 데 있어 상당한 제한을 받아 다른 사람의 도움이 필요한 사람

(9) 신장장애인(腎臟障碍人)

신장의 기능 부전으로 인하여 혈액투석이나 복막투석을 지속적으로 받아야 하거나, 신장기능의 영속적인 장애로 인하여 일상생활을 하는 데 있어 상당한 제한을 받는 사람

(10) 심장장애인(心臟障碍人)

심장의 기능 부전으로 인한 호흡곤란 등의 장애로 인하여 일상생활을 하는 데 있어 상당한 제한을 받는 사람

(11) 호흡기장애인(呼吸器障碍人)

폐나 기관지 등 호흡기관의 만성적 기능부전으로 인한 호흡기능의 장애로 인하여 일상생활을 하는 데 있어 상당한 제한을 받는 사람

(12) 간장애인(肝障碍人)

간의 만성적 기능부전과 그에 따른 합병증 등으로 인한 간기능의 장애로 인하여 일상생활을 하는 데 있어 상당한 제한을 받는 사람

(13) 안면장애인(顔面障碍人)

안면부위의 변형 또는 기형으로 인하여 사회생활을 하는 데 있어 상당한 제한을 받는 사람

(14) 장루요루장애인(腸瘻尿瘻障碍人)

배변기능 또는 배뇨기능의 장애로 인하여 장루(腸瘻) 또는 요루(尿瘻)를 시술하여 일상생활을 하는 데 있어 상당한 제한을 받는 사람

(15) 간질장애인(癎疾障碍人)

간질에 의한 뇌신경세포의 장애로 인하여 일상생활 또는 사회생활을 하는 데 있어 상당한 제한을 받아 다른 사람의 도움이 필요한 사람

21장
가족복지

1. 가족의 이해

1) 가족의 정의

가족은 대부분의 사회에서 보편적으로 발견되는 가장 기본적인 단위로 개인과 사회의 중간에 위치하면서 사회에 대해서는 기본적인 사회집단이며 개인에 대해서는 개인의 발달과 성장에 필수 부분인 환경이며 체계이다.

즉 가족은 인류역사가 시작될 때부터 있어 온 가장 작은 사회집단으로 사회 구성의 최소 단위이면서 가장 긴 역사를 지니고 있다. 가족은 국가나 민족 사이에 구조와 형태 또는 생성 과정 면에서 차이가 있는 다양성을 지니고 있을 뿐만 아니라 한 국가 속에서도 사회가 발전하고 변천함에 따라 변화하며, 종교, 계급 그리고 직업과 같은 사회경제적 요인에 따라 다양하게 나타난다.

가족에 대한 정의는 학자에 따라 다르고 시대나 문화에 따라 다르게 정의되기도 하고, 또한 개인이 경험하는 가족은 역사와 민족, 시대적 변천에 따라 다양하므로 가족이란 무엇인가를 한마디로 정의하기는 쉽지 않다. 보편적으로 볼 때 학자들의 정의를 보면 가족이 어떤 관계의 사람들로 구성된 것이냐 하는 형태적인 의미와 그것이 개인에게나 사회에 수행하는 역할이 무엇이냐 하는 기능적인 의미의 두 가지 측면에서 접근하고 있다.

가족이란 "일반적으로 영속적인 결합에 의한 부부와 거기에서 태어난 자녀로서 형성된 생활공동체"라든가, 혹은 "가계를 공동으로 하는 친족집단"으로 또는 "혼인, 혈연, 입양 이외에도 구성원의 필요에 따라서 기타 관계된 사람들이 지속적인 연대의식으로 생활을 함께 영위하는 집단"이라고 주로 형태적인 측면에서 정의되기도 한다. 그런가 하면 가족은 "부부와 그들의 자녀로 구성되는 기본적인 사회집단으로서 이익 관계를 떠난 애정적인 혈연집단이며, 같은 장소에서 기거하고 취사하는 동거하는 집단이고, 그 가족만의 고유한 가풍을 갖는 문화집단이며, 또한 가족생활을 통하여 인간의 기본적 인성이 형성되므로 인간 발달의 근원집단"이라고 하여 기능적인 측면에서 가족이 정의되기도 한다(고수현 외, 2002).

2) 가족 정의의 복잡성

가족에 대한 정의는 오늘날 매우 다양한 형태로 공존하고 있는 가족의 다양성을 포괄하지 못하고 있다. 현대에는 한부모가족, 동거가족, 미혼모가족, 노인단독가족, 동성애가족, 무자녀가족, 공동체가족 등의 다양한 가족들이 출현하고 있으므로 이제는 보편적인 가족의 정의에서 벗어나 가족의 다양성에 주목하여 좀 더 포괄적인 정의에 따르자면 현대가족은 친밀, 헌신의 관계에 있는 사람들이 하나의 집단에 속해 있다는 정체성을 의식하고 그 집단의 고유한 정체성을 수립하여 성적으로 표현적이나 부모자녀 관계를 유지하는 것으로 보고 있다(최경석 외, 2001).

또한 최근 미국사회사업협회NASW는 "자신들 스스로가 가족으로 생각하면서 전형적인 가족임무를 수행하는 2인 이상의 사람들"이라고 광의의 의미로 가족을 정의하고 있다. 앞으로 사람들의 다면화된 욕구에 따라 더욱 다양한 가족 형태가 등장할 것이고 어떤 특정한 가족 형태가 보편적인 가족이 될 수 없을 것이므로 모든 가족 유형이 가족복지의 대상이 될 수 있도록 가족에 대한 정의는 포괄적이어야 할 것이다(고수현 외, 2002).

2. 가족의 기능과 특징

가족의 기능은 가족의 역할이 무엇이냐를 말하는 것으로 사회 변화에 따라 영향을 받는다. 학자들에 따라 조금씩 다른 관점을 제시하고 있지만 현대사회에서 가족의 핵심적인 기능을 요약하면 다음과 같다(고수현 외, 2002).

1) 가족의 기능

• 애정적 기능

가족은 구성원들에게 사랑과 이해 및 안전을 보장해 주며, 수용적이고 친밀하며 남편과 아내, 부모와 자녀 간에 애정을 가꾸어 가는 집단이다. 특히 오늘날에는 가족간의 애정은 부부간의 친밀한 관계가 초석이 되고 있어 이 기능에 결함이 생길 때 가족은 해체되는 위기에 놓이며, 여러 가지 가족문제를 발생시킬 가능성이 커진다.

• 경제적 기능

결혼은 법적, 사회적으로 경제적인 협력을 요구하여 결혼한 부부는 그들의 자원을 공유하고 노동을 분담할 것을 기대한다. 가족의 경제적 기능은 생산기능과 소비기능으로 나누어지며 가족은 경제의 기본 단위로서 재산을 공동으로 소유하는 집단으로 생활물자의 소비와 문화적 욕구가 가족을 단위로 해결됨으로써 가족은 구성원들의 신체적 안정을 유지해준다. 현대는 산업화로 인하여 가족의 생산적 기능은 약화되고 소비공동체라고 할 만큼 소비기능의 비중이 높다.

• 자녀양육과 사회화기능

부모는 자녀를 출산할 뿐만 아니라 그들의 발달에 대한 책임을 지고 가치관, 사고 방식 등을 학습하게 하고, 특정문화에 잘 적응하며 살아갈 수 있도록 각종 기술을 익혀 주고 나아가 사회에서 성숙한 성인으로 살아갈 수 있는 기반을 형성해

주는 사회화를 담당한다.

• **보호기능**

보호기능은 가족원의 생명이나 재산의 전반적인 보호와 환자, 노인, 어린이 등에 대한 보호가 포함되며, 전통가족에서는 이러한 모든 기능을 수행하여 왔으나 오늘날에는 의료기관, 경찰제도, 사회보장제도 등 다양한 전문기관이 생겨나 이러한 기능을 분담하여 수행하게 되었다.

2) 가족의 특징

현대사회에서 가족복지 또는 가족이론으로 성립하고 발전하기 위해서는 정확한 가족 개념이 존재하여야 한다. 따라서 가족의 특징을 살펴보면 다음과 같다.

• **시간적 특징**

가족은 대부분의 다른 사회집단보다 상당히 장기간 동안 존재한다. 물론 가족관계가 지속적으로 이루어지지 않는 경우도 많다. 이혼이나 사망 등의 다양한 가족 해체를 통하여 관계가 단절되는 경우도 있다. 그러나 우리는 보통 전체 일생을 통하여 일정한 형태로 자신의 가족이 존속되는 것으로 간주한다. 시간적으로 가족 형태가 변화더라도 지속적으로 가족이라는 매개체를 통하여 존속하게 된다.

• **구조적인 특징**

가족은 그 구성원들 간의 생물학적이고 사회적인 다양한 구조적이고 구성적인 특징을 지니고 있다. 그리고 생물학적으로 출산 행위는 근본적인 가족의 결속을 유지하게 하고, 이러한 행위는 우리가 출생을 통하여 우리에게 직접 간접적으로 관계되어지는 최소한의 어느 정도의 유전적 특성이나 혹은 특징적인 기질을 공유하고 있다. 뒷부분에서 다시 지적하겠지만 인간은 성장 시기 동안 어느 정도의 생물학적 요소에 기초할 것이다. 또한 인간을 창출해 내는 이러한 과정에는 사회적 측면이 있는데, 어떤 사회도 출산의 생물학적 행위나 아동의 양육을 우연한 일로 방치하지는 않는다. 가족의 특성도 일정한 사회화 과정을 통해서 얻어진다.

• 규범적인 특징

가족구성원도 일정한 권리와 의무를 가지게 되는데, 이것은 법적인 측면도 있고, 비공식적인 측면도 지니고 있다. 널리 행해지지는 않더라도 법에 의해 합법화되는 입양을 제외하고는 법적인 내용과 관련된 가족에 관한 주요 법적 대책은 결혼에 의한 것이다. 즉 결혼 그 자체가 법에 의한 권리와 의무를 포함하고, 그리고 법적으로 가족 관계를 구성하게 되는 것이다.

3) 현대 가족 변화의 특징

현대 가족 변화의 특징을 살펴보면 다음과 같다.

• 가족 개념의 변화

가족 개념은 역사적이고 전통적인 사상에 기반을 둔 가족 개념에서 새로운 사상에 가족 개념으로 변하하고 있다. 그래서 선진국에서는 레즈비언, 게이 등을 가족 개념에 포함시키는 경향이 늘고 있다. 즉 자연과 문화적인 가족 질서에서 현실적인 가족 질서의 개념을 강조하기 시작하였다.

• 이성 역할의 변화

가족 해체와 핵가족화가 되면서 이성 역할이 변화하기 시작하여 가족기능 및 구조에 많은 영향을 미치기 시작하였다. 이러한 이성 역할의 변화에 의해 새로운 가족문화가 발생하고 있다.

• 결혼의 변화

결혼의 개념과 형태가 변화하여, 이혼과 재혼이 증가하고, 한부모가족 및 미혼모가족의 증가로 인하여 새로운 결혼문화가 발생하고 있다. 이렇게 계약결혼, 동거 등의 새로운 형태의 가족이 발생하기 시작하였다.

• 부모–자녀 관계의 변화

과거의 부모–자녀 관계의 변화로 인하여 각국의 문화에 따라 새로운 부모–자녀 관계가 형성되고 있다.

• 사회와 가족 관계의 변화

사회와 가족은 공통적인 역할이 있는데, 그 역할이 변화하고 있다. 그리하여 결혼 후 자녀를 출생하지 않아 사회적으로 인구문제가 발생하고 있다.

• 가족 연령과 구성원의 변화

평균수명의 연장으로 가족에서의 노인세대가 많이 늘어나고, 산업화와 공업화과 환경오염 등으로 인하여 장애가족이 늘어나고 있다.

3. 가족복지의 본질

1) 가족복지의 개념

가족복지family welfare는 한마디로 가족의 행복을 유지시키는 것을 말한다. 모든 국민은 인간다운 생활을 할 권리로 가진다는 헌법(제32조)의 기본이념에 입각하여 가족생활을 보장하는 사회적 모든 노력(제도적, 정책적, 기술적 서비스)을 총칭하는 말이다.

가족복지의 개념을 협의로 해석할 때에는 보통 가족복지사업family social work, family social welfare, family service이라고 하는데 현실적으로 가족이 처한 생활상의 곤란, 즉 빈곤, 질병, 실업, 가족 관계의 붕괴 등으로 가족원 개개의 존엄성이 상실되고 가족생활이 중대한 위기에 직면한 데 대해서 가족의 문제를 해결하고 가족생활을 강화시키기 위한 사회적 조직활동을 의미한다.

이러한 가족복지사업이 다른 사회복지 분야와의 차이점은 아동복지, 노인복지, 부녀복지 등은 그 대상으로 특정인을 취급하는 데 비하여 가족복지는 "가족을 전체family as a whole"로서 취급하는 것이다.

또한 가족복지란 가족생활을 보호・강화하며 가족원으로 하여금 사회인으로서의 기능을 다할 수 있도록 도와주는 서비스활동을 말한다. 가족복지에 대해 가족들이 생활해나가는 데 있어서의 어려운 문제(역할수행 능력)를 취급한다. 즉 일시적 빈곤의 압력이나 자원의 결핍 및 가족 내의 인간 관계의 결합을 도와주는 활동을 가족복지라고 한다고 말한다.

미국 사회사업가협회(사회사업 사전)에서 정의한 가족복지의 주된 목적은 가족구성원의 대인 관계 능력을 향상시키고 가정생활의 적극적인 가치를 더욱 살려 가족원 각자의 건전한 인품을 형성 · 발달시키고 나아가서 사회적 기능을 만족스럽게 성취하도록 기여함에 있다고 한다.

결론적으로 가정복지란 가족생활의 강화와 가족 관계의 조화를 성취시키려는 것이라고 할 수 있다

가족복지의 정의나 개념은 문화적 양상에 따라 다양한 의미를 가질 수 있는 데 보다 일반적인 가족복지에 대한 정의를 내리기 위해 여러 학자들의 정의를 살펴보면 〈표 21-1〉와 같다(고수현 외, 2002).

이러한 가족복지가 다른 사회복지 분야와의 차이점은 아동복지, 노인복지, 여성

〈표 21-1〉 학자별 가족복지의 정의

학 자	정 의
Feldman& Scherz (1968)	전체로서의 가족은 물론 그 구성원들의 사회적 기능수행을 효과적으로 증진시킴으로서 가족구성원 모두에게 행복을 도모하도록 하기 위한 사회복지의 한 분야
김만두(1982)	가족의 집단성을 확립하고 개개 가족구성원의 인격성장과 발달을 도우며 항상 변화하는 사회에 대응하여 적극적인 적응 능력을 가질 수 있는 가족, 즉 대사회적으로 적응하는 가족으로서의 확립이란 목표하에 전개하는 활동
김상규(1983)	가족의 행복을 유지시키는 것으로 국민의 생활권의 기본이념에 입각하여 가족생활을 보장하는 사회적 제 노력(제도적, 정책적, 기술적 서비스)의 총칭
일본현대복지학총람 (1995)	개인생활상의 모든 요구충족이 그 삶의 가족생활의 양태에 의하여 규정됨에 착안하여 가족원으로서의 개인의 가족집단에의 적응이나 가족생활 그 자체의 유지 및 질적 향상을 도모함을 목적으로 하는 사회복지의 한 분야
조흥식 외 (2001)	① 목적면: 국민의 생활권의 기본이념에 입각하여 가족의 행복유지 ② 주체면: 가족을 포함한 사회구성원 전체 ③ 대상면: 가족구성원 개개인을 포함한 한 단위로서의 가족 전체 ④ 수단면: 제도적 정책적 기술적 서비스 등 조직적인 제반 활동 ⑤ 범위면: 사회복지의 한 분야

복지 등은 그 대상으로 특정인을 취급하는데 가족복지는 '가족을 전체'로서 취급하는 것이다. 즉 가족복지는 가족성원 개개인의 요구와 문제에 초점을 두기보다 '한 단위로서 가족의 전체성'에 주목하면서 가족과 가족성원이 경험하는 문제를 예방하고 해결하여 가족이 건강하고 행복한 상태로 유지될 수 있도록 하는 제반 국가제도와 사회적 서비스인 것이다.

2) 가족복지의 필요성과 대상

(1) 필요성

산업화 이전의 가족은 많은 기능을 수행하여 인간의 욕구와 문제가 가족을 통하여 해결될 수 있었으나 산업화 이후의 가족은 여러 상황적 변화로 급격히 변화하면서 가족이 수행하던 많은 기능이 축소되고 변화함으로서 가족은 전통적인 기능에 어려움과 혼란을 겪게 되어 이를 보완하는 측면에서 가족복지의 필요성이 더욱 강조되고 있다. 가족복지의 필요성을 살펴보면(최경석 외, 2001) 다음과 같다.

가. 가족과 사회 관계의 변화

가족과 사회 관계에 대한 시각의 변화로 필요하게 되었다. 현대사회는 개인과 사회의 존속을 위해 없어서는 안 될 중요한 기능적 과업을 수행하는 가족과 사회의 관계성이 더욱 긴밀해지고 있다. 현대가족은 과거 가족이 지닌 주요 기능이 전반적으로 약화되어 스스로의 힘으로는 해결할 수 없는 많은 문제를 안고 있고, 한편으로는 취업모의 증가, 소가족화, 탈시설화정책, 사회복지서비스를 제한하는 비용절약정책 때문에 가족성원의 보호와 복지에 대한 가족의 책임이 예전보다 강조되고 있다. 따라서 가족기능은 약화되면서 책임은 오히려 증가되는 가족의 책임을 잘 수행할 수 있도록 다양한 가족복지서비스가 제공되어야 한다.

나. 가족 개입의 필요성의 증가

가족에 대한 개입의 관점 변화이다. 1980년대 이전까지 자유주의국가에서 가족성원의 보호는 가족의 책임으로 간주하여 국가가 개입하는 것이 오히려 문제를 일으킨다는 입장이었지만 이제는 사회문제 해결에 국가가 개입하는 것을 바람직하지 않게 여기는 신자유주의자들조차도 사회복지제도의 개혁을 추진하면서 사회복지의 축소를 위하여 가족제도를 강화하는 가족복지프로그램을 집중 지원하는 경향으로 가족에 대해 국가가 개입하는 쪽으로 관점이 변화되었다.

다. 가족욕구의 다양화

현대사회에서 발생되는 다양한 가족 형태의 등장과 욕구의 다양화로 이러한 다양한 가족들의 욕구를 충족시켜 주는 가족복지서비스가 필요하게 되었다. 맞벌이가족, 재혼가족, 한부모가족과 소년소녀가장가족, 독신가족과 노인단독가족, 동성부부가족, 공동체가족 등 다양한 형태의 가족이 보편화되면서 이러한 가족을 문제가족으로 보고 접근하던 기존의 가족복지정책으로는 가족의 욕구를 충족시키기 어렵게 되었다.

라. 가족 전체의 중요성

인간과 사회문제를 해결하는데 가족이 효율적인 단위라는 사실이 강조되고 있다. 인간의 문제를 해결하고자 하는 접근 방법으로 개인을 대상으로 한 개별적인 접근보다 가족을 단위로 한 가족치료(상담)가 문제 해결에 보다 효과적이라는 결과가 나온 것도 한 예라고 볼 수 있다.

(2) 대상

가족복지의 대상은 광의로 볼 때는 모든 유형의 가족들로 이들이 앞으로 당면할 가능성이 있거나 현재 당면하고 있는 모든 가족문제이며, 협의로 보면 가족생활상의 문제에 봉착하고 있는 위기의 가족으로 결손가족, 해체가족, 그리고 가족생활주기에 따라 발생되는 발달적 및 상황적 스트레스를 특별히 겪고 있는 가족들이다.

가족복지의 대상을 협의로 접근할 경우 가족문제의 예방적 측면이 간과되고 일반가족이 흔히 경험하는 가족문제가 간과되므로 가족문제와 함께 건강한 가족생활을 가족복지의 대상으로 삼아야 할 것이다. 이상에서 살펴본 바와 같이 현대사회의 가족복지의 대상은 문제가족을 포함한 모든 가족이라고 할 수 있다.

3) 가족복지의 기능

(1) 의의

가족복지기능은 그 범위에 따라 지지적 기능, 보완적 기능, 대체적 기능 등 다양하게 분류해 볼 수 있다. 그리고 가족복지의 기능은 각 가족이 처한 상황에 따라 다른 기능을 요구하게 되어 그 상황에 적합한 가족복지적 기능이 요구된다. 가족복지의 기능에 있어 가족문제를 일으키는 장애 요인에 대한 대책이라는 측면에서 가족 외적인 요인에 대응하는 것으로 거시적인 기능과 가족 내적인 원인에 대응하는 미시적인 기능을 제시하였다.

또한 가족복지는 가족이 사회로부터 기대되는 고유의 기능을 그 가족이 실현할 수 있도록 하는 원조의 기능, 구체적으로 생활자원을 연결하고 조정하는 기능, 일반 주민의 연대성을 강화하는 정보적 기능, 가족문제 해결 능력을 보강하는 서비스기능, 새로운 생활자원을 창조하는 개발적 기능으로 세분하였다(이소희 외, 1998).

(2) 가족기능의 유형

가족복지의 기능을 예방적 기능과 치료적 기능 등을 포괄적으로 포함하여 구체적으로 분류해 보면 다음과 같다(최경석 외, 2001).

가. 가족개발기능

가족개발기능은 건전가정 육성을 위한 가족교육, 역할개발, 생활 개선과 가족보건과 같이 가족기능을 효과적으로 개발시키는 것이다. 또한 가족개발기능은 가족문제 예방과 밀접한 관계를 지니고 있다.

현대사회에서는 가족치료와 함께 건전한 가족 구성을 위한 가족개발프로그램이 다양하게 개발되고 있다.

나. 가족복지기능

가족복지기능은 가족결손과 예방과 치료를 위한 가족상담과 가족치료, 역할 지원, 재활 지원 등으로 가족문제 해결을 위하여 전문적으로 접근하는 기능이다.

가족복지사업의 주류를 이루는 있는 기능으로서 가족복지의 중요한 부분이다.

다. 가족보호기능

가족보호기능은 독립적으로 가족생활이 어려운 가족에게 생활보호, 건강보호와 시설보호를 실시하는 것이다.

이 기능은 가족복지의 출발로서 빈곤가족, 비정형적인 가족 등의 문제에 효과적으로 개입하는 기능이다.

라. 자원개발기능

자원개발기능은 지역사회 내의 가족복지 여건 조성을 위한 기금조성과 조직개발을 하고 자원봉사자를 비롯한 인력개발을 하는 기능이다.

최근에 가복복지에서도 재가복지의 기능이 강조되면서 자원개발기능의 중요성이 증가하고 있다.

4. 가족복지와 건강가족사업

1) 건강가정의 이해

건강가정은 건강과 가정의 합성어로서 가정구성원의 신체적, 경제적, 사회문화적인 면을 포함하는 가족과 관련된 영역이라 할 수 있다. 즉 개인의 건강이 중요하듯이 가족적인 측면에서의 건강도 중요하다는 의미이다.

2) 건강가정기본법

(1) 제정과정

건강가정기본법은 다양해지고 있는 가정형태와 기능, 그리고 가정문제의 다변화 등으로 가정에 대한 국가의 역할이 강조되면서 그 필요성이 등장하기 시작하였다. 또한 현대사회에서 가정의 중요성이 증가하고 가정문제에 대한 예방과 치료하는 측면이 강조되어 단순한 제도로서는 가정문제를 해결할 수 없게 되었다. 그리하여 건강가정기본법은 2005년 1월1일부터 시행되었으며, 동법이 시행되기 이전인 2004년부터 동법의 전달체계인 건강가정지원센터가 전국의 3곳에서 실시되었다.

(2) 목적

동법 제1조 건강가정기본법의 목적을 살펴보면 건강한 가정생활의 영위와 가족의 유지 및 발전을 위한 국민의 권리와 의무, 국가 및 지방자치단체 등의 책임을 명백히 하고, 가정문제의 적절한 해결방안을 강구하며 가족구성원의 복지증진에 이바지할 수 있는 지원정책을 강화함으로써 건강가정의 구현에 기여하는 것을 목적으로 한다.

3) 건강가정사와 건강가정지원센터

(1) 건강가정사

가. 역할

건강가정사는 건강가정기본법의 취지에 의하여 전문적인 건강가정사업을 실천하는 전문가이다. 건강가정사는 우리나라에 도입된 기간이 짧음으로 당분간 전문적인 건강가정사의 양성을 위한 많은 노력이 있어야 할 것이다.

〈표 21-2〉 건강가정사가 되기 위하여 이수하여야 할 관련교과목

구분		교과목
전공과목(5)		건강가정론, (건강)가정(족)정책론, 가족상담 및 치료, 가정(족)생활교육, 가족복지론, (여)성과 가족, 한국가정(족)생활문화, 가족복지실천론, 건강가정현장실습
관련과목	기초이론(4)	가족학, 가족관계(학), 가족법, 아동학, 보육학, 아동(청소년)복지, 노년학, 노인복지, 인간발달, 인간행동과 사회환경, 가족자원관리, 가계경제, 가사노동론, 여가관리론, 주거학, 생애주기, 영양학, 여성복지론, 여성학이론, 정신건강(정신보건사회복지)론, 장애인복지론, 가정생활복지론, 공공가정경영론, 상담이론 중 4과목 이상
	상남 빛 교육 등 실세(3)	생활설계상담, 아동상담, 영양상담 및 교육, 소비자상담, 주거상담, 부모교육, 부부교육, 소비자교육, 가정생활과 정보, 가계재무관리, 주택관리의 생활관리, 지역사회영양학, 프로그램개발과 평가, 사회복지실천기술론, 지역사회복지론, 연구조사방법론, 여성학방법론 중 3과목 이상

나. 자격

건강가정기본법에 의하면 건강가정사의 자격기준은 대학 또는 이와 동등한 학교에서 사회복지학, 가정학, 여성학, 등 보건복지부령이 정하는 관련교과목을 이수한 졸업자로 명시하고(동법 제3조 제3항), 건강가정사의 자격과 직무에 관하여 필요한 사항은 대통령령으로 정하도록 하고 있다(동법 제35조 제4항).

(2) 건강지원센터

건강가정지원센터는 건강가정사업을 수행하는 전달체계로서 건강가정기본법에 그 근거를 규정하고 있다. 즉 가정문제의 예방과 상담 및 치료, 건강가정 유지를 위한 프로그램의 개발, 가족문화운동의 전개, 가정 관련 정보 및 자료제공 등을 위하여 중앙, 시・도 및 시・군・구에 건강가정지원센터를 설치한다.

5. 가족복지의 과제와 전망

1) 과제

(1) 접근성의 문제

원래 사회복지의 주요한 관심은 가족문제를 해결하는 가족복지였고, 사회복지제도가 확립되어 있지 않던 시대에도 가족복지는 여러 형태로 발전하였다. 이러한 가족복지는 경제가 발전하면서 복지국가를 표방하고 있지만 가족을 대상으로 하는 가족복지정책과 가족복지서비스는 불충분하다. 거기에는 가족문제를 정책이나 방법의 대상으로 하는 것조차 부인하는 역사적이고 문화적인 배경이 있다는 것도 부정할 수 없다.

현대사회에서 핵가족화나 고령화사회를 반영하는 가족문제는 급속도로 증가하고 있다. 생활 영역이나 행동 범위의 확대에 의해 가족생활 붕괴의 위기적 요인은 점점 많아지며 가족갈등, 가정 내 폭력, 별거, 이혼, 부자 및 모자가정, 독거노인, 아동이나 요보호자에 대한 가족의 양육과 보호 능력의 저하 등이 증가하고 있다.

사회복지문제의 기본은 가족문제며 그것에 대응하는 사회복지정책 및 서비스가 최대과제이다. 하지만 현실적인 대응책은 개별문제에만 초점을 맞추고 노인이나 장애인, 다양한 문제가족들을 가족으로부터 분리시켜 개인으로 처우하는 경우가 많다. 또한 취급 대상이나 행정 단위로서의 세대라는 개념은 강해도 클라이언트를 중심으로 한 원조 목적이나 효과를 전제로 하는 전체로서의 가족이라는 개념을 결여되어 있는 실정이다. 그럼으로 가족복지의 주된 과제는 전체로서의 가족의 개념을 어떻게 정립하느냐가 중요한 문제일 것이다.

(2) 가족 및 가족복지 개념의 재정립

가족에 대한 재개념화와 이러한 재개념화에 근거한 가족과 사회, 국가의 책임에 바탕을 둔 실질적인 대책의 강구가 필요하다. 왜냐하면 가족의 재개념화에 대한 사회적인 합의는 바로 가족복지의 대상이자, 범주를 결정짓고, 이에 준해서 가족 관련 정책과 정책주체의 정책적 개입의 방법과 범위가 달라지기 때문이다(이소희, 1998).

또한 가족에 대한 접근은 그 나라의 역사와 문화 및 가치관 등에 따라 다양하게 접근함으로 우리나라의 실정에 적합한 가족의 개념이 정립되어야 만이 정책적으로 정당성이 달성될 수 있을 것이다. 그럼으로 호주제 존폐문제, 남녀평등 문제 등 가족문제에 대해 논란이 되고 있는 사항도 가족 개념의 재정립을 통해 실현할 수 있을 것이다.

(3) 예방과 치료프로그램의 통합

합의에 이른 가족의 개념과 가족복지정책 방향이 설정되면 이에 걸맞는 가족복지프로그램이 개발되고 실시되어야 한다. 여기서 말하는 가족복지프로그램이란 가족욕구와 사정에 기초한 가족문제 발생을 예방하는 프로그램과 발생한 가족문제를 치료하는 프로그램을 의미한다.

뒷부분의 가족복지사업에서 분야별로 다루겠지만 가족복지는 예방도 중요하고 치료도 중요하다. 그럼으로 한 측면만을 강조해서는 효과적인 결과를 얻을 수 없다. 그러나 현재의 가족복지는 예방과 치료는 서로 분리되어 있는 축면이 많음으로 앞으로 어떻게 통합시키느냐가 중요한 과제이다.

(4) 가족문화프로그램의 개발

가족간의 교제 및 여가생활을 위한 다양한 가족문화 관련 프로그램 개발 및 보급이 필요하다. 우리나라는 급속하게 가족 해체가 진행되는 과정에서 적절한 가족문화가 형성되지 못하였다. 그럼으로 우리 실정에 맞는 가족문화프로그램을 개발해야 할 것이다.

그리고 가족기능 강화를 위한 복지정책의 추진으로 가족원 개개인의 이기주의와 세대 차이를 감소시키고 가족 단위의 여가를 보냄으로서 가족원간의 정서적 유대감을 공고히 하고 가족 중심의 '삶의 가치'를 찾을 수 있도록 기능을 강화시켜 주어야 할 것이다. 가족의 개면도 변화하고, 이에 따른 정책도 변화하는 것과 같이 각종 프로그램도 다양한 가족요구를 해결시켜 줄 수 있는 프로그램으로 변화해야 한다.

(5) 전달체계의 재정비

가. 통합적 전달체계의 구성

현재 우리나라의 가족복지정책 분야 중에 가장 큰 문제점 중에 하나가 전달체계의 다양성이다. 가족복지는 그 성격상 여러 관련 부처에서 접근해야 한다. 그러나 효율적인 정책을 집행하기 위해서는 관련 부처의 업무를 통합하고 조절할 수 있는 기구가 있어야 한다. 그리고 가족복지사업은 민간기관과의 지속적인 협력관계를 유지해야 함으로 민간기구와의 연결고리도 마련하여야 한다.

나. 전문적 인력의 확보

가족복지프로그램은 가족복지적 접근이 용이한 전문 가족복지사에 의해 실시되어야 만이 전문적 가족사회사업이 가능할 것이다. 그러나 아직까지는 사회복지분야에서 가족복지를 전문적으로 실시하는 전문가가 부족한 실정이다. 그럼으로 각 대학의 사회복지학과과 관련학과에서는 보다 전문적인 가족복지를 실천하기 위한 과목을 개설하고, 기존 사회복지사들에게도 보수교육을 통하여 전문직으로서 필요한 훈련을 실시하여야 해야 할 것이다. 또한 공공 부문에서도 장기적으로는 가족복지에 관한 업무를 수행하는 공무원은 가족복지 전문가로 채용하는 방향으로 유도해야 할 것이다.

2) 전망

(1) 접근 방법

전문적인 가족복지 실현을 위한 가족복지의 접근 방법에는 크게 거시적(간접적) 접근인 정책적 접근 방법과 미시적(직접적) 접근인 전문적 접근이 있다. 정책적 접근은 가족문제를 사회 전체의 문제로 보고 가족이 전체 사회의 제도적 구조와의 관계에서 보다 잘 존속할 수 있는 조건 혹은 환경을 조성해 가는 접근 방법으로 간접적인 정책의 차원이고, 전문적 접근은 문제 혹은 장애로 고통당하고 있는 가족에게 직접적으로 접근하는 방법으로 서비스의 차원이다. 그러나 단일한 접근만으로는 사회문제의 발생 예방 및 문제 해결을 통한 사회복지 증진이 어려우므로 통합적 접근이 필요하다.

가족복지의 접근 방법으로는 일반적으로 직접적 접근 방법으로서 개별 원조기술, 집단 원조기술 등과 간접 원조기술로서 지역사회 원조기술, 사회조사 등으로 구분할 수 있는데, 현대사회에서는 개별 원조기술과 지역사회 원조기술과의 연관에 의해 발전된 케이스 메니지먼트(사례관리), 더욱 보다 효과적인 복지서비스를 제공하기 위하여 슈퍼비전, 상담 등이 중시되고 있다. 이 중에서 직접 원조기술은 문자 그대로 개인, 가족, 집단에 대해서 직접적 · 개별적 서비스를 원조하는 것이고, 간접적 접근 방법으로서는 직접 원조기술을 효과적으로 실천하기 위한 조건 정비에 해당한다고 볼 수 있다. 그러나 아직까지 이러한 분류에 대한 법적 · 학문적 합의는 성립되지 않고 있는 실정이다.

(2) 전문성의 대두

현대사회에서 가족복지의 전문성이 점차 중요하게 등장한 배경을 살펴보면 다음과 같다(김익균, 2003).

가. 가족욕구 충족의 통합성

시설 내에서의 사회복지서비스는 통합적으로 시설될 수 있으나 지역사회 내 가족에서의 가족복지는 지역사회에 분산되어 있는 자원이나 서비스를 연결해야 하고 통합해야 하므로 전문적인 지식이 요구된다.

나. 가족욕구의 복합성, 다양화, 고도화

현대사회의 가족들은 사회생활의 욕구가 복잡, 다양하게 고도화된다는 점을 지니고 있으므로 다양한 차원에서 사회자원을 연결시켜 주어야 한다.

다. 가족복지실천에 있어서 환경 중시의 경향

오늘날 노인과 장애인의 수적 증가에 수반하여 사회복지의 실천 방법은 종래의 요보호자에 대한 심리적 원조에서 환경의 조정에로 관심이 전환되면서 사회복지의 전문성이 요구되기 시작하였다. 이러한 측면은 가족복지에서도 비슷한 양상을 지니며, 다른 분야보다도 환경 중시의 경향은 높아질 것이다.

라. 가족복지서비스 조직의 구축

가족사회복지를 추진하기 위해서는 개인의 원조 수준, 지역사회에서의 조직 수준 혹은 정책 수준의 각각에 관련되는 개개의 사회자원을 단위로 하는 서비스망을 형성해야 한다. 그러기 위해서는 각각의 사회자원의 내용이나 특징을 명확히 할 수 있는 전문적 지식을 가져야 한다. 가족복지사업은 앞으로 지역사회와 지역사회의 가정을 중심으로 전환할 것이며 지역사회 중심의 전략은 지역사회 자원의 적극적인 참여와 협동으로 자발적인 계획과 서비스의 전달을 담당해야 할 것이며, 지역사회의 단위로 가족복지서비스의 중요성이 증가할 것이다.

22장
교정복지

1. 교정복지의 이해

1) 교정복지의 개념

교정은 교도소 등에서 행해지는 권력적인 행형行刑과 대립되는 개념으로서 보호保護 또는 교호矯護보다는 엄한 통제의 성격을 갖고 비뚤어진 것을 바로 잡아 고친다는 말이고 교정복지사업Correction Social Welfare Work은 사회적응에 실패한 범법자와 비행청소년들의 갱생을 위해 조력하는 사회사업이라 할 수 있다. 이러한 교정복지는 사회복지의 개별 또는 집단사회사업, 지역사회복지 등과 같은 사회복지방법론을 활용할 수 있으며, 특히 사회복지의 특수 분야로서 정부의 교정정책을 반드시 이해하여야 한다(고수현 외, 2002).

범죄자에 대한 형벌제도를 살펴보면 초기에는 범죄자의 자유를 박탈한 자유형으로부터 강제노동을 과한 노역형으로 발전하였다가 다시금 참혹한 형벌이 가해진 응보형으로 발전하였다(김영모, 1993).

그러나 개인의 비행 또는 범법 행위 등 역기능적 사회 역할을 응보와 억제적 차원의 환경격리를 통한 처벌로 해결하기보다는 이들이 원만한 행위를 하는데 장애가 되어 온 사회심리적 여건들을 제거하는 데 더 많은 관심을 가져야 한다는 인식이 19세기 이후 합리주의적 사고의 발달에 힘입어 인간의 존엄성에 대한 사회적 인식이 증가됨에 따라 대두되었다.

즉 범죄의 원인을 개인의 책임으로 돌릴 것이 아니라 사회환경과 같은 사회적 책임이 존재하는 것이라고 인식하게 되었다. 결국 잘못된 사회화에 의하여 범죄 및 비행을 저지르게 되었다는 것이며, 재사회화를 위한 환경조절과 심리요법에 의한 사회적 치료를 하고자 나타난 것이 교정복지라고 할 수 있다.

또한 교정복지의 목적은 범죄자의 갱생에 있다. 범죄를 저지른 개인이 자신을 돌아보고 과거의 태도를 변화시킬 수 있도록 도와주며 그의 잠재 능력을 개발하여 사회환경에 적응하도록 원조해야 한다. 이 목적을 위하여 장애요소를 제거해 줄 필요가 있으며, 사회심리적으로나 경제적으로 자립할 수 있도록 사회적 네트워크에 연결시켜 사회로의 복귀를 도와 건강한 사회구성원이 되도록 지원해야 한다.

2) 교정복지의 대두배경

이런 교정복지의 대두 배경을 살펴보면 세 가지로 요약해 볼 수 있다.

첫째, 현대사회의 범죄현상에 대한 변화이다. 경제적 빈곤문제만 해결되면 범죄문제도 동시에 극복될 줄 알았던 종래의 고정관념이나 기대와는 달리 경제가 성장하고 산업화·도시화가 되면 될수록 범죄문제는 더욱더 심각해지고 있으며, 특히 이러한 변화에 수반된 전통적 가족윤리·교육제도 및 가치관의 해체와 재형성 과정에서 범죄의 양적 증가 및 질적 흉포화 현상이 나타나 큰 사회문제로 대두되고 있다.

둘째, 범죄문제에 대처하는 태도의 변화이다. 전통적인 응보형주의에 따른 획일적 형벌집행만으로 새로운 형태의 범죄발생을 방지할 수 없다는 반성에서 범죄행위 그 자체로부터 범죄인 개개인에게 관심을 돌리게 되었고 범죄자의 성격결함을 사회심리학적·정신의학적으로 교정함과 동시에 사회 변화에 적응하여 자립할 수 있도록 중재하여 가족·학교·직장·사회 등 주변환경을 조정·개선시켜 주는 교육형 사상이 대두하고 있다.

셋째, 범죄현상에 대한 현대의 일반적 인식의 변화이다. 중범죄자를 처벌하여 사회의 부조리 요인을 없애고 질서를 유지하는 대원칙은 변하지 않았지만 범죄자들도 사회의 일원으로 복귀할 자이므로 인간존중의 정신에 입각하여 개선 가능성이 높은 자, 특히 비행청소년에 대하여는 사회 내에서 충분히 지도하고 원조함으로써 건전한 사회복귀를 도모하는 노력을 병행하여 획일적 형벌집행에 따른 재범의 악순환을 방지하려고 하는 것이다.

2. 교정복지의 유형

1) 처우모형

• **개선모형**(Rehabilitation Model)

가혹한 형의 집행을 타파하고 범죄자의 개선갱생에 의하여 범죄방지를 도모하는 것을 형벌 및 행형의 목표로 삼는 유형이다. 즉 범죄인의 개선 및 교화를 통한 범죄방지에 주목적을 두고, 주로 종교적·심리적 상담과 직업훈련을 통해 사회복귀를 실현하는 것으로서 판결 전 조사나 분류처우제도 등의 기술을 말한다.

• **의료모형**(Medical Model)

범죄를 인격구조나 사회화 과정 중의 결함이나 부적응의 징후로 간주하고 치료나 교화를 위한 처우 프로그램의 중요성을 강조하는 이론이다. 즉 재판관은 의사이며, 소송절차는 치료적 대화이며, 구금 기간은 입원 기간이고, 교정직원은 치료요원이며, 수형자는 환자의 관점에서 출발한다. 그러나 치료를 위해 강제처우나 수형자의 자율권 무시라는 수형자의 인권보장 측면에서 한계점을 지니고 있다.

• **정의모형**(Justice Model)

교정처우의 중점을 개선에서 정의로From Rehabilitation to Fairness 목표를 삼는 이론이다. 즉 개선·의료모델의 인권침해문제와 관련하여 범죄자를 공정하게 취급하여야 한다는 이론으로 범죄자의 갱생보다는 교정제도의 개선에 초점을 두고 있다. 그러나 이 이론에 의해 공정성 확보가 지나치면 엄벌화와 구금의 장기화로 연결되어 응보형 유형으로 전환할 수 있고 형법의 중요한 이념인 예방의 관점이 무시될 우려가 있다.

• **사회재통합모형(Reintegration Model)**

수형자와 교정관계자의 상호신뢰에 입각하여 자발적으로 규율 준수와 상호학습을 통해 영향력을 행사하도록 하는 것으로 수용자의 사회복귀나 수용시설에 대한 지역사회의 부정적 시각을 해소시키는 데 도움을 줄 수 있다.

2) 교정복지사업의 유형

• **보호관찰(保護觀察, Probation)제도**

보호관찰제도는 죄를 범한 자로서 재범방지를 위하여 보호관찰, 사회봉사・수강 및 갱생보호 등 체계적인 사회 내 처우가 필요하다고 인정되는 자에 대하여 지도・원호를 함으로써 건전한 사회복귀를 촉진하고, 효율적인 범죄예방활동을 전개함으로써 개인 및 공공의 복지를 증진함과 아울러 사회를 보호함을 목적으로 시행되고 있다. 보호관찰의 대상자는 형법에 따라 보호관찰을 조건으로 형의 선고유예를 받은 자, 형의 집행유예의 선고를 받은 자, 가석방 또는 가퇴원된 자, 소년법에 의하여 보호처분을 받은 자, 다른 법률에 의하여 이 법에 의한 보호관찰을 받도록 규정된 자로 규정하고 있다. 보호관찰소의 세부 업무는 보호관찰 실시 및 사회봉사 명령・수강 명령 집행, 갱생보호, 보호관찰소 선도유예자에 대한 선도, 범죄예방자원봉사위원에 대한 교육훈련 및 업무 지도, 범죄예방활동, 판결 전 조사, 환경조사 및 개선활동, 성인 수형자에 대한 보호관찰 사안 조사 등의 업무를 수행한다.

• **사회봉사(수강)명령제도**

법원으로부터 사회봉사(수강) 명령을 받은 대상은 사회복지시설 현장에 파견하여 형에 따른 봉사 시간을 부여하고 사회봉사를 실시토록 규정한 제도이다. 사회봉사를 500시간, 수강을 명할 때는 200시간의 범위 내에서 그 기간을 정하여야 한다.

• **갱생보호제도**

갱생보호제도의 목적은 출소자가 변화된 사회경험을 하기 전에 중간처우의 보호조치로서 건전한 사회복귀를 촉진하고 효율적인 범죄예방활동을 전개하여 개인과 공공의 복지를 증진하는 데 있다. 출소자들은 생활 기반이 취약하고 스스로 소외감에 빠져 사회의 낙오자가 될 소지가 있으며, 결국 재범의 유혹을 받을 수 있기 때문에 심리적인 지지가 필요하다. 따라서 갱생보호사업을 효율적으로 추진하기 위하여 한국갱생보호공단을 설립하고 공단은 그 목적을 달성하기 위하여 갱생보호의 실시, 갱생보호제도의 조사·연구 및 보급·홍보, 갱생보호사업을 위한 수익사업의 경영, 공단의 목적 달성에 필요한 사업을 실시하고 있다.

• **치료감호제도**

범죄의 처벌은 범죄에 대한 책임을 질 수 있는 사람에게 해당된다. 즉 범죄에 대한 책임 능력이 없는 자에게는 형벌의 가치가 무의미하기 때문에 이들의 재범에 의한 사회불안은 가중될 수밖에 없다. 따라서 치료감호는 형벌만으로 모든 범죄인을 올바르게 재활시킬 수 없다는 이유에 근거하여 범법장애인, 범법약물중독자 등은 처벌보다는 이들의 질환을 우선적으로 치료하는 제도를 말한다. 우리나라는 1991년부터 공주치료감호소에 사회복지사가 배치되어 근무하고 있으나 그 수가 매우 부족한 실정이다.

3. 교정복지시설과 교정사회사업가

1) 시설의 종류

(1) 시설 내 교정

교도소·소년원·감호소와 같은 교정시설에 수용한 후에 교정·처우하는 것을 의미한다. 그러나 이들 시설에서 범죄인을 개선・교정하는 데는 한계가 있으며 오히려 교도소가 범죄인의 양성소로 전락할 수 있는 위험요소를 안고 있다.

(2) 시설 외 교정

교정시설에 수용하지 않거나 수용된 범죄인이라도 가석방 또는 가퇴원의 절차를 거쳐서 만기가 되기 전에 석방하여 사회 내에서 지도・감독 등의 방법으로 교정・처우하는 것을 의미한다.

즉 일정 기간 동안 감독관이 생활을 감독하고 필요한 도움을 제공함으로써 정상인으로서 사회에 복귀시키는 시설을 말한다. 시설 외 교정의 예로는 보호관찰제도, 형사시설과 사회시설의 중간시설(halfway house) 운영, 그룹홈, 시설 외부로의 통근, 통학제도, 사회봉사 명령community service order 등이 있는데 우리나라는 소년법에서 보호관찰제도와 사회봉사명령제도를 도입하고 있다.

2) 교정사회사업가의 자질과 역할

(1) 교정사회사업가의 자질

교정사회사업가는 첫째, 교정상담자로서 일반적 상담이론을 토대로 한 상담기술을 철저히 숙지하여 교정현장에서 범죄자와 비행청소년의 환경과 이들의 특성을 파악하여야 한다.

둘째, 인간존중자로서 범죄자와 비행청소년의 재활을 위해 특별한 사명의식을 가져야 하며, 이들의 인간적 가치를 자신이 갖춘 기술보다 더욱 중요시해야 한다.

셋째, 조직관리자로서 교정현장의 범죄자와 비행청소년을 위해 다양한 분야의 사람들과 상호 연계해야 하며, 조직관리의 지속성과 효율성을 높이기 위해 자신의 조직관리 능력을 발휘하여야 한다.

(2) 교정사회사업가의 역할

가. 상담자의 역할

교정시설의 재소자나 비행청소년들이 처해 있는 제반 애로사항을 파악하여 상담해 주어야 하며, 무분별한 상담을 하거나 비자발적인 만남을 지양하고 상담가나 대상자의 일방적인 욕구에 의하기보다는 상담의 원칙을 유지하면서 지속적이고 규칙적으로 이루어져야 한다.

나. 안내자의 역할

교정사회사업가는 정보에 차단되어 있는 교정시설 내의 재소자나 비행청소년들의 다양한 욕구를 감안하여 유용한 정보를 신속히 전달해 주어야 한다. 또한 안내자로서 향후 진로 방향에 대해 다양한 대안을 제시해 주는 역할이 필요하다.

다. 중재자의 역할

교정시설의 실무자와 실무자 간, 실무자와 대상자 간의 관계를 효과적으로 갖기 위해 중재자의 역할을 해야 하고, 피수용자 가족과의 갈등 관계를 해결하는 데도 중재자로서의 역할을 수행할 필요가 있다.

라. 교육자의 역할

변화를 위한 지식과 인격적 사고가 부족한 대부분의 범죄자와 비행청소년이 재활을 통해 마음의 변화가 쉽게 이루어질 수 있도록 동기를 부여해 주는 교육자의 역할이 필요하다.

마. 변호자 및 개혁가의 역할

범죄인과 비행청소년은 자유롭게 자신의 권리를 주장할 수 없기 때문에 교정사회사업가는 인간적 대우를 위해 관계기관과 관계인들에게 이들의 사정을 대변할 수 있는 변호자의 역할을 수행하여야 하며, 바람직한 교정정책의 발전을 위해 전략적이고 현실적인 개혁을 제시할 수 있어야 한다.

4. 교정복지의 과제와 전망

범죄문제를 사회복지적인 차원에서 접근한다는 것은 사회복지의 전문적 서비스가 교정사업의 영역에서 발전시키고 성숙시켜야 하는 과제로 부각되어야 한다는 것이다. 교정복지는 우리나라 교정사업의 중요한 분야로서 청소년 비행과 범죄자의 재활을 위해 과학적인 범죄인의 재활 방안이 요구되고 있다. 교정복지의 발전과제로서 교정복지를 제도화는 방안과 교정복지에 대한 교육과 연구의 활성화가 시급한 실정이며, 특히 교정복지 관련 전문기술의 개발은 사회복지 분야가 담당해야 할 과제로서 다음과 같이 요약할 수 있다(고수현 외, 2002).

첫째, 전문인력(사회복지사)의 교정현장 배치와 양성 그리고 자질 향상이다. 이러한 제도적 개선은 국가적 차원에서 시행되어야 하며, 사회복지 인력의 선발과 기존 인력의 계속적인 재교육이 이루어져야 할 것이다.

둘째, 교정시설의 개방화와 중간시설의 활성화가 이루어져야 할 것이다. 청소년의 경우 외부와 차단된 시설에서의 생활은 사회복귀와 재활에 악영향을 미칠 것이다. 탈시설화와 지역사회 중심의 교정활동을 위해 집단가정이나 중간처우의 집, 보호관찰제도, 갱생보호제도 등을 활성화해야 할 것이다.

셋째, 교정 분야의 전문적 자원봉사활동이 활성화되어야 할 것이다. 자원봉사자들은 보다 통합화된 체계와 조직 및 운영을 통해 관련활동을 전개해 나가야 할 것이며, 교정 분야의 전문자원봉사자로서 적합한 교육 및 훈련을 이수하도록 해야 할 것이다.

넷째, 사회적 연계망의 활용이 요청된다. 비행청소년의 행동 중 대부분은 부모와 가족과의 상호작용 결과이며, 가정이나 학교환경 등에 많은 영향을 받은 것임에도 교정기관에서는 당사자 중심의 프로그램을 운영하고 있어 가정과 학교가 개입될 수 있는 프로그램의 개발이 요청된다.

다섯째, 교정 관련 연구의 활성화와 다양한 프로그램의 개발이 시급히 요청된다. 범죄가 존속하는 한 교정에 관한 연구 지원과 관심은 증대되어야 하며, 그럼으로 다양한 교정복지프로그램이 개발되어야 할 것이다.

23장
산업복지

1. 산업복지의 이해

산업복지는 산업활동에서 기업이나 노동조합, 국가 및 지방자치단체, 민간단체 등이 노동자의 노동권이나 건강권 그리고 생활권 등의 기본적인 인권의 옹호와 구체적인 보장을 지원하는 노동복지의 모든 활동을 말한다. 우리나라는 아직까지 이 활동을 담당하는 산업복지사가 전문적으로 배치되어 있지 않은 상태이다(신섭중 외, 1995).

산업복지의 개념을 크게 광의와 협의로 분류해 살펴보면 다음과 같다(고수현, 2002 재인용). 광의의 산업복지는 국가 또는 지방자치단체, 기업, 노동조합, 협동조합 등이 주체가 되어 노동자와 그 가족의 생활안정, 생활 수준의 향상, 복지서비스의 증진 등을 목적으로 하는 제 시책, 시설, 서비스활동의 총체를 의미한다. 여기에는 기업이 주체가 되는 기업복지, 노동조합이 주제가 되는 노동자복지, 정부가 주체가 되는 사회보장, 협동조합이 행하는 각종 복지활동 등이 포함된다.

협의의 산업복지는 미국에서 쓰여지는 산업사회사업Industrial Social Work의 개념에 근거를 두고 있다. 커즈먼(P. Kurzman, 1987)에 따르면 "산업사회사업이란 경영이나 노동의 후원 아래 피고용자나 노동조합원을 돕기 위하여 그리고 노동조직이나 산업조직의 적법한 사회복지욕구를 충족시키기 위해서 전문사회사업가를 활용하여 실시되는 프로그램이나 서비스이다"라고 정의하였다. 이와 유사하게 바커(R. Barker, 1987)는 "산업사회사업이란 고용조직이나 노동조합 또는 이 양자의 후원 아래 직장 내외에서 노동자의 삶의 질을 향상시키기 위해서 실시되는 전문사회사업이다"라고 규정하였다.

2. 산업복지의 필요성과 분야

1) 필요성

산업복지는 노동자와 그 가족을 원조함으로써 직장 내외에서 발생하는 그들의 욕구를 충족시켜 만족스러운 생활을 영위할 수 있도록 지원한다. 또한 산업복지는 열악한 작업환경을 개선하고 보다 나은 직장 내 물리적 혹은 사회적 환경을 조성하기 위한 일도 수행한다. 뿐만 아니라 파업노동자들의 요구를 충족시키기 위한 협상이나 실업자를 위한 서비스프로그램도 제공한다. 또 전문적 사회사업지식과 기술을 활용하여 사회심리적, 정신적 문제들에 대한 개입도 하게 된다. 이처럼 산업복지는 노동자, 개인뿐 아니라 가족, 나아가서 사회 전체의 복지 향상에 기여하게 된다. 따라서 산업복지는 단지 기업의 경영정책적 측면이나 노동조합의 요구 때문에 시행되어서는 안 되고 사회정책적 차원에서 시행될 필요가 있다.

기업의 내부적 환경에 따른 산업복지의 필요성은 기업의 사회적 책임과 노사협의 풍토의 조성과 관련이 있다. 기업은 산출된 이윤에 대해 국가에 세금을 내고 노동자들에게 적정한 임금을 지불하며 또 사회에 봉사해야 한다는 기업의 윤리와 책임에 대한 시대적 요구가 높아졌다. 또한 기업이 생산성 향상을 위해 과거의 개발시대에 적용했던 방식은 더 이상 통용될 수 없다. 노사협의에 의해 산업현장에서 발생하는 여러 문제들을 해결하고 노동자들에게 다양한 복지서비스를 제공함으로써 신뢰감과 만족감을 증대시켜 주어 노동자의 생산성 향상에 크게 기여할 수 있다(고수현 외, 2002).

2) 분야

산업복지의 분야는 각국에 산업복지의 발달 정도에 따라 다양하다. 일반적인 산업복지의 분야를 살펴보면 다음과 같다.

① 노동자의 생명과 건강의 안전을 확보하는 노동안전위생 및 보건의료와 재활 분야
② 노동환경의 조건 개선과 설비나 기업 내 제도 등의 노동생활을 지원하는 분야
③ 저축이나 융자, 보험과 연금, 재산 형성 등의 금융 분야
④ 소비생활을 지원하는 분야
⑤ 여가생활이나 건강증진활동을 지원하는 분야
⑥ 생산교육이나 볼런티어활동을 지원하는 분야
⑦ 아동의 출산, 보육, 교육이나 노부모 보호 및 가족 간호 등을 지원하는 분야
⑧ 부인이나 청소년의 권리의 확보를 지원하는 분야
⑨ 장애인의 취업을 지원하는 분야
⑩ 노인취업을 지원하는 분야
⑪ 노후생활의 안정을 지원하는 분야
⑫ 고용안전을 지원하는 분야
⑬ 기업의 지역문화활동의 지원이나 지역의 소비자생활의 안전과 쾌적성의 확보 등 문화소비활동을 지원하는 분야

3. 산업복지의 기능

1) 산업복지의 일반적 기능

산업복지를 노동자와 그 가족의 생활을 안정시키고 향상시키는 모든 것을 포함하는 개념으로서, 실업, 산재, 질병, 노후생활 및 소득 등 생활불안을 예방하거나 완화하는 것은 물론 임금과 노동복지, 소득과 재산 형성, 생활설비와 사회서비스, 여가와 문화생활, 자유와 참여 등 노동자의 생활 향상을 위하여 정치・경제・사

회 · 문화의 거의 모든 분야에서 직 · 간접으로 이루어지는 물질적 · 정신적 · 객관적 · 주관적인 편익으로 넓게 정의한다면 산업복지의 기능은 다음과 같이 다섯 가지 기능으로 나누어 볼 수 있다(우재현, 1998; 고수현, 2002).

첫째, 평가적 기능이다. 이를 다시 사전평가와 사후평가로 나누어 볼 수 있다. 먼저 사전평가라 함은 복지적 원조의 최초에 필요한 사회자원과 현실적으로 가능한 해결 방법을 노동자가 찾아내도록 원조하는 것이며, 다음으로 사후평가라 함은 원조의 종료시 또는 일단락된 때에 지금까지의 문제 해결 과정을 반성하여 효과의 측정, 결점, 장래예측 및 개선책을 노동자와 더불어 검토하는 기능이다.

둘째, 조정적 기능은 생활자로서 노동자가 갖는 많은 사회 관계가 서로 모순하지 않도록 노동자 개인, 가족, 제도적 기관에 작용하여 노동자 개인이 사회 관계를 상실하지 않도록 원조함과 동시에 지역사회에 있어서 각종 생활 관련 시책이 노동자의 입장에서 운영되도록 실현하는 기능이다.

셋째, 전달적 기능은 모든 노동자가 사회생활상의 요구를 충족시키기 위해 적절한 제도나 자원을 선택하여 건설적으로 이용하도록 원조하는 기능을 말한다. 특히 근래에 와서는 산업복지의 주체인 국가, 기업, 노동조합은 노동자들이 피부로 느끼는 욕구나 문제를 해결하기 위한 정책의 개발이나 입안시에 그들의 의견을 반영하여 기존의 활동이거나 새로운 활동을 통해 원조하는 개발적 기능이 강조되고 있다.

넷째, 개발적 기능은 생활자로서 노동자의 문제 해결 능력의 잠재적 가능성을 찾아내고 이것을 발전시키도록 원조하는 기능을 가리킨다.

다섯째, 보호적 기능은 이상의 네 가지 기능에 의해서도 생활상 욕구충족을 할 수 없는 노동자에 대하여 그 사회 관계를 보호하는 서비스를 제공하는 것으로서 위의 네 가지의 기능과 병행해 작용된다.

2) 산업복지의 기업경영적 기능

산업복지의 기업경영적 측면은 본질적으로 노무관리의 일환으로서 그 기능을 담당한다. 그러나 이러한 경영 또는 노무관리 측면 외에도 국가나 각 사회단체에서 행하는 여러 생활복지를 보완 또는 경쟁하는 기능도 가지고 있다. 산업복지의 기업경영 측면에서의 기능을 기본적 기능, 일반적 기능 그리고 부문별 기능의 세 가지로 나누어 살펴보자(김주경, 1987).

• 기본적 기능

기본적 기능은 개개의 시책이 갖는 제 기능을 종합적으로 파악한 것으로서, 노무관리의 일환으로서의 경영적 기능과 경영 외적인 생활복지의 보완적 기능으로 크게 나눌 수 있다. 그리고 경영적 기능에 대해서는 일반적으로 생산 조건적 기능, 근로 조건적 기능, 생활 조건적 기능, 인간 관계적 기능, 교육기능적 조건의 다섯 가지를 들 수 있다.

• 일반적 기능

일반적 기능은 노동력 확보정착기능, 노사 관계 안정기능, 노동의욕 촉진기능 등으로 나눌 수 있다. 특히 노동력 확보정착기능은 숙련된 노동자를 다른 기업으로 이동하지 못하도록 기능함을 가리킨다. 노사 관계 안정기능은 노동조합으로 하여금 노사협상의 우선 목표를 노동 조건의 향상에서부터 기업복지의 확충으로 전환시키는 기능을 말한다. 또 노동의욕 촉진기능은 기업복지가 생산성을 향상시키는 기능을 말한다. 이러한 일반적 기능은 앞의 기본적 기능과 밀접한 연관을 맺어 기본적 기능의 구체적 기능을 포함한다.

• 부문별 기능

부문별 기능은 개별복지정책이 가져오는 구체적 기능을 일컫는 것으로서 생활원조, 주택시책, 공제금융, 문화 · 체육 · 레크레이션, 보건 · 위생의 부문으로 나눌 수 있다.

4. 산업복지의 주체와 산업복지사의 역할

1) 산업복지의 주체

산업복지의 주체는 다양한데 구체적으로 살펴보면 다음과 같다.

• 기업

기업 내부의 한 부문으로 전개하는 형태로 고용주가 복지사를 고용하여 사회서비스 부서, 인적자원 부서, 기타 특정 부서에 배치하는 방식이 있다. 또한 고용주가 산업복지사를 고용하는 방식의 경우, 산업복지사는 경영진에게 자문을 한다. 그러나 산업복지사는 근로자와 관계해서 얻은 정보를 경영진에게 밝히지 않으며, 근로자문제와 관련된 업무와 다른 회사 업무를 별도로 취급한다.

• 노동조합

기업 내의 별도조직으로 건강보험조합이나 상호조합, 소비생활협동조합이 전개하는 형태로 다양한 조합의 형태로 참여한다. 산업복지를 노동조합이 제공하는 방식의 경우, 노동조합이 산업복지사를 고용하며, 산업복지사는 노동조합 사무실이나 노동조합 의무실에서 근무한다. 고용주가 제공하는 방식에서와 마찬가지로 노동조합이 제공하는 방식의 경우에도 산업복지사는 사회사업실천 영역에서 근로자의 비밀을 보장해 주어야 한다.

• 기타

이밖에도 정부나 지방자치단체가 행정서비스로서 산업복지를 실시하는 형태와 재단법인 등 비영리 민간단체에서 산업복지를 실시하는 형태도 있다.

2) 산업복지사의 역할

아카바스(Akabas, 1995; 고수현, 2002)는 산업복지 분야의 전문가는 다음과 같은 업무를 수행한다고 본다.

첫째, 신속하고 철저하게 사정하기 위해서, 일에 대한 정보를 활용하고 또 근로자의 여타 생활 측면에 대한 정보를 활용한다.

둘째, 단기적 방법과 위기 방법을 사용해서 효과적으로 개입한다.

셋째, 지역사회 기관에 근로자를 의뢰하고 또 지역사회기관과 연계 관계를 맺는다.

넷째, 이해 당사자 사이에서 협상한다. 예를 들면 근로자와 상위자 간의 관계를 중재한다.

다섯째, 갈등 상황을 해결한다.

여섯째, 복지 관련 급여를 탈 수 있는 자격을 갖추도록 옹호 역할을 한다

일곱째, 개인적 욕구 및 정책 상황과 관련하여 자문을 하여, 문제를 하나의 단순한 사례로 보는 것이 아니라 그 문제의 원인을 파악하도록 한다.

5. 산업복지의 과제와 전망

현재 우리나라 산업복지의 발전 정도는 매우 미흡한 실정이다. 그리고 산업복지도 복지정책적인 차원보다는 노동정책적인 차원에서 접근하고 있다. 그리고 자율적인 노동조합의 역사도 짧아 노동자의 산업복지에 대한 인식도 부족한 실정이다. 그럼으로 노동자의 복지를 위한 다양한 산업복지가 실시되어야 하는데 구체적인 내용을 살펴보면 다음과 같다.

첫째, 다양한 산법복지프로그램을 개발해야 한다. 둘째, 기업은 전문적인 산업복지가 실시될 수 있도록 재정적 · 행정적 지원을 적극적으로 지원해야 한다. 셋째, 정부에서는 전문적 산업복지사의 양성을 위한 장기적 계획을 수립해야 한다. 마지막으로 산업복지와 관련된 민간단체의 적극적인 참여를 통하여 효율적인 산업복지가 실시될 수 있어야 한다.

24장
의료복지

1. 의료사회사업의 이해

1) 의료사회사업의 개념과 중요성

(1) 의료사회사업의 정의

"의료사회사업이 무엇인가?"라는 질문에 의료관에 대한 사회의 인식 정도, 각 사회의 문화적인 특성, 그리고 시대의 변천에 따라서 다양하게 정의를 내릴 수 있으나 일반적으로 의료사회사업의 정의는 다음과 같이 내릴 수 있다. 즉 의료사회사업이란 환자의 치료를 목적으로 하는 기관에서 전문적인 지식과 기술을 적용하여 의료진의 치료 행위를 원조하고, 환자 및 그 가족의 심리적, 사회적, 그리고 경제적인 문제를 상담하여 환자가 질병으로부터 해방되고 재활할 수 있는 잠재적인 능력을 강화하는 의지를 제공하는 특수한 전문적인 사회사업의 실천 영역이다. 구체적인 의료사회사업의 정의를 살펴보면 다음과 같다.

① 의료사회사업의 실천 대상은 환자와 그 가족이다.

② 의료사회사업의 실천 장소는 환자의 치료와 관련된 의료기관이다.

③ 의료사회사업을 실천하는 행위주체는 의료사회사업가이다.

④ 의료사회사업의 주된 실천 내용은 질환의 예방, 치료, 그리고 재활과 관련된 것이다.

⑤ 의료사회사업의 실천 행위는 의사의 협력하에 이루어질 수 있다.

(2) 의료사회사업의 중요성

20세기 이후 공업화와 산업화의 급속한 발전은 사회구조를 바꾸어 놓았을 뿐만 아니라 환경의 변화를 크게 바꾸어 놓았다. 이러한 사회구조와 환경의 변화는 개인의 생활에 영향을 주며 그 결과 개인의 건강에도 영향을 주고 있다. 즉 외부적 환경의 변화는 질환의 직·간접적인 원인으로 작용하는 것이다. 예를 들면, 각종 매연으로 인한 환경오염과 산업폐수로 인한 상·하수도의 오염 등은 개인의 건강에 심각한 영향을 주고 있다.

즉 병원 내에서 환자의 치료를 위해서 임상적인 의사의 역할이 강조될 뿐만 아니라 개인의 건강에 영향을 미치는 환경적인 요소들을 조사·분석하는 기능을 하고 있는 의료사회사업의 역할의 중요성이 강조되기 시작하였다. 우리나라의 경우에도 1970년대 이후에 공업화와 산업화로 인한 사회구조와 기능의 변화는 질병의 양상을 크게 바꾸어 놓았으며 이러한 환경적인 변화는 의료사회사업의 큰 발전과 성장을 가져오고 있다. 환자의 치료를 위한 원조 과정에서 의료사회사업의 역할의 중요성을 3가지로 요약하여 정리하면 다음과 같다.

① 의료사회사업은 다양한 욕구를 충족시킬 수 있는 사회 실천 영역이다.

② 의료사회사업은 인간적인 측면을 실천하는 영역이다.

③ 의료사회사업은 예방, 재활, 그리고 사후관리를 강조한다.

④ 의료사회사업은 의료비를 절감할 수 있는 경제성을 지닌 실천 영역이다.

2) 보건·의료서비스의 특징

병원에서 의사 등이 포함된 의료전문인력들에 의해서 생산되어지고 있는 보건 · 의료서비스는 공장에서 생산되어지는 청바지와 같은 일반상품과는 여러 가지 면에서 차이점을 나타내고 있다.

의료사회사업은 병원에서 생산되어지는 독특한 생산물인 보건 · 의료서비스와 관련된 원조활동을 계획하여 이를 환자에게 제공하여 정신적 · 육체적 고통으로부터 해방시키고 사회적으로 정상적인 기능을 수행할 수 있도록 하는 데 그 기본적인 목적이 있기 때문에 이러한 기본적인 목적의 달성을 위해서는 의료사회사업가의 실천 업무와 직접적인 관련을 가지고 있는 보건 · 의료서비스의 특징을 이해하는 것이 중요하다.

이러한 보건 · 의료서비스의 특징은 의료사회사업을 일반 사회복지사업과 확연하게 구분을 짓게 하며 일반 사회복지사에 비해서 의료사회사업가에게 실천적인 전문기술을 더 요구하게 하고 있는데, 보건 · 의료서비스의 특징을 살펴보면 다음과 같다(김익균 외, 2001).

(1) 전문적 서비스

환자에게 제공되어지는 보건 · 의료서비스는 전문적인 교육과 윤리교육을 이수한 의사를 비롯한 의료전문인력들에 의한 전문 의료 행위에 의해서 생산되어지는 생산물이므로 의료전문인력들에 의해서만 이해될 수 있는 특징이 있다. 그러므로 의료전문인력들과 비교해볼 때 환자는 보건 · 의료서비스를 이해하는 데 필요한 정보나 지식의 면에서 상대적으로 무지한 상태에 놓여 있다. 이러한 환자의 무지한 상태는 힘의 불균형을 가져오고 결국 의사가 일방적으로 의료 행위를 결정하는 독점적인 지위를 갖도록 한다(Paul J. Feildstein, 1993).

예를 들면, 의사는 일방적으로 환자로 하여금 병원이용의 횟수를 증가시켜 소득을 높이려는 의료 행위와 보건 · 의료서비스의 종류나 범위를 결정하는 의료 행위를 하기도 한다. 이러한 환자의 무지 속에서 의사가 환자에게 보건 · 의료서비스량을 증가시키는 행위를 고전경제학의 이론인 "공급이 수요를 창출한다"는 세이의 법칙say's law에 비유하기도 한다(양봉민, 1989).

의료사회사업가는 병원 내에서 발생하고 있는 이러한 힘의 불균형으로 인해 환자에게 부당한 의료서비스의 제공을 막기 위하여 환자를 대신하여 옹호자로써의 역할을 수행하여 의사의 전문 의료 행위를 통제하고 견제하는 역할을 수행하기도 한다.

(2) 수요의 불확실성

질병이 예고를 하고 찾아온다면 거의 모든 질병은 예방이 가능하고 질병으로부터 고통을 받는 사람은 별로 없을 것이다. 그러나 질병은 사전에 예측을 하고 발생하는 것이 아니라 어느 날 갑자기 예고 없이 찾아온다는 데 그 특징이 있다.

일단 질병이 발생하면 많은 비용이 발생하여 육체적인 고통은 물론 환자나 그 가족은 경제적인 문제에도 시달리게 된다. 이러한 경제적인 뮤제를 해결하기 위해서 평상시에 건강한 개인은 건강보험에 가입하여 경제적인 부담을 덜 수 있다. 또한 국가도 의료보장을 포함한 각종 사회보장정책을 입안하여 질환이 발생할 경우에 개인은 물론 지역사회의 건강유지와 회복을 위하여 보건·의료서비스를 제공한다.

(3) 치료 행위의 불확실성

현대사회는 유전자 배열의 판독을 비롯하여 의료기술과 지식이 급진전하고 있다. 그러나 질병의 발생이 불확실성을 지니고 있는 것처럼 이러한 의료기술과 지식의 발전이 환자의 치료결과를 확실하게 보장할 수는 없다.

암이나 심장질환을 비롯한 많은 질병이 현대의술로도 확실한 치료의 결과를 보장할 수 없으며, 치료가 가능한 질병이라 할지라도 개인이 처한 상황의 특성에 따라서 회복에 대한 확실한 치료결과를 보장할 수 없다.

즉 치료가 가능한 질환이든 아니면 불가능한 질환이든 개인의 신체적인 조건 및 환경에 따라 치료의 결과가 다르게 나타날 수 있다는 데 치료 행위의 특징이 있다 하겠다.

이러한 치료결과의 불확실성으로 사람들은 질병을 극복하기 위해 양질의 의료서비스를 요구하고 체계적인 의료서비스의 제공을 요구하게 되는 것이다.

(4) 무형성

환자에게 제공되는 보건·의료서비스는 일반 소비자에게 제공되는 옷이나 냉장고와 같이 질이나 내용을 시각적으로 확인할 수 있는 유형의 것이 아니라 무형의 것에 해당한다. 무형의 상태인 보건·의료서비스는 시각적으로 볼 수 있는 것이 아니어서 제공되어지는 양이나 질의 수준을 측정하기가 어렵다. 이러한 측정의 어려움은 의사의 전문성과 함께 의사로 하여금 의료 행위의 자율성을 보장하는 기능을 한다. 이러한 자율성의 보장은 제공되어지는 서비스의 양을 의사가 자의적으로 결정하게 하여 의료비의 증가를 초래하기도 한다. 이와 같이 무형의 상태인 보건·의료서비스는 의사에게 자율성을 가지게 하여 과잉진료를 초래하여 의료비의 상승과 보건·의료서비스 체계의 왜곡을 불러오기도 한다.

3) 의료사회사업의 역할과 특성

(1) 의료사회사업의 역할

의료사회사업은 환자의 회복을 목적으로 환자와 그 가족을 위하여 보건·의료서비스와 관련된 업무를 실천하거나 치료의 효율성과 능률성을 확보하기 위해서 의사를 원조하는 것을 그 주요한 내용으로 하고 있다. 이러한 의료사회사업의 내용을 환자와 그 가족, 의사에게 제공하기 위해서는 의료사회사업가는 이들과의 인간적인 상호교류를 형성할 수 있는 체계를 구축함으로써 적절한 원조 관계의 역할이 이루어질 수 있다.

의료사회사업의 역할은 의료사회사업가에 의해 일방적으로 수행되어지는 것이 아니라 보건·의료의 윤리적인 가치와 환자를 단지 사회적인 일탈자가 아닌 전인격적인 관점으로 보는 시각을 바탕으로 하여 의사와의 공조를 통해서 환자 및 그 가족에게 필요한 서비스를 제공할 수 있다.

의료사회사업의 역할은 정형화되고 획일적인 상태로 지적되어질 수 있는 것이 아니라 질환의 종류 및 특성, 병원의 구조 및 운영방침 그리고 추구하는 목적, 의료사회사업가의 교육배경 및 성향, 환자의 질병에 대한 대처 능력 및 잠재 능력, 의사의 의료사회사업에 대한 인식의 정도, 지역사회자원의 활용 가능성 등에 의해서 각각 다르게 지적될 수 있다.

다음은 의료사회사업에 참여하는 의사를 비롯한 전문가들의 역할은 제외하고 핵심적이고 주도적으로 의료사회사업의 내용을 현장에서 직접 실천하고 있는 의료사회사업가의 주된 역할만을 열거하면 다음과 같다.

① 의료사회사업의 실천 과정에 참여한다.
② 입・퇴원을 계획한다.
③ 정보의 수집과 제공 역할을 수행한다.
④ 지역사회자원을 동원하는 역할을 수행한다.
⑤ 건강교육과 지역사회 건강프로그램의 작성을 위한 역할을 수행한다.
⑥ 상담 역할을 수행한다.
⑦ 의료서비스의 적정성을 심사하는 역할을 수행한다.
⑧ 사후건강관리에 대한 역할을 수행한다.
⑨ 행정과 교육 업무의 역할을 수행한다.

(2) 환자와 의료사회사업가의 역할 관계의 특성

모든 질병은 역기능적인 측면을 가지고 있기 때문에 환자는 자신 스스로 중요한 문제를 가지고 있는 사람으로 분류된다. 앞서 지적한 바와 같이 질병으로 인하여 나타나는 현상은 환자로 하여금 불안에 떨게 하고 환자 자신은 어떤 사람으로부터 도움을 받아야 한다고 생각한다.

반면에 전문가인 의료사회사업가는 전문적인 지식과 기술을 가지고 지역사회자원을 활용하여 환자의 치료 과정에 개입하며 질병의 상태에 대하여 여러 가지 정보나 지식을 가지고 그것을 해결할 수 있는 전략을 만들어 내는 전문적인 실천가이다. 즉 환자는 이러한 전문적인 의료사회사업가의 지시나 감독을 받는 의료서비스 실천의 대상자로서 반면에 의료사회사업가는 환자의 치료를 돕기 위해서 원조를 제공하는 서비스를 공급하는 제공자로서 힘의 비대칭적인 관계에 놓여 있는 것처럼 보인다.

이와 같이 환자와 의료사회사업가와의 관계를 고전적인 의미에 있어서 힘의 비대칭적인 관계로 이해할 때 "양자는 과연 어떤 행동과 어떻게 행동해야 하는가?"라는 물음에 직면하게 된다. 그러므로 고전적인 의미이기는 하지만, 비대칭적인 관계 속에서 양자간의 역할에 대한 특성을 살펴볼 필요성이 제기되는 것이다.

환자와 의료사회사업가의 관계는 동일한 질병이라 할지라도 그 질병의 심각성의 정도 또는 일상적인 사회활동을 하는데 얼마나 지장을 초래하고 있느냐의 여부에 따라서 양자의 역할에 대한 특성이 다르게 분류될 수 있다.

오늘날 대부분의 보건·의료사회사업의 역할은 개인에 대한 임상 중심의 질병의 치료를 원조하는 행위가 아니라 오히려 다수의 건강 상태를 유지, 발전시키는 과정에 개입하는 것이라고 볼 수 있다. 즉 의료사회사업가와 환자의 역할 관계에 있어서 환자가 특정한 인구집단이거나 지역사회구성원일 경우에 의료사회사업의 역할은 다르게 분류될 수 있다. 치료에 개입하는 원조 과정이 개인의 아픈 곳을 치료하여 회복하는 것을 의미하는 것이 아니라 질병의 발생을 미연에 예방하는 과정에 개입하는 것이 더욱더 경제적인 의료사회사업의 역할이라 규정할 수 있다.

임상치료가 아닌 예방의학이나 공중보건학에서는 치료 중심의 원조 행위 과정에서 나타나는 수직적이고 권위적인 의료사회사업가의 역할 관계보다는 수평적이고 설득력이 있는 개입 행위가 요구되는 것이다. 환자의 행위 변화를 바랄 경우에 환자 자신으로 하여금 의사결정을 하게 하고 자율적으로 판단할 수 있는 환경을 만들어 주는 것이 임상적인 치료 과정에서 나타나는 특징과 차별화할 수 있는 현대적 의미에 있어서 의료사회사업가의 역할이라 할 수 있을 것이다.

2. 정신보건사회복지

1) 의의 및 중요성

(1) 의의

현대사회의 경제적인 향상과 의료기술의 발전으로 인하여 각 개인은 다양한 양질high quality의 정신의료욕구를 지니고 있다. 이러한 변화된 다양한 양질의 의료욕구를 충족시켜 주기 위해서는 병원시설의 고급화와 전문의료 인력의 확보가 절대적으로 요구되고 있다. 그러나 정신과 의사를 포함한 전문의료 인력의 노동량의 제공은 제한되어 있어 고급화된 환자의 의료욕구를 충족시키기에는 한계가 있을 수밖에 없다. 이러한 문제를 해결할 수 있는 방법은 바로 정신보건사회복지의 도움을 받아 이러한 한계를 극복해 나갈 수 있는 것이다.

정신보건사회복지는 정신과 의사와 협력하여 치료 행위에 개입함으로써 정신과 의사의 노동량을 덜어주고 정신과 의사로 하여금 양질의 서비스를 환자에게 제공할 수 있도록 전문성을 제고시켜 줄 수 있다.

일반 의사보다도 더 전문성이 요구되는 정신과 의사가 환자와의 인간적인 관계를 형성하여 환자로부터 정신질환의 치료에 필요한 자료와 정보를 수집・분석하여 치료의 효과성을 확보한다. 그러나 그것은 현실적으로 어려움이 따른다. 그러므로 정신보건사회복지는 이러한 정신과 의사가 수행할 수 없는 영역을 설정하여 환자와 그 가족을 원조함으로써 치료의 효과성을 높일 수 있는 전문적인 사회사업의 한 실천 영역이라고 볼 수 있다(김익균 외, 2001).

(2) 중요성

대부분의 개인은 각자가 맡은 바 영역에서 타인과 함께 공동생활을 하며 그들의 삶의 만족은 물론 정신적으로 평온한 상태인 심적인 만족감을 느끼면서 살아가고 있다.

어떤 사람은 타인과의 적절한 관계를 유지하여 사회생활의 성취감과 함께 정신적으로 평온한 상태를 이루는가 하면 어떤 사람은 타인으로부터 인정받지 못하고 사회적으로 일탈적인 행동을 하는 정신적인 불안한 상태를 이룰 수 있다.

이러한 정신적인 불안 상태가 지속되면 바로 정신질환으로 이어지는 것이다. 공동생활로부터 비롯되는 정신질환은 타인의 행위가 장애 요인으로 작용하고 심리적, 정신적, 정서적인 측면에서 사회부적응의 문제를 야기하는 것이다.

정신보건이란 개인이 대인과의 활동 관계에 있어서 정신적인 최대의 만족을 느끼면서 동시에 사회적인 적응력을 높여 건전한 정신 상태를 유지하기 위한 실천적인 과정이라고 볼 수 있다. 즉 개인의 행위를 타인의 행위와 분쟁 없이 조화를 이루게 한다면 그들의 사회적인 적응력은 향상되어 최대의 정신적인 만족을 달성할 수 있을 것이다.

정신보건사회복지는 "정신의료기관에서 정신질환을 가진 환자나 그 가족의 치료를 목적으로 예방, 치료, 그리고 재활을 실천하는 전문적이고 체계적인 의료사회사업의 실천활동"이라고 볼 수 있다. 허정 교수는(1992) 정신보건사회사업이란 간략히 정의하면 정신장애를 예방하고 건전한 정신기능을 유지하며, 정신질환을 치료하는 데 그 목적이 있다고 주장하고 있다. 다음은 정신보건사회사업의 정의를 좀 더 체계적으로 이해하기 위해서 세부적으로 나누어 설명하고자 한다.

2) 장소와 대상

(1) 정신보건사회복지를 실천하는 장소

정신보건사회복지를 실천하는 장소는 병원시설 내에서만 제한되어 있는 것이 아니라 지역적인 차원의 탈시설화까지도 광범위하게 포함할 수 있다. 예를 들면, 정신병원, 정신요양원은 물론 아동상담소, 지역사회정신보건시설, 보건소, 사회복귀시설, 재활시설, 그리고 중간시설을 들 수 있다. 정신보건사회복지를 실천하는 장소가 시설 내에서 탈시설화현상을 나타내고 있음을 이해하여야 한다.

(2) 정신보건사회복지의 실천 대상

정신보건사회복지를 실천할 수 있는 대상자인 정신질환자는 시대에 따라 혹은 정신분석학자들에 따라서 그 분류가 다양하게 이루어질 수 있다. 예를 들면, 과거에는 동성연애자들과 알콜중독증을 정신질환자로 분류하였으나 현재에는 동성연애 행위를 합법화하고 있는 추세이며 알콜중독도 신체질환으로 여기고 있는 추세이다(김기태 외, 2001).

정신적인 문제를 가지고 행하는 일체의 사회적인 일탈 행위를 일반적으로 정신장애라고 표현하고 있으며, 이러한 정신장애를 크게 정신지체와 정신질환으로 대별하여 나누어 생각할 수 있다. 본 장에서는 정신보건사회사업의 대상자로써 정신장애를 정신지체와 정신질환으로 나누어 간략하게 소개하고자 한다.

가. 정신지체

정신지체는 유전인자에 의해서 선천적으로 지적 능력이 떨어지는 정신적인 결함 상태를 의미한다. 이러한 선천적인 정신박약의 상태는 성인의 경우 약 10세의 지적 수준에 해당하는 IQ 50~70 이하인 경우를 말한다.

정신지체로 판정되는 나이는 10~14세가 가장 많은 분포를 보이고 여성보다는 남성에게서 더 많은 유병율을 보이고 있다. 실질적인 치료 방법의 접근은 아직은 없는 것으로 알려져 있으나 세계 전체 인구 가운데 약 3%가 정신지체를 경험하고 있는 것으로 조사되고 있다(정원철, 2000).

나. 정신질환

정신지체가 선천적으로 지적 능력이 손상됨을 의미하는 반면에 정신질환은 후천적인 환경적인 요인에 의해서 비정상적으로 사회적인 기능이나 자아기능이 손상됨을 의미한다. 정신질환은 정신장애의 범주에 속하는 질환으로 신경성질환과 미친병 혹은 정신병이라는 용어로 흔히 사용되어 진다.

정신질환은 현실을 판단할 수 있는 능력의 기준에 따라 다양하게 분류할 수 있으나 본서에서는 이해를 쉽게 하기 위해서 신경성정신질환, 인격장애 및 기타로 구분하여 간단하게 소개하고자 한다.

3) 정신보건사회복지사

우리사회에서 보이지 않는 개인의 내면적인 건강문제를 다루기 위해서는 특정한 한 전문 분야의 개입만으로는 어렵다. 다양한 사회구조적인 기능의 변화와 환경요소적인 변화를 가져오고 있는 현대사회는 다양한 정신질환을 유발시키고 있다. 이러한 정신질환의 특성과 원인의 다양화는 여러 보건전문인력들의 적극적인 개입을 요구하고 있다.

정신보건사회복지를 담당하는 전문요원으로는 정신보건사회복지사, 정신과 의사, 정신보건간호사, 정신간호조무사, 정신분석가, 작업치료사, 심리학자, 정신보건임상심리사 등 정신치료의 업무와 관련된 모든 전문적인 인력들을 포함한다. 이러한 전문요원들은 정신치료 개입 과정에서 전문적인 지식과 기술의 습득이 요구되므로 전문적인 교육기관에서 일정한 교육과 훈련을 이수할 것을 법률적인 차원에서 요구하고 있다.

정신치료 과정에 참여하는 보건전문 인력들의 전문지식과 기술을 통합하고 원조 행위를 수행하는 과정에서 그들 사이에서 발생할 수도 있는 이견을 조정하고 통제하여 하나의 의료망을 형성하기 위해서는 정신보건사회사업가의 역할이 더욱 더 중요하다. 그러므로 정신보건사회사업가는 폭넓고 원만한 인간 관계를 유지하는 기술은 물론 통제조정 능력까지 요구된다.

통제조정 능력 이외에 우리나라는 정신보건사회사업가의 전문성을 확보하기 위해서 자격요건을 엄격하게 제한하고 있다. 정신보건법시행령 제2조에 의하면 정신보건사회사업전문요원을 1급과 2급으로 구분하고 있는데, 1급은 사회복지학을 전공한 석사학위 이상의 소지자로 정부가 지정한 정신의료기관에서 3년 간의 수련을 마친 자가 일정한 시험에 합격하면 자격을 취득할 수 있으며, 2급은 사회복지사업법에 의한 사회복지사 1급 자격증을 소지한 학사학위 이상의 소지자로 정부가 지정한 정신의료기관에서 1년 이상의 수련을 마친 자가 시험에 합격하면 자격을 취득할 수 있게 하여 다른 일반의료사회사업가에 비해서 전문성을 더 요구하고 있다.

4) 정신보건사회복지의 실천 방법

정신보건사회복지의 내용을 정신질환자에게 지속적이고 효과적으로 전달하기 위해서는 오직 개별사회사업 방법으로만 국한시키지 않고 다양한 사회사업 방법을 활용할 수 있어야 한다. 예를 들면 집단정신치료법, 작업치료법, 사례 연구, 가족치료법 및 가정방문, 사회기술훈련, 인간관계훈련, 사회복귀훈련, 직업훈련, 재활 등을 포함한 역동정신요법을 대표적인 예로 들 수 있는데 여기에서는 집단정신치료법, 가족치료법, 인간관계훈련만을 간략하게 소개하고자 한다(고수현 외, 2002).

• 집단정신치료법

집단정신치료는 정신치료의 한 형태로서 집단 속의 개인을 활용하여 정신적인 문제를 해결하고 완화해가는 치료법이다. 집단 속의 개인은 그들의 문제를 해결하는 데 도움을 줄 수 있는 정보를 상호간에 교류하고 서로를 지지하는 역할을 통하여 상호간의 결속력을 가져올 수 있고, 집단 내 상호간의 대인 관계를 통하여 심리적인 발달을 촉진하고 교정하는 기회를 집단정신치료를 통해서 가질 수 있다. 집단치료의 효율성을 확보하기 위해서는 임상적 상황에 적절하고, 유용한 시간적인 제약 내에서 도달할 수 있고, 집단 내 개인의 역량에 적합한 각 집단만의 특수한 목표를 설정해서 접근해야 한다(한국정신보건사회사업학회, 2000).

• 가족치료법

환자의 정신적인 문제를 치료하는 데 가장 밀접한 일차적인 보호 관계에 놓여있는 치료 제공자가 바로 환자 가족이다. 이와 같이 환자의 재활에 일차적인 보호기능을 가지고 있는 가족에게 정신질환의 치료에 도움을 줄 수 있는 교육적인 프로그램을 소개하고 교육하는 것은 환자를 직접 치료하는 과정 못지않게 중요하다고 볼 수 있다. 질환의 치료에 영향을 줄 수 있는 정보와 지식의 제공, 구체적인 대처기술, 상담과 지지, 정신 및 심리교육 등을 정신보건사회사업은 제공할 수 있다.

• 인간관계훈련

인간은 사회적인 동물이다. 즉 인간은 집단생활을 하면서 서로가 도움을 주고받으면서 삶을 개척해 나갈 수 있는 것이다. 누구도 한 개인의 힘만으로는 세상을 살아갈 수 없다. 사람들이 개인적인 목표와 사회가 추구하는 목표를 달성하기 위해서는 원만한 정상적인 인간 관계의 형성이 필수적인 것이다.

5) 지역사회 정신보건사회복지

정신보건사회사업의 지역화란 정신적인 문제가 단순히 개인의 문제이기에 앞서 지역사회 전체의 문제라는 인식을 바탕으로 지역주민의 자발적이고 민주적인 참여에 의해서 개인의 정신적인 문제를 해결해 가는 전문적인 실천 과정이라고 볼 수 있다.

정신의료기관에서 의사 대 환자의 관계를 통해서 치료 행위가 이루어지는 것이 아니라 환자 주변에 생활하고 있는 지역주민 대 환자의 관계를 통해서 치료 행위가 이루어지는 것을 의미한다. 그러므로 이러한 치료 행위가 효과적으로 이루어지기 위해서는 지역정신보건센터, 정신상담소, 그리고 자원봉사단체 등과 같은 지역사회자원이 필요하며 또한 지역주민들의 자발적인 참여에 의해서 케어 계획이 수립되고 실시되는 실천적인 행위가 요구된다.

미국의 경우, 정신보건사회사업을 지역주민의 민주적인 참여 아래 체계적이고 조직적으로 실천하기 위해서 1963년에 지역사회정신건강법을 제정하여 지역사회 차원에서 정신보건사회사업을 실천해가고 있다. 이 법의 제정은 다음과 같은 효과를 가져왔다. 첫째, 대형 정신병원들로 하여금 재정상의 문제점을 발생하게 하여 결국 소형 정신병원으로 운영 형태가 변하는 계기가 되었다. 둘째, 시설 내에서 획일적이고 권위적인 정신의료 행위가 민주적인 정신의료 행위로 변하였다. 셋째, 사회로부터 격리 수용된 정신의료 행위에서 사회체계 안에서의 정신의료 행위로 변모하기 시작했다(허정, 1994).

1960년대를 전후에서 본격적으로 폐쇄적인 정신의료기관 내에서 정신질환을 치료하던 의료 행위가 참여적인 지역사회보건사업으로 변모해 가고 있는 이유를 열거하면 일반적으로 4가지로 요약할 수 있는데 탈의료기관, 의료비용의 절감, 사회적인 책임의 인식, 그리고 다양한 욕구의 증가 등 4가지를 들 수 있다.

(1) 탈의료기관

1950년대 이후 미국은 간편하게 복용할 수 있는 많은 향정신성의약품을 개발하면서 정신질환을 반드시 정신의료기관 내에서 치료할 필요성이 감소되었다. 환자를 퇴원시켜 집에서 지역사회자원을 활용하여 정신적인 재활을 할 수 있는 여건이 조성된 것이다. 지역사회의 대표적인 자원을 지적하면 지역사회 정신보건센터를 들 수 있다. 지역사회 정신보건사회사업이 성공적으로 달성되기 위해서는 지역사회에 기초한 정신보건센터의 참여적인 치료 계획의 수립 과정과 실시 및 평가가 전제 조건이 되는 것이다.

이러한 탈의료시설은 관료제적 성격을 강하게 가지고 정신보건사업을 의료기관 내에서 행하였던 정신과 의사들의 집단적인 반발을 가져오기도 하였으나 시간이 흐름에 따라서 오히려 지역사회자원의 전문요원으로써 지역정신보건사회사업에 참여하고 있는 추세이다.

(2) 의료비용의 절감

1960년대를 전후해서 미국은 국민 총생산액 중에 많은 부분이 의료비로 지출되었으나 실질적으로 국민들의 의료에 대한 만족지수와 건강지수는 의료비용의 투입에 비하여 만족하지 못한 것으로 조사되고 있다. 이러한 급격한 의료비 증가에 대한 의료비 지출을 절감할 수 있는 경영전략이 1960년대 이후 개발되기 시작했는데, 그 중의 대표적인 전략중의 하나가 정신질환을 병원 내 의료기관이 아닌 지역사회 차원에서 치료하는 것이었다.

이러한 전략은 다양한 정신질환자의 욕구를 지역주민과 지역사회자원의 자발적인 참여에 의한 다양한 인력을 동원하여 활용함으로써 만족시킬 수 있었고 동시에 의료비용 억제효과를 나타내었다.

(3) 사회적인 책임의 인식

정신질환의 속성은 장기적으로 지속되며, 재입원률의 확률이 매우 높고, 회복과 재활의 기능이 어렵기 때문에 개인이나 그 가족의 책임만으로는 정신질환을 치유하기가 어려우며, 너무 커다란 경제적인 희생을 강요하는 것이기도 하다. 그러므로 이러한 개인적인 차원에서의 희생을 경감시키고 고통을 분담한다는 의미에서 책임을 사회구성원 모두가 함께할 수 있는 사회적인 책임인식이 필요한 것이다.

이러한 사회적인 책임인식의 확산이 바로 지역사회 차원에서 정신질환을 치유하는 전략적인 방법을 가져오게 한 직접적인 원인을 제공하였던 것이다.

(4) 다양한 욕구의 증가

미국은 1960년대를 전후해서 개인의 정신적인 욕구가 다양하게 나타나기 시작했으며 이러한 다양한 정신문제의 욕구를 충족시키기 위해서는 획일적이고 비인간화된 관료제적 성격의 정신병원시설 내에서는 능동적으로 대처하여 해결하는 데 한계가 있었으며, 또한 도시에 집중되어진 정신병원의 운영은 의료이용의 접근이 용이하지 못해 정신질환의 다양한 욕구를 해결하는 데 있어서 지리적인 위치의 결함이 있었다.

미국의 지역정신보건사회사업은 지역적인 차원에서 자발적인 전문가 집단과 지역주민의 참여를 통해 여러 가지 다양한 원조를 가능하게 함으로써 포괄적이고 지속적이며 능동적인 환자의 정신치료를 가능하게 하였으며, 특히 지역사회 정신보건센터를 중심 자원기관으로 하여 입원치료는 물론 부분입원, 외래, 상담, 재활, 사회복귀기능 등의 문제를 용이하게 해결해 나갈 수 있었던 것이다(허정, 1994).

끝으로 미국과 유럽에서 시작된 지역사회 정신보건사업은 탈병원화의 과정으로서 정신질환의 치료를 지역사회 안으로 가져왔다는 것을 지적할 수 있다. 이러한 지역사회에 기초한 정신보건 의료체계는 만성 정신질환자들의 입원수를 크게 감소시켰을 뿐만 아니라 사회복귀기능을 크게 강화시키면서 동시에 의료비용의 억제효과를 가져온 것으로 조사되고 있다.

3. 의료사회복지의 과제와 전망

현대사회는 사회구조가 전문화, 기계화, 세분화되면서 인간적인 사회구조가 아니라 사무적이고 형식적인 사회구조가 형성되어 지고 있다. 이러한 사회구조는 사회구성원들로 하여금 정신적인 황폐화현상을 촉진케 하고 있으며 이는 곧 각종 정신질환의 원인이 되고 있음은 여러 연구결과 나타나고 있다.

우리나라의 경우 사회구조의 탈 인간화로 인하여 매년 정신질환의 유병율이 증가하고 있는데 국제질병분류ICD를 이용하여 조사된 연구결과에 의하면 현재 10만 명당 유병율은 2,703명으로 나타났으며 정신질환의 종류 또한 다양하게 나타나고 있는 것으로 조사되고 있다(김기태 외, 2001).

이러한 다양한 정신질환의 발생과 증가에 대해서 능동적으로 대처할 목적으로 정부는 1997년 정신보건법을 제정하여 정신질환과 정신보건시설의 운영에 대한 규정을 명확히 하였으며 정신질환의 치료 및 인권보호에 대한 내용을 구체화시켰다. 그러나 아직은 정신질환자의 다양한 정신의료욕구를 충족시킬 수 있는 서비스를 제공하기에는 미비한 점이 많은 것으로 지적되고 있다.

정신질환자의 최소한의 인권확보와 치료, 재활, 사회복귀를 위하여 우리나라의 정신보건사회사업 분야에서 해결해야 될 과제로서 정신보건인력, 의료제도, 그리고 지역사회정신보건 측면에서 검토해야 될 정책적인 과제를 간단하게 살펴보고자 한다(고수현 외, 2002).

1) 의료사회복지의 전문성 확보

현재 우리나라의 정신과 의사는 10만 명당 3.8명 수준이며 정신보건사회복지사는 349명으로 호주를 비롯한 선진국에 비해서 절대적으로 전문 인력의 수가 부족하다(김기태 외 2001). 이러한 절대적인 정신보건사회복지사와 의료사회사업가의 부족은 현장에서 팀웍을 형성하여 전문적인 역할을 수행하는 데 장애 요인이 되고 있다. 전문적인 역할을 현장에서 수행하기가 어렵기 때문에 동시에 정신보건사회복지사로서의 정체성을 확립하기가 어려운 실정이므로 정신보건사회복지사와 의료사회사업가에 대한 체계적인 양적 · 질적 관리가 요구되고 있다. 즉 의료복지과 관련된 서비스를 의료사회복지사가 환자에게 제공하였을 경우에 의료보험 급여범위를 확대하여 정신의료기관으로 하여금 이들의 채용을 유도하고 아울러 전문적인 의료복지사를 양성 · 관리할 수 있는 전문적인 교육프로그램이 필요하다.

2) 의료제도의 개선

우리나라의 의료복지와 관련된 주된 제도적인 장치로서는 의료법과 정신보건법 등에 규정되지 않은 부분은 모두 의료와 관련된 여러 의료법의 규정을 받고 있다. 수직적인 형태의 내용으로 되어 있는 의료법의 규정을 수평적인 형태를 요구하고 있는 의료사회복지사의 업무에 대해서 중복적으로 적용한다는 것은 정신보건사회복지사와 의료사회사업가의 역할의 수행에 혼란을 야기 시킬 수 있다. 그러므로 의료제도의 개선의 중요성을 보여주고 있다고 볼 수 있다(김기태 외, 2001).

의료제도의 법적인 제도장치와 함께 지적되고 있는 또 하나의 문제점은 의료보험 급여체계이다. 정신보건사회복지사나 의료사회사업가가 정신과 의사가 정신질환과 관련된 서비스를 제공하였을 경우에 의료보험 급여 항목이 세부적이지 못하고 또한 청구횟수도 매우 제한적이다. 이러한 급여 제한은 정신의료기관에서 정신보건사회복지사의 채용을 소극적으로 하게 하는 요인이 되고 있으며 또한 의료서비스의 질을 낮게 하는 요인이 되고 있다(김기태 외, 2001).

3) 지역사회 정신보건센터의 확립

우리나라는 1980년 중반 이후부터 정신의료기관, 정신요양시설, 그리고 사회복귀기관의 양적인 팽창을 가져 왔는데 이는 시설 내에서 정신질환의 치료를 단지 임상적인 치료에 국한하여 접근한 흔적이라고 볼 수 있을 것이다. 그러나 1997년 정신보건법의 제정으로 보건소 내에 예방, 진단, 치료, 재활, 홍보, 계몽, 교육 등 종합적인 서비스를 제공할 수 있는 지역사회정신보건센터를 운영・관리하게 하여 지역주민의 정신건강의 증진을 도모하게 되었다. 하지만 아직은 다음과 같은 전제 조건이 충족되지 않아 효과적인 지역자원으로써 역할을 수행하기 위해서는 일정한 시간이 소요될 것으로 본다.

첫째, 전문적인 정신보건요원들이 한 팀을 형성하여 협동심과 지속성을 유지해야 한다.

둘째, 정신보건증진기획 과정에 지역사회 주민의 적극적인 참여가 있어야 한다.

셋째, 정신보건을 연구하는 학술적인 프로그램의 개발과 역학조사가 지역의 특성에 맞게 이루어져야 한다.

넷째, 효과적인 지역정신보건사업의 운영을 위해서 통제와 감독기능이 요구된다. 예를 들면, 지역주민이 협의체를 구성하여 정신보건사업의 책임소재와 재정적인 상태 등을 통제하고 감독하게 하는 것이다.

마지막으로 진정한 정신보건복지의 실현을 위해서는 우리 자신들이 정신질환자를 대하는 태도 변화라고 볼 수 있다. 일반적으로 우리사회는 정신질환을 전염성질환과 같이 두려워하고 경계시하고 있으나 정신질환도 신체일부의 결함으로 인식하고 그 동안 가지고 있던 정신질환자에 대한 선입관을 버린다면 이러한 두려움과 경계로부터 해방되어질 것이고, 진정한 정신장애인을 위한 사랑과 헌신의 마음이 담긴 정책적인 배려가 이루어질 수 있을 것으로 본다.

≪자료≫ 의료사회복지사의 업무

전문요원의 업무의 범위 및 한계

종 별	업무의 범위 및 한계
공 통	① 사회복귀시설의 운영 ② 정신질환자의 사회복귀 촉진을 위한 생활훈련 및 작업 훈련 ③ 정신질환자와 그 가족에 대한 교육 · 지도 및 상담 ④ 법 제25조제1항의 규정에 관한 진단 및 보호의 신청 ⑤ 정신질환 예방활동 및 정신보건에 관한 조사 · 연구 ⑥ 기타 정신질환자의 사회적응 및 직업재활을 위하여 보건복지부장관이 정하는 활동
정신보건임상심리사	① 정신질환자에 대한 심리평가 ② 정신질환자와 그 가족에 대한 심리상담
정신보건간호사	① 정신질환자의 병력에 대한 자료수집, 병세에 대한 판단 · 분류 및 그에 따른 환자관리활동 ② 정신질환자에 대한 간호
정신보건사회복지사	① 정신질환에 대한 개인력조사 및 사회조사 ② 정신질환자와 그 가족에 대한 사회사업지도 및 방문 지도

25장 학교사회복지

1. 학교사회복지의 이해

1) 개념

학교사회복지[1]는 학교의 활동 계획의 일부로서 학교의 적응상 곤란의 원인이 되는 사회적, 정서적 문제를 가진 학생을 도와주는 것이다.

교육적 제도에서의 학교사회복지의 정의를 '학생 개인이나 학생집단이 학교 내에서 자신의 기능 및 성취에 방해가 되는 사회적 혹은 정서적 문제를 극복하도록 돕기 위하여 수행되는 활동'이라고 한다.

한편 학교사회복지의 목적은 ① 학생에게 자신감을 키워주고, ② 계속적으로 배울 수 있는 준비를 시키며, ③ 닥쳐오는 변화에 대한 적응력을 키워주는 것이라고 하여 정서와 성격문제의 초점을 벗어나 학생자신이 스스로 배우게 하고, 생각하게 하며, 문제 해결을 하게 하는 학생의 능력을 도와주는 데 있다.

---

1) 학교사회복지는 지금까지 일반적으로 학교사회사업으로 불러왔다. 그러나 아직까지 법률적으로나 행정적으로 학교사회복지에 대한 통일적인 용어는 없다. 본서에서는 보다 전문성을 강조한다는 측면에서 학교사회복지사업으로 통일하고자 한다.

이상의 정의를 보면 학교사회복지는 아동과 가정에 대한 서비스, 적절한 사회적, 정서적 적응의 조성과 각 개인으로 하여금 자아지향적 및 생산적으로 만듦으로써 학생을 장애로부터 해방시켜 최대의 효과로 학습하게 하는 데 있다. 여기서의 사회적 · 정서적 문제 유형이란 공격적 행동, 반사회적 행동, 이상행동, 무단결석, 질병, 태만, 자폐증, 학습부진, 영양실조 그리고 범법 행위 등을 의미하는 것이다(김익균 외, 2001).

2) 학교사회사복지의 역사

학교사회복지는 지나친 주입식 교육과 대량교육에서 오는 폐단에 대한 자각에서 행동과학의 지식에 근거를 둔 인간행동의 이해를 바탕으로 1906~1917년 미국의 New York, Boston 및 Hartford 의 3개 도시에서 시작되었다. 이 당시의 학교사회복지는 학교 당국이 학교제도의 일부로서 학교사회복지의 가치를 받아들이고 학교행정가(교장)가 재정적으로 동의할 때까지 학교 밖의 지역인 사적기관이나 공적 조직에서 발달하기 시작하였다.

초기의 학교사회복지는 방문교사사업visiting teacher's work의 기능을 수행하였는데 이의 주요 목적은 학업불량, 가정과 환경 간의 적응문제 그리고 학교에서 교사와의 관계에서 성격상 문제를 지닌 학생들에 대하여 가정을 비롯한 다른 여러 환경에 관한 정보수집 및 조정에 역점을 두었다(신섭중 외, 1995).

학교사회복지사가 학교직원의 일부가 된 동기는 뉴욕주의 록스터에서 1921년 연방재단의 재정 지원을 받아 소년비행 예방사업을 시작한 이래 학교사회사업이 최초로 구체화되었기 때문이다. 이러한 과정 속에서 1960년대 후반부터 학교사회복지는 아동복지사업의 일부로 다루어 오다가 이 당시에 학교사회사업은 하나의 독립된 방법으로 확고한 위치를 차지하였다.

2. 학교사회복지의 대상과 기능

1) 학교사회복지의 대상

학교에 적을 두고 있는 학생은 모두 학교사회복지의 대상이 되지만 그 중에서도 일반학생들보다는 문제를 가진 아동에게 우선적으로 도움을 주게 된다.

학생의 문제는 개인의 내부 심리적 요인, 외부 사회적 요인 그리고 내외 복합적 요인에 의해서 발생한다. 이와 같은 원인으로 인해 학교생활을 하는 데 있어서 보일 수 있는 문제인 학습부진, 학교 공포증, 공격적·반사회적 행동, 퇴행적 행동, 무단결석, 비사교적, 지나친 정서적 불안감과 일반적인 불행감 또는 파괴적 행동, 학교에서 문제를 일으키는 가정환경이 복잡한 아동, 특수한 학습편성을 필요로 하는 아동을 그 대상으로 삼고 있다.

2) 학교사회복지의 기능

학교사회복지의 기능은 사회적·정서적 문제를 가진 특수한 아동을 이해하여 전 교육 과정을 계속하는 동안에 각자가 지니고 있는 최대한의 능력을 발휘시켜 알맞는 조정을 가할 수 있도록 기회를 발견하고 각 개인이 그들의 학교생활에 가장 많은 이익을 가져올 수 있도록 필요한 제반 서비스를 베풀어주는 데 있다.

그리고 교육기관에서 학교사회복지의 특수한 기능은 '학생을 사회에 공헌할 수 있는 일원으로 발달시키고, 교육의 기회를 최대로 이용하지 못하여 기대한 교육목표를 성취하지 못하는 아동을 돕기 위하여 교사, 행정가 및 다른 전문가들과 협조를 이루면서 전문적 능력을 발휘하는 것'이라 한다. 이는 학교사회복지를 수행함에 있어서 타분야의 협력의 필요성과 팀웍의 중요성을 강조한 것이라 할 수 있다.

이상의 기능을 종합해 보면 학교사회복지는 첫째, 사회적, 정서적 부적응의 징후를 나타내는 학생문제를 조기 발견하고, 예방하는 기능, 둘째, 학생이 학교에서 만족스러운 자기실현의 기회를 갖도록 그의 잠재력을 최대한 개발시키는 기능, 셋째, 개별사회사업 및 집단사회사업을 통한 직접적인 치료활동을 비롯하여 지역사회의 이용 가능한 자원을 조직하고 동원하는 기능, 넷째, 교사와 학생 간의 관계 개선의 노력과 학교 내의 문제 해결을 위한 특별 조정팀(심리학자, 정신의학자, 교육책임자)을 조성하여 효과적인 원조 관계를 조성하는 기능, 다섯째, 학교－학부모－지역사회 인사와의 상호협력체계를 조성하는 기능, 여섯째, 정신건강의 입장에서 학생들에게 장애를 주는 환경적 요소를 개선하고 교육적 분위기를 조성하는 기능이다.

마지막으로 청소년문제에 대한 새로운 중재 방법을 제공하고 활용하는 기능을 말한다. 즉 학교사회복지사는 아동의 만족스런 학교경험을 위하여 학생, 부모, 교사, 학교, 지역사회로부터 모든 자원을 동원하여 아동의 정서적, 신체적, 지적 능력을 개발하고 문제를 해결하여 학교생활에 잘 적응하도록 돕는 기능을 하는 것을 말한다.

3. 학교사회복지사의 역할

학교사회복지사는 특정아동과 일반아동에 대한 역할을 들고 있다.

전자인 특정아동을 위해서는 ① 문제를 지닌 아동 및 그들의 부모에 대한 개별사회사업, ② 문제아동들과의 정기적 혹은 수시 회합, ③ 교사 및 지역사회 기관과의 협력, ④ 교사, 교장, 직원과 협의하여 아동을 간접적으로 돕는 일을 한다.

한편 후자인 일반아동을 위해서는 ① 학교행정 기타 위원회의 참여, ② 부모 또는 교사들과의 교육활동, ③ 지역사회 계획 단체에 의하여 학교사회사업가가 학교를 대표함으로서 학교와 지역사회를 연결하는 역할을 한다.

그리고 개개 학생들의 정서적 문제와 대인적인 적응에 초점을 둔 전통적인 활동보다는 학교사회사업이 필요로 하는 더 많은 활동을 제시하였는데 오늘날 학교사회복지사의 역할을 살펴보면 다음과 같다.

1) 서비스 제공과 욕구 해결

학교사회복지사는 학생들에게 직접적인 교육과 사회복지서비스의 설비를 용이하게 하고 특별한 학생에 대해서는 직접적인 사회복지서비스를 제공해야 한다. 학교사회사업가는 특별한 집단의 절박한 욕구에 초점을 두고 이들 학생의 옹호자로서 활동해야 하고 욕구를 해결해 주어야 한다.

2) 학교행정과의 협조

학교사회복지사는 청소년의 복지에 직접적인 영향을 주는 학교정책 형성과 지역사회의 협력적인 관계를 개발하는 것을 돕고, 계획된 서비스에 접근법을 시행하기 위한 문제 상황과 문제의 복잡성을 학교행정가와 의논해야 한다.

3) 전문적 사회복지사업의 실천

학교사회복지사는 학생들이 자유롭게 배우고 학습할 수 있도록 동기화하는 분위기를 만드는 데 필요한 기술에 대하여 교사들과 상의해야 한다. 학교사회복지사는 학생과 그의 가족들에게 보다 효과적인 지역사회서비스를 촉진시키고, 사회복지프로그램과 자원의 지역사회조직화에 변화를 갖는 것을 돕기 위하여 학교와 사회복지의 결정적인 분야와 법적인 서비스 실제 간에 건설적인 연락 관계를 조성하고 개발해야 한다.

학교사회복지사는 학생지도를 위한 전문적인 팀(카운셀러, 심리학자, 간호사 등) 가운데 학생 측면에서 여러 전문직들의 다양한 기술을 협력케 하는 지도력을 발휘해야 한다.

4) 지역사회의 조직화

학교사회복지사는 학생과 학교에 대한 효과적인 관심을 전하기 위하여 학부모와 지역사회집단을 조직화하고 학교와 지역사회와의 관계에서 건설적인 힘으로 활동해야 한다.

4. 학교사회복지의 실천모델

• **전통적 임상모델**(traditional-clinical model)

이 모델은 가장 잘 알려졌고 또 널리 사용되고 있는데, 학교에서 개개인의 잠재성의 성취를 방해하는 사회 및 정서적으로 어려움을 가지고 있을 때 이의 해결을 위하여 개개인의 학생에게 초점을 두는 모델이다. 이의 목적은 주로 학교에서 보다 효과적으로 그들의 기능을 수행할 수 있도록 힘을 주고 학교 경험을 최적最適으로 이용할 수 있도록 하는 것이다. 아울러 이 모델은 정신분석, 자아심리학 및 사회심리학이론에 의존하고 있다.

• **학교환경변화모델**(school-change model)

학교규범과 환경의 변화를 위하여 학교의 역기능적인 환경에 초점을 두는 모델이다. 예를 들면 학교에서 일탈逸脫의 사회학적 개념으로 접근하여 변화시키는 것이다. 또한 학생의 특성과 학교환경이 학생의 부적응을 초래한다고 강조하고 있어 다른 학교규범과 정책적 요소에 대하여 주의를 환기시키고 있다.

• **지역사회학교모델**(community-school model)

이 모델은 좋지 않은 지역사회에 초점을 두는 것으로 도시의 중심부에 이 모델이 적용된다. 특히 지역사회나 학교가 격렬한 변화를 경험할 때 사용된다. 이의 목적은 불이익의 학생을 위한 학교 프로그램을 반전시키기 위해 학교를 이해하고 지원하는 지역사회의 개발에 그 목적이 있다. 물론 이때의 지역사회의 위치는 최소한 학교 자체와 동등한 수준에 있게 된다.

• **학교상호작용모델(school interaction model)**

이 모델은 대화를 통하여 사람과 집단행동의 상호영향에 중점을 두고 있는 모델이다. 이 모델을 사용하는 사회사업가를 위한 주요한 활동은 자아실현을 위하여 상호간의 욕구를 통하여 개개인의 욕구를 조정 해결하는 것이다.

5. 학교사회복지의 과제와 전망

문제학생의 예방 및 치료를 위해서 학교사회사업을 학교에 도입해야 하는데 그 방안은 다음과 같다.

1) 법률의 제정 및 개정 측면

학교사회복지를 도입하기 위한 법제정과 현 교도교사敎導敎師 양성 자격 요건 조항을 다음과 같이 개정하여 학교 내에 학교사회사업을 도입하도록 하는 법제정이 필요하다.

2) 학교사회복지의 실천 측면

학교사회복지의 실천은 현 교도교사의 활용과 학교사회복지사무소가 설치 운영되어야 한다.

(1) 교도교사의 활용

이것은 현행 교도교사가 학교사회복지를 실천하는 방법이다. 이를 위해서는 대학의 사회복지(사업)학과에서 개설하고 있는 문제학생의 예방과 치료방법론을 재교육을 통하여 관련 교과목을 이수케 하여 이들을 활용하는 방안이다.

(2) '학교사회복지사무소'(가칭)의 설치

이 방법은 직할시와 시 이상의 지역에는 한 개의 구나 학군에 그리고 군마다 1개소의 '학교사회복지사무소'(가칭)라는 학교사회사업 전담기구를 마련하여 그 학교사회복지사무소에서 관할 모든 학교를 대상으로 종합적인 사회복지서비스를 제공하도록 해야 한다. 즉 사무소의 업무는 학교사회사업의 대상학생을 위한 집단지도사업, 지역사회조직사업, 상담사업, 가족치료사업, 감별사업, 심리측정 및 검사 등이며 인적 구성은 전문 학교사회복지사 외에 개별지도사업가, 집단지도사업가, 지역사회조직가, 가족치료가, 심리학자, 정신과 의사, 교사, 간호사, 그리고 변호사 등으로 구성할 수 있다.

(3) 행정 및 제도적 측면

학교사회복지의 도입을 위한 행정 및 제도는 다음과 같이 요구된다. 시범적 시도에 소요되는 재정적 지원은 관계 당국이 해야 하나, 학교사회복지의 필요성과 효과성이 관계 당국에 의하여 실증적으로 인정되어 전국적으로 확대될 때까지 시범적 기간에는 어느 사회복지기관에서 재정적 지원을 해야 한다. 그러나 관계 행정 당국은 시범적 운영을 할 수 있는 행정 지원을 해야 한다. 예컨대 해당 시・도 교육청에서 학교사회사업 시범학교를 지정해 주어야 한다. 학교사회복지의 행정 지원을 위하여 교육인적자원부의 한 개의 과나 시・도 교육청에 학교사회복지과를 설치하여야 한다.

제4부 부록

Introduction to Social Welfare

참고문헌

제1부 현대사회와 사회복지

☞ 1장 욕구와 사회문제

김경동(1978),『현대의 사회학』, 박영사.

김기태 외(1999),『사회복지의 이해』, 박문사.

김익균 · 고순철(1997),『한국지역사회복지론』, 대학출판사.

김익균 외(2002),『사회복지개론』, 교문사.

신섭중(1999),『한국사회복지정책론』, 대학출판사.

한국보건사회연구원(1992),『사회복지장기발전계획』.

三谷鐵夫 編(1988),『社會問題』, 東京 : 東京大學出版會.

仲村優一(1991),『社會福祉』, 日本放送出版會.

L. Hielle & Ziegler(1981), *Personality Theories*, McGraw-Hill International Book Co.

Thomas M. Meenaham and Rbert O. Washington(1980), *Social policy and Social Welfare, Structure and Applications*, New York : Collier Macmillan Publishers.

☞ 2장 사회복지의 접근 방법

김기태 외(1999), 『사회복지의 이해』, 박문사.

김만두 외(1993), 『현대사회복지개론』, 홍익재.

김익균 외(2002), 『사회복지개론』, 교문사.

박용순(1999), 『사회복지개론』, 학지사.

신섭중(1995), 『현대복지학총람』, 대학출판사.

신섭중(1999), 『한국사회복정책론』, 대학출판사.

上田千秋(1991), 『佛教福祉學の成立を求めて, 同朋學園 佛教文化硏究所紀要』, 第13號 拔刷.

H. Wilensky and C. Lebeaux(1958), *Industrial Social Welfare*, New York : Free Press.

☞ 3장 사회복지의 역사

고수현 외(2002), 『회복지개론』, 대학출판사.

김기원(1998), 『기독교사회복지론』, 대학출판사.

Karl de Schweinitz, 남찬섭 역(2000), 『영국 사회복지발달사(*England's Road to Social Security*), 인간과복지.

신섭중 외(2001), 『사회복지법제』, 대학출판사.

丸尾直美(Maruo Naomi), 우재현 역(1982), 『福祉國家の話』, 11판, 경진사.

장동일(2001), 『한국사회복지법의 이해』, 학문사.

Macarov, D.(1978), *The Design of Social Welfare*, N. Y. : Holt, Rinehart & Winston; 남세진 · 조홍식(1995), 『한국사회복지론』, 나남출판.

Vic George and Paul Wiliding(1994), *Welfare and Ideology*, Harvwster wheatsheaf.

Bosnaquet, N.(1983), *Economics : After the New Right*, kluwer-Nijihoff Publishing.

Gamble, A.(1994), *The Free Economy and the Strong state : The Politics of Thatcherism*, 2nd, ed., Macmillan.

Gamble, A.(1986), "The political economy of freedom in the ideology of the New Right".

Stokey, edith and Richard Zeckhauser(1978), *A Primer for Policy Analysis*, New York : Norton & Company.

Bosanquet, N.(1983), *Economics : After the New Right*, kluwer-Nijihoff Publishing.

제2부 사회복지의 접근 방향

☞ 4장 인간행동과 사회환경

권중돈 · 김동배(2005), 『인간행동과 사회환경』, 학지사.

이근홍(2003), 『인간행동과 사회환경』, 대학출판사.

이인정 · 최해경(2001), 『인간행동과 사회환경』, 나남출판.

최옥채 외(2003), 『인간행동과 사회환경』, 양서원.

한상복 · 이문웅 · 김광억(1997), 『문화인류학개론』, 서울대학교 출판부.

현정환 · 김익균(2006), 『인간행동과 사회환경』, 창지사.

☞ 5장 사회복지정책

김기태 외(1999), 『사회복지의 이해』, 박문사.

김익균 · 고순철(1997), 『한국지역사회복지론』, 대학출판사.

신섭중(1999), 『한국사회복지정책론』, 대학출판사.

신섭중 외역(1995), 『현대복지학총람』, 대학출판사.

Alfred J. Kahn(1979), *Social Policy and Social Services*, New York : Random House.

Neil Gilbert & Harry Specht(1974), *Dimensions of social welfare Policy*, New Jersey : Prentice- Hall Inc.

Boulding, K.(1975), *The Principle of Economic Policy*, 內田忠夫 監譯, 『經濟政策の原理』.

Titmuss, R. M.(1981), *Social Policy : An Introduction*, 三友雅夫 監驛, 『社會福祉政策』, 東京 : 恒星厚生閣.

Diana M. DiNitto & Thomas R. Dye(1983), *Social Welfare : Politics and Public Policy*, New Jersey : Prentice-Hall, Inc.

Wagner, A.(1981), *Uber oziale Finanz and Stewepolitik*, *Archiv Für Gesetzgebungund Statistik*, Bd. IV(1891).

三浦文夫(1988), 『社會福祉の政策, 現代社會福祉事典』, 東京 : 全國社會福祉協議會.

經濟企劃廳 國民生活政策課 編(1977), 『總合社會政策を求めて』, 東京 : 大藏省印刷局.

☞ 6장 사회복지법제

김만두 외(1993), 『현대복지개론』, 홍익재.

신섭중 외(1999), 『한국사회복지법제개설』, 대학출판사.

신섭중 외(2001), 『사회복지법제』, 대학출판사.

장동일(2001), 『한국사회복지법의 이해』, 학문사.

☞ 7장 사회보장

고수현 외(2002), 『사회복지개론』, 대학출판사.

노병일(1999), 『사회보장론』, 대학출판사

박용순(1999), 『사회복지개론』, 학지사

장동일(2001), 『한국사회복지법제의 이해』, 학문사.

정길홍(1998), 『사회복지개론』, 홍익재.

Friedlander, W. A. and Apte, R. Z.(1980), *Introduction to Social Welfare*(5th ed). Englewood- cliffs, NJ : Prentice-Hall.

Tracy, M. B(1996). "Conclusion : Responding to the Challenge" In *Challenges to Social Security : An international Exploration*, edited by J. Midgley and M. B. Tracy. Westport, CT : Auburn.

ILO(1984), *Into the Twenty-First Century. The Development of Social Security.*

☞ 8장 사회복지행정

김영종(2001), 『사회복지행정』, 학지사.

문인숙・김미혜 역(1995), 『사회복지기관 행정론』, 동인.

박차상(2002), 『사회복지행정론』, 대학출판사.

성규탁 역(1985), 『사회복지행정조직론』, 박영사.

신두범(1980), 『행정학원론』, 유풍출판사.

최성재・남기민(1993), 『사회복지행정론』, 나남출판.

최항순(1994), 『복지행정론』, 신원출판사.

Austin, M. J.(1981), *Supervisory Management for the Human Services*, Englewood Cliffs, N. J. : Prentice-Hall.

Dunham, A.(1962), *Community Welfare Organization : Principles and Practice*, New York : Thomas Y. Crowell Company.

Hasenfeld, Y.(1983), "Human Service Organization", Englewood Cliffs, N. J. : Prentice-Hall.

Stein, H.(1970), *Social Work Administration*, New York : Council on Social Work Education.

Sarri, R. and Hasenfeld, Y.(1978), *The Management of Human Service*, New York : Columbia University Press.

Skidmore, R. A.(1983), *Social work Administration : Dynamic Management and Human Relationships*, Englewood Cliffs, N. J. : Prentice-Hall.

Trecker, H. B.(1971), *Social Work Administration : Principles and Practice*, New York : Association Press.

☞ 9장 사회복지조사

김종천(1999), 『사회복지조사론』, 대학출판사.

신섭중 외(1995), 『현대복지학총람』, 대학출판사.

차배근(1984), 『사회과학연구방법』, 세영사.

홍두승(1997), 『사회조사분석』, 다산출판사.

Polansky, N. A.(1975), *Social Work Research*, The University of Chicago Press.

☞ 10장 사회복지실천론

고수현 외(2002), 『사회복지개론』, 대학출판사.

권육상(1999), 『사회복지실천론』, 학문사.

김기태 외(2002), 『사회복지실천론』, 박영사.

김융일 외(1996), 『사회복지실천론』, 나남출판.

박용순(2001), 『사회복지개론』, 학지사.

양옥경 외(2000), 『사회복지실천론』, 나남출판.

양정남 외(2003), 『사회복지실천론』, 양서원.

엄명용 외(2000), 『사회복지실천의 이해』, 학지사.

오혜경(2005), 『사회복지 윤리와 철학』, 창지사.

이영분 외(2002), 『사회복지실천』, 동인.

장인협(1999),『사회복지실천론』(上), 서울대학교 출판부.

전재일 외(2001),『사회복지실천론』, 형설출판사.

최옥채(2001),『사회복지실천론』, 양서원.

Biestek, F. P.(1957), *The case relationship*, Illinois : Royola Univ. Press.

Johnson, L. C.(1998), *Social Work Practice : A Generalist Approach*(2nd ed.), Needham Heights, MA : Aiiyn and Bacon.

Zastrow, C.(1989), *The Practice of Social Work*, Chicago : The Dorsey Press.

☞ 11장 사회복지실천기술론

고수현 외(2002),『사회복지개론』, 대학출판사.

김익균(2003),『가족복지론』, 교문사.

김익균・고순철(1997),『한국지역사회복지론』, 대학출판사.

김혜란 외(2001),『사회복지실천기술론』, 나남출판.

서울대 사회복지실천연구회 역(1999),『사회복지실천기법과 지침』, 나남출판.

양옥경 외(2000),『사회복지실천론』, 나남출판.

양정남 외(2003),『사회복지실천론』, 양서원.

엄명용 외(2000),『사회복지실천의 이해』, 학지사.

에반스외, 성숙진 역(2000),『상담의 필수 기술』, 나남출판.

오혜경(2005),『사회복지 윤리와 철학』, 창지사.

윤현숙 외(2001),『사회복지실천기술론』, 동인.

이영분 외(2002).『사회복지실천론』, 동인.

조흥식 외(2000),『사회복지실천분야론』, 학지사.

介護福祉士養成講座(1992),『社會福祉援助技術』, 東京 : 中央法規.

岡本民夫編(1998),『社會福祉援助技術演習』, 東京 : 川島書店.

新・社會福祉學習双書 編(1998),『社會福祉援助技術各論』I, 東京 : 全國社會福祉協議會.

小田兼三・岡本民夫 編(1995),『社會福祉援助技術總論』, 京都 : ミネルヴァ書房.

☞ 12장 지역사회복지

김영모(1990), 『지역사회복지론』, 한국복지정책연구소.

김익균 · 고순철(1997), 『한국지역사회복지론』, 대학출판사.

박봉관(1988), 『현대의 지역복지』, 대영문화사.

신섭중 외 역(1995), 『현대복지학총람』, 대학출판사.

이영철 · 서화자(1996), 『지역복지』, 홍익제.

大橋謙策(1995), 『地域福祉』, 東京 : 放送大學教育振興會.

Rubin, H. J. & Rubin, I.(1986), *Community Organization and Development*, Merill Publish.

☞ 13장 사례관리

김만두(1997), 『효과적인 복지서비스를 위한 사례관리실천론』, 홍익제.

신섭중 외 역(1995), 『현대복지학총람』, 대학출판사.

이근홍(1996), 「한국 재가노인의 사례관리 실천모형에 관한 연구」, 중앙대 박사논문.

이근홍(1998), 『케이스메니지먼트』, 대학출판사.

장창호(2001), 『케어매니지먼트 실천론』, 아시아미디어리서치.

한국사회복지협의회(1994), 『사회복지사전』.

☞ 14장 자원봉사

김남순(1997), 『사회 자원봉사 활동의 이론과 실제』, 교육과학사.

김동배 · 조학래(1995), 『청소년 자원봉사의 길잡이』, 동인.

김성수(2000), 『자원봉사와 시민사회』, 한양대학교 출판부.

김영호 외(1966), 『자원복지활동과 복지교육』, 학문사.

김익균 외(2002), 『자원봉사론』, 교문사.

류기형 외(2000), 『자원봉사론』, 양서원.

윈요한(2001), 『자원봉사론』, 백산출판사.

Boldock, C. V.(1990), *Volunteer in Welfares*, Sydney : Allen and Unwin.

☞ 15장 평가

김익균 외(2003), 『사회복지행정』, 교문사.

김익균 · 정원주(2000), 『보육학개론』, 대학출판사.

변재관 외(2000), 『사회복지시설 평가지표 개발 및 평가결과』, 한국보건사회연구원.

이정호 · 김성이 · 김통원(1999), 『사회복지시설 평가의 길잡이』, 한국사회복지협의회.

정무성(2001), 『사회복지 프로그램 기획과 관리』, 나눔의집.

정무성(1999), 「사회복지조직의 책임성」, 한국사회복지행정학회 1999년 추계발표대회 발표문.

최성재 · 남기민(1993), 『사회복지행정론』, 나남출판.

Rapp C. A. & Poertner J.(1992), *Social Administration : A Client-centered Approach*, N. Y. : Longman.

제3부 사회복지의 분야

☞ 16장 아동복지

고수현 외(2002), 『사회복지개론』, 대학출판사.

김기태 외(1999), 『사회복지의 이해』, 박문사.

김융일 외(1995), 『사회복지실천론』, 나남출판.

김익균 외(2001), 『아동복지론』, 대학출판사.

박용순(1998), 『사회복지개론』, 학지사.

신섭중(1999), 『한국사회복지정책론』, 대학출판사.

아동복지재단(1997), 『아동복지편람』.

高玉和子(1996), 『兒童福祉學』, 文化書房博文社.

Daniek, P. and Ivatts, J.(1998), *Children and Social Policy*, London : MacMillan.

☞ 17장 청소년복지

김성이(1993), 『청소년복지론』, 한국청소년개발원.

송정부(1991), 『밝은 사회 건전한 청소년』, 체육청소년부.

이인정 · 최해경(2001), 『인간행동과 사회환경』, 나남출판.

장인협 · 오정수(1984), 『아동 · 청소년복지론』, 서울대학교 출판부.

홍봉선 · 남미애(2000), 『청소년복지론』, 양서원.

☞ 18장 여성복지

고수현 외(2002), 『사회복지개론』, 대학출판사

도미향(1999), 『사회복지와 보육사업』, 양서원.

박정란 · 황정임(1997), 『여성복지 서비스 전달체계의 기능강화 방안에 관한 연구』, 한국여성개발원.

이소희 · 변화순 · 도미향 외 3인(2001), 『여성복지』, 형설출판사

조홍식 · 김혜련 · 신혜섭 · 김혜란(2000), 『여성복지학』, 학지사.

한국성폭력상담소(2000), 『1999년도 상담현황분석』.

☞ 19장 노인복지

신섭중(1999), 『한국사회복지정책론』, 대학출판사.

신섭중 외 역(1995), 『현대복지학 총람』, 대학출판사.

이현기 · 김익균(1998), 『실버산업의 활성화 방안연구』, 경기개발연구원.

최경석(1992), 「한국 사회보장제도의 재조명」, 『노인복지』, 한국복지정책연구소 출판부.

최성재(1998), 「21세기 고령화사회의 노인 소득보장」, 『1999년 세계 노인의 해 기념 학술세미나』, 한국노년학회.

홍숙자(2001), 『노년학개론』, 하우.

☞ 20장 장애인복지

김기태 외(2001), 『사회복지의 이해』, 박문사.

김익균 · 고순철(1997), 『한국지역사회복지론』, 대학출판사.

김익균 외(2001), 『아동복지론』, 대학출판사.

박옥희(2001), 『장애인복지론』, 학문사.

박용순(1999), 『사회복지개론』, 학지사.

신섭중(1999), 『한국사회복지정책』, 대학출판사.

현외성 외(1993), 『사회복지학의 이해』, 유풍출판사.

☞ 21장 가족복지

고수현 외(2002), 『사회복지개론』, 대학출판사.

김익규 외(2003), 『가족복지론』, 교문사.

이소희 외(1998), 『가족복지론』, 양서원.

최경석 외(2001), 『가족복지학』, 학지사.

☞ 22장 교정복지

고수현 외(2002), 『사회복지개론』, 대학출판사.

김기태 외(1999), 『사회복지의 이해』, 박영사.

김만두 외(1995), 『현대사회복지개론』, 홍익제.

김영모(1993), 『사회복지학』, 한국복지정책연구소 출판부.

교정사회사업연구회(1996), 『교정사회사업』, 아시아미디어・리서치.

법무부(2001), 『범죄연감』.

정우식(2001), 『교정복지학의 이해』, 홍익재.

최인섭(1991), 「범죄문제」, 고영복 편, 『현대사회문제』, 사회문화연구소

최옥채(2001), 『교정복지론』, 아시아미디어・리서치.

Nieto, M.(1996), *Changing Role of Probation in California's Criminal Justice System. Sacramento,* California : California Research Bureau(CRB-96-006).

☞ 23장 산업복지

고수현 외(2002), 『사회복지개론』, 대학출판사.

김대모(1991), 『산업복지제도의 실태와 과제』, 한국노동연구원.

김주경(1987), 『신인사관리론』, 한일.

노병일 외(2001), 『산업복지론』, 대학출판사.

신섭중(1995), 『현대복지학총람』, 대학출판사.

우재현(1994), 『산업복지원론』, 정암서원.

우재현(1998), 『산업복지개론』, 경진사.

Akabas, S. H.(1995), "Occupational Social Work", *1779~1786 in Encyclopedia of Social Work*(19th ed)., Washington. D. C. : NASW Press.

Barker, R. L.(1987), "Industrial Social Work", *The Social Work Dictionary*, Washington D. C. NASW Press.

Kurzman, P. A.(1987), "Industrial Social Work(Occupational Work)", *Encyclopedia of Social Work*(18th ed.).

☞ 24장 의료복지

고수현 외(2002), 『사회복지개론』, 대학출판사.
김기태 외(2001), 『정신보건복지론』, 양서원.
김익균 외(2001), 『노인복지론』, 대학출판사.
이선동 외(1996), 『예방의학과 보건학』, 계축문화사.
허 정(1992), 『보건행정학원론』, 신관출판사.
정원철(2000), 『정신보건사회사업론』, 하문사.
한국정신보건사회사업편(2000), 『정신보건전문요원 수련교재』, 양서원.
조혜인 역(1989), 『의료사회학』, 나남출판.
김규수(1999), 『의료사회사업실천론』, 형설출판사.
Paul J. Feidstein(1993), *Health Care Economics*, Delmar Publishers Inc.
Paul F. Basch(1990), *International Health*, Oxford University Press.
Milton I. Roemer(1991), *National Health System of the World*, Oxford University Press.

☞ 25장 학교사회복지

김익균(2003), 『가족복지론』, 교문사.
김익균 외(2001), 『아동복지론』, 대학출판사.
신섭중 외(1995), 『현대복지학총람』, 대학출판사.
아동복지재단(1997), 『아동복지편람』.
조복희 편(1995), 『아동발달의 이해』, 교육과학사.
高玉和子(1996), 『児童福祉学』, 文化書房博文社.

찾아보기

ㄱ

저자 소개

김익균 부산대학교 대학원(사회복지학전공, 행정학박사)
협성대학교 아동보육학과 교수

김인수 광운대학교 대학원(박사과정), 서울대학교 행정대학원
인탑경제연구소장

김한우 중앙대학교 사회개발대학원 아동복지학과
의왕시 보육정보센터장, 동남보건대학 겸임교수

이순배 광운대학교 대학원(박사과정)
시립세류어린이집원장, 수원여자대학 강사, 한경대학교 강사

이창수 경희대학교 대학원 행정학과(사회복지전공, 행정학박사)
안양보육교사교육원장, 협성대학교 강사

정용민 중앙대학교 사회개발대학원 사회복지학과
의정부재가복지센터장, 성덕대학 겸임교수, 협성대학교 강사

Introduction to Social Welfare

사회복지개론

2007년 3월 5일 초판 인쇄
2007년 3월 10일 초판 발행

지은이 | 김익균 김인수 김한우 이순배 이창수 정용민
발행인 | 유제구
발행처 | 파워북
주 소 | 서울 종로구 내수동 72
경희궁의 아침 3단지 오피스텔 1411호
전 화 | (02) 730-1412
팩 스 | (02) 730-1410
등 록 | 1997. 1. 1 제 300-1997-13

정 가 18,000원
ISBN 978-89-8160-065-5